周禮鄭注彙校

孔祥軍 彙校

中華書局

圖書在版編目(CIP)數據

周禮鄭注彙校/孔祥軍彙校. —北京:中華書局,2025. 7. —ISBN 978-7-101-17238-6

Ⅰ. K224. 06

中國國家版本館 CIP 數據核字第 2025QG0557 號

書　　名　周禮鄭注彙校
彙 校 者　孔祥軍
叢 書 名　國家社科基金後期資助項目
責任編輯　聶麗娟
封面設計　毛　淳
責任印製　管　斌
出版發行　中華書局
　　　　　(北京市豐臺區太平橋西里 38 號　100073)
　　　　　http://www. zhbc. com. cn
　　　　　E-mail:zhbc@ zhbc. com. cn
印　　刷　三河市宏盛印務有限公司
版　　次　2025 年 7 月第 1 版
　　　　　2025 年 7 月第 1 次印刷
規　　格　開本/710×1000 毫米　1/16
　　　　　印張 24¾　插頁 2　字數 380 千字
國際書號　ISBN 978-7-101-17238-6
定　　價　128. 00 元

國家社科基金後期資助項目出版説明

後期資助項目是國家社科基金設立的一類重要項目,旨在鼓勵廣大社科研究者潛心治學,支持基礎研究多出優秀成果。它是經過嚴格評審,從接近完成的科研成果中遴選立項的。爲擴大後期資助項目的影響,更好地推動學術發展,促進成果轉化,全國哲學社會科學工作辦公室按照“統一設計、統一標識、統一版式、形成系列”的總體要求,組織出版國家社科基金後期資助項目成果。

全國哲學社會科學工作辦公室

目　録

凡　例

一、明嘉靖吴郡徐氏刊三禮本周禮，上承宋刻，刻印精良，文字優善，爲歷代學者所稱道，故此次彙校，以國家圖書館出版社二〇〇九年影印國家圖書館藏明嘉靖吴郡徐氏刊周禮爲底本。

二、以唐石經、蜀石經、白文本、婺本、金本、建本、附圖本、纂圖本、互注本、京本、蜀本、重言重意本、岳本、八行本、十行本爲對校本，以陸德明經典釋文、單疏本周禮疏及魏了翁周禮折衷所引爲參校本，並參考浦鏜十三經注疏正字、阮元周禮注疏校勘記、加藤虎之亮周禮經注疏音義校勘記等校勘成果，進行彙校。

三、對校本、參校本及相關校勘成果版本信息如下：

1. 開成石經周禮，京都大學人文科學研究所藏拓本，簡稱唐石經。

2. 蜀石經集存周禮，上海古籍出版社二〇二三年影印本，簡稱蜀石經。

3. 宋刊巾箱本八經周禮，華東師範大學出版社二〇一四年影印民國陶氏涉園影印本，簡稱白文本。

4. 中華再造善本周禮，北京圖書館出版社二〇〇三年影印國家圖書館藏宋婺州市門巷唐宅刻本，簡稱婺本。

5. 中華再造善本周禮,北京圖書館出版社二〇〇五年影印國家圖書館藏金刻本,簡稱金本。

6. 周禮鄭注,文禄堂民國二十三年影宋本,簡稱建本。

7. 中華再造善本周禮,北京圖書館出版社二〇〇五年影印北京大學圖書館藏宋刻本,簡稱附圖本。

8. 中華再造善本纂圖互注周禮,北京圖書館出版社二〇〇三年影印國家圖書館藏宋刻本,簡稱纂圖本。

9. 纂圖互注周禮,日本静嘉堂文庫藏宋刻本,簡稱互注本。

10. 中華再造善本京本點校附音重言重意互注周禮,北京圖書館出版社二〇〇五年影印北京大學圖書館藏宋刻本,簡稱京本。

11. 周禮,日本静嘉堂文庫藏宋蜀刻殘本,簡稱蜀本。

12. 周禮,日本静嘉堂文庫藏宋刻重言重意殘本,簡稱重言重意本。

13. 四部叢刊初編周禮,商務印書館據明翻相臺岳氏本影印本,簡稱岳本。

14. 善本叢書景印宋浙東茶鹽司本周禮注疏,台北故宫博物院一九七六年影印本,簡稱八行本。

15. 附釋音周禮注疏,日本静嘉堂文庫藏元刊明修十行本,簡稱十行本。

16. 中華再造善本經典釋文,北京圖書館出版社二〇〇三年影印國家圖書館藏宋刻宋元遞修本,簡稱釋文。

17. 周禮疏,日本京都大學圖書館藏單疏抄本,簡稱單疏本。

18. 周禮折衷,中華再造善本重校鶴山先生大全文集卷一〇四至一〇六,北京圖書館出版社二〇〇四年影印國家圖書館藏宋開慶元年刻本,簡稱折衷。

19. 浦鏜十三經注疏正字周禮,四庫全書珍本初集經部二十六集,瀋陽出版社一九九八年影印本,簡稱正字。

20. 阮元宋本十三經注疏併經典釋文校勘記周禮注疏校勘記,續修四庫全書第一八一册,上海古籍出版社二〇〇二年影印南京圖書館藏清嘉慶阮氏文選樓刻本,簡稱阮記。

21. 汪文臺十三經注疏校勘記識語,續修四庫全書第一八三册,上海古籍出版社二〇〇二年影印上海辭書出版社圖書館藏清光緒三年江西書局刻本,簡稱識語。

22. 黄丕烈重雕嘉靖本校宋周禮札記,士禮居黄氏叢書,廣陵書社二〇一〇年影印清光緒十三年上海蜚英館本,簡稱黄記。

23. 孫詒讓十三經注疏校記,齊魯書社一九八三年版,簡稱孫記。

24. 加藤虎之亮周禮經注疏音義校勘記,日本無窮會昭和三十二年版,簡稱加記。

四、此次彙校,不改底本,對勘各本,凡有異文,均出校説明,校記以校注方式置於當頁頁下,以先後爲次。

五、對經注全文施加新式標點,斷句一依經義,清武英殿本周禮注疏句讀及各種整理本周禮注疏標點均有參考。

周禮卷第一[①]

天官冢宰第一　周禮[②]

鄭氏注[③]

惟王建國，建，立也。周公居攝而作六典之職[④]，謂之周禮，營邑於土中，七年，致政成王，以此禮授之，使居雒邑，治天下。司徒職曰："日至之景，尺有五寸，謂之地中，天地之所合也，四時之所交也，風雨之所會也，陰陽之所和也，然則百物阜安，乃建王國焉。"**辨方正位**，辨，别也。鄭司農云："别四方，正君臣之位，君南面、臣北面之屬。"玄謂：考工匠人："建國，水地以縣，置槷以縣，視以景。爲規，識日出之景，與日入之景。晝參諸日中之景，夜考之極星，以正朝夕。"是"别四方"。召誥曰："越三日，戊申，太保朝至于雒，卜宅，厥既得卜，則經營。越三日，庚戌，太保乃以庶殷，攻位於雒汭。越五日，甲寅，位成。"正位，謂此定宫廟[⑤]。**體國經野**，體，猶分也。經，謂爲之里數。鄭司農云："營國方九里。國中，九經九緯，左祖右社，面朝後市；野，則九夫爲井，四井爲邑之屬是也。"**設官分職**，

---

① 周禮卷第一，纂圖本、互注本並作"纂圖互注周禮卷第一"，京本作"京本點校附音重言重意互注周禮卷第一"，建本、附圖本下並有"唐國子博士兼太子中允贈齊州刺史吴縣開國男陸德明釋文附"，下各卷同。

② 周禮，白文本、婺本、金本、建本、岳本並無，下各卷同。

③ 鄭氏注，白文本、婺本並無，建本、纂圖本、互注本、岳本並作"鄭氏注"，下各卷同。

④ 攝，互注本作"之"。

⑤ 金本"廟"下有"也"字。

鄭司農云:"置冢宰、司徒、宗伯、司馬、司寇、司空,各有所職而百事舉[①]。"**以爲民極。**極,中也。令天下之人,各得其中,不失其所。**乃立天官冢宰,使帥其屬而掌邦治,以佐王均邦國。**掌,主也。邦治,王所以治邦國也。佐,猶助也。鄭司農云[②]:"邦治,謂揔六官之職也,故太宰職曰'掌建邦之六典,以佐王治邦國'。六官皆揔屬於冢宰,故論語曰'君薨,百官揔己以聽於冢宰',言冢宰於百官,無所不主。爾雅曰:冢,大也。冢宰,大宰也。"**治官之屬:大宰,卿一人;小宰,中大夫二人;宰夫,下大夫四人,上士八人,中士十有六人,旅下士三十有二人[③],**變冢言大,進退異名也。百官揔焉,則謂之"冢";列職於王,則稱"大"。冢,大之上也。山頂曰冢。旅,衆也。下士,治衆事者。自"大宰"至"旅下士",轉相副貳,皆王臣也。王之卿六命,其大夫四命,士以三命而下,爲差。**府六人,史十有二人,**府,治藏。史,掌書者。凡府、史,皆其官長所自辟除。**胥十有二人[④],徒百有二十人[⑤]。**此民給徭役者,若今衛士矣。胥,讀如"諝",謂其有才知,爲什長。

宫正,上士二人,中士四人,下士八人,府二人,史四人,胥四人,徒四十人。正,長也。宫正,主宫中官之長[⑥]。

宫伯,中士二人,下士四人,府一人,史二人,胥二人,徒二十人。伯,長也。

膳夫,上士二人,中士四人,下士八人,府二人,史四人,胥十有二人,徒百有二十人。膳之言善也,今時美物曰珍膳。膳夫,食官之長也。鄭司農以詩説之曰"仲允膳夫"。

庖人,中士四人,下士八人,府二人,史四人,賈八

① 各,婺本作"名"。案:折衷所引作"各"。
② 附圖本無"司"字。案:折衷所引有。
③ 三十,唐石經作"卅",下同。
④ 胥,金本作"諝"。
⑤ 二十,唐石經作"廿",下同。
⑥ 官,金本作"宫"。

人，胥四人，徒四十人。庖之言苞也①。在肉曰苞苴②。賈，主市買，知物賈。

內饔，中士四人，下士八人，府二人，史四人，胥十人，徒百人。饔，割亨煎和之稱。內饔，所主在內。

外饔，中士四人，下士八人，府二人，史四人，胥十人，徒百人。外饔，所主在外。

亨人，下士四人，府一人，史二人，胥五人，徒五十人。主爲外內饔煮肉者。

甸師，下士二人，府一人，史二人，胥三十人，徒三百人。郊外曰甸。師，猶長也。甸師，主共野物官之長。

獸人，中士四人，下士八人，府二人，史四人，胥四人，徒四十人。

𩿧人，中士二人，下士四人，府二人，史四人，胥三十人，徒三百人。

鼈人，下士四人，府二人，史二人，徒十有六人。

腊人，下士四人，府二人，史二人，徒二十人③。腊之言夕也。

醫師，上士二人，下士四人，府二人，史二人，徒二十人。醫師，衆醫之長。

食醫，中士二人。食有和齊，藥之類。

疾醫，中士八人。

瘍醫，下士八人。瘍，創癰也。

---

① 庖，岳本作“苞”。

② 在，婺本、金本、建本、附圖本、纂圖本、互注本、京本、岳本、八行本、十行本並作“裹”。阮記云：“嘉靖本‘裹’誤‘在’。”案：單疏本曰“又云‘裹肉曰包苴’者”，則賈氏所見本亦作“裹”，與諸本合，作“裹”是也。苞，建本作“包”。

③ 京本“二十”下有“六”字。

獸醫,下士四人。獸,牛馬之屬。

酒正,中士四人,下士八人,府二人,史八人,胥八人,徒八十人。酒正,酒官之長。

酒人,奄十人,女酒三十人,奚三百人。奄,精氣閉藏者,今謂之宦人,月令:仲冬"其器閎以奄"。女酒,女奴曉酒者。古者從坐男女,没入縣官爲奴,其少才知①,以爲奚,今之侍史官婢。或曰:奚,宦女②。

漿人,奄五人,女漿十有五人,奚百有五十人。女漿,女奴曉漿者。

凌人,下士二人,府二人,史二人,胥八人,徒八十人。凌,冰室也。詩云:"二之日鑿冰沖沖,三之日納于凌陰。"

籩人,奄一人,女籩十人,奚二十人。竹曰籩。女籩,女奴之曉籩者。

醢人,奄一人,女醢二十人,奚四十人。醢,豆實也,不謂之豆,此主醢,豆不盡于醢也。女醢,女奴曉醢者。

醯人,奄二人,女醯二十人,奚四十人。女醯,女奴曉醯者。

鹽人,奄二人,女鹽二十人,奚四十人。女鹽,女奴曉鹽者③。

幂人,奄一人,女幂十人,奚二十人。以巾覆物曰幂。女幂,女奴曉幂者。

宫人,中士四人,下士八人,府二人,史四人,胥八

① 少,纂圖本作"小"。

② 宦,建本作"官"。阮記云:"余本、嘉靖本、閩、監、毛本皆作'宦女',爲是,玉海官制考作'官女',引疏亦同,皆誤耳。疏以左傳'宦女'釋注文'宦女',不得改爲'官'也。奄爲宦人,故女奴曰奚宦女。"案:單疏本標起止云"注奄精氣閉藏至宦女",則賈氏所見本,亦作"宦",作"宦"是也。

③ 者,八行本作"也",岳本無。加記云:"浙本'者'誤'也',岳本脱'者'。"

人，徒八十人。

掌舍，下士四人，府二人，史四人，徒四十人。舍，行所解止之處。

幕人，下士一人，府二人，史二人，徒四十人。幕，帷覆上者。

掌次，下士四人，府四人，史二人，徒八十人。次，自脩正之處①。

大府，下大夫二人，上士四人，下士八人，府四人，史八人，賈十有六人，胥八人，徒八十人。大府，爲王治藏之長②，若今司農矣。

玉府，上士二人，中士四人，府二人，史二人，工八人，賈八人，胥四人，徒四十有八人。工，能攻玉者。

内府，中士二人，府一人，史二人，徒十人。内府，主良貨賄藏在内者。

外府，中士二人，府一人，史二人，徒十人。外府，主泉藏在外者。

司會，中大夫二人，下大夫四人，上士八人，中士十有六人，府四人，史八人，胥五人，徒五十人。會，大計也。司會，主天下之大計，計官之長，若今尚書。

司書，上士二人，中士四人，府二人，史四人，徒八人。司書，主計會之簿書。

職内，上士二人，中士四人，府四人，史四人，徒二十人。職内，主入也。若今之泉所入，謂之少内。

---

① 正，十行本作“止”。阮記云：“閩、監、毛本‘正’誤‘止’。”加記云：“賈疏並作‘止’，足以證鄭注作‘止’。”案：單疏本曰“故云‘自脩正之處’”，則賈氏所見本，亦作“正”，不作“止”，加記誤矣。

② 王，互注本作“三”。加記云：“纂圖本‘王’誤‘三’。”

職歲，上士四人，中士八人，府四人，史八人，徒二十人。主歲計，以歲斷。

職幣，上士二人，中士四人，府二人，史四人，賈四人，胥二人，徒二十人。

司裘，中士二人，下士四人，府二人，史四人，徒四十人。

掌皮，下士四人，府二人，史四人，徒四十人。

内宰，下大夫二人，上士四人，中士八人，府四人，史八人，胥八人，徒八十人。内宰，宫中官之長。

内小臣，奄上士四人，史二人，徒八人。奄稱士者，異其賢。

閽人，王宫每門四人，囿、游亦如之。閽人，司昏晨以啓閉者。刑人墨者使守門。囿，御苑也。游，離宫也。

寺人，王之正内五人。寺之言侍也，詩云"寺人孟子"。正内，路寢。

内豎，倍寺人之數。豎，未冠者之官名①。

九嬪。嬪，婦也。昏義曰："古者天子后立六宫，三夫人、九嬪、二十七世婦、八十一御妻，以聽天下之内治，以明章婦順，故天下内和而家理也。"不列夫人于此官者②，夫人之於后，猶三公之於王，坐而論婦禮，無官職。

世婦。不言數者，君子不苟於色，有婦德者充之，無則闕。

女御。昏義所謂"御妻"。御，猶進也、侍也。

女祝四人，奚八人。女祝，女奴曉祝事者。

女史八人，奚十有六人。女史，女奴曉書者。

典婦功，中士二人，下士四人，府二人，史四人，工四

① 未，京本作"末"。

② 官，建本、附圖本、互注本作"宫"。加記云："建本'官'誤'宫'。"

人，賈四人，徒二十人。典，主也。典婦功者，主婦人絲枲功官之長。

典絲，下士二人，府二人，史二人，賈四人，徒十有二人。

典枲，下士二人，府二人，史二人，徒二十人。

内司服，奄一人，女御二人，奚八人。内司服，主宫中裁縫官之長。有女御者，以衣服進，或當於王，廣其禮，使無色過。

縫人，奄二人，女御八人，女工八十人，奚三十人。女工，女奴曉裁縫者。

染人，下士二人，府二人，史二人，徒二十人。

追師，下士二人，府一人，史二人，工二人，徒四人。追，治玉石之名。

屨人，下士二人，府一人，史一人，工八人，徒四人。

夏采，下士四人，史一人，徒四人。夏采，夏翟羽色。禹貢：徐州貢夏翟之羽。有虞氏以爲緌，後世或無，故染鳥羽，象而用之，謂之夏采。

大宰之職，掌建邦之六典，以佐王治邦國：一曰治典，以經邦國，以治官府，以紀萬民；二曰教典，以安邦國，以教官府，以擾萬民；三曰禮典，以和邦國，以統百官，以諧萬民；四曰政典，以平邦國，以正百官，以均萬民；五曰刑典，以詰邦國，以刑百官，以糾萬民；六曰事典，以富邦國，以任百官，以生萬民。大曰邦，小曰國，邦之所居亦曰國。典，常也，經也，法也①。王謂之禮經，常所秉以治天下也。邦國官府謂之禮法②，常所守以爲法式也③。常者，其上下通名。擾，猶馴也。

---

① 法，十行本作“灋”。阮記云：“閩本同，余本、嘉靖本、監、毛本‘灋’皆作‘法’。案：經用古字作‘灋’，注用今字作‘法’，此仍作‘灋’，非，疏及下悉準此。”案：阮説是也，下同。

② 法，十行本作“灋”。

③ 法，十行本作“灋”。

統,猶合也。詰,猶禁也,書曰"度作詳刑,以詰四方"。任,猶倳也。生,猶養也。鄭司農云:"治典,冢宰之職,故立其官,曰使帥其屬而掌邦治,以佐王均邦國。教典,司徒之職,故立其官,曰使帥其屬而掌邦教,以佐王安擾邦國。禮典,宗伯之職,故立其官,曰使帥其屬而掌邦禮,以佐王和邦國。政典,司馬之職,故立其官,曰使帥其屬而掌邦政,以佐王平邦國。刑典,司寇之職,故立其官,曰使帥其屬而掌邦禁①,以佐王刑邦國。此三時皆有官,唯冬無官,又無司空,以三隅反之,則事典,司空之職也。司空之篇亡,小宰職曰'六曰冬官,其屬六十,掌邦事'。"**以八灋治官府:一曰官屬,以舉邦治;二曰官職,以辨邦治;三曰官聯,以會官治;四曰官常,以聽官治;五曰官成,以經邦治;六曰官灋,以正邦治;七曰官刑,以糾邦治;八曰官計,以弊邦治。**百官所居曰府。弊,斷也。鄭司農云:"官屬,謂六官其屬各六十。若今博士、大史、大宰、大祝、大樂屬大常也。小宰職曰:'以官府之六屬舉邦治,一曰天官,其屬六十。'是也。官職,謂六官之職。小宰職曰'以官府之六職辨邦治②','一曰治職','二曰教職','三曰禮職','四曰政職','五曰刑職','六曰事職'。官聯③,謂國有大事,一官不能獨共④,則六官共舉之。聯,讀爲'連',古書'連'作'聯'。聯,謂連事通職,相佐助也。小宰職曰:'以官府之六聯合邦治,一曰祭祀之聯事,二曰賓客之聯事,三曰喪荒之聯事,四曰軍旅之聯事,五曰田役之聯事,六曰斂弛之聯事。'官常,謂各自領其官之常職,非連事通職所共也。官成,謂官府之成事品式也。小宰職曰:'以官府之八成經邦治,一曰聽政役以比居,二曰聽師田以簡稽,三曰聽閭里以版圖,四曰聽稱責以傅别,五曰聽禄位以禮命,六曰聽取予以書契,七曰聽賣買以質劑,八曰聽出入以要會。'官法,謂職所主之法度,官職主祭祀、朝覲、會同、賓客者,則皆自有其法度。小宰職曰:'以法掌祭祀⑤、

① 禁,金本作"政"。
② 官,附圖本作"宫"。
③ 聯,建本作"職"。
④ 共,建本作"治"。
⑤ 法,十行本作"灋"。

朝覲、會同、賓客之戒具。'官刑,謂司刑所掌,墨辠、劓辠、宫辠、刖辠①、殺辠也。官計,謂三年則大計群吏之治而誅賞之。"玄謂:官刑,司寇之職五刑,其四曰官刑,上能糾職。官計,謂小宰之六計,所以斷群吏之治。**以八則治都鄙:一曰祭祀,以馭其神;二曰灋則,以馭其官;三曰廢置,以馭其吏;四曰禄位,以馭其士;五曰賦貢,以馭其用;六曰禮俗,以馭其民;七曰刑賞,以馭其威;八曰田役,以馭其衆。**都之所居曰鄙。則,亦法也。典、法、則,所用異,異其名也。都鄙,公卿大夫之采邑,王子弟所食邑,周、召、毛、聃、畢、原之屬在畿内者。祭祀,其先君、社稷、五祀。法則,其官之制度。廢,猶退也,退其不能者,舉賢而置之。禄,若今月奉也②。位,爵次也。賦,口率出泉也。貢,功也,九職之功所税也。禮俗③,昏姻、喪紀,舊所行也。鄭司農云:"士,謂學士。"**以八柄詔王馭羣臣:一曰爵,以馭其貴;二曰禄,以馭其富;三曰予,以馭其幸;四曰置,以馭其行;五曰生,以馭其福;六曰奪,以馭其貧;七曰廢,以馭其罪;八曰誅,以馭其過。**柄,所秉執以起事者也。詔,告也、助也。爵,謂公、侯、伯、子、男、卿、大夫、士也。詩云"誨爾序爵",言教王以賢否之第次也。班禄所以富臣下,書曰"凡厥正人,既富方穀"。幸,謂言行偶合於善,則有以賜予之,以勸後也。生,猶養也。賢臣之老者,王有以養之,成王封伯禽於魯,曰"生以養周公,死以爲周公後",是也。五福,一曰壽。奪,謂臣有大罪,没入家財者。六極,四曰貧。廢,猶放也,舜殛鯀于羽山④,是也。誅,責讓也⑤,曲禮曰"齒路馬有誅"。凡言馭者,所以敺之内之於善。**以八統詔王馭萬民:一曰親親,二曰敬故,三曰進賢,四曰使能,五曰保庸,六曰尊貴,七曰達吏,八曰禮賓。**統,所以合牽以等物也。親親,若堯親九族也。敬故,不慢舊也,晏平仲"久而

---

① 刖,金本作"則"。

② 奉,金本作"俸"。阮記云:"釋文'奉,本或作俸',俗字耳。"案:折衷所引作"奉"。

③ 俗,互注本、十行本作"祀"。正字云:"'俗'誤'祀'。"案:折衷所引作"俗"。

④ 鯀,建本作"鮌"。

⑤ 附圖本"責"下有"謂"字。

敬之"。賢,有善行也。能,多才藝者。保庸,安有功者。尊貴,尊天下之貴者。孟子曰:天下之達尊者三:曰爵也,德也,齒也。祭義曰:"先王之所以治天下者五[①]:貴有德,貴貴,貴老,敬長,慈幼。"達吏,察舉勤勞之小吏也[②]。禮賓,賓客諸侯,所以示民親仁善鄰。**以九職任萬民:一曰三農,生九穀;二曰園圃,毓草木;三曰虞衡,作山澤之材;四曰藪牧,養蕃鳥獸;五曰百工,飭化八材;六曰商賈,阜通貨賄;七曰嬪婦,化治絲枲;八曰臣妾,聚斂疏材;九曰閒民,無常職,轉移執事。**任,猶傳也。鄭司農云:"三農,平地、山、澤也。九穀,黍、稷、秫、稻、麻、大小豆、大小麥。八材,珠曰切[③]、象曰瑳、玉曰琢、石曰磨、木曰刻[④]、金曰鏤、革曰剝、羽曰析。閒民,謂無事業者,轉移爲人執事,若今傭賃也。"玄謂:三農,原、隰及平地。九穀,無秫、大麥,而有粱、苽。樹果蓏曰圃,園其樊也。虞衡,掌山澤之官,主山澤之民者[⑤]。澤無水曰藪;牧,牧田,在遠郊:皆畜牧之地。行曰商,處曰賈。阜,盛也。金玉曰貨,布帛曰賄。嬪,婦人之美稱也,堯典曰"釐降二女,嬪于虞"。臣妾,男女貧賤之稱,晉惠公卜懷公之生,曰"將生一男一女,男爲人臣,女爲人妾",生而名其男曰圉,女曰妾,及懷公質於秦,妾爲宦女焉[⑥]。疏材,百草根實可食者[⑦]。疏不熟曰饉。**以九賦斂財賄:一曰邦中之賦,二曰四郊之賦,三曰邦甸之賦,四曰家削之賦[⑧],五**

---

① 八行本無"者"字。加記云:"浙本脱'者'。"

② 勤,金本作"動"。

③ 珠,附圖本、八行本並作"骨"。加記云:"浙、何、黄本'珠'作'骨'。案:據今本爾雅而改歟?"

④ 木,互注本作"未"。加記云:"纂本'木'誤'未'。"

⑤ 主,附圖本作"王"。

⑥ 宦,建本、附圖本並作"宫"。

⑦ 草,金本作"工"。

⑧ 削,諸本皆同。阮記云:"唐石經以下,諸本同,釋文'家削,本亦作稍,又作鄁'。案:疏云'舉家稍以表公邑之民',蓋經用古字作'家削',注及疏用今字作'家稍'。"案:鄭注惟云"家削三百里",諸本皆同,疏文云"謂三百里之内地名削,其中有大夫采地謂之家,故名'家削'",諸本亦皆同,注、疏皆作"家削",何來注及疏用今字作"家稍"也?阮記誤甚!折衷引經文亦作"削",釋文所引乃别本也,非有今古文之分,若如阮記之説,不知"鄁"爲古文亦或今文也。

曰邦縣之賦，六曰邦都之賦，七曰關市之賦，八曰山澤之賦，九曰幣餘之賦。財，泉穀也。鄭司農云："邦中之賦，二十而稅一，各有差也。幣餘，百工之餘。"玄謂：賦，口率出泉也，今之筭泉，民或謂之"賦"，此其舊名與？鄉大夫以歲時登其夫家之衆寡，辨其可任者，國中自七尺以及六十，野自六尺以及六十有五，皆征之，遂師之職亦云"以徵其財征"，皆謂此賦也①。邦中，在城郭者；四郊，去國百里；邦甸，二百里；家削，三百里；邦縣，四百里；邦都，五百里：此平民也。關市、山澤②，謂占會百物；幣餘，謂占賣國中之斥幣：皆末作③，當增賦者，若今賈人倍筭矣。自"邦中"以至"幣餘"，各入其所有穀物，以當賦泉之數。每處爲一書，所待異也。**以九式均節財用：一曰祭祀之式，二曰賓客之式，三曰喪荒之式，四曰羞服之式，五曰工事之式，六曰幣帛之式，七曰芻秣之式，八曰匪頒之式，九曰好用之式。**式，謂用財之節度。荒，凶年也。羞，飲食之物也④。工，作器物者。幣帛，所以贈勞賓客者。芻秣，養牛馬禾穀也。鄭司農云："匪，分也。頒，讀爲'班布'之'班'，謂班賜也。"玄謂：王所分賜群臣也。好用，燕好所賜予⑤。**以九貢致邦國之用：一曰祀貢，二曰嬪貢，三曰器貢，四曰幣貢，五曰材貢⑥，六曰貨貢，七曰服貢，八曰斿貢，九曰物貢。**嬪，故書作"賓"。鄭司農云："祀貢，犧牲包茅之屬。賓貢，皮帛之屬。器貢，宗廟之器。幣貢，繡帛。材貢，木材也。貨貢，珠貝自然之物也。服貢，祭服。斿貢，羽毛⑦。物貢，九州之外，各以其所貴爲摯，肅慎氏

① 建本"皆"前有"征"字。案：折衷所引無，且無"皆"字。

② 山，互注本作"小"。加記云："纂本'山'誤'小'。"

③ 末，金本、建本、互注本、八行本、十行本並作"未"。阮記云"此本'末'誤'未'"。案：折衷所引作"末"。

④ 食，互注本作"養"。加記云："纂本'食'誤'養'。"

⑤ 予，京本作"也"。案：折衷所引作"予"。

⑥ 材，白文本作"財"。案：折衷所引作"財"。

⑦ 毛，諸本皆同。阮記云："余本、岳本、嘉靖本、閩、監、毛本同，漢讀考改作'羽旄'，云：今本作'毛'誤，旄者，旄牛尾也。"案：單疏本疏文曰"云'斿貢羽毛'者"，則賈氏所見本作"毛"，又檢折衷引鄭注，正作"斿貢羽毛"，亦可爲證，則作"毛"（轉下頁注）

貢楛矢之屬,是也。"玄謂:嬪貢,絲枲。器貢,銀鐵石磬丹漆也。幣貢,玉馬皮帛也。材貢,櫄榦栝柏篠簜也①。貨貢,金玉龜貝也。服貢,絺紵也。斿,讀如"囿游"之"游"。游貢②,燕好珠璣琅玕也。物貢,雜物,魚鹽橘柚。**以九兩繫邦國之民:一曰牧,以地得民;二曰長,以貴得民;三曰師,以賢得民;四曰儒,以道得民;五曰宗,以族得民;六曰主,以利得民;七曰吏,以治得民;八曰友,以任得民;九曰藪,以富得民。**兩,猶耦也,所以協耦萬民。繫,聯綴也。牧,州長也,九州各有封域,以居民也。長,諸侯也,一邦之貴,民所仰也。師,諸侯師氏,有德行以教民者。儒,諸侯保氏,有六藝以教民者。宗,繼別爲大宗,收族者。鄭司農云:"主,謂公卿大夫,世世食采不絶。民税薄,利之。"玄謂:利,讀如"上思利民"之"利",謂以政教利之。吏,小吏在鄉邑者。友,謂同井相合耦耡作者,孟子曰"鄉田同井,出入相友,守望相助,疾病相扶③,則百姓親睦"。藪亦有虞,掌其政令,爲之厲禁,使其地之民,守其材物,以時入于王府④,頒其餘於萬民。富,謂藪中材物。**正月之吉,始和,布治于邦國都鄙,乃縣治象之灋于象魏,使萬民觀治象,挾日而斂之。**正月,周之正月。吉,謂朔日。大宰以正月朔日,布王治之事於天下,至正歲,又書而縣于象魏,振木鐸以徇之,使萬民觀焉。小宰亦帥其屬而往,皆所以重治法、新王事也。凡治有故,言始和者,若改造云爾⑤。鄭司農云:"象魏,闕也。故魯災,季桓子御公立于象

(接上頁注)是也,原文不誤,段説不可信從,識語云:"正字當作'犛','毛''旄'皆假借字,必以'羽毛'爲誤,未喻其恉。"

① 栝,十行本作"枯"。加記云:"正本誤'枯'。"案:折衷所引作"栝"。

② 游,建本、附圖本、纂圖本、互注本、京本、岳本、十行本並作"斿"。案:折衷所引作"游"。

③ 建本、附圖本、纂圖本、互注本、京本、岳本、八行本、十行本"扶"下並有"持"字。阮記云:"嘉靖本作'疾病相扶',無'持'字。案:疏中引注,正作'疾病相扶',今諸本有'持'字者,淺人據今本孟子所增,當删。"案:折衷引鄭注,正作"疾病相扶",與婺本等合,又與賈疏所引合,則無"持"字是也。

④ 王,婺本、建本並作"玉"。正字云"'玉府'誤'王府'",阮記云:"諸本同……此'王'爲'玉'字之誤。"案:王府不知何指,顯應作"玉府",作"玉"是也。

⑤ 造,附圖本作"過"。

魏之外[1],命藏象魏,曰:舊章不可忘。從甲至甲,謂之挾日,凡十日。"**乃施典于邦國,而建其牧,立其監,設其參,傅其伍,陳其殷,置其輔。**乃者,更申勑之。以侯伯有功德者,加命作州長,謂之牧,所謂"八命作牧"者。監,謂公、侯、伯、子、男各監一國,書曰"王啓監,厥亂爲民"。參,謂卿三人。伍,謂大夫五人。鄭司農云:"殷,治律。輔,爲民之平也。"玄謂:殷,衆也,謂衆士也,王制:諸侯上士二十七人[2],其中士、下士,各居其上之三分。輔,府史,庶人在官者。**乃施則于都鄙,而建其長,立其兩,設其伍,陳其殷,置其輔。**長,謂公卿大夫、王子弟食采邑者[3]。兩,謂兩卿。不言三卿者,不足于諸侯。鄭司農云:"兩,謂兩丞。"**乃施灋于官府[4],而建其正,立其貳,設其攷,陳其殷,置其輔。**正,謂冢宰、司徒、宗伯、司馬、司寇、司空也。貳,謂小宰、小司徒、小宗伯、小司馬、小司寇、小司空也。考,成也,佐成事者,謂宰夫、鄉師、肆師、軍司馬、士師也。司空亡,未聞其考。**凡治,以典待邦國之治,以則待都鄙之治,以灋待官府之治,以官成待萬民之治[5],以禮待賓客之治。**成,八成。禮,賓禮也。**祀五帝,則掌百官之誓戒,與其具脩。**祀五帝,謂四郊及明堂。誓戒,要之以刑,重失禮也,明堂位所謂"各揚其職,百官廢職[6],服大刑",是其辭之略也。具,所當共。脩,埽除糞洒[7]。**前期十日,帥執事而卜日,遂**

---

① 桓,附圖本作"恒"。

② 建本、附圖本"二十"下並有"有"字。

③ 子弟,附圖本作"弟子"。加記云:"建本'子弟'倒。"

④ 灋,十行本作"法"。阮記引文"乃施法于官府",云:"閩、監本同,誤也,唐石經、嘉靖本、毛本,'法'作'灋',當訂正。"

⑤ 官成,諸本皆同。阮記云:"唐石經諸本同。案:經當本作'以成待萬民之治',與上下文以典、以則、以灋、以禮句法正同……按:前説非也。"案:經文古奥,豈可以後世所謂文法一之?且賈疏引經明云"故云'以官成待萬民之治'",又檢折衷引經文,亦作"以官成待萬民之治",並可爲證,原文不誤,阮記按語非之,是也。

⑥ 職,京本作"弛"。案:折衷所引作"職"。

⑦ 埽,建本、互注本、岳本、十行本並作"掃"。阮記云:"此本疏中引注亦作'埽',當據以訂正。"

戒。前期,前所諏之日也。十日[①],容散齊七日,致齊三日。執事,宗伯、大卜之屬。既卜,又戒百官以始齊。**及執事,眡滌濯**。執事,初爲祭事,前祭日之夕。滌濯,謂溉祭器及甑甗之屬。**及納亨,贊王牲事[②]**。納亨,納牲,將告殺,謂鄉祭之晨,既殺以授亨人[③]。凡大祭祀,君親牽牲,大夫贊之。**及祀之日,贊玉、幣、爵之事**。日,旦明也。玉、幣,所以禮神。玉與幣,各如其方之色。爵,所以獻齊酒,不用玉爵,尚質也。三者執以從王[④],至而授之。**祀大神示,亦如之**。大神祇[⑤],謂天地。**享先王,亦如之,贊玉几[⑥]、玉爵**。玉几,所以依神,天子左右玉几。宗廟獻用玉爵[⑦]。**大朝覲會同,贊玉幣、玉獻、玉几、玉爵**。助王受此四者。時見曰會,殷見曰同。大會同,或於春朝,或於秋覲。舉春秋,則冬夏可知。玉幣,諸侯享幣也,其合亦如小行人所合六幣云。玉獻[⑧],獻國珍異,亦執玉以致之。玉几[⑨],王所依也,立而設几,優尊者。玉爵[⑩],王禮諸侯之酢爵。王朝諸侯,立依前,南面,其禮之,於阼階上。**大喪,贊贈玉、含玉**。助王爲之也。贈玉[⑪],既窆,所以送先王。含玉,死者口實[⑫],天子以玉。雜記曰"含者執璧將命[⑬],曰:寡君使某含",則諸侯含以璧。鄭司農云:"含玉,璧琮。"**作大事,則戒于百官,贊王命**。助王爲教令。春秋傳曰:"國之大事,在祀與戎。"**王眡治朝,**

① 十,岳本作"卜"。
② 王,金本作"玉"。加記云:"秦本'王'誤'玉'。"案:折衷所引作"王"。
③ 附圖本"殺"下有"而"字。
④ 三,金本作"玉",互注本作"二"。
⑤ 祇,建本、附圖本、岳本並作"示"。
⑥ 几,岳本作"凡"。加記云:"岳本'几'誤'凡'。"案:折衷所引作"几"。
⑦ 用,十行本作"朝"。
⑧ 玉,金本作"三"。案:折衷所引作"玉"。
⑨ 几,岳本作"凡"。案:折衷所引作"几"。
⑩ 玉,岳本作"王"。加記云:"岳本'玉'誤'王'。"
⑪ 玉,京本作"王"。加記云:"京本'玉'誤'王'。"
⑫ 實,建本作"寔"。
⑬ 含,岳本作"舍"。璧,纂圖本作"壁"。

則贊聽治。治朝，在路門外，群臣治事之朝，王視之，則助王平斷。**眡四方之聽朝，亦如之。**謂王廵守在外時。**凡邦之小治，則冢宰聽之，待四方之賓客之小治。**大事決於王，小事冢宰專平①。**歲終，則令百官府各正其治，受其會，**正，正處也。會，大計也。**聽其致事，而詔王廢置。**平其事來至者之功狀，而奏白王。**三歲，則大計羣吏之治，而誅賞之。**事久②，則聽之。大無功，不徒廢，必罪之；大有功，不徒置，必賞之。鄭司農云："三載考績。"

小宰之職，掌建邦之宮刑，以治王宮之政令，凡宮之糾禁。杜子春云："宮，皆當爲'官'。"玄謂：宮刑，在王宮中者之刑。建，明布告之③。糾，猶割也，察也，若今御史中丞。**掌邦之六典、八灋、八則之貳，以逆邦國、都鄙、官府之治。**逆，迎受之。鄭司農云："貳，副也。"**執邦之九貢、九賦、九式之貳，以均財，節邦用。以官府之六敘正羣吏：一曰以敘正其位，二曰以敘進其治，三曰以敘作其事，四曰以敘制其食，五曰以敘受其會，六曰以敘聽其情。**敘，秩次也，謂先尊後卑也。治，功狀也。食，禄之多少。情，争訟之辭。**以官府之六屬舉邦治：一曰天官，其屬六十，掌邦治，大事則從其長，小事則專達；二曰地官，其屬六十，掌邦教，大事則從其長，小事則專達；三曰春官，其屬六十，掌邦禮，大事則從其長，小事則專達；四曰夏官，其屬六十，掌邦政④，大事則從其長，小事則專達；五曰秋官，其屬六十，掌邦刑，大事則從其長，小事則**

① 專，十行本作"傳"。阮記引文"小事冢宰傳平"，云："閩、監、毛本同，誤也，余本、岳本、嘉靖本'傳'作'專'，當據以訂正。"案：折衷所引作"專"。

② 久，十行本作"夕"。正字云"夕，當'久'字誤"，阮記引文"事夕則聽之"，云："閩、監、毛本同，誤也，余本、岳本、嘉靖本'夕'作'久'，當據以訂正。"

③ 告，附圖本作"吉"。

④ 政，附圖本作"正"。案：折衷所引作"政"。

專達;六曰冬官,其屬六十,掌邦事,大事則從其長,小事則專達。大事從其長,若庖人、内外饔與膳夫,共王之食。小事專達,若宫人、掌舍,各爲一官。六官之屬,三百六十,象天地四時日月星辰之度數,天道備焉。前此者,成王作周官,其志有述天授位之義,故周公設官分職以法之。**以官府之六職辨邦治:一曰治職,以平邦國,以均萬民,以節財用;二曰教職,以安邦國,以寧萬民,以懷賓客;三曰禮職,以和邦國,以諧萬民,以事鬼神;四曰政職,以服邦國,以正萬民,以聚百物;五曰刑職,以詰邦國,以糾萬民,以除盜賊;六曰事職,以富邦國,以養萬民,以生百物。**懷,亦安也。賓客來,共其委積,所以安之。聚百物者,司馬主九畿,職方制其貢,各以其所有。**以官府之六聯合邦治:一曰祭祀之聯事,二曰賓客之聯事,三曰喪荒之聯事,四曰軍旅之聯事,五曰田役之聯事,六曰斂弛之聯事[①]。凡小事皆有聯。**鄭司農云:"大祭祀,大宰贊玉幣,司徒奉牛牲,宗伯視滌濯、涖玉鬯、省牲鑊、奉玉齍,司馬羞魚牲、奉馬牲,司寇奉明水火;大喪,大宰贊贈玉、含玉,司徒帥六鄉之衆庶,屬其六引[②],宗伯爲上相,司馬平士大夫[③],司寇前王:此所謂官聯[④]。"杜子春:弛,讀爲"施"。玄謂:荒政弛力役,及國中貴者、賢者、服公事者、老者、疾者,皆舍[⑤],不以力役之事。奉牲者,其司空奉豕與[⑥]? **以官府之八成經邦治:一曰聽政役以比居,二曰聽師田以簡稽,三曰聽閭里以版圖,四曰聽稱責**

① 弛,十行本作"弛"。阮記云:"余本、閩、監、毛本同,唐石經、宋本、嘉靖本'弛'作'弛'……"案:單疏本疏文引經文云"六曰斂弛之聯事",則賈氏所見本作"弛",折衷引經文,亦作"弛",並可爲證,加記以爲當從石經諸本作"弛",是也。

② 引,建本、附圖本、纂圖本、互注本、京本、岳本、十行本並作"紖"。案:折衷所引作"引"。

③ 士,金本作"七",十行本作"上"。加記云:"正本'士'誤'上'。"

④ 聯,十行本作"職"。案:折衷所引作"聯"。

⑤ 舍,金本、岳本並作"含",附圖本作"捨"。案:折衷所引作"舍"。

⑥ 豕,建本作"承"。加記云:"建本'豕'誤'承'。"案:折衷所引作"豕"。

以傅别，五曰聽禄位以禮命，六曰聽取予以書契，七曰聽賣買以質劑，八曰聽出入以要會。鄭司農云："政，謂軍政也。役，謂發兵起徒役也。比居[①]，謂伍籍也。比地爲伍，因内政，寄軍令，以伍籍發軍起役者，平而無遺脱也。簡稽士卒兵器，簿書[②]，簡猶閲也，稽猶計也、合也，合計其士之卒伍，閲其兵器，爲之要簿也，故遂人職曰'稽其人民'，'簡其兵器'，國語曰：黄池之會，吴陳其兵，'皆官師擁鐸拱稽'。版，户籍。圖，地圖也。聽人訟地者，以版圖決之，司書職曰'邦中之版，土地之圖'。稱責，謂貸予[③]。傅别，謂券書也。聽訟責者，以券書決之。傅，傅著，約束於文書。别，别爲兩，兩家各得一也。禮命，謂九賜也。書契，符書也。質劑，謂市中平賈，今時月平是也。要會，謂計最之簿書，月計曰要，歲計曰會，故宰夫職曰'歲終，則令群吏正歲會；月終，則令正月要'。"傅别，故書作"傅辨"，鄭大夫讀爲"符别"，杜子春讀爲"傅别"。玄謂：政，謂賦也，凡其字，或作"政"，或作"正"，或作"征"，以多言之，宜從"征"，如孟子"交征利"云。傅别，謂爲大手書於一札，中字别之。書契，謂出予受入之凡要，凡簿書之最目[④]，獄訟之要辭，皆曰"契"，春秋傳曰"王叔氏不能舉其契"。質劑，謂兩書一札，同而别之，長曰質，短曰劑。傅别、質劑，皆今之券書也，事異，異其名耳。禮命，禮之九命之差等。**以聽官府之六計，弊羣吏之治[⑤]：一曰廉善，二曰廉能，三曰廉敬，四曰廉正，五曰廉灋，六曰廉辨。**聽，平治也，平治官府之計有六事。弊，斷也。既斷以六事，又以廉爲本。善，善其事，有辭譽也。能，政令行也。

---

① 比，金本作"此"。案：折衷所引作"比"。

② 簿，十行本作"薄"。案：單疏本疏文云"云'簡稽士卒兵器簿書'者"，則賈氏所見本亦作"簿"，折衷所引作"簿"，並可爲證，作"簿"是也，加記云"諸本'薄'作'籍'"，不知何據。金本無"書"字。案：折衷所引有。

③ 予，婺本、金本、八行本並作"子"。正字云"子，誤'予'"，阮記云："諸本同，釋文出'貸予'二字，皆誤也。疏引注云：'責謂貸子'者，謂貸而生子者……又釋經云：稱責謂舉責生子。則'予'爲'子'字之誤無疑，當訂正。"案：單疏本疏文云"云'責謂貸子'者"，則賈氏所見本作"子"，又折衷引注文，亦作"貸子"，並可爲證，作"子"是也。

④ 凡，建本作"會"。加記云："建本'凡'誤'會'。"案：折衷所引作"凡"。目，附圖本作"自"。案：折衷所引作"目"。

⑤ 弊，附圖本作"幣"。加記云："朱本'弊'誤'幣'。"案：折衷所引作"弊"。

敬,不解于位也。正,行無傾邪也。法,守法不失也。辨,辨然不疑惑也。杜子春云:"廉辨,或爲'廉端'。"**以灋掌祭祀、朝覲、會同、賓客之戒具,軍旅、田役、喪荒亦如之。**法,謂其禮法也。戒具,戒官有事者所當共①。**七事者,令百官府共其財用,治其施舍,聽其治訟。**七事,謂先四、"如之"者三也。施舍,不給役者。七事,故書爲"小事",杜子春云:"當爲七事,書亦爲七事。"**凡祭祀,贊王幣爵之事②、祼將之事。**又從大宰助王也③。將,送也。祼送,送祼,謂贊王酌鬱鬯以獻尸④。謂之祼,祼之言灌也,明不爲飲,主以祭祀。唯人道宗廟有祼,天地大神,至尊不祼,莫稱焉。凡鬱鬯,受祭之,啐之,奠之。**凡賓客,贊祼,凡受爵之事,凡受幣之事。**唯祼助宗伯,其餘皆助大宰。王不酌賓客而有受酢,大宗伯職曰"大賓客則攝而載祼"。**喪荒,受其含襚幣玉之事。**春秋傳曰:口實曰含,衣服曰襚。凶荒有幣玉者,賓客所賵委之禮。**月終,則以官府之敘,受羣吏之要。**主每月之小計。**贊冢宰受歲會,歲終,則令羣吏致事。**使齎歲盡文書來至,若今上計。**正歲,帥治官之屬,而觀治象之灋,徇以木鐸,曰:"不用灋者,國有常刑。"**正歲,謂夏之正月。得四時之正,以出教令者,審也。古者將有新令⑤,必奮木鐸以警衆,使明聽也。木鐸,木舌也。文事奮木鐸,武事奮金鐸。**乃退,以宫刑憲禁于王宫。**憲,謂表縣之,若今新有法令云。**令于百官府曰:"各脩乃職,攷**

① 事,金本作"富"。

② 王,白文本、嫯本、金本、建本、附圖本、互注本、京本並作"玉"。正字云"玉,誤'王'"。案:此經文,考注云"又從大宰助王也",檢大宰職云"及祀之日贊玉幣爵之事",注云"玉與幣各如其方之色,爵所以獻齊酒……三者執以從王",三者,玉、幣、爵也,賈疏云"今此又云祭祀贊此三者,謂小宰執以授大宰,大宰執以授王",若此處作"王",則小宰所贊僅有幣、爵,大宰何以得"玉"以獻王?且賈疏明言三者,其所見本亦作"玉"也,衡之經義,作"玉"是也。

③ 王,金本作"主"。案:折衷所引作"王"。

④ 王,金本作"主"。案:折衷所引作"王"。

⑤ 令,岳本作"今"。案:折衷所引作"令"。

乃灋，待乃事，以聽王命。其有不共，則國有大刑。”乃，猶女也①。

宰夫之職，掌治朝之灋，以正王及三公、六卿、大夫、羣吏之位，掌其禁令。治朝，在路門之外，其位司士掌焉，宰夫察其不如儀。**敘羣吏之治，以待賓客之令，諸臣之復，萬民之逆。**恒次敘諸吏之職事。三者之來②，則應使辨理之。鄭司農云："復，請也。逆，迎受王命者。宰夫主諸臣萬民之復逆，故詩人重之曰'家伯維宰'。"玄謂：復之言報也、反也，反報於王，謂於朝廷奏事。自下而上曰逆，逆，謂上書。**掌百官府之徵令，辨其八職：一曰正，掌官灋以治要；二曰師，掌官成以治凡；三曰司，掌官灋以治目；四曰旅，掌官常以治數；五曰府，掌官契以治藏；六曰史，掌官書以贊治；七曰胥，掌官敘以治敘；八曰徒，掌官令以徵令。**別異諸官之八職，以備王之徵召所爲。正，辟於治官，則冢宰也。治要，若歲計也。師，辟小宰、宰夫也。治凡，若月計也。司，辟上士、中士。治目，若今日計也。旅，辟下士也。治數，每事多少異也。治藏，藏文書及器物。贊治，若今起文書草也③。治敘，次序官中，如今侍曹伍伯④，傳吏朝也。徵令，趨走給召呼。**掌治灋以攷百官府羣都縣鄙之治，乘其財用之出入。凡失財用物辟名者，以官刑詔冢宰而誅之；其足用長財善物者，賞之。**羣都，諸采邑也。六遂，五百家爲鄙，五鄙爲縣，言縣鄙，而六鄉州黨亦存焉。乘，猶計也。財，泉穀也。用，貨賄也。物，畜獸也。辟名，詐爲書，以空作見，文書與實不相應也。官刑，在司寇五刑第四者。**以式灋掌祭祀之戒具與其薦**

---

① 女，金本作"汝"。

② 之，附圖本作"以"。案：折衷所引作"之"。

③ 岳本無"也"字。加記云："岳本脱'也'。"案：折衷所引有。

④ 伍，建本作"五"。阮記云："疏云'漢時五人爲伍，伯，長也，是五人之長'，然則訓'伍'爲'五'、'伯'爲'長'，不得竟作'五'也。一作'五'，非。"案：折衷所引作"伍"。

羞,從大宰而眡滌濯。薦,脯醢也。羞,庶羞、内羞。**凡禮事,贊小宰比官府之具。**比,校次之。**凡朝覲、會同、賓客,以牢禮之灋,掌其牢禮、委積、膳獻、飲食、賓賜之飧牽**①**,與其陳數。**牢禮之法,多少之差及其時也②,三牲牛羊豕具爲一牢。委積,謂牢、米、薪③、芻,給賓客道用也。膳獻,禽羞俶獻也。飲食,燕饗也。鄭司農云:"飧,夕食也,春秋傳曰'飧有陪鼎④'。牽,牲牢可牽而行者,春秋傳曰'餼牽竭矣⑤'。"玄謂:飧,客始至所致禮。凡此禮陳數,存可見者,唯有行人掌客及聘禮公食大夫。**凡邦之弔事,掌其戒令,與其幣器財用,凡所共者。**弔事,弔諸侯諸臣。幣,所用賻也。器,所致明器也。凡喪,始死,弔而含襚,葬而賵贈,其間加恩厚⑥,則有賻焉,春秋譏武氏子來求賻⑦。**大喪、小喪,掌小官之戒令,帥執事而治之。**大喪,王、后、世子也。小喪,夫人以下。小官,士也。其大官,則冢宰掌其戒令。治,謂共辦⑧。**三公六卿之喪,與職喪,帥官有司而治之。凡諸大夫之喪,使其旅帥有司而治之。**旅,冢宰下士。**歲終,則令羣吏正歲會;月終,則令正月要;旬終,則令正日成;而以攷其治。治不以時舉者,以告而誅之**⑨。歲終,自周季冬⑩。正,猶定也⑪。旬,十日也。治不時舉者,謂違時令,失期會。

---

① 飧,白文本、婺本、金本、附圖本、纂圖本、京本、岳本、八行本、十行本並作"飱"。案:鄭注云"鄭司農云:飧,夕食也",既爲夕食,則當從夕從食,唐石經亦作"飧",正可爲證,作"飧"是也。

② 差,附圖本作"羞"。案:折衷所引作"差"。

③ 薪,十行本作"新"。案:折衷所引作"薪"。

④ 陪,附圖本作"膳"。案:折衷所引作"陪"。

⑤ 竭,附圖本作"揭"。加記云:"小本'竭'誤'揭'。"案:折衷所引作"竭"。

⑥ 加,建本作"如"。加記云:"建本'加'誤'如'。"

⑦ 氏,建本作"民"。加記云:"建本'氏'誤'民'。"

⑧ 辨,八行本作"辦"。案:折衷所引作"辨"。

⑨ 附圖本無"之"字。案:折衷所引有。

⑩ 季,附圖本作"李"。案:折衷所引作"季"。

⑪ 猶,十行本作"尤"。案:折衷所引作"猶"。

正歲，則以灋警戒羣吏，令脩宮中之職事。警，勑戒之言。鄭司農云："正歲之正月，以法戒勑群吏。"**書其能者與其良者，而以告于上。**良，猶善也[①]。上，謂小宰、大宰也。鄭司農云："若今時舉孝廉、賢良、方正、茂才、異等。"

宮正，掌王宮之戒令糾禁。糾，猶割也，察也。**以時比宮中之官府次舍之衆寡，**時，四時。比，校次其人之在否。宮府之在宮中者[②]，若膳夫、玉府、内宰、内史之屬。次，諸吏直宿，若今部署諸廬者。舍，其所居寺。**爲之版以待，**鄭司農云："爲官府次舍之版圖也。待，待比也。"玄謂：版，其人之名籍[③]。待，待戒令及比[④]。**夕擊柝而比之。**夕，莫也。莫行夜以比直宿者，爲其有解惰[⑤]，離部署。鄭司農云："柝，戒守者所擊也，易曰'重門擊柝[⑥]，以待暴客'，春秋傳曰'魯擊柝[⑦]，聞於邾'。"**國有故，則令宿，其比亦如之。**鄭司農云："故，謂禍災。令宿，宿衛王宮，春秋傳曰'忘守必危，況有災乎'。"玄謂：故，凡非常也。文王世子曰："公有出疆之政，庶子以公族之無事者守於公宮，正室守大廟，諸父守貴宮貴室，諸子諸孫守下宮下室。"此謂諸侯也。王之庶子職，"掌國子之倅"，"國有大事，則帥國子而致於大子，唯所用之"者，令宿之事，蓋亦存焉。**辨外内而時禁，**鄭司農云："分别外人内人，禁其非時出入。"**稽其功緒，糾其德行[⑧]，**稽，猶考也[⑨]，計也。功，吏職也。緒，其志業。**幾其出入，均其稍食，**鄭司農云："幾其出入，若今時宮中有罪，

---

① 猶，十行本作"尤"。案：折衷所引無。

② 宮府，婺本、金本、建本、附圖本、纂圖本、互注本、京本、岳本、八行本、十行本並作"官府"。黄記云："'官'誤'宮'。"案：折衷所引作"官府"。

③ 籍，建本、附圖本並作"藉"。

④ 比，建本、附圖本並作"此"。加記云："建、陳本'比'誤'此'。"

⑤ 解，金本作"懈"。案：折衷所引作"解"。

⑥ 柝，金本作"析"。

⑦ 柝，金本作"析"。

⑧ 糾，八行本作"紃"。加記云："浙本'糾'誤'紃'。"案：折衷所引作"糾"。

⑨ 猶，十行本作"尤"。案：折衷所引作"猶"。

禁止不得出①,亦不得入,及無引籍,不得入宫,司馬殿門也。”玄謂:幾荷其衣服、持操及疏數者②。稍食,禄稟。**去其淫怠與其奇衺之民,**民,宫中吏之家人也。淫,放濫也。怠,解慢也。奇衺,譎觚非常。**會其什伍而教之道藝。**五人爲伍,二伍爲什。會之者,使之輩作輩學相勸帥③,且寄宿衞之令。鄭司農云:“道,謂先王所以教道民者。藝,謂禮樂射御書數。”**月終則會其稍食,歲終則會其行事。**行事,吏職也。**凡邦之大事,令于王宫之官府次舍,無去守而聽政令。**使居其處待所爲。**春秋,以木鐸修火禁。**火星,以春出,以秋入,因天時而以戒。**凡邦之事,蹕,宫中廟中,則執燭。**鄭司農讀“火”絶之④,云:“‘禁凡國之事蹕⑤’,國有事,王當出,則宫正主禁絶行者⑥,若今時衞士填街蹕也。宫中廟中則執燭,宫正主爲王於宫中廟中則執燭⑦。”玄謂:事,祭事也。邦之祭社稷、七祀於宫中,祭先公先王於廟中,隸僕掌蹕止行者,宫正則執燭以爲明,春秋傳曰“有大事於大廟”,又曰“有事於武宫”。**大喪,則授廬舍,辨其親疏貴賤之居。**廬,倚廬也。舍,堊室也。親者貴者居倚廬,疏者賤者居堊室,雜記曰“大夫居廬,士居堊室”。

宫伯,掌王宫之士庶子,凡在版者。鄭司農云:“庶子,宿衞之官⑧。版,名籍也,以版爲之。今時鄉户籍,謂之户版。”玄謂:王宫之士⑨,

---

① 得,互注本、十行本作“能”。正字云“‘得’誤‘能’”,阮記引文“禁止不能出”,云:“閩、監、毛本同,誤也,宋本、余本、嘉靖本‘能’作‘得’,當訂正。”案:此鄭注引鄭司農云,“禁止不得出,亦不得入”,前後皆“不得”,故云“亦”也,疏文云“有門籍及引人,乃得出入”,此“得”正本注文之“得”,折衷引注文,亦作“得”,並可爲證,作“得”是也。

② 持,互注本作“待”。

③ 帥,附圖本作“率”。

④ 之,諸本同。案:折衷所引作“句”。

⑤ 國,纂圖本、互注本、京本、岳本並作“邦”,附圖本作“國邦”。案:折衷所引作“國”。

⑥ 主,八行本作“王”。加記云:“浙本‘主’誤‘王’。”案:折衷所引作“主”。

⑦ 婺本、金本、建本、附圖本、纂圖本、互注本、京本、岳本、八行本、十行本並無“則”字。案:折衷所引無。

⑧ 官,十行本作“宫”。案:折衷所引作“官”。

⑨ 王,纂圖本作“士”。案:折衷所引作“王”。

謂王宫中諸吏之適子也[①]。庶子,其支庶也。**掌其政令,行其秩敘,作其徒役之事,**秩,禄稟也。敘,才等也。作徒役之事,大子所用[②]。**授八次八舍之職事。**衛王宫者,必居四角四中,於徼候便也。鄭司農云:"庶子衛王宫,在内爲次,在外爲舍[③]。"玄謂:次,其宿衛所在。舍,其休沐之處[④]。**若邦有大事,作宫衆,則令之。**謂王宫之士庶子,於邦有大事,或選當行[⑤]。**月終,則均秩;歲終,則均敘。以時頒其衣裘,掌其誅賞。**頒,讀爲"班"。班,布也。衣裘,若今賦冬夏衣。

膳夫,掌王之食、飲、膳、羞,以養王及后、世子。食,飯也;飲,酒漿也;膳,牲肉也;羞,有滋味者:凡養之具,大略有四。**凡王之饋,食用六穀,膳用六牲,飲用六清,羞用百有二十品[⑥],珍用八物,醬用百有二十甕。**進物於尊者曰饋。此饋之盛者,王舉之饌也。六牲,馬牛羊豕犬雞也。羞出於牲及禽獸,以備滋味,謂之庶羞。公食大夫禮内則:下大夫十六,上大夫二十,其物數備焉。天子諸侯有其數,而物未得盡聞。珍,謂淳熬、淳毋、炮豚、炮牂、擣珍、漬、熬、肝膋也。醬,謂醯、醢也。王舉,則醢人共醢六十甕,以五齏、七醢、七菹、三臡實之;醯人共齏菹醯物六十甕。鄭司農云:"羞,進也。六穀,稌、黍、稷、粱[⑦]、麥、苽。苽,彫胡也[⑧]。六清,水、漿、醴、涼、醫、酏。"**王日一舉,鼎十**

---

① 王,附圖本作"士"。案:折衷所引作"王"。

② 大,金本、建本、附圖本並作"天"。加記云:"建、小本誤'天'。"案:折衷所引作"大"。

③ 在外爲舍,金本作"在舍爲外"。案:折衷所引作"在外爲舍"。

④ 沐,十行本作"休"。案:折衷所引作"沐"。

⑤ 選當,纂圖本、互注本並作"當選"。加記云:"纂本、通考'選當'誤倒。"案:折衷所引作"選當"。

⑥ 十行本無"有"字。正字云"監本脱'有'字",阮記云:"唐石經作'羞用百有廿品',宋本、余本、嘉靖本、毛本'百'下皆有'有'字,疏中引經同。此本及閩本、監本脱。"案:賈疏、折衷引經文,並作"羞用百有二十品",則當有"有"字。

⑦ 粱,婺本、金本、建本、十行本並作"梁"。案:折衷所引作"梁"。

⑧ 彫,附圖本作"雕"。案:折衷所引作"雕"。

有二,物皆有俎。殺牲盛饌曰舉。王日一舉,以朝食也。后與王同庖。鼎十有二,牢鼎九,陪鼎三。物,謂牢鼎之實,亦九俎。**以樂侑食,膳夫授祭,品嘗食,王乃食。**侑,猶勸也。祭,謂刌肺脊也。禮,飲食必祭,示有所先。品者,每物皆嘗之,道尊者也。**卒食,以樂徹于造。**造,作也。鄭司農云:"造,謂食之故所居處也。已食,徹置故處。"**王齊,日三舉;**鄭司農云:"齊必變食。"**大喪,則不舉;大荒,則不舉;大札,則不舉;天地有烖,則不舉;邦有大故,則不舉。**大荒,凶年。大札,疫癘也。天烖,日月晦食。地烖,崩動也。大故,寇戎之事。鄭司農云:"大故,刑殺也,春秋傳曰'司寇行戮,君爲之不舉'。"**王燕食,則奉膳贊祭。**燕食,謂日中與夕食。奉膳,奉朝之餘膳。所祭者牢肉。**凡王祭祀、賓客食,則徹王之胙俎。**膳夫親徹胙俎,胙俎最尊也,其餘,則其屬徹之。賓客食而王有胙俎,王與賓客禮食,主人飲食之俎皆爲胙俎①,見於此矣。**凡王之稍事,設薦脯醢。**鄭司農云:"稍事,謂非日中大舉②,時而間食,謂之稍事,膳夫主設薦脯醢③。"玄謂:稍事,有小事而飲酒。**王燕飲酒,則爲獻主。**鄭司農云:"主人當獻賓,則膳夫代王爲主,君不敵臣也,燕義曰'使宰夫爲獻主④,臣莫敢與君亢禮'。"**掌后及世子之膳羞。**亦主其饌之數,不饋之耳。**凡肉脩之頒賜,皆掌之。**鄭司農云:"脩,脯也。"**凡祭祀之致福者,受而膳之,**致福,謂諸臣祭祀,進其餘肉,歸胙于王⑤。鄭司

① 爲,附圖本作"有"。阮記云:"諸本同,宋本'爲'作'有'。案:上云'賓客食而王有胙俎',又此疏云'特牲、少牢,主人之俎雖爲胙俎,直是祭祀,不兼賓客,此則祭祀、賓客俱有',然則'爲'當作'有'矣。"案:賈疏明云"云'主人飲食之俎皆爲胙俎見於此矣'者","故云'主人飲食之俎皆爲胙俎見於此'",則賈氏所見本作"爲",作"爲"是也。

② 謂,纂圖本、互注本、京本、十行本作"爲"。案:折衷所引作"謂"。

③ 主,纂圖本、互注本並作"代王"。案:折衷所引作"主"。

④ 主,建本作"王"。阮記云:"宋本'主'誤'王'。"加記云:"建本'主'誤'王'。"案:折衷所引作"主"。

⑤ 胙,纂圖本作"郛"。案:折衷所引作"胙"。

農云:"膳夫受之[①],以給王膳。"**以摯見者,亦如之。**鄭司農云:"以羔鴈雉爲摯見者,亦受以給王膳。"**歲終則會,唯王及后、世子之膳不會。**不會計多少,優尊者。其頒賜諸臣,則計之。

庖人,掌共六畜、六獸、六禽,辨其名物。六畜,六牲也。始養之曰畜,將用之曰牲,春秋傳曰:"卜日曰牲[②]。"鄭司農云:"六獸,麋、鹿、熊、麕、野豕、兔。六禽,鴈、鶉、鷃、雉、鳩、鴿。"玄謂:獸人"冬獻狼,夏獻麋",又内則無熊,則六獸當有狼,而熊不屬。六禽,於禽獻及六摯,宜爲羔、豚、犢、麛、雉、鴈。凡鳥獸未孕曰禽。司馬職曰:"大獸公之,小禽私之。"**凡其死生鱻薨之物,以共王之膳,與其薦羞之物,及后、世子之膳羞。**凡,計數之。薦,亦進也。備品物曰薦,致滋味乃爲羞。王言薦者,味以不褻爲尊。鄭司農云:"鮮,謂生肉。薨,謂乾肉。"**共祭祀之好羞,**謂四時所爲膳食,若荆州之鮺魚,青州之蟹胥,雖非常物,進之,孝也。**共喪紀之庶羞,賓客之禽獻。**喪紀,喪事之祭,謂虞祔也。禽獻,獻禽於賓客。獻,古文爲"獸",杜子春云:"當爲'獻'。"**凡令禽獻,以瀍授之,其出入亦如之。**令,令獸人也。禽獸不可久處,賓客至,將獻之,庖人乃令獸人取之[③],必書所當獻之數與之。及其來致禽,亦以此書校數之。至于獻賓客,又以此書付使者,展而行之。掌客:乘禽於諸侯,各如其命之數。聘禮:乘禽於客,日如其饔餼之數。士中日則二雙[④]。**凡用禽獻,春行羔豚,膳膏香;夏行腒鱐,膳膏臊[⑤];秋行**

---

① 夫,纂圖本作"人"。案:折衷所引作"夫"。

② 卜,纂圖本、岳本並作"十"。加記云:"岳本'卜'誤'十'。"案:折衷所引作"卜"。

③ 令,金本作"今"。加記云:"董本'令'誤'今'。"案:折衷所引作"令"。

④ 士,十行本作"上"。加記以爲作"上"乃"士"字字形之殘闕。案:折衷所引作"士"。

⑤ 夏行腒鱐膳膏臊,諸本同。阮記云:"漢讀考云:説文'鱐'作'鱅',魚部云:鱢,魚臭也,引周禮'膳膏鱢',而肉部云:臊,豕膏臭也。然則,周禮作'膏臊',臊非魚膏,明矣。"案:賈疏明云"'夏行腒鱐膳膏臊'者",釋文出字"鱐"、"臊",則其所見本皆與諸本合,又折衷引經文,亦作"夏行腒鱐膳膏臊",並可爲證,原文不誤,且以文義考之,注引鄭司農云"腒,乾雉;鱐,乾魚;膏臊,豕膏也,以豕膏和之",據此,則腒是一物,鱐是一物,膏臊復是一物,以膏臊即豕膏和腒與鱐也,則鄭司農所見必作"臊",許慎所見乃别本,豈可據此别本謂歷代相傳之本爲誤也?段説非也。

犢麛，膳膏腥；冬行鱻羽，膳膏羶。用禽獻，謂煎和之以獻王。鄭司農云："膏香，牛脂也，以牛脂和之。腒，乾雉。鱐，乾魚。膏臊，豕膏也，以豕膏和之。"杜子春云："膏臊，犬膏①。膏腥，豕膏也。鮮②，魚也。羽，鴈也。膏羶，羊脂也。"玄謂：膏腥，雞膏也。羔、豚，物生而肥；犢與麋③，物成而充；腒、鱐，暵熱而乾；魚、鴈，水涸而性定④：此八物者，得四時之氣尤盛⑤，爲人食之弗勝，是以用休廢之脂膏煎和膳之⑥。牛屬司徒，土也；雞屬宗伯，木也；犬屬司寇，金也；羊屬司馬，火也。**歲終則會，唯王及后之膳禽不會⑦。**膳禽，四時所膳，禽獻加。世子可以會之。

内饔，掌王及后、世子膳羞之割亨煎和之事，辨體名肉物，辨百品味之物。割，肆解肉也。亨，煮也。煎和⑧，齊以五味。體名，脊、脅、肩、臂、臑之屬。肉物，胾、燔之屬⑨。百品味⑩，庶羞之屬，言百，舉成數。**王舉，則陳其鼎俎，以牲體實之。**取於鑊以實鼎，取於鼎以實俎。實鼎曰脀⑪，實俎曰載。**選百羞、醬物、珍物以俟饋。**先進食之時，恒選擇其中御者。**共后及世子之膳羞。**膳夫掌之，是乃共之。**辨腥臊羶香之不可食者，牛夜鳴則庮；羊泠**

① 犬，金本、岳本並作"大"。加記云："小本'犬'誤'大'。"案：折衷所引作"大"。
② 鮮，附圖本作"鱻"。加記云："小、集本'鮮'誤'鱻'。"案：折衷所引作"鮮"。
③ 麋，建本、附圖本、纂圖本、互注本、京本、岳本、十行本並作"麛"。阮記云："嘉靖本'麛'誤'麋'。"案：折衷所引作"麋"。
④ 性，金本作"牲"。案：折衷所引作"性"。
⑤ 尤，金本作"无"。案：折衷所引作"尤"。
⑥ 是，纂圖本、互注本並作"因"。案：折衷所引作"是"。煎，金本作"前"。案：折衷所引作"煎"。
⑦ 附圖本"后"下有"世子"二字。阮記云："宋本'后'下有'世子'二字，係妄增。案：注云世子可以會之，故經不言世子也。"案：折衷所引無。
⑧ 煎，金本作"前"。案：折衷所引作"煎"。
⑨ 燔，建本、附圖本並作"膰"。案：折衷所引作"燔"，《釋文》出字"膰"，云："音燔，本亦作'燔'。"
⑩ 味，金本作"咪"。案：折衷所引作"味"。
⑪ 脀，金本作"烝月"。

毛而毳[①]，羶；犬赤股而躁，臊；鳥皫色而沙鳴，貍；豕盲眡而交睫，腥；馬黑脊而般臂，螻。腥臊羶香，可食者，是別其不可食者，則所謂者，皆臭味也。泠毛[②]，毛長總結也。皫，失色，不澤美也[③]。沙，澌也。交睫腥，腥當爲"星"，聲之誤也，肉有如米者，似星。般臂，臂毛有文。鄭司農云："庮，朽木臭也。螻，螻蛄臭也。"杜子春云："盲眡，當爲'望視'。"凡宗廟之祭祀，掌割亨之事。凡燕飲食，亦如之。凡掌共羞、脩、刑、膴、胖、骨、鱐，以待共膳。掌共，共當爲具。羞，庶羞也。脩，鍛脯也。胖，如脯而腥者。鄭司農云："刑膴，謂夾脊肉，或曰膺肉也。骨鱐，謂骨有肉者。"玄謂：刑，鉶羹也。膴，牒肉大臠[④]，所以祭者。骨，牲體也。鱐，乾魚。凡王之好賜肉脩，則饔人共之。好賜，王所善而賜也。

外饔，掌外祭祀之割亨，共其脯、脩、刑、膴，陳其鼎俎，實之牲體、魚、腊。凡賓客之飧饔、饗食之事，亦如之。飧，客始至之禮。饔，既將幣之禮。致禮於客[⑤]，莫盛於饔。邦饗耆老、孤子，則掌其割亨之事。饗士庶子，亦如之。孤子者，死王事者之子也。士庶子，衛王宫者，若今時之饗衛士矣。王制曰："周人養國老於東膠，養庶老於虞庠。"師役，則掌共其獻、賜脯肉之事。獻，謂酌其長帥。凡小喪紀，陳其鼎俎而實之。謂喪事之奠祭。

亨人，掌共鼎鑊，以給水火之齊。鑊，所以煮肉及魚、腊之器。既孰[⑥]，乃脀于鼎[⑦]。齊，多少之量。職外内饔之爨亨煮，辨

---

① 泠，白文本、建本並作"冷"。加記云："建、朱林本、禮書'泠'誤'冷'。"案：折衷所引作"泠"。

② 泠，建本作"冷"。案：折衷所引作"泠"。

③ 不，八行本作"而"。加記云："浙本'不'誤'而'，形似之誤。"案：折衷所引作"不"。

④ 牒，金本作"牃"。案：折衷所引作"牒"。

⑤ 建本、八行本"於"下並有"賓"字。案：折衷所引無。

⑥ 孰，附圖本作"熟"。案：折衷所引作"熟"。

⑦ 于，纂圖本作"予"。案：折衷所引作"于"。

膳羞之物。職,主也。爨,今之竈①。主於其竈煮物。**祭祀,共大羹、鉶羹,賓客亦如之。**大羹,肉湆。鄭司農云:"大羹,不致五味也。鉶羹,加鹽菜矣。"

甸師,掌帥其屬而耕耨王藉,以時入之,以共齍盛。其屬,府史胥徒也。耨,芸芓也②。王以孟春"躬耕帝藉,天子三推,三公五推,卿諸侯九推","庶人終於千畝"。庶人,謂徒三百人。藉之言借也。王一耕之,而使庶人芸芓終之③。齍盛,祭祀所用穀也。粢,稷也,穀者稷爲長,是以名云。在器曰盛。**祭祀,共蕭茅,**鄭大夫云:"蕭,字或爲'茜',茜讀爲'縮'。束茅立之祭前,沃酒其上,酒滲下去,若神飲之,故謂之縮。縮,浚也。故齊桓公責楚不貢包茅④,'王祭不共,無以縮酒'。"杜子春讀爲蕭,蕭,香蒿也。玄謂:詩所云"取蕭祭脂",郊特牲云"蕭合黍稷,臭陽達於牆屋。故既薦,然後焫蕭合馨香",合馨香者,是蕭之謂也。茅,以共祭之苴,亦以縮酒,苴以藉祭。縮酒,泲酒也⑤,"醴齊縮酌"。**共野果蓏之薦。**甸在遠郊之外,郊外曰野。果,桃李之屬。蓏,瓜瓞之屬。**喪事,代王受眚烖。**粢盛者,祭祀之主也,今國遭大喪,若云此黍稷不馨,使鬼神不逞于王。既殯,大祝作禱辭授甸人⑥,使以禱藉田之神⑦。受眚烖,弭後殃。**王之同姓有辠,則死刑焉。**鄭司農云:"王同姓有罪當刑者,斷其獄於甸師之官也。文王世子曰'公族有死罪,則磬於甸

---

① 今,八行本作"人"。加記云:"浙本'今'誤'人'。"案:折衷所引作"今"。

② 芸,建本作"耘"。阮記云:"宋本'芸'作'耘',釋文:芸音云,本或作'耘'。"案:賈疏云"云'耨芸芓也'者",則賈氏所見本亦作"芸",下注又云"使庶人芸芓終之",又折衷引注文,亦作"芸",並可爲證,則作"芸"是也,作"耘"者乃別本也。芓,金本作"茅",附圖本作"芋"。案:折衷所引作"芓"。

③ 芓,附圖本作"芋"。案:折衷所引作"芓"。

④ 包,建本、附圖本、纂圖本、互注本、岳本、十行本並作"苞"。阮記云:"嘉靖本'苞'作'包',此本疏引左傳亦作'包'……案:苞苴、苞裹字多從艸,而左傳及說文'茜'下引春秋傳皆作'包茅',蓋從省。○按:版本多依舊不同,作'包'未爲非也。"案:折衷所引作"包"。

⑤ 泲,金本作"沛"。案:折衷所引作"泲"。

⑥ 附圖本"授"下有"之"字。案:折衷所引無。

⑦ 藉,十行本作"籍"。案:折衷所引作"藉"。

人’,又曰‘公族無宫刑,獄成’,‘致刑于甸人’,又曰‘公族無宫刑,不踐其類也’,‘刑于隱者,不與國人慮兄弟’。”**帥其徒,以薪蒸役外内饔之事。**役,爲給役也。木大曰薪,小曰蒸。

獸人,掌罟田獸,辨其名物。罟,罔也①。以罔搏所當田之獸。**冬獻狼,夏獻麋,春秋獻獸物。**狼膏聚,麋膏散,聚則温,散則涼,以救時之苦也。獸物,凡獸皆可獻也,及狐狸②。**時田,則守罟。**備獸觸攫③。**及弊田,令禽注于虞中。**弊,仆也,仆而田止。鄭司農云:“弊田,謂春火弊,夏車弊,秋羅弊,冬徒弊。虞中,謂虞人釐所田之野,及弊田,植虞旗於其中,致禽而珥焉。獸人主令田衆得禽者,置虞人所立虞旗之中,當以給四時社廟之祭,故曰‘春獻禽以祭社,夏獻禽以享礿,秋獻禽以祀祊,冬獻禽以享烝④’,又曰‘大獸公之,小禽私之’。公之,謂輸之於虞中。珥焉者,取左耳以致功,若斬首折馘⑤,故春秋傳曰‘以數軍實’。”**凡祭祀、喪紀、賓客,共其死獸生獸。**共其完者。**凡獸,入于腊人;**當乾之⑥。**皮毛筋角,入于玉府。**給作器物。**凡田獸者,掌其政令。**

䱷人,掌以時䱷爲梁。月令:季冬命漁師爲梁⑦。鄭司農云:“梁,水偃也。偃水爲關空,以笱承其空,詩曰‘敝笱在梁’。”**春獻王鮪。**王鮪,鮪之大者,月令:季春“薦鮪于寢廟”。**辨魚物,爲鱻薧,以共**

---

① 罔,八行本作“冈”、十行本作“罔”。加記云:“正本‘罔’誤‘罔’。”案:折衷所引作“網”。

② 狸,金本作“貍”。案:折衷所引作“狸”。

③ 十行本“攫”下有“攖”字。阮記引文“備獸觸攫”,云:“諸本同,釋文:觸攫,俱縛反,又作‘擭’,華霸反。案:作‘擭’非也,此本補刻,‘攫’下衍‘攖’。”案:賈疏云“‘備獸觸攫’者”,則賈氏所見本亦無“攖”字,無者是也,十行本此頁爲正德補刊印面,頗疑正德補板時誤衍也。

④ 烝,纂圖本作“蒸”。案:折衷所引作“烝”。

⑤ 斬,互注本作“折”。

⑥ 八行本無“當乾之”三字。加記云:“當乾之,浙本脱此三字。”

⑦ 漁,互注本作“魚”。

王膳羞。鮮[①],生也。薧,乾也。**凡祭祀、賓客、喪紀,共其魚之鱻薧。凡𫎇者,掌其政令。凡𫎇征,入于玉府。**鄭司農云:"漁征,漁者之租稅,漁人主收之,入于玉府[②]。"

鼈人,掌取互物,鄭司農云:"互物,謂有甲𦻊胡,龜鼈之屬。"**以時簎魚鼈龜蜃,凡貍物。**蜃,大蛤。鄭司農云:"簎[③],謂以杈刺泥中[④],搏取之。貍物,龜鼈之屬,自貍藏伏於泥中者。"玄謂:貍物,亦謂鱴刀、含漿之屬[⑤]。**春獻鼈蜃,秋獻龜魚。**此其出在淺處,可得之時。魚,亦謂自貍藏。**祭祀,共蠯、蠃、蚳,以授醢人。**蠃,螔蝓。鄭司農云:"蠯,蛤也。"杜子春云:"蠯,蜯也。蚳,蛾子,國語曰'蟲舍蚳蝝[⑥]'。"**掌凡邦之簎事。**

腊人,掌乾肉,凡田獸之脯、腊、膴、胖之事[⑦]。大物解肆乾之,謂之乾肉,若今涼州烏翅矣[⑧]。薄析曰脯[⑨],捶之而施薑桂曰鍛脩。腊,小物全乾[⑩]。**凡祭祀,共豆脯、薦脯、膴、胖,凡腊物。**脯芊豆實[⑪],豆當爲羞,聲之誤也。鄭司農云:"膴,膺肉[⑫]。"鄭大夫云:"胖,讀爲'判'。"杜子春讀胖爲"版"[⑬],又云"膴、胖,皆謂夾脊肉",又云:"禮家以

---

① 鮮,附圖本、京本並作"鱻"。加記云:"京本、事類賦'鮮'誤'鱻'。"

② 玉,八行本作"王"。加記云:"浙、董本……'玉'誤'王'。"案:折衷所引作"玉"。

③ 簎,金本作"籍"。案:折衷所引作"簎"。

④ 以,纂圖本作"似"。案:折衷所引作"以"。杈,金本作"乂"。案:折衷所引作"杈"。

⑤ 含,附圖本作"舍"。加記云:"監本'含'誤'舍'。"案:折衷所引作"含"。漿,諸本同。案:折衷所引作"漿水"。

⑥ 蟲,建本作"虫"。案:折衷所引作"蟲"。

⑦ 膴胖之事,諸本皆同。阮記云:"唐石經、諸本同。案:'膴胖之事'四字疑衍文。"案:折衷引經文,亦有"膴胖之事"四字,阮記所疑無據,不可信從。

⑧ 翅,纂圖本作"廷",十行本作"翹"。案:折衷所引作"翅"。

⑨ 析,十行本作"折"。案:折衷所引作"折"。

⑩ 金本"乾"下有"當"字。案:折衷所引無。

⑪ 芊,婺本、金本、建本、附圖本、纂圖本、互注本、京本、岳本、八行本、十行本並作"非"。黄記云:"'非'誤'芊'。"案:折衷所引作"非"。

⑫ 膺肉,金本作"臠肉也"。案:折衷所引作"膺肉"。

⑬ 版,纂圖本、互注本並作"板"。案:折衷所引作"版"。

胖爲半體。"玄謂:公食大夫禮曰"庶羞皆有大"①,有司曰"主人亦一魚","加膴祭于其上"②,内則曰"麋鹿田豕麕③,皆有胖",足相參正也。大者,胾之大臠。膴者,魚之反覆。膴又詁曰大④,二者同矣,則是膴亦牒肉大臠。胖宜爲脯而腥,胖之言片也,析肉意也,禮固有腥膴爓,雖其有爲孰之,皆先制,乃亨⑤。**賓客、喪紀,共脯腊⑥,凡乾肉之事。**

周禮卷第一⑦

經四千二百五十九字

注八千五百一十二字⑧

---

① 建本、附圖本、纂圖本、互注本、京本、岳本、十行本"大"下並有"者此據肉之所擬祭者也又引"十二字。

② 纂圖本、互注本、京本、岳本、十行本"上"下並有"此據主人擬祭者膴與大亦一也"十三字,建本、附圖本亦同,且二本"此"前並有"者"字。阮記云:"案:此皆因疏語誤衍也,嘉靖本'庶羞皆有大'下無'者此據肉'十二字,'加膴祭于其上'下無'此據主人'十三字,當據此刪正。"案:賈疏云:"玄謂公食大夫禮曰'庶羞皆有大'者,此據肉之所擬祭者也,又引有司曰'主人亦一魚加膴祭於其上'者,此據主人擬祭者也,膴與大亦一也。"則確如阮記所言,諸本鄭注多有疏文混入,底本不誤。

③ 麇,金本作"麋"。

④ 詁,建本作"沽"。

⑤ 金本"亨"下有"之"字。

⑥ 唐石經、白文本、婺本、金本、建本、附圖本、纂圖本、互注本、京本、岳本、八行本、十行本"共"下並有"其"字。

⑦ 周禮卷第一,纂圖本、互注本並作"纂圖互注周禮卷第一",京本作"京本點校附音重言重意互注周禮卷第一",下同。

⑧ 自"經四"至"二字",附圖本作"經四千二百五十六字注八千五百四十三字音義三千六十一字",金本、建本、纂圖本、互注本、京本、岳本、八行本、十行本並無。

周禮卷第二

天官冢宰下　周禮

鄭氏注

醫師，掌醫之政令，聚毒藥，以共醫事。毒藥，藥之辛苦者，藥之物恒多毒，孟子曰“藥不瞑眩①，厥疾無瘳②”。**凡邦之有疾病者③、疕瘍者造焉，則使醫分而治之。**疕，頭瘍，亦謂禿也。身傷曰瘍④。分之者，醫各有能。**歲終，則稽其醫事，以制其食。十全爲上，十失一次之，十失二次之，十失三次之，十失四爲下。**食，禄也。全，猶愈也。以失四爲下者，五則半矣⑤，或不治自愈。

食醫，掌和王之六食、六飲、六膳、百羞、百醬、八珍之齊。和，調也。**凡食齊，眡春時；**飯宜温⑥。**羹齊，眡夏時；**羹宜熱。**醬齊，眡秋時；**醬宜涼。**飲齊，眡冬時。**飲宜寒。**凡和，春多酸，夏多苦，秋多辛，冬多鹹，調以滑甘。**各尚其時

---

① 金本、纂圖本、互注本、京本、岳本、十行本“藥”上並有“若”字。案：折衷所引無。
② 無，京本、十行本並作“不”，附圖本作“弗”。案：折衷所引作“無”。
③ 建本、附圖本並無“之”字。案：折衷所引有。
④ 傷，金本作“瘍”。加記云：“士本‘傷’誤‘瘍’。”案：折衷所引作“傷”。
⑤ 京本無“矣”字。加記云：“京本脱‘矣’。”案：折衷所引有。
⑥ 飯，京本作“反”。加記云：“京本‘飯’誤‘反’。”案：折衷所引作“飯”。

味，而甘以成之，猶水火金木之載於土[①]。内則曰："棗栗飴蜜以甘之[②]，堇荁枌榆娩槁瀡瀡以滑之[③]。"**凡會膳食之宜，牛宜稌，羊宜黍，豕宜稷，犬宜粱[④]，鴈宜麥，魚宜苽。**會，成也，謂其味相成。鄭司農云："稌，稉也，爾雅曰'稌，稻'。苽，彫胡也。"**凡君子之食，恒放焉。**放，猶依也。

疾醫，掌養萬民之疾病。四時皆有癘疾：春時有痟首疾，夏時有痒疥疾，秋時有瘧寒疾，冬時有嗽上氣疾[⑤]。癘疾，氣不和之疾。痟，酸削也。首疾，頭痛也。嗽，欬也[⑥]。上氣，逆喘也。五行傳曰："六癘作見。"**以五味、五穀、五藥，養其病，**養，猶治也。病由氣勝負而生[⑦]，攻其羸，養其不足者。五味，醯、酒、飴蜜、薑、鹽之屬[⑧]。五穀，麻、黍、稷、麥、豆也。五藥，草、木、蟲[⑨]、石、穀也。其治合之齊，則存乎神農[⑩]、子儀之術云。**以五氣、五聲、五色，眡其死生。**三者，劇易之徵見於外者。五氣，五臟所出氣也[⑪]。肺氣熱，心氣次之，肝

① 猶，金本作"飲"。案：折衷所引作"猶"。

② 栗，金本、互注本並作"粟"。

③ 荁，金本作"苴"，岳本作"堇"。枌，附圖本作"紛"，京本作"扮"。娩，金本作"免"。阮記云："浦鏜云：'娩槁'，内則作'免薨'。"案：賈疏引鄭注，亦作"娩槁"，則賈氏所見本如此，釋文出字"娩"、"槁"，則作"娩槁"是也，金本誤"娩"爲"免"。

④ 粱，京本作"粱"。案：折衷所引作"粱"。

⑤ 嗽，白文本、京本、十行本並作"漱"。阮記云："唐石經、諸本'漱'作'嗽'。案：説文無'嗽'字，此本注及疏仍作'嗽'，釋文：嗽，本亦作'欶'字。按：作'欶'爲是。"案：賈疏云"云'冬時有嗽上氣疾'"，則賈氏所見本作"嗽"，又折衷引經文，亦作"嗽"，作"嗽"是也，釋文已明言一本作"欶"，則作"欶"者别本也，阮記謂作"欶"爲是，非。

⑥ 欬，婺本、金本、建本、附圖本、八行本並作"咳"。案：折衷所引作"欬"。

⑦ 由，建本作"猶"。阮記云："宋本'由'作'猶'。案：疏云'故言猶氣勝負而生'，皆'由'之誤。"案：由者因也，病因氣勝負而生也，檢折衷引注文，亦作"由"，作"由"是也。

⑧ 鹽，金本、建本、纂圖本、十行本並作"鹽"。加記云："建本'鹽'誤'鹽'。"案：折衷所引作"鹽"。

⑨ 蟲，建本、纂圖本、互注本並作"虫"。案：折衷所引作"蟲"。

⑩ 存，附圖本作"有"。案：折衷所引作"存"。

⑪ 臟，婺本、金本、附圖本、京本、岳本、八行本、十行本並作"藏"。黄記云："'藏'誤'臟'。"案：折衷所引作"藏"。

氣涼,脾氣温,腎氣寒。五聲,言語宫、商、角、徵、羽也。五色,面貌青、赤、黄、白、黑也。察其盈虚休王①,吉凶可知。審用此者,莫若扁鵲、倉公。**兩之以九竅之變,參之以九藏之動。**兩參之者,以觀其死生之驗。竅之變,謂開閉非常。陽竅七,陰竅二。藏之動,謂脉至與不至。正藏五,又有胃、旁胱、大腸、小腸。脉之大候②,要在陽明、寸口。能專是者,其唯秦和乎,岐伯③、榆柎則兼彼數術者④。**凡民之有疾病者,分而治之。死終,則各書其所以,而入于醫師。**少者曰死,老者曰終。所以,謂治之不愈之狀也。醫師得以制其禄,且爲後治之戒。

瘍醫,掌腫瘍、潰瘍、金瘍、折瘍之祝藥劀殺之齊。腫瘍,癕而上生創者。潰瘍,癕而含膿血者。金瘍,刃創也。折瘍,踠跌者。祝,當爲"注",讀如"注病"之"注",聲之誤也。注,謂附著藥。刮⑤,刮去膿血。殺,謂以藥食其惡肉。**凡療瘍,以五毒攻之,**止病曰療。攻,治也。五毒,五藥之有毒者。今醫方有五毒之藥⑥,作之,合黄堥,置石膽、丹沙⑦、雄黄、礜石、慈石其中,燒之三日三夜,其煙上著,以雞羽掃取之,以注創,惡肉破骨則盡出。**以五氣養之,以五藥療之,以五味節之。**既刮殺而攻盡其宿肉⑧,乃養之也。五氣,當爲"五穀",字之誤也。節,節成其藥之力。**凡藥,以酸養骨,以辛養筋,以鹹養脉,以苦養氣,以甘養肉,以滑養竅。**以類相養也。酸,木味⑨,木根立

① 王,岳本作"玉"。案:折衷所引作"王"。
② 大,互注本作"火"。加記云:"纂本'大'誤'火'。"
③ 岐,互注本、京本、十行本並作"歧"。案:折衷所引作"岐"。
④ 金本"者"下有"也"字。案:折衷所引無。
⑤ 刮,建本、附圖本、京本、岳本並作"劀"。案:折衷所引作"刮"。
⑥ 方,十行本作"人"。阮記引文"今醫方有五毒之藥",云:"此本補刻,'方'誤'人',今據諸本訂正。"案:檢折衷引注文,亦作"方",作"方"是也。
⑦ 沙,金本、建本、附圖本、纂圖本、互注本、京本、岳本、十行本並作"砂"。案:折衷所引作"砂"。
⑧ 八行本無"既刮"二字。
⑨ 木味,八行本作"味木"。加記云:"浙本'木味'誤倒。"案:折衷所引作"木味"。

地中,似骨。辛,金味,金之纏合異物,似筋。鹹,水味,水之流行地中[①],似脉[②]。苦,火味,火出入無形,似氣。甘,土味,土含載四者,似肉。滑,滑石也,凡諸滑物,通利往來,似竅。**凡有瘍者,受其藥焉。**

獸醫,掌療獸病,療獸瘍。畜獸之疾病及瘍,療同醫[③]。**凡療獸病,灌而行之,以節之,以動其氣,觀其所發而養之。**療畜獸,必灌行之者,爲其病狀難知,灌以緩之,且強其氣也[④]。節,趨聚之節也。氣,謂脉氣。既行之,乃以脉視之,以知所病。**凡療獸瘍,灌而劀之,以發其惡[⑤],然後藥之,養之,食之。**亦先攻之而後養之。**凡獸之有病者、有瘍者,使療之,死則計其數以進退之。**

酒正,掌酒之政令,以式灋授酒材。式法[⑥],作酒之法式。作酒既有米麴之數,又有功沽之巧。月令曰:"乃命大酋,秫稻必齊,麴糵必時[⑦],湛饎必絜,水泉必香,陶器必良,火齊必得。"鄭司農云:"授酒材[⑧],授酒人以其材。"**凡爲公酒者,亦如之。**謂鄉射飲酒,以公事作酒者,亦以式法及酒材授之,使自釀之[⑨]。**辨五齊之名:一曰泛齊,二曰醴齊,三曰盎齊,四曰緹齊,五曰沈齊。**泛者,成而滓浮泛泛然,如今宜成醪矣[⑩]。醴,猶體也,成而汁滓相將,如今恬酒矣。盎,猶翁也,成而翁翁然葱白色,如今酇白矣。緹者,成而紅赤,如今下酒矣。沈者,

① 之,八行本作"中"。加記云:"浙本'之'誤'中'。"案:折衷所引作"之"。

② 似,金本作"以"。案:折衷所引作"似"。

③ 同,岳本作"問"。案:折衷所引作"同"。

④ 且,附圖本作"其"。案:折衷所引作"且"。

⑤ 惡,京本作"怒"。加記云:"京本'惡'誤'怒'。"案:折衷所引作"惡"。

⑥ 法,京本作"灋"。加記云:"京、陳本上'法'誤'灋'。"案:折衷所引作"灋"。

⑦ 糵,金本、八行本、十行本並作"蘗"。阮記引文"麴糵必時湛饎必潔",云:"此本'糵'誤'蘗',今據諸本訂正。"案:此注引月令,檢之作"麴糵",釋文出字"麴糵",又檢折衷引注文,亦作"麴糵",則作"糵"是也。

⑧ 十行本無"授酒材"三字。案:折衷所引有。

⑨ 使,十行本作"吏"。加記云:"韓本'使'誤'吏'。"案:折衷所引作"使"。

⑩ 成,附圖本作"城"。案:折衷所引作"成"。

成而滓沈,如今造清矣。自"醴"以上尤濁,縮酌者,"盎"以下差清,其象類則然,古之法式,未可盡聞。杜子春讀齊皆爲"粢"。又禮器曰:"緹酒之用,玄酒之尚。"玄謂:齊者,每有祭祀,以度量節作之。**辨三酒之物:一曰事酒,二曰昔酒,三曰清酒。**鄭司農云:"事酒,有事而飲也。昔酒,無事而飲也。清酒,祭祀之酒。"玄謂:事酒,酌有事者之酒,其酒則今之醳酒也。昔酒,今之酋久白酒,所謂舊醳者也。清酒,今中山冬釀,接夏而成。**辨四飲之物:一曰清,二曰醫,三曰漿,四曰酏。**清,謂醴之泲者。醫,内則所謂"或以酏爲醴",凡醴濁,釀酏爲之,則少清矣。醫之字,從殹從酉省也。漿,今之截漿也。酏,今之粥,内則有黍酏,酏飲,粥稀者之清也。鄭司農説以内則曰"飲,重醴,稻醴清𥂖,黍醴清𥂖,粱醴清𥂖[①],或以酏爲醴","漿,水,醷[②]"。"后致飲于賓客之禮",有"醫酏糟"。糟音聲與𥂖相似,醫與醷亦相似[③],文字不同,記之者各異耳,此皆一物。**掌其厚薄之齊,以共王之四飲三酒之饌,及后、世子之飲,與其酒。**后、世子不言饌,其饋食不必具設之。五齊正用醴爲飲者,取醴恬,與酒味異也。其餘四齊,味皆似酒。**凡祭祀,以灋共五齊三酒,以實八尊。大祭三貳,中祭再貳,小祭壹貳,皆有酌數。唯齊酒不貳,皆有器量。**酌、器,所用注尊中者,數量之多少未聞。鄭司農云:"三貳,三益副之也。大祭,天地。中祭,宗廟。小祭,五祀。齊酒不貳,爲尊者質,不敢副益也。"杜子春云:"齊酒不貳,謂五齊以祭,不益也。其三酒,人所飲者,益也。弟子職曰:'周旋而貳,唯嗛之視。'"玄謂:大祭者,王服大裘衮冕所祭也[④]。中祭者,王服鷩冕毳冕所祭也。小祭者,王服希冕玄冕所祭也。三貳再貳一貳者,謂就三酒之尊而益之也。禮運曰:"玄酒在室,醴醆在户,粢醍在堂[⑤],澄酒在下。"澄酒,是

---

① 粱,建本、互注本、十行本並作"梁"。𥂖,京本作"茜"。加記云:"京本'𥂖'誤'茜'。"案:折衷所引作"𥂖"。

② 醷,建本、互注本、京本、十行本並作"臆"。案:折衷所引作"醷"。

③ 醷,京本、十行本並作"臆"。案:折衷所引作"醷"。附圖本無"亦"字。案:折衷所引無。

④ 王,十行本作"三"。案:折衷所引作"王"。

⑤ 堂,京本作"室"。案:折衷所引作"堂"。

三酒也。益之者,以飲諸臣,若今常滿尊也。祭祀必用五齊者,至敬不尚味而貴多品①。**共賓客之禮酒,共后之致飲于賓客之禮醫酏糟,皆使其士奉之。**禮酒,王所致酒也。王致酒,后致飲,夫婦之義。糟,醫酏不泲者。泲曰清,不泲曰糟。后致飲無醴,醫酏不清者,與王同體,屈也,亦因以少爲貴。士,謂酒人、漿人、奄士。**凡王之燕飲酒,共其計,酒正奉之。**共其計者,獻酬多少,度當足也。故書"酒正"無酒字。鄭司農云:"正奉之,酒正奉之也。"**凡饗士庶子,饗耆老孤子,皆共其酒,無酌數。**要以醉爲度。**掌酒之賜頒,皆有灋以行之。**法②,尊卑之差。**凡有秩酒者,以書契授之。**鄭司農云:"有秩酒者,給事中,予之酒,秩,常也,常受酒者。國語曰:'至于今秩之。'"玄謂:所秩者,謂老臣③。王制曰:"七十不俟朝,八十月告存④,九十日有秩。"**酒正之出,日入其成,月入其要,小宰聽之。**出,謂授酒材,及用酒之多少也。受用酒者,日言其計於酒正,酒正月盡言於小宰。**歲終則會,唯王及后之飲酒不會。以酒式誅賞。**誅賞作酒之善惡者。

酒人,掌爲五齊三酒,祭祀則共奉之,以役世婦。世婦,謂宫卿之官,掌女宫之宿戒,及祭祀,比其具。酒人共酒,因留與其奚爲世婦役,亦官聯。**共賓客之禮酒、飲酒而奉之。**酒正使之也。禮酒,饗燕之酒;飲酒,食之酒:此謂給賓客之稍⑤。王不親饗燕,不親食,而使人各以其爵,以酬幣侑幣致之,則從而以酒往。**凡事,共酒而入于酒府。**入于酒正之府者,是王燕飲之酒,酒正當奉之。**凡祭祀,共酒以往。**不言奉,小祭祀。**賓客之陳酒,亦如之。**謂若歸饔餼之酒,亦自有奉之者,以酒從往。

---

① 品,京本作"語"。加記云:"京本'品'誤'語'。"案:折衷所引作"品"。
② 法,十行本作"灋"。案:折衷所引作"法"。
③ 老,岳本作"考"。加記云:"岳本'老'誤'考'。"案:折衷所引作"老"。
④ 存,十行本作"有"。加記云:"正、人本'存'誤'有'。"案:折衷所引作"存"。
⑤ 纂圖本"稍"下有"主"字,互注本有"礼"字。案:折衷所引無。

漿人，掌共王之六飲，水、漿、醴、涼、醫、酏，入于酒府。王之六飲，亦酒正當奉之①。醴，醴清也。鄭司農云："涼，以水和酒也。"玄謂：涼，今寒粥，若糗飲雜水也②。酒正不辨水涼者，無厚薄之齊。**共賓客之稍禮。**稍禮，非飧饔之禮，留閒，王稍所給賓客者。漿人所給，亦六飲而已。**共夫人致飲于賓客之禮清醴醫酏糟而奉之。**亦酒正使之。三物有清有糟，夫人不體王③，得備之。禮，飲醴用柶者，糟也；不用柶者④，清也。**凡飲共之。**謂非食時。

凌人，掌冰，正歲，十有二月，令斬冰，三其凌。正歲，季冬，火星中，大寒，冰方盛之時⑤，春秋傳曰：火星中而寒暑退⑥。凌，冰室也。三之者，爲消釋度也。故書正爲"政"。鄭司農云："掌冰政，主藏冰之政也。"杜子春讀掌冰爲主冰也。政當爲正，正謂夏正。三其凌，三倍其冰。**春，始治鑑。**鑑，如甀，大口，以盛冰，置食物于中，以禦温氣。春而始治之，爲二月將獻羔而啓冰。**凡外内饔之膳羞鑑焉。凡酒漿之酒醴，亦如之。**酒醴見温氣亦失味。酒漿，酒人、漿人也。**祭祀共冰鑑，賓客共冰。**不以鑑往，嫌使停膳羞。**大喪，共夷槃冰。**夷之言尸也。實冰于夷槃中，置之尸牀之下，所以寒尸。尸之槃曰夷槃，牀曰夷牀，衾曰夷衾，移尸曰夷于堂，皆依尸而爲言者也。漢禮器制度："大槃廣八尺，長丈二尺，深三尺，漆赤中。"**夏，頒冰，掌事。**暑氣盛，王以冰頒賜，則主爲之。春秋傳曰："古者日在北陸而藏冰，西陸朝覿而出之。"**秋，刷。**刷，清也。鄭司農云："刷除冰室，當更内新冰。"玄謂：秋涼，冰不用，可以清除其室。

---

① 亦，纂圖本作"以"。案：折衷所引作"亦"。

② 飲，婺本、金本、建本、附圖本、纂圖本、互注本、岳本、八行本、十行本並作"飯"。阮記云："嘉靖本'飯'誤'飲'。"案：折衷所引作"飯"。

③ 纂圖本無"夫"字。案：折衷所引有。

④ 柶，金本作"柶"。案：折衷所引作"柶"。

⑤ 冰，八行本作"水"。案：折衷所引作"冰"。

⑥ 火，金本作"水"。案：折衷所引作"火"。

籩人,掌四籩之實:籩①,竹器如豆者②,其容實皆四升。**朝事之籩,其實麷、蕡、白、黑、形鹽、膴、鮑魚、鱐;**蕡,枲實也。鄭司農云:"朝事,謂清朝未食先進寒具口實之籩。熬麥曰麷③。麻曰蕡。稻曰白。黍曰黑。築鹽以爲虎形,謂之形鹽④,故春秋傳曰'鹽虎形⑤'。"玄謂:以司尊彝之職參之,朝事謂祭宗廟薦血腥之事。形鹽,鹽之似虎者。膴⑥,牒生魚爲大臠。鮑者⑦,於楅室中⑧,糗乾之,出於江淮也。鱐者,析乾之,出東海。王者備物,近者腥之,遠者乾之,因其宜也⑨。今河間以北,煮穜麥賣之,名曰逢。燕人膾魚,方寸切其腴,以啗所貴也⑩。**饋食之籩,其實棗、㮚、桃、乾䕩、榛實;**饋食,薦孰也⑪。今吉禮存者,特牲少牢,諸侯之大夫士祭禮也,不裸不薦血腥,而自薦孰始⑫,是以皆云饋食之禮。乾䕩,乾梅也。有"桃諸梅諸"⑬,是其乾者。榛,似栗而小。**加籩之實,蔆、芡、㮚、脯,蔆、芡、㮚、脯;**加籩,謂尸既食,后亞獻尸所加之籩。重言之者,以四物爲八籩。蔆,芰也。芡,雞頭也。栗⑭,與饋食同。鄭司農云:"蔆芡脯修。"**羞籩之實,糗餌、粉餈。**羞籩,謂

① 籩,八行本作"以"。案:折衷所引作"籩"。

② 竹,八行本作"其"。加記云:"浙本'籩竹'作'以其',剜改,誤也。"案:折衷所引作"竹"。

③ 熬,十行本作"故"。案:折衷所引作"熬"。

④ 鹽,纂圖本、互注本並作"鹽"。案:折衷所引作"鹽"。

⑤ 鹽,纂圖本、互注本並作"鹽"。案:折衷所引作"鹽"。

⑥ 膴,纂圖本、互注本、京本、十行本並作"脯"。加記云:"京、陳本誤'脯'。"案:折衷所引作"膴"。

⑦ 鮑,婺本、金本、建本、纂圖本、互注本、京本、岳本、八行本、十行本並作"鮑"。黄記云:"'鮑'誤'鮑'。"案:折衷所引作"鮑"。

⑧ 楅,十行本作"榀"。案:折衷所引作"楅"。

⑨ 其,十行本作"見"。案:折衷所引作"其"。

⑩ 婺本、金本、建本、互注本、附圖本、纂圖本、京本、岳本、八行本、十行本並無"也"字。案:折衷所引無。

⑪ 孰,附圖本作"熟"。案:折衷所引作"孰"。

⑫ 孰,附圖本作"熟"。案:折衷所引作"孰"。

⑬ 金本無"有"字。案:折衷所引有。

⑭ 栗,附圖本作"㮚"。案:折衷所引作"栗"。

若少牢主人酬尸[1],"宰夫羞房中之羞于尸、侑、主人、主婦,皆右之"者。故書餈作"茨"。鄭司農云:"糗,熬大豆與米也。粉,豆屑也。茨,字或作'餈',謂乾餌餅之也。"玄謂:此二物[2],皆粉稻米黍米所爲也。合蒸曰餌,餅之曰餈。糗者,擣粉熬大豆,爲餌餈之黏著,以粉之耳。餌言糗,餈言粉,互相足。**凡祭祀,共其籩薦羞之實。**薦、羞,皆進也。未食未飲曰薦,既食既飲曰羞。**喪事及賓客之事,共其薦籩羞籩。**喪事之籩[3],謂殷奠時。**爲王及后、世子,共其内羞,**於其飲食,以共房中之羞[4]。**凡籩事,掌之。**

醓人,掌四豆之實:朝事之豆,其實韭菹、醓醢,昌本、麋臡,菁菹、鹿臡,茆菹、麇臡[5];醢,肉汁也。昌本,昌蒲根,切之四寸爲菹。三臡[6],亦醢也。作醢及臡者,必先膊乾其肉,乃後莝之,雜以粱麴及鹽[7],漬以美酒,塗,置甀中百日[8],則成矣。鄭司農云:"麋臡,麋骬髓醢,或曰:麋臡,醬也。有骨爲臡,無骨爲醢。菁菹,韭菹。"鄭大夫讀茆爲"茅"。茅菹,茅初生,或曰:茆,水草。杜子春讀茆爲"卯"。玄謂:菁,蔓菁也。茆,鳧葵也。凡菹醢皆以氣味相成,其狀未聞。**饋食之豆,其**

---

① 酬,建本作"獻"。阮記云:"宋本'酬'作'獻',非。"案:折衷所引作"酬"。

② 二,金本作"三"。案:折衷所引作"二"。

③ 事,建本、附圖本並作"禮"。案:折衷所引作"事"。

④ 八行本此段注文在下段經文之下。

⑤ 麇,唐石經、白文本、婺本、建本、附圖本、纂圖本、十行本並作"麋",金本、京本、岳本、八行本並作"麇"。阮記云:"嘉靖本'麇'誤'麋'。"案:考唐石經云"朝事之豆,其實韭菹、醓醢,昌本、麋臡,菁菹、鹿臡,茆菹、麋臡",據賈疏,言"麋臡"者,以麋肉爲醢,若此處復作"麋臡",顯然前後重複,則作"麇臡"是也,謂以麇肉爲醢也。檢釋文出字"茆"、"麇",又折衷引經文,亦作"麇",則作"麇"是也,"麋"、"麋"皆誤。

⑥ 三,十行本作"二"。加記云:"正、陳、人本'三'誤'二'。"案:折衷所引作"三"。

⑦ 粱,金本、建本、互注本、十行本並作"梁"。正字云"粱,誤'梁'",阮記云:"嘉靖本'粱'作'梁',此從木,訛。"案:木梁如何有麴?顯當作"粱",檢折衷引注文,亦作"粱",則作"粱"是也。

⑧ 甀,纂圖本作"甄",十行本作"瓶"。正字云"甀,誤'瓶'",阮記云:"閩、監、毛本同,宋本、余本、岳本、嘉靖本'瓶'作'甀',當據以訂正,公食大夫禮疏引此亦作'甀'。"案:甀者,小口甕也,與之相較,瓶則顯小,不勝爲醢之用,又檢折衷引注文,亦作"甀",則作"甀"是也。

實葵菹、蠃醢,脾析、蠯醢,蜃[①]**、蚳醢,豚拍、魚醢;**蠃,螔蝓。蜃,大蛤。蚳[②],蛾子。鄭司農云:"脾析,牛百葉也。蠯,蛤也。"鄭大夫、杜子春皆以柏爲膞[③],謂脅也,或曰:豚拍,肩也。今河間名豚脅,聲如鍛鎛。**加豆之實,芹菹、兔醢,深蒲、醓醢,箈菹、鴈醢,筍菹、魚醢;**芹,楚葵也。鄭司農云:"深蒲,蒲蒻入水深,故曰深蒲,或曰:深蒲,桑耳。醓醢,肉醬也。箈,水中魚衣。"故書鴈或爲"鶉",杜子春云"當爲'鴈'"。玄謂:深蒲,蒲始生水中子。箈,箭萌。筍,竹萌。**羞豆之實,酏食、糝食。**鄭司農云:"酏食,以酒酏爲餅。糝食,菜餗蒸。"玄謂:酏,餰也。内則曰"取稻米舉糔溲之,小切狼臅膏,以與稻米爲餰",又曰:"糝,取牛羊豕之肉,三如一,小切之,與稻米,稻米二,肉一,合以爲餌[④],煎之。"**凡祭祀,共薦羞之豆實,賓客、喪紀亦如之。爲王及后、世子共其内羞。王舉,則共醢六十罋,以五齊、七醢、七菹、三臡實之。**齊,當爲"韲"[⑤]。五韲[⑥],昌本、脾析、蜃、豚拍、深蒲也。七醢,醓、蠃、蠯、蚳、魚、兔、鴈醢。七菹,韭、菁、茆、葵、芹、箈[⑦]、筍菹。三臡,麋、鹿、麇臡也[⑧]。凡醢醬所和,細切爲韲,全物若腜爲菹。少儀曰:"麋鹿爲菹[⑨],野豕爲軒,皆腜而不切。麇爲辟雞[⑩],兔爲宛脾,皆腜而切之。切葱若薤,實之醢以柔之。"由此言之,則韲菹之稱,菜肉通。**賓客之**

① 附圖本"蜃"下有"醢"字。案:折衷所引無。
② 蚳,附圖本作"蚔"。案:折衷所引作"蚳"。
③ 柏,婺本、金本、建本、附圖本、纂圖本、京本、岳本、八行本、十行本並作"拍"。黄記云:"'拍'誤'柏'。"案:折衷所引作"拍"。
④ 餌,互注本作"餅"。
⑤ 韲,建本、附圖本並作"虀"。案:折衷所引作"虀"。
⑥ 韲,附圖本作"虀"。案:折衷所引作"韲"。
⑦ 箈,建本作"笞"。加記云:"建本'箈'誤'笞'。"案:折衷所引作"箈"。
⑧ 麇,金本、建本、纂圖本、岳本並作"麕"。加記云:"董、建、岳、陳本'麇'誤'麕'。"案:折衷所引作"麇"。
⑨ 麋,婺本、金本、建本、附圖本、纂圖本、互注本、京本、岳本、八行本、十行本並作"麇"。加記云:"嘉本'麇'誤'麋'。"案:折衷所引作"麇"。
⑩ 麇,婺本、附圖本、纂圖本、互注本、八行本、十行本並作"麕",京本作"麋"。案:折衷所引作"麕"。

禮，共醢五十罋。致饔餼時①。**凡事，共醢。**

醯人，掌共五齊七菹，凡醯物。以共祭祀之齊菹，凡醯醬之物。賓客，亦如之。齊、菹、醬屬醯人者，皆須醯成味。**王舉，則共齊菹醯物六十罋，共后及世子之醬齊菹。賓客之禮，共醯五十罋。凡事，共醯。**

鹽人，掌鹽之政令，以共百事之鹽。政令，謂受入教所處置，求者所當得。**祭祀，共其苦鹽、散鹽。**杜子春讀苦爲"盬"，謂出鹽直用，不湅治。鄭司農云："散鹽②，湅治者。"玄謂：散鹽，鬻水爲鹽③。**賓客，共其形鹽、散鹽。**形鹽，鹽之似虎形。**王之膳羞，共飴鹽，后及世子亦如之。**飴鹽，鹽之恬者，今戎鹽有焉。**凡齊事，鬻盬以待戒令。**齊事，和五味之事④。鬻盬，湅治之。

幂人，掌共巾幂。共巾可以覆物。**祭祀，以疏布巾幂八尊，**以疏布者，天地之神尚質。**以畫布巾幂六彝。**宗廟可以文。畫者，畫其雲氣與？**凡王巾，皆黼。**四飲三酒皆畫黼，周尚武。其用文德，則黻可⑤。

宫人，掌王之六寢之脩，六寢者，路寢一，小寢五。玉藻曰："朝，辨色始入，君日出而視朝⑥，退適路寢聽政，使人視大夫，大夫退，然後適小寢，釋服。"是路寢以治事，小寢以時燕息焉。春秋書魯莊公薨于路寢，僖公薨于小寢，是則人君非一寢明矣。**爲其井匽，除其不蠲，去其惡臭，**井，漏井，所以受水潦。蠲，猶潔也，詩云"吉蠲爲饎⑦"。鄭司農

---

① 八行本此段注文在下段經文之下。

② 散，十行本作"微"。案：折衷所引作"散"。

③ 鬻，婺本、建本、附圖本、纂圖本、互注本、岳本、八行本、十行本並作"鬻"。案：折衷所引作"鬻"。

④ 纂圖本、互注本並無"之"字。加記云："纂本脱'之'。"案：折衷所引有。

⑤ 黻，附圖本作"黼"。案：折衷所引作"黻"。

⑥ 日，婺本、金本並作"曰"。案：折衷所引作"日"。

⑦ 蠲，纂圖本作"卜"。案：折衷所引作"蠲"。

云:"匽,路廁也。"玄謂:匽豬,謂霤下之池,受畜水而流之者。**共王之沐浴。**沐浴,所以自絜清。**凡寢中之事,埽除、執燭、共鑪炭,凡勞事。**勞事,勞褻之事。**四方之舍事,亦如之。**從王適四方及會同所舍。

掌舍,掌王之會同之舍。設梐枑再重①,故書枑爲"拒"②。鄭司農云:"梐,榱梐也。拒,受居溜水涑橐者也。"杜子春讀爲梐枑③,梐枑謂行馬④。玄謂:行馬再重者,以周衛有外内列。**設車宫、轅門,**謂王行止宿阻險之處⑤,備非常。次車以爲藩,則仰車以其轅表門。**爲壇壝宫,棘門。**謂王行止宿平地,築壇,又委壝土,起堳埒以爲宫。鄭司農云:"棘門,以戟爲門。"杜子春云:"棘門,或爲材門⑥。"**爲帷宫,設旌門。**謂王行晝止,有所展肆,若食息,張帷爲宫,則樹旌以表門。**無宫,則共人門。**謂王行有所逢遇,若住遊觀,陳列周衛,則立長大之人以表門。**凡舍事,則掌之。**王行所舍止。

幕人,掌帷幕幄帟綬之事。王出宫則有是事。在旁曰帷,在上曰幕,幕或在地,展陳于上。帷、幕,皆以布爲之。四合象宫室曰幄,王所居之帳也。鄭司農云:"帟,平帳也。綬,組綬,所以繫帷也。"玄謂:帟,王在幕若幄中坐上承塵⑦。幄、帟,皆以繒爲之。凡四物者,以綬連繫焉。**凡朝覲、會同、軍旅、田役、祭祀,共其帷幕幄帟綬。**共之者,掌次當以張。**大喪,共帷幕帟綬。**爲賓客飾也。帷以帷堂,或與

---

① 枑,京本作"柆"。案:折衷所引作"枑"。

② 枑,附圖本作"柆"。案:折衷所引作"枑"。拒,十行本作"柜"。黄記云:"'柜'誤'拒'。"案:釋文出"爲拒",又檢折衷引注文,亦作"拒",則作"拒"是也。

③ 枑,附圖本、京本並作"柆"。案:折衷所引作"枑"。

④ 枑,附圖本、京本並作"柆"。案:折衷所引作"枑"。謂,附圖本作"爲"。

⑤ 止,八行本作"上"。案:折衷所引作"止"。

⑥ 材,十行本作"林"。加記云:"正本'材'誤'林'。"案:折衷所引作"材"。

⑦ 王,十行本作"主"。阮記引文"主在幕若幄中坐上承塵",云:"閩、監、毛本同,誤也。宋本、余本、嘉靖本'主'作'王',此本及惠校本疏中引注亦作'王',當據以訂正。"案:折衷所引作"王"。

幕張之於庭，帟在柩上。**三公及卿大夫之喪，共其帟。**唯士無帟，王有惠，則賜之，檀弓曰“君於士有賜帟”。

掌次，掌王次之灋，以待張事。法[①]，大小丈尺。**王大旅上帝，則張氈案，設皇邸。**大旅上帝，祭天於圜兵[②]。國有故而祭，亦曰旅。此以旅見祀也。張氈案，以氈爲牀於幄中[③]。鄭司農云：“皇，羽覆上。邸，後版也。”玄謂：後版，屏風與？染羽象鳳皇羽色以爲之。**朝日、祝五帝[④]，則張大次小次，設重帟重案。合諸侯，亦如之。**朝日，春分拜日於東門之外。祀五帝於四郊。次，謂幄也。大幄，初往所止居也。小幄，既接祭退俟之處。祭義曰：“周人祭日，以朝及闇。”雖有強力，孰能支之，是以退俟，與諸臣代有事焉。合諸侯於壇，王亦以時休息。重帟，複帟[⑤]。重案，牀重席也。鄭司農云：“五帝，五色之帝。”**師田，則張幕，設重帟重案。**不張幄者，於是臨誓衆，王或迴顧占察。**諸侯朝覲會同，則張大次小次。**大次，亦初往所止居。小次，即宫待事之處[⑥]。**師田，則張幕，設案。**鄭司農云：“師田，謂諸侯相與師田。”玄謂：此掌次張之，諸侯從王而師田者。**孤卿有邦事，則張幕，設案。**有邦事，謂以事從王，若以王命出也。孤，王之孤三人，副三公論道者。不言公，公如諸侯禮，從王祭祀、合諸侯，張大次小次；師田，亦張幕，設案。**凡喪，王則張帟三重，諸侯再重，孤卿大夫不重。**張帟，柩小承塵[⑦]。**凡祭祀，張其旅幕，張尸次。**旅，衆也。

---

① 法，附圖本作“灋”。案：折衷所引作“法”。

② 兵，婺本、金本、建本、附圖本、纂圖本、互注本、京本、岳本、八行本、十行本並作“丘”。黄記云：“‘丘’誤‘兵’。”案：折衷所引作“丘”。

③ 中，建本作“巾”。加記云：“建本‘中’誤‘巾’。”案：折衷所引作“中”。

④ 祝，唐石經、白文本、婺本、金本、建本、附圖本、纂圖本、互注本、京本、岳本、八行本、十行本並作“祀”。阮記云：“嘉靖本‘祀’誤‘祝’。”案：折衷所引作“祀”。

⑤ 複，十行本作“復”。正字云：“‘複’誤‘復’。”案：折衷所引亦作“複”。

⑥ 即，纂圖本作“之”。案：折衷所引作“即”。宫，諸本同。案：折衷所引作“位”。

⑦ 小，婺本、金本、建本、附圖本、纂圖本、互注本、京本、岳本、八行本、十行本並作“上”。阮記云：“嘉靖本‘上’誤‘小’。”案：折衷所引作“上”。

公卿以下,即位所祭祀之門外以待事,爲之張大幕。尸則有幄。鄭司農云:“尸次,祭祀之尸所居更衣帳。”**射,則張耦次。**耦,俱升射者。次在洗東。大射曰:“遂命三耦,取弓矢于次。”①**掌凡邦之張事。**

大府,掌九貢、九賦、九功之貳,以受其貨賄之入,頒其貨于受藏之府,頒其賄于受用之府。九功,謂九職也。受藏之府,若内府也。受用之府,若職内也。凡貨賄皆藏以給用耳,良者以給王之用,其餘以給國之用。或言“受藏”,或言“受用”,又雜言“貨”“賄”,皆互文。**凡官府都鄙之吏,及執事者,受財用焉。凡頒財,以式灋授之。關市之賦,以待王之膳服;邦中之賦,以待賓客;四郊之賦,以待稍秣;家削之賦,以待匪頒;邦甸之賦,以待工事;邦縣之賦,以待幣帛;邦都之賦,以待祭祀;山澤之賦,以待喪紀;幣餘之賦,以待賜予。**待,猶給也,此九賦之財,給九式者。膳服,即羞服也。稍秣,即芻秣也,謂之稍,稍用之物也。喪紀,即喪荒也。賜予,即好用也。鄭司農云②:“幣餘,使者有餘來還也。”玄謂:幣餘,占賣國之斥弊③。**凡邦國之貢,以待弔用,**此九貢之財所給也。給弔用,給凶禮之五事。**凡萬民之貢,以充府庫。**此九職之財。充,猶足。**凡式、貢之餘財,以共玩好之用。**謂先給九式及弔用,足府庫,而有餘財,乃可以共玩好,明玩好非治國之用。言“式”、言“貢”,互文。**凡邦之賦用取具焉。**賦用,用賦。**歲終,則以貨賄之入出會之。**

玉府,掌王之金玉、玩好、兵器,凡良貨賄之藏。良,善也。此物皆式、貢之餘財所作。其不良,又有受而藏之者。**共王之服玉、佩玉、珠玉。**佩玉者,王之所帶者。玉藻曰:“君子於玉比德焉,天

---

① 八行本此段注文在下段經文之下。

② 附圖本無“司”字。案:折衷所引有。

③ 占,纂圖本作“古”。案:折衷所引作“占”。弊,婺本、金本、建本、附圖本、纂圖本、互注本、京本、岳本、八行本、十行本並作“幣”。黄記云:“‘幣’誤‘弊’。”

子佩白玉而玄組綬。”詩傳曰：“佩玉，上有蔥衡，下有雙璜、衝牙，蠙珠以納其間。”鄭司農云：“服玉，冠飾十二玉。”**王齊，則共食玉。**玉是陽精之純者，食之以禦水氣。鄭司農云：“王齊當食玉屑。”**大喪，共含玉、復衣裳、角枕、角柶。**角枕，以枕尸。鄭司農云：“復，招魂也。衣裳，生時服①。招魂復魄于大廟，至四郊。角柶，角匕也，以楔齒，士喪禮曰‘楔齒用角柶’，楔齒者，令可飯含②。”玄謂：復於四郊，以綏。**掌王之燕衣服、衽席、牀笫，凡褻器③。**燕衣服者，巾絮、寢衣、袍襗之屬，皆良貨賄所成。笫，簀也。鄭司農云：“衽席，單席也。褻器，清器，虎子之屬。”**若合諸侯，則共珠槃、玉敦。**敦，盤類④，珠玉以爲飾。古者以槃盛血，以敦盛食。合諸侯者，必割牛耳，取其血，歃之以盟。珠槃以盛牛耳，尸盟者執之。故書珠爲“夷”，鄭司農云：“夷槃，或爲‘珠槃’。玉敦，歃血玉器。”**凡王之獻金玉、兵器、文織良貨賄之物，受而藏之。**謂百工爲王所作，可以獻遺諸侯。古者致物於人，尊之則曰“獻”，通行曰“饋”，春秋曰“齊侯來獻戎捷”，尊魯也。文織，畫及繡錦。**凡王之好賜，共其貨賄。**

内府，掌受九貢九賦九功之貨賄、良兵、良器，以待邦之大用。大用，朝覲之班賜⑤。**凡四方之幣獻之金玉、齒革、兵器，凡良貨賄入焉。**諸侯朝聘所獻國珍⑥。**凡適四方使**

① 建本無“服”字。案：折衷所引有。

② 飯，建本作“飲”。案：折衷所引作“飯”。

③ 褻，十行本作“褻”。阮記云：“余本同，唐石經、嘉靖本、閩、監、毛本‘褻’作‘褻’，字從‘埶’，非從‘執’也，當據以訂正。”案：折衷引經文，亦作“褻”，作“褻”是也。

④ 盤，婺本、金本、建本、附圖本、纂圖本、互注本、京本、岳本、十行本並作“槃”。阮記云：“嘉靖本‘槃’作‘盤’，非。”案：折衷所引作“槃”。

⑤ 班，十行本作“頒”。案：折衷所引作“班”。

⑥ 聘，十行本作“覲”。阮記云：“此本疏中釋經亦作‘朝覲’，下釋注仍作‘朝聘’。案：宋本、余本、嘉靖本、閩、監、毛本皆作‘聘’字，賈疏引覲禮以釋朝，引聘禮以釋聘，明‘聘’字是也。”案：疏文明釋聘禮之儀，作“聘”是也，又折衷引注文，亦作“聘”，並可爲證，作“聘”是也。加記謂岳本作“覲”，其所據岳本爲明嘉靖翻刻本，今四部叢刊本岳本亦爲嘉靖翻刻本，作“聘”，不作“覲”，疑加藤誤著。

者,共其所受之物而奉之。王所以遺諸侯者。**凡王及冢宰之好賜予,則共之。**冢宰待四方賓客之小治,或有所善,亦賜予之。

外府,掌邦布之入出,以共百物,而待邦之用,凡有灋者。布,泉也。布,讀爲"宣布"之"布"。其藏曰泉,其行曰布,取名於水泉,其流行無不徧。入出,謂受之,復出之。共百物者,或作之,或買之。待,猶給也。有法,百官之公用也。泉始蓋一品,周景王鑄大泉,而有二品,後數變易,不復識本制。至漢①,唯有五銖久行②。王莽改貨,而異作泉布,多至十品,今存於民間多者③,有貨布、大泉、貨泉。貨布,長二寸五分④,廣寸,首長八分有奇,廣八分,其圜好徑二分半,足枝長八分,其右文曰"貨",左文曰"布",重二十五銖,直貨泉二十五。大泉,徑一寸二分,重十二銖⑤,文曰"大泉",直十五貨泉⑥。貨泉,徑一寸,重五銖,右文曰"貨",左曰"泉",直一也⑦。**共王及后、世子之衣服之用。凡祭祝⑧、賓客、喪紀、會同、軍旅,共其財用之幣齎,賜予之財用。**齎,行道之財用也,聘禮曰"問幾月之齎"。鄭司農云:"齎,或爲'資',今禮家定齎作'資'。"玄謂:齎、資同耳,其字以齎⑨、次爲聲,從貝變易,古字亦多或。**凡邦之小用皆受焉。**皆來受。**歲終則會,唯王及后之**

---

① 至漢,十行本作"漢法"。加記云:"正本'至'闕,'漢'誤'法'。"案:折衷所引作"至漢"。

② 唯,十行本作"惟"。案:折衷所引作"唯"。附圖本"銖"下有"錢"字。案:折衷所引無。久,諸本同。案:折衷所引作"之"。

③ 存於,十行本作"有外"。加記云:"正、人本'存於'誤'有外'。"案:折衷所引作"存於"。

④ 二寸五分,京本作"三尺五寸",十行本作"二尺五寸"。阮記云:"岳本、嘉靖本、漢制考、賈疏皆作'二寸五分',此誤,當訂正。"案:貨布豈有長達二尺五寸之理?顯誤,又折衷引注文,亦作"二寸五分",並可爲證,作"二寸五分"是也。

⑤ 十行本無"十"字。案:折衷所引有。

⑥ 十行本"貨"前有"貨"字。加記云:"正、人、韓本誤疊'貨'。"案:折衷所引無。

⑦ 一,十行本作"十"。加記云:"正、陳、人、韓本'一'誤'十'。"案:折衷所引作"一"。

⑧ 祝,唐石經、白文本、婺本、金本、建本、附圖本、纂圖本、互注本、京本、岳本、八行本、十行本並作"祀"。黄記云:"'祀'誤'祝'。"案:折衷所引作"祀"。

⑨ 齎,婺本、金本、建本、附圖本、纂圖本、互注本、京本、岳本、八行本、十行本並作"齊"。阮記云:"嘉靖本'齊'誤'齎'。"案:折衷所引作"齊"。

服不會。

司會，掌邦之六典、八灋、八則之貳，以逆邦國都鄙官府之治。逆，受而鉤考之。以九貢之灋，致邦國之財用；以九賦之灋，令田野之財用；以九功之灋，令民職之財用；以九式之灋，均節邦之財用。掌國之官府郊野縣都之百物財用。凡在書契版圖者之貳，以逆羣吏之治，而聽其會計。郊，四郊，去國百里。野，甸稍也。甸，去國二百里；稍，三百里；縣，四百里；都，五百里。書，謂簿書。契，其最凡也。版，户籍也。圖，土地形象，田地廣狹。以參互攷日成，以月要攷月成，以歲會攷歲成。參互，謂司書之要貳，與職内之入，職歲之出。故書互爲"巨"①，杜子春讀爲參互。以周知四國之治，以詔王及冢宰廢置。周，猶徧也。言四國者，本逆邦國之治，亦鉤考以告。

司書，掌邦之六典、八灋、八則、九職、九正、九事，邦中之版，土地之圖，以周知入出百物，以敘其財，受其幣，使入于職幣。九正，謂九賦九貢。正，税也。九事，謂九式，變言之者，重其職，明本而掌之，非徒相副貳也。敘，猶比次也，謂鉤考其財幣所給，及其餘見，爲之簿書。故書受爲"授"，鄭司農云："授，當爲'受'，謂受財幣之簿書也。"玄謂：亦受録其餘幣而爲之簿書，使之入于職幣。幣物當以時用之，久藏將朽蠹。凡上之用財用，必攷于司會。上，謂王與冢宰。王雖不會，亦當知多少而闕之。司會以九式均節邦之財用。三歲，則大計羣吏之治，以知民之財器械之數，以知田野夫家六畜之數，以知山林川澤之數，以逆羣吏之徵令。械，猶兵也。逆，受而鉤考之。山林川澤，童枯則不税。凡税斂，掌事者受灋焉。及事成，則入要貳焉。法②，猶數也，應當税者之數。成，猶畢

① 互，附圖本作"攷"。案：折衷所引作"巨"。

② 法，附圖本、十行本並作"灋"。阮記云："此本、閩本'法'誤'灋'。"案：折衷所引作"法"。

也。**凡邦治攷焉。**考其法於司書①。

職内，掌邦之賦入，辨其財用之物，而執其總，以貳官府都鄙之財入之數，以逆邦國之賦用。辨財用之物，處之，使種類相從。總，謂簿書之種别與大凡。官府之有財入，若關市之屬。**凡受財者，受其貳令而書之。**受財，受於職内以給公用者。貳令者，謂若今御史所寫下本，奏王所可者書之，若言某月某日，某甲詔書，出某物若干，給某官某事。**及會，以逆職歲與官府財用之出，**亦參互鉤考之。**而敘其財，以待邦之移用。**亦鉤考今藏中餘見，爲之簿②。移用，謂轉運給他③。

職歲，掌邦之賦出，以貳官府都鄙之財，出賜之數，以待會計而攷之。以貳者，亦如職内書其貳令而編存之④。**凡官府都鄙羣吏之出財用，受式灋于職歲。**百官之公用，式法多少⑤，職歲掌出之。舊用事存焉。**凡上之賜予，以敘與職幣授之。**敘受賜者之尊卑⑥。**及會，以式灋贊逆會。**助司會鉤考羣吏之計。

職幣，掌式灋以斂官府都鄙，與凡用邦財者之幣，幣，謂給公用之餘。凡用邦財者，謂軍旅。**振掌事者之餘財，**振，猶抍也⑦，撿也。掌事，謂以王命有所作爲。先言斂幣，後言振財，互之⑧。**皆辨其**

① 法，京本、十行本並作“灋”。阮記云：“此本、閩、監、毛本‘法’誤‘灋’。”案：折衷所引作“法”。

② 簿，建本作“薄”。案：折衷所引作“簿”。

③ 他，建本、附圖本並作“也”。加記云：“建、小、人本‘他’誤‘也’。”案：折衷所引作“他”。

④ 令，八行本作“今”。案：折衷所引作“令”。

⑤ 法，十行本作“灋”。阮記引文“式灋多少”，云：“閩、監、毛本同，非也。”案：折衷所引作“灋”。

⑥ 受，建本作“授”。

⑦ 抍，金本作“拯”。案：折衷所引作“抍”。

⑧ 之，岳本作“文”。黄記云：“‘文’誤‘之’。”加記云：“岳本作‘文’，‘之’蓋形似之誤。”案：折衷所引作“文”。

物而奠其録，以書揭之①**，以詔上之小用賜予。**奠，定也。故書録爲"禄"，杜子春云："禄，當爲'録'，定其録籍。"鄭司農云："揭之②，若今時爲書以著其幣。"**歲終，則會其出。凡邦之會事，以式灋贊之。**

司裘，掌爲大裘，以共王祀天之服。鄭司農云："大裘，黑羔裘。服以祀天，示質。"**中秋**③**，獻良裘，王乃行羽物。**良，善也。中秋，鳥獸毴毨，因其良時而用之。鄭司農云："良裘，王所服也。行羽物，以羽物飛鳥賜羣吏。"玄謂：良裘，玉藻所謂"黼裘"與？此羽物，小鳥鶉雀之屬，鷹所擊者。中秋，鳩化爲鷹；中春，鷹化爲鳩：順其始殺，與其將止，而大班羽物。**季秋，獻功裘，以待頒賜。**功裘，人功微麤④，謂狐青麛裘之屬。鄭司農云："功裘，卿大夫所服。"**王大射，則共虎侯、熊侯、豹侯，設其鵠。諸侯，則共熊侯、豹侯；卿大夫，則共麋侯：皆設其鵠。**大射者，爲祭祀射⑤，王將有郊廟之事，以射擇諸侯及羣臣與邦國所貢之士可以與祭者⑥。射者，可以觀德行，其容體比於禮、其節比於樂，而中多者，得與於祭。諸侯，謂三公及王子弟封於畿内者。卿大夫亦皆有采地焉，其將祀其先祖，亦與羣臣射以擇之。凡大射，各於其射宫。侯者，其所射也，以虎熊豹麋之皮飾其側⑦，又方制之以爲辜，謂之鵠，著于侯中，所謂皮侯。王之大射：虎侯，王所自射也；熊侯，諸侯所射；豹侯，卿大夫以下所射。諸侯之大射：熊侯，諸侯所自射；豹侯，羣臣所射。卿大夫之大射，麋侯，君臣共射焉。凡此侯道，虎九十弓，熊七十弓，豹、麋五十

---

① 揭，唐石經、白文本、婺本、金本、纂圖本、互注本、京本、岳本、八行本、十行本並作"楬"。黄記云："'楬'誤'揭'……注誤同。"案：折衷所引作"揭"。

② 揭，婺本、金本、纂圖本、互注本、京本、岳本、八行本、十行本並作"楬"。案：折衷所引作"揭"。

③ 中，唐石經作"仲"。

④ 麤，婺本、建本、附圖本並作"麄"。

⑤ 爲，互注本、十行本並作"謂"。

⑥ 與邦國，京本作"之邦國"。

⑦ 飾，附圖本作"節"。

弓。列國之諸侯大射，大侯亦九十，參七十，干五十①，遠尊得伸，可同耳。所射正謂之“侯”者，天子中之則能服諸侯，諸侯以下中之則得爲諸侯。鄭司農云：“鵠，鵠毛也。方十尺曰侯，四尺曰鵠，二尺曰正②，四寸曰質。”玄謂：侯中之大小，取數於侯道。鄉射記曰“弓二寸以爲侯中”，則九十弓者，侯中廣丈八尺；七十弓者，侯中廣丈四尺；五十弓者，侯中廣一丈：尊卑異等，此數明矣。考工記曰：“梓人爲侯，廣與崇方，參分其廣而鵠居一焉。”然則侯中丈八尺者，鵠方六尺；侯中丈四尺者，鵠方四尺六寸大半寸；侯中一丈者，鵠方三尺三寸少半寸。謂之鵠者，取名於鳱鵠。鳱鵠，小鳥，而難中，是以中之爲儁。亦取鵠之言較，較者，直也，射所以直己志。用虎熊豹麋之皮，示服猛討迷惑者。射者大禮，故取義衆也。士不大射，士無臣，祭無所擇。故書“諸侯則共熊侯虎侯”，杜子春云：“虎，當爲‘豹’。”**大喪，廞裘，飾皮車。**皮車，遣車之革路。故書廞爲“淫”，鄭司農云：“淫裘，陳裘也。”玄謂：廞，興也③，若詩之興④，謂象似而作之⑤。凡爲神之偶衣物，必沽而小耳。**凡邦之皮事掌之。歲終則會，唯王之裘與其皮事不會。**

掌皮，掌秋斂皮，冬斂革，春獻之。皮革踰歲，乾久乃可用。獻之，獻其良者於王，以入司裘，給王用。**遂以式灋頒皮革于百工。**式法⑥，作物所用多少故事。**共其毳毛爲氈，以待邦事。**當用氈，則共之。毳毛，毛細縟者。**歲終，則會其財齎。**財，斂財本數，及餘見者。齎，所給，予人以物曰齎⑦，今時詔書或曰齎計吏。鄭司農云：“齎，或爲‘資’。”

内宰，掌書版圖之灋，以治王内之政令，均其稍食，

① 干，纂圖本、互注本、八行本並作“千”。
② 二，附圖本作“三”。
③ 興，附圖本作“典”。
④ 興，附圖本作“典”。
⑤ 似，十行本作“飾”。加記云：“諸本‘飾’作‘似’，是也。”
⑥ 法，附圖本、京本、十行本並作“灋”。
⑦ 金本無“以”字。

分其人民以居之。版，謂宫中閽寺之屬及其子弟録籍也。圖，王及后、世子之宫中吏官府之形象也①。政令，謂施閽寺者。稍食，吏禄廩也。人民，吏子弟，分之，使衆者就寡，均宿衛。**以陰禮教六宫，**鄭司農云："陰禮，婦人之禮。六宫，後五前一。王之妃百二十人②：后一人，夫人三人，嬪九人，世婦二十七人，女御八十一人。"玄謂：六宫，謂后也。婦人稱寢曰宫。宫，隱蔽之言。后象王，立六宫而居之，亦正寢一，燕寢五。教者不敢斥言之，謂之六宫③，若今稱皇后爲中宫矣。昏禮：母戒女曰"夙夜毋違宫事"④。**以陰禮教九嬪。**教以婦人之禮。不言教夫人、世婦者，舉中，省文。**以婦職之灋教九御，使各有屬，以作二事，正其服，禁其奇衺，展其功緒。**婦職，謂織紝組紃縫線之事。九御，女御也，九九而御于王，因以號焉。使之九九爲屬，同時御，又同事也。正其服，止踰侈。奇衺，若今媚道⑤。展，猶録也。緒，業也。故書二爲"三"，杜子春云："當爲'二'，二事謂絲枲之事⑥。"**大祭祀，后祼、獻，則贊；瑶爵⑦，亦如之。**謂祭宗廟，王既祼而出迎牲，后乃從後祼也。祭統曰"君執圭瓚祼尸⑧，大宗執璋瓚亞祼"，此大宗亞祼，謂夫人不與而攝耳。獻，謂王薦腥薦孰⑨，后亦從後獻也。瑶爵，謂尸卒食，王既酳尸，后亞獻之，其爵以瑶爲飾⑩。**正后之服位，而詔其禮樂之儀。**薦徹之

① 吏，建本作"史"。阮記云："宋本'吏'誤'史'。"
② 二，互注本作"一"。
③ 建本無"謂之"二字。加記云："建本脱'謂之'。"
④ 毋，建本作"每"。加記云："建本誤'每'。"
⑤ 道，建本作"近"。加記云："建本'道'誤'近'。"
⑥ 二，附圖本作"三"。
⑦ 唐石經"瑶"上有"贊"字。阮記云："唐石經'瑶爵'上更有'贊'字，今本脱。案：下云'凡賓客之祼獻瑶爵皆贊'，承此經言之，則此經當灌獻言贊、瑶爵言贊也。○按：亦如之者，謂亦贊也，正下文所謂皆贊也，若'瑶'上復有'贊'字，則不可通，唐石經非。"
⑧ 圭，附圖本作"至"。
⑨ 孰，附圖本作"熟"。
⑩ 其，十行本作"瑶"。阮記云："此本'其'誤'瑶'。"

禮,當與樂相應。位,謂房中、户内及阼所立處①。**贊九嬪之禮事。**助九嬪贊后之事。九嬪者,贊后薦玉齍,薦徹豆籩。**凡賓客之祼、獻、瑶爵,皆贊。**謂王同姓及二王之後來朝覲爲賓客者。祼之禮,亞王而禮賓。獻,謂王饗燕,亞王獻賓也。瑶爵,所以亞王酬賓也。坊記曰:"陽侯殺穆侯而竊其夫人②,故大饗廢夫人之禮。"**致后之賓客之禮。**謂諸侯來朝覲,及女賓之賓客。**凡喪事,佐后使治外内命婦,正其服位。**使,使其屬之上士。内命婦,謂九嬪、世婦、女御。鄭司農云:"外命婦,卿大夫之妻③,王命其夫,后命其婦。"玄謂:士妻,亦爲命婦。**凡建國,佐后立市,設其次,置其敘,正其肆,陳其貨賄,出其度量淳制,祭之以陰禮。**市朝者,君所以建國也④。建國者,必面朝後市,王立朝而后立市,陰陽相成之義⑤。次,思次也⑥。敘,介次也。陳,猶處也。度,丈尺也。量,豆區之屬。鄭司農云:"佐后立市者,始立市,后立之也。祭之以陰禮者,市中之社,先后所立社也⑦。"故書淳爲"敦",杜子春讀敦爲"純"。純,謂幅廣也。制,謂匹長。玄謂:純制,天子巡守禮所云"制幣丈八尺,純四䊷"與?陰禮,婦人之祭禮。**中春,詔后帥外内命婦,始蠶于北郊,以爲祭服。**蠶于北郊,婦人以純陰爲尊。郊必有公桑蠶室焉。**歲終,則會内人之稍食,稽其功事。**内人,主謂九御。**佐后而受獻功者,比其小大,與其麤良,而賞罰之。**獻功者,九御之屬。鄭司農云:"烝而獻功。"玄謂:典婦功曰"及秋獻

① 阼,建本作"防"。加記云:"建本、玉海'阼'誤'防'。"

② 竊,互注本作"切"。

③ 妻,十行本作"喪"。加記云:"正本'妻'誤'喪'。"

④ 所,十行本作"曰"。加記云:"正、人本'所'誤'曰'。"

⑤ 成,纂圖本、互注本、京本、十行本並作"承"。正字云:"成,誤'承'。"案:陰陽相輔而相成,何能相承?揆諸文義,作"成"是也。

⑥ 思,纂圖本、互注本、京本、十行本並作"司"。阮記云:"閩、監、毛本同,宋本、余本、嘉靖本'承'作'成'、'司'作'思',賈疏本同。浦鏜云:釋曰'彼處破思爲司字解之',則此仍作'思'字也。"案:正字未見阮記所引之文,不知其所據何本。

⑦ 社,金本作"礼"。

功"。**會内宫之財用。**計夫人以下所用財。**正歲，均其稍食，施其功事，憲禁令于王之北宫，而糾其守。**均，猶調度也。施，猶賦也。北宫，后之六宫，謂之北宫者，繫于王言之，明用王之禁令令之。守，宿衛者。**上春，詔王后帥六宫之人，而生穜稑之種，而獻之于王。**六宫之人，夫人以下，分居后之六宫者。古者使后宫藏種，以其有傳類蕃孳之祥①。必生而獻之，示能育之，使不傷敗，且以佐王耕事，共禘郊也②。鄭司農云："先種後孰謂之穜③，後種先孰謂之稑④，王當以耕種于藉田⑤。"玄謂：詩云"黍稷穜稑"，是也。夫人以下，分居后之六宫者，每宫九嬪一人，世婦三人，女御九人；其餘九嬪三人，世婦九人，女御二十七人，從后，唯其所燕息焉，從后者，五日而沐浴，其次又上，十五日而徧云。夫人如三公，從容論婦禮。

内小臣，掌王后之命，正其服位。命，謂使令所爲。或言"王后"，或言"后"，通耳。**后出入，則前驅。**道之。**若有祭祀、賓客、喪紀，則擯，詔后之禮事，相九嬪之禮事，正内人之禮事，徹后之俎。**擯，爲后傳辭，有所求爲。詔、相、正者，異尊卑也。俎，謂后受尸之爵，飲于房中之俎。**后有好事于四方，則使往；有好令於卿大夫，則亦如之。**后於其族親所善者，使往問遺之。**掌王之陰事陰令。**陰事，羣妃御見之事，若今掖庭令，晝漏不盡八刻，白録所記，推當御見者⑥。陰令，王所求爲於北宫⑦。

閽人，掌守王宫之中門之禁，中門⑧，於外内爲中，若今宫闕

---

① 番，岳本、八行本、十行本並作"蕃"。

② 禘，十行本作"帝"。加記云："十、人本'禘'誤'帝'。"

③ 孰，附圖本、京本並作"熟"。

④ 孰，京本作"熟"。

⑤ 藉，互注本作"籍"。正字云："'藉'當作'籍'，後並同。"阮記云："監、毛本'藉'作'籍'，誤。"

⑥ 附圖本"推"下有"宫"字。

⑦ 北，京本、十行本並作"此"。加記云："京本'北'誤'此'。"

⑧ 中，八行本作"守"。加記云："浙本'中'誤'守'。"

門[①]。鄭司農云:"王有五門:外曰臯門,二曰雉門[②],三曰庫門[③],四曰應門,五曰路門。路門,一曰畢門。"玄謂:雉門,三門也。春秋傳曰:雉門災,及兩觀。**喪服、凶器不入宫,潛服、賊器不入宫,奇服、怪民不入宫。**喪服,衰絰也。凶器,明器也。潛服,若衷甲者[④]。賊器,盜賊之任器。兵物皆有刻識。奇服,衣非常,春秋傳曰"尨奇無常"。怪民,狂易。**凡内人、公器、賓客,無帥,則幾其出入。**三者之出入,當須使者符節,乃行。鄭司農云:"公器,將持公家器出入者[⑤]。幾,謂無將帥引之者[⑥],則苛其出入[⑦]。"**以時啓閉。**時,漏盡。**凡外内命夫命婦出入,則爲之闢。**辟行人,使無干也。内命夫[⑧],卿大夫士之在宫中者。**掌埽門庭。**門庭,門相當之地。**大祭祀、喪紀之事,設門燎,蹕宫門、廟門。**燎,地燭也。蹕,止行者。廟,在中門之外。**凡賓客,亦如之。**

寺人,掌王之内人及女宫之戒令,相道其出入之事[⑨],而糾之。内人,女御也[⑩]。女宫[⑪],刑女之在宫中者[⑫]。糾,猶割察也。**若有喪紀、賓客、祭祀之事,則帥女宫而致於有司,**有司,謂宫卿世婦。**佐世婦,治禮事。**世婦,二十七世婦。**掌内人**

---

① 今,建本作"有"。闕,十行本作"閤"。阮記引文"若今宫閤門",云:"閩、監、毛本同,誤也。宋本、嘉靖本、毛本作'宫闕門',當據以訂正。"

② 雉,婺本作"庫"。

③ 庫,婺本作"雉"。阮記云:"宋本作'二曰庫門三曰雉門',誤。"

④ 衷,附圖本作"束"。

⑤ 持,京本作"特"。加記云:"京本'持'誤'特'。"

⑥ 謂,附圖本作"言"。

⑦ 苛,金本作"考"。

⑧ 内,十行本作"以"。加記云:"十、人本'内'誤'以'。"

⑨ 道,唐石經作"導"。

⑩ 女御,十行本作"愛婦"。

⑪ 宫,金本作"官"。

⑫ 刑女,十行本作"恃愛"。

之禁令，凡内人弔臨于外，則帥而往①**，立于其前，而詔相之。**從世婦所弔，若哭其族親②。立其前者，賤也。賤而必詔相之者③，出入於王宫，不可以闕於禮④。

内豎，掌内外之通令，凡小事。内，后六宫。外，卿大夫也。使童豎通王内外之命。給小事者，以其無與爲禮，出入便疾。内外以大事聞王⑤，則俟朝而自復。**若有祭祀、賓客、喪紀之事，則爲内人蹕。**内人，從世婦有事於廟者⑥。内豎爲六宫蹕者，以其掌内小事。**王后之喪，遷于宫中，則前蹕。及葬，執褻器以從遣車。**喪遷者，將葬，朝于廟。褻器，振飾頮沐之器。

九嬪，掌婦學之灋⑦**，以教九御婦德、婦言、婦容、婦功，各帥其屬，而以時御敘于王所。**婦德，謂貞順。婦言，謂辭令。婦容，謂婉娩。婦功，謂絲枲。自九嬪以下，九九而御於王所。九嬪者，既習於四事，又備於從人之道，是以教女御也。教各帥其屬者，使亦九九相與，從於王所息之燕寢。御，猶進也，勸也，進勸王息，亦相次敘。凡羣妃御見之法，月與后妃其象也。卑者宜先，尊者宜後。女御八十一人，當九夕；世婦二十七人，當三夕；九嬪九人，當一夕；三夫人當一夕⑧；后當一夕：亦十五日而徧云。自望後反之。孔子云："日者天之明，月者地之理，陰契制，故月上屬，爲天使，婦從夫，放月紀。"**凡祭祀，贊玉齍，贊后薦徹豆籩。**玉齍，玉敦，受黍稷器，后進之而不徹。故書玉爲"王"⑨，杜子

---

① 往，十行本作"住"。加記云："正、人本'往'誤'住'。"

② 若哭其族親，十行本作"者愛婦也住"。加記云："諸本同，正、人本作'者愛婦也住'五字，誤甚。"

③ 而，京本作"不"。加記云："京'而'作'不'。案：形似之誤。"

④ 不，十行本作"未"。

⑤ 聞，京本作"間"。

⑥ 廟，附圖本作"朝"。

⑦ 灋，白文本作"法"。

⑧ 夕，互注本作"户"。加記云："纂本'夕'誤'户'。"

⑨ 王，建本、京本並作"玉"。加記云："京本'王'誤'玉'。"

春讀爲"玉"①。**若有賓客,則從后。**當贊后事。**大喪,帥敘哭者,亦如之。**亦從后。帥,猶道也。后哭,衆之次序者乃哭②。

世婦,掌祭祀、賓客、喪紀之事,帥女宫而濯摡,爲齍盛。摡,拭也。爲,猶差擇。**及祭之日,涖陳女宫之具,凡内羞之物。**涖③,臨也。内羞,房中之羞④。**掌弔臨于卿大夫之喪。**王使往弔。

女御,掌御敘于王之燕寢。言掌御敘,防上之專妬者。于王之燕寢,則王不就后宫息⑤。**以歲時獻功事。**絲枲成功之事。**凡祭祀,贊世婦。**助其帥涖女宫⑥。**大喪,掌沐浴。**王及后之喪。**后之喪,持翣。**翣,棺飾也⑦,持而從柩車。**從世婦而弔于卿大夫之喪。**從之數,蓋如使者之介云。

女祝,掌王后之内祭祀,凡内禱祠之事。内祭祀,六宫之中竈、門、户。禱,疾病求瘳也。祠,報福。**掌以時招、梗、禬、禳之事,以除疾殃。**鄭大夫讀梗爲"亢",謂招善而亢惡去之。杜子春讀梗爲"更"。玄謂:梗,禦未至也。除災害曰"禬",禬,猶刮去也。卻變異曰"禳",禳,攘也。四禮唯禳,其遺象今存。

女史,掌王后之禮職,掌内治之貳,以詔后治内政。内治之法,本在内宰,書而貳之。**逆内宫,**鉤考六宫之計。**書内令。**后之令。**凡后之事,以禮從。**亦如大史之從於王。

典婦功,掌婦式之灋,以授嬪婦及内人女功之事齎。

---

① 讀,岳本作"云"。

② 序,婺本、金本、建本、纂圖本、互注本、京本、岳本、八行本、十行本並作"敘"。

③ 十行本"涖"下有"者"字。

④ 十行本"房"前有"謂"字。阮記云:"閩、監、毛本同,宋本、余本、嘉靖本無'者'字、'謂'字,是也。"

⑤ 八行本"息"下有"也"字。

⑥ 帥,京本作"師"。加記云:"京本'帥'誤'師'。"

⑦ 棺,纂圖本、互注本並作"館"。

婦式,婦人事之模範。法①,其用財舊數。嬪婦,九嬪、世婦。言"及"以殊之者,容國中婦人賢善工於事者。事齎,謂以女功之事來取絲枲。故書齎爲"資",杜子春讀爲"資"。鄭司農云:"内人,謂女御。女功事資,謂女功絲枲之事。"**凡授嬪婦功,及秋獻功,辨其苦良、比其小大而賈之,物書而楬之**②。授,當爲"受",聲之誤也。國中嬪婦所作,成即送之,不須獻功時。賈之者,物下正齊③,當以泉計通功。鄭司農④:"苦讀爲'鹽',謂分别其縑帛與布紵之麤細,皆比方其大小⑤,書其賈數而著其物,若今時題署物⑥。"**以共王及后之用,頒之于内府。**

典絲,掌絲入而辨其物,以其賈楬之⑦。絲入,謂九職之嬪婦所貢絲⑧。**掌其藏與其出,以待興功之時。**絲之貢少,藏之、出之,可同官也。時者,若温煖宜縑帛,清涼宜文繡。**頒絲于外内工,皆以物授之。**外工,外嬪婦也。内工,女御。**凡上之賜予,亦如之。**王以絲物賜人。**及獻功,則受良功而藏之,辨其物而書其數,以待有司之政令,上之賜予。**良當爲"苦",字之誤。受其麤鹽之功,以給有司之公用。其良功者,典婦功受之,以共王及后之用。鄭司農云:"良功,絲功縑帛。"**凡祭祀,共黼畫組就之物。**以給衣服冕旒,及依盥巾之屬⑨。白與黑謂之黼。采色一成曰就。**喪紀,共其絲纊組文之物。**以給線縷,著盱口綦握之屬⑩。青與赤謂之文。**凡飾邦器者,受文織絲組焉。**謂茵席屏風之屬。**歲終,則各以**

① 法,十行本作"灋"。
② 楬,建本作"揭"。
③ 下,婺本、金本、建本、纂圖本、互注本、京本、岳本、八行本、十行本並作"不"。
④ 婺本"農"下有"云"字。
⑤ 大小,建本、互注本並作"小大"。加記云:"建、纂本'大小'誤倒。"
⑥ 署,八行本作"者"。加記云:"浙本'署'誤'者'。"
⑦ 楬,建本作"揭"。
⑧ 職,建本作"織"。加記云:"建本'職'誤'織'。"
⑨ 依,京本作"衣"。加記云:"京本'依'誤'衣'。"
⑩ 盱,建本作"時"。加記云:"建本誤'時'。"

其物會之。種別爲計。鄭司農云:"各以其所飾之物,計會傳著之①。"

典枲,掌布緦縷紵之麻草之物②,以待時頒功而授齎③。緦,十五升布抽其半者。白而細疏曰紵。雜言此數物者,以著其類衆多。草,葛蕡之屬。故書齎作"資"。**及獻功,受苦功,以其賈楬而藏之,以待時頒。**其良功,亦入於典婦功,以共王及后之用。鄭司農云:"苦功,謂麻功布紵。"**頒衣服授之,賜予亦如之。**授之④,授受班者⑤。帛言"待有司之政令",布言"班衣服",互文。**歲終,則各以其物會之。**

内司服,掌王后之六服,褘衣、揄狄、闕狄、鞠衣、展衣、緣衣,素沙。鄭司農云:"褘衣,畫衣也,祭統曰'君卷冕立于阼,夫人副褘立于東房'。揄狄、闕狄,畫羽飾。展衣,白衣也。喪大記曰'復者朝服,君以卷,夫人以屈狄','世婦以襢衣',屈者音聲與闕相似,襢與展相似,皆婦人之服。鞠衣,黄衣也。素沙,赤衣也。"玄謂:狄當爲"翟",翟,雉名,伊雒而南,素質,五色皆備成章曰"翬";江淮而南,青質,五色皆備成章曰"摇"。王后之服,刻繒爲之形,而采畫之,綴於衣以爲文章。褘衣,畫翬者;揄翟⑥,畫摇者;闕翟,刻而不畫:此三者皆祭服。從王祭先王,則服褘衣;祭先公,則服揄翟;祭羣小祀,則服闕翟。今世有圭衣者,蓋三翟之遺俗。鞠衣,黄桑服也,色如鞠塵,象桑葉始生。月令:三月"薦鞠衣于上帝",告桑事。展衣,以禮見王及賓客之服,字當爲"襢",襢之言亶,亶,誠也。詩國風曰"玼兮玼兮,其之翟也",下云"胡然而天也,胡然而帝也",言其德當神明;又曰"瑳兮瑳兮,其之展也",下云"展如之人兮,邦之媛也",言其行配君子:二者之義,與禮合矣。雜記曰"夫人復税衣⑦、揄狄",又喪

① 傳,婺本、金本、互注本、京本、岳本、八行本並作"傅"。黄記云:"'傅'誤'傳'。"

② 緦,唐石經作"絲"。

③ 授,附圖本作"受"。

④ 之,附圖本作"衣"。

⑤ 班,岳本作"頒"。阮記云:"諸本同,浦鏜云'頒誤班',非也。此經作'頒',注作'班',通書準此。"加記云:"岳本'班'誤'頒'。"

⑥ 翟,建本作"狄"。阮記云:"宋本'翟'作'狄',非。"

⑦ 復,附圖本、纂圖本、互注本、京本、十行本並作"服"。阮記云:"嘉靖本作'復',與詩正義所引合,當據以訂正。"

大記曰"士妻以褖衣",言褖者甚衆①,字或作"税"。此緣衣者,實作褖衣也。褖衣,御于王之服,亦以燕居。男子之褖衣黑,則是亦黑也。六服備於此矣。褘、揄、狄、展,聲相近。緣,字之誤也。以下推次其色②,則闕狄赤,揄狄青,褘衣玄。婦人尚專一,德無所兼,連衣裳③,不異其色。素沙者,今之白縛也。六服皆袍制,以白縛爲裏,使之張顯。今世有沙縠者,名出于此。**辨外内命婦之服,鞠衣、展衣、緣衣,素沙。**内命婦之服:鞠衣,九嬪也;展衣,世婦也;緣衣,女御也。外命婦者,其夫孤也,則服鞠衣;其夫卿大夫也,則服展衣④;其夫士也,則服緣衣。三夫人及公之妻,其闕狄以下乎?侯伯之夫人,揄狄;子男之夫人,亦闕狄;唯二王後,褘衣。**凡祭祀、賓客,共后之衣服;及九嬪、世婦,凡命婦,共其衣服。共喪衰,亦如之。**凡者,凡女御與外命婦也。言"及"言"凡",殊貴賤也,春秋之義,王人雖微者,猶序乎諸侯之上,所以尊尊也。臣之命者,再命以上受服,則下士之妻不共也。外命婦,唯王祭祀、賓客,以禮佐后,得服此上服,自於其家,則降焉。**后之喪,共其衣服,凡内具之物。**内具,紛帨、線、纊、鞶袠之屬。

縫人,掌王宫之縫線之事,以役女御,以縫王及后之衣服。女御裁縫王及后之衣服,則爲役助之。宫中餘裁縫事,則專爲焉。鄭司農云:"線,縷。"**喪縫棺飾焉,**孝子既啓見棺,猶見親之身,既載,飾而以行,遂以葬。若存時居于帷幕而加文繡。喪大記曰:"飾棺,君龍帷,三池,振容,黼荒,火三列,黻三列⑤,素錦褚,加僞荒,纁紐六,齊五采五貝,黼翣二,黻翣二,畫翣二,皆戴圭,魚躍拂池。君纁戴六,纁披六⑥。"此諸侯禮也。禮器曰"天子八翣","諸侯六翣","大夫四翣"。漢禮器制度:"飾棺,天子龍火黼黻,皆五列,又有龍翣二,其戴皆加璧。"故書焉爲"馬",杜子春

---

① 者,京本作"衣"。
② 次,建本作"此"。
③ 裳,十行本作"服"。
④ 衣,十行本作"夫"。
⑤ 黻,附圖本、十行本並作"黼"。加記云:"正、人本'黻'誤'黼'。"
⑥ 披,十行本作"肢"。加記云:"正、人本'披'誤'肢'。"

云:“當爲‘焉’。”**衣翣柳之材。**必先纏衣其木①,乃以張飾也。柳之言聚,諸飾之所聚,書曰“分命和仲,度西曰柳穀”。故書翣柳作“接橮”,鄭司農云:“接讀爲‘翣’,橮讀爲‘柳’,皆棺飾。檀弓曰‘周人牆置翣’,春秋傳曰‘四翣,不蹕’。”**掌凡内之縫事。**

染人,掌染絲帛。凡染,春暴練,夏纁玄,秋染夏,冬獻功。暴練,練其素而暴之。故書纁作‘窼’,鄭司農云:“窼,讀當爲‘纁’,纁,謂絳也②。夏,大也,秋乃大染③。”玄謂:纁玄者,謂始可以染此色者。玄纁者,天地之色,以爲祭服。石染④,當及盛暑熱潤始湛研之⑤,三月而后可用⑥。考工記鐘氏則染纁術也⑦。染玄,則史傳闕矣。染夏者,染五色。謂之“夏”者,其色以夏狄爲飾,禹貢曰“羽畎夏狄⑧”,是其揔名。其類有六:曰翬,曰摇,曰鷂,曰甾,曰希,曰蹲。其毛羽,五色皆備成章,染者擬以爲深淺之度,是以放而取名焉。**掌凡染事。**

追師,掌王后之首服,爲副、編、次,追衡、笄,爲九嬪及外内命婦之首服,以待祭祀、賓客。鄭司農云:“追,冠名,士冠禮記曰:‘委貌,周道也。章甫,殷道也。牟追,夏后氏之道也。’追師,掌冠冕之官,故并主王后之首服。副者,婦人之首服,祭統曰‘君卷冕立于阼⑨,夫人副褘立于東房⑩’。衡,維持冠者⑪,春秋傳曰‘衡紞紘綖⑫’。”玄謂:副之言覆,所以覆首爲之飾,其遺象若今步繇矣,服之以從王祭祀。編,編

① 木,互注本作“本”,十行本作“才”。阮記云:“此本作‘才’,爲‘木’之誤。”
② 絳,建本作“降”。加記云:“建本‘絳’誤‘降’。”
③ 乃,婺本作“方”。加記云:“董本‘乃’誤‘方’。”
④ 石,附圖本作“服”,互注本作“凡”。阮記云:“宋本‘石’作‘服’,誤。”
⑤ 湛,纂圖本作“甚”。
⑥ 后,附圖本、纂圖本、互注本、京本、岳本、十行本並作“後”。阮記云:“宋本、嘉靖本‘後’作‘后’,按:注當用‘後’字。”
⑦ 鐘,婺本、建本、附圖本、纂圖本、京本、岳本、十行本並作“鍾”。
⑧ 羽,十行本作“禹”。
⑨ 阼,附圖本作“作”。
⑩ 夫人,建本作“大夫”。加記云:“建本‘夫人’誤‘大夫’。”
⑪ 持,京本作“特”。加記云:“京本誤‘特’。”
⑫ 紞,金本作“統”。

列髮爲之，其遺象若今假紒矣，服之以桑也①。次，次第髮長短爲之，所謂髲髢②，服之以見王。王后之燕居，亦纚笄總而已。追，猶治也，詩云"追琢其璋"。王后之衡、笄，皆以玉爲之。唯祭服有衡，垂于副之兩旁，當耳，其下以紞縣瑱，詩云"玼兮玼兮③，其之翟也，鬒髮如雲，不屑髢也，玉之瑱也"，是之謂也。笄，卷髮者。外内命婦，衣鞠衣、襢衣者，服編；衣褖衣者，服次。外内命婦，非王祭祀賓客佐后之禮，自於其家，則亦降焉。少牢饋食禮曰"主婦髲鬄衣移袂"，特牲饋食禮曰"主婦纚笄宵衣"，是也。昏禮"女次純衣"，攝盛服耳，主人爵弁以迎。移袂，褖衣之袂。凡諸侯夫人於其國，衣服與王后同。**喪紀，共笄經，亦如之。**

屨人，掌王及后之服屨。爲赤舄、黑舄，赤繶、黄繶、青句，素屨，葛屨。屨自明矣④，必連言"服"者，著服各有屨也。複下曰舄，禪下曰屨。古人言屨以通於複，今世言屨以通於禪⑤，俗易語反與？舄屨有絇、有繶、有純者，飾也。鄭司農云："'赤繶'、'黄繶'，以赤、黄之絲爲下緣，士喪禮曰'夏葛屨，冬皮屨，皆繶緇純'。禮家説繶，亦謂以采絲礫其下⑥。"玄謂：凡屨舄⑦，各象其裳之色⑧，士冠禮曰"玄端黑屨，青絇繶純"；"素積白屨"，"緇絇繶純"；"爵弁纁屨，黑絇繶純"是也。王吉服有九，舄有三等，赤舄爲上，冕服之舄，詩云"王賜韓侯⑨，玄衮赤舄"，則諸侯

① 桑，附圖本作"待"。阮記云："詩君子偕老正義及雞鳴正義，皆引作'服之以告桑也'，此脱'告'字。"案：單疏本疏文云"云'服之以桑也'者"，無"告"字，則賈氏所見本與諸本同，檢北宋版通典卷六十二引追師鄭注，亦作"服之以桑"，則無"告"者是也，詩疏有者，或爲孔氏所加，不可據彼訂此也。

② 髲，金本、互注本、十行本並作"髮"。

③ 玼兮玼兮，金本、八行本並作"玼兮"。

④ 自，諸本皆同。阮記云："宋本'自'作'目'，是，'屨目'即經之某舄某屨也。"案：單疏本標起止"注屨自至皮時"，又云"云'屨自明矣'"，則賈氏所見本亦作"自"，又宋刊儀禮經傳通解續卷二十八引注文，亦作"自"，則作"自"是也，原文不誤。阮記所謂宋本不知何指，誤矣。

⑤ 世，金本作"出"。

⑥ 礫，纂圖本作"櫟"。

⑦ 凡，金本作"九"。

⑧ 裳，十行本作"農"。加記云："人本'裳'誤'農'。"

⑨ 賜，互注本、十行本並作"錫"。

與王同，下有白舄、黑舄。王后吉服六，唯祭服有舄，玄舄爲上，褘衣之舄也，下有青舄、赤舄。鞠衣以下，皆屨耳。句，當爲"絇"，聲之誤也。絇、繶、純者同色，今云"赤繶"、"黄繶"、"青絇"①，雜互言之，明舄屨衆多，反覆以見之。凡舄之飾，如繢之次②。赤繶者，王黑舄之飾；黄繶者，王后玄舄之飾；青絇者，王白舄之飾。言繶，必有絇、純；言絇，亦有繶、純：三者相將。王及后之赤舄，皆黑飾；后之青舄③，白飾。凡屨之飾，如繡次也。黄屨白飾，白屨黑飾，黑屨青飾。絇，謂之拘，著舄屨之頭以爲行戒。繶，縫中紃。純，緣也。天子諸侯，吉事皆舄，其餘唯服冕衣翟著舄耳。士"爵弁纁屨，黑絇繶純"，尊祭服之屨，飾從繢也。素屨者，非純吉，有凶去飾者。言葛屨，明有用皮時。**辨外内命夫命婦之命屨、功屨、散屨。**命夫之命屨，纁屨；命婦之命屨，黄屨以下。功屨，次命屨，於孤卿大夫則白屨、黑屨，九嬪、内子亦然；世婦、命婦，以黑屨爲功屨；女御、士妻，命屨而已。士及士妻，謂再命受服者。散屨，亦謂去飾。**凡四時之祭祀，以宜服之。**祭祀而有素屨散屨者④，唯大祥時。

夏采，掌大喪，以冕服復于大祖，以乘車建綏復于四郊。求之王平生常所有事之處⑤。乘車，玉路。於大廟以冕服，不出宫也。四郊以綏⑥，出國門，此行道也⑦。鄭司農云："復，謂始死招魂復魄。士喪禮曰士'死于適室'，'復者一人，以爵弁服'，'升自東榮，中屋，北面，招以衣，曰皋某復⑧，三，降衣于前⑨，受用篋，升自阼階，以衣尸'，喪大記曰'復，男子稱名，婦人稱字，唯哭先復'，言死而哭，哭而復，冀其復反。故檀弓曰'復，盡愛之道也'，'望反諸幽，求諸鬼神之道也，北面，求諸幽之義

---

① 青，互注本作"赤"。加記云："纂本'青'誤'赤'。"
② 繢，金本作"饋"。
③ 后，十行本作"右"。
④ 京本無"散屨"二字。
⑤ 有，互注本作"行"。
⑥ 綏，八行本作"緌"。
⑦ 此，互注本作"手"。加記云："纂本'此'誤'手'。"
⑧ 皋，金本、附圖本、互注本、京本並作"皇"。加記云："京本'皋'誤'皇'。"
⑨ 前，互注本作"言"。加記云："纂本'前'誤'言'。"

也’,檀弓又曰:‘君復於小寢、大寢,小祖、大祖,庫門、四郊。’喪大記又曰①:‘復者朝服,君以卷,夫人以屈狄,大夫以玄赬,世婦以襢衣,士以爵弁,士妻以稅衣。’雜記曰‘諸侯行而死於館,則其復如於其國;如於道②,則升其乘車之左轂,以其綏復’,大夫死於館,‘則其復如於家’,‘死於道,則升其乘車之左轂,以其綏復’。喪大記又曰:‘爲賓,則公館復,私館不復。’夏采,天子之官③,故以冕服復于大祖,以乘車建綏復于四郊,天子之禮也。大祖,始祖廟也。”故書綏爲“禮”④,杜子春云:“當爲‘綏’,‘禮’非是也。”玄謂:明堂位曰“凡四代之服器,魯兼用之”,“有虞氏之旂,夏后氏之緌⑤”,則旌旂有是緌者⑥,當作“緌”,字之誤也。緌⑦,以旄牛尾爲之,綴於橦上,所謂注旄於干首者。王祀四郊,乘玉路⑧,建大常,今以之復,去其旒,異之於生,亦因先王有徒緌者。士冠禮及玉藻,冠緌之字,故書亦多作緌者⑨,今禮家定作“蕤”。

周禮卷第二

經三千六百八十八字
注一万三百五十七字⑩

① 記,十行本作“禮”。
② 如於,十行本作“於其”。
③ 天,纂圖本作“人”。
④ 綏,建本、附圖本並作“緌”。
⑤ 緌,婺本、纂圖本、互注本、岳本並作“綏”。阮記云:“明堂位作‘綏’,注云綏當爲緌,按此仍當爲‘綏’,下始云‘當作緌’。”黄記云:“‘綏’誤‘緌’。”
⑥ 旂,建本作“旗”。緌,婺本、金本、建本、附圖本、纂圖本、互注本、京本、岳本、十行本並作“綏”。黄記云:“‘綏’誤‘緌’。”
⑦ 緌,十行本作“綏”。
⑧ 玉,纂圖本作“土”。
⑨ 多,金本作“者”。緌,互注本、十行本作“綏”。
⑩ 自“經三”至“七字”,附圖本作“經三千六伯八十字注一萬三伯五十一字音義二千二伯三十二字”,婺本、金本、建本、纂圖本、互注本、京本、岳本、八行本、十行本並無。

周禮卷第三

地官司徒第二[①] 周禮

鄭氏注

惟王建國，辨方正位，體國經野，設官分職，以爲民極。乃立地官司徒，使帥其屬而掌邦教，以佐王安擾邦國。教，所以親百姓，訓五品，有虞氏五，而周十有二焉。擾，亦安也，言饒衍之。**教官之屬：大司徒，卿一人；小司徒，中大夫二人；鄉師，下大夫四人，上士八人，中士十有六人，旅下士三十有二人，府六人，史十有二人，胥十有二人，徒百有二十人。**師，長也。司徒掌六鄉，鄉師分而治之，二人者共三鄉之事，相左右也。

鄉老，二鄉，則公一人。鄉大夫，每鄉，卿一人[②]。州長，每州，中大夫一人。黨正，每黨，下大夫一人。族師，每族，上士一人。閭胥，每閭，中士一人。比長，五家，下士一人。老，尊稱也。王置六鄉，則公有三人也。三公者，内與王論道，中參六官之事，外與六鄉之教，其要爲民，是以屬之鄉焉。州、黨、族、閭、比，鄉之屬别。正、師、胥，皆長也。正之言政也。師之言帥也。胥，有才知

---

① 二，唐石經作“三”。

② 卿，金本作“鄉”。

之稱①。載師職曰"以官田、牛田、賞田、牧田任遠郊之地",司勳職曰"掌六鄉之賞地",六鄉地在遠郊之内,則居四同。鄭司農云:"百里内爲六鄉,外爲六遂。"

封人,中士四人,下士八人,府二人,史四人,胥六人,徒六十人。聚土曰封,謂壝埒及小封疆也②。

鼓人,中士六人,府二人,史二人,徒二十人。

舞師,下士二人,胥四人,舞徒四十人。舞徒,給繇役,能舞者以爲之。

牧人,下士六人,府一人,史二人,徒六十人。牧人,養牲於野田者③。詩云:"爾牧來思④,何簑何笠⑤,或負其餱。三十維物,爾牲則具⑥。"

牛人,中士二人,下士四人,府二人,史四人,胥二十人,徒二百人。主牧公家之牛者。詩云"誰謂爾無牛⑦,九十其犉",犉者九十,其餘多矣。

充人,下士二人,史二人,胥四人,徒四十人。充,猶肥也,養繫牲而肥之。

載師,上士二人,中士四人,府二人,史四人,胥六人,徒六十人。載之言事也,事民而税之,禹貢曰"冀州既載"。載師者,閭師、縣師、遺人、均人官之長。

閭師,中士二人,史二人,徒二十人。主徵六鄉賦貢之税

① 知,建本、八行本並作"智"。

② 金本"埍"下有"博"字。

③ 牲,金本、八行本並作"生"。加記云:"董、浙、周本'牲'誤'生'。"

④ 爾,金本、附圖本、纂圖本、互注本並作"尔"。

⑤ 簑,建本、附圖本、互注本、京本、岳本、八行本、十行本並作"蓑"。黄記云:"'蓑'誤'簑'。"

⑥ 爾,金本、附圖本、纂圖本、互注本並作"尔"。

⑦ 爾,金本、纂圖本、互注本並作"尔"。無,金本作"无"。

者[1]。鄉官有州、黨、族、閭、比,正言閭者,徵民之税,宜督其親民者。凡其賦貢入大府,穀入倉人。

縣師,上士二人,中士四人,府二人,史四人,胥八人,徒八十人。主天下土地人民已下之數[2],徵野賦貢也。名曰縣師者,自六鄉以至邦國,縣居中焉。鄭司農云:"四百里曰縣。"

遺人,中士二人,下士四人,府二人,史四人,胥四人,徒四十人。鄭司農云:"遺,讀如詩曰'棄予如遺'之'遺'。"玄謂:以物有所饋遺[3]。

均人,中士二人,下士四人,府二人,史四人,胥四人,徒四十人。均,猶平也,主平土地之力政者。

師氏,中大夫一人,上士二人,府二人,史二人,胥十有二人,徒百有二十人。師,教人以道者之稱也。保氏、司諫、司救官之長。鄭司農云:"詩云'楀維師氏'。"

保氏,下大夫一人,中士二人[4],府二人,史二人,胥六人,徒六十人。保,安也,以道安人者也。書敘曰:周公爲師,召公爲保,相成王爲左右。聖賢兼此官也。

司諫,中士二人,史二人,徒二十人。諫,猶正也,以道正人行。

司救,中士二人,史二人,徒二十人。救,猶禁也,以禮防禁人之過者也[5]。

調人,下士二人,史二人,徒十人。調,猶和合也。

媒氏,下士二人,史二人,徒十人。媒之言謀也,謀合異

① 主,金本作"王",十行本作"上"。加記云:"正、人本誤'上'。"
② 金本無"下"字。
③ 饋,金本作"饋"。
④ 二,八行本作"一"。
⑤ 禮,金本、纂圖本、互注本並作"礼"。

類,使和成者①。今齊人名麴麩曰"媒"。

司市,下大夫二人,上士四人,中士八人,下士十有六人,府四人,史八人,胥十有二人,徒百有二十人。司市,市官之長。

質人,中士二人,下士四人,府二人,史四人,胥二人,徒二十人。質,平也。主平定物價者②。

廛人,中士二人,下士四人,府二人,史四人,胥二人,徒二十人。故書"廛"爲"壇",杜子春讀"壇"爲"廛"③,説云"市中空地"。玄謂:廛,民居區域之稱。

胥師,二十肆,則一人,皆二史。

賈師,二十肆,則一人,皆二史。

司虣,十肆,則一人。

司稽,五肆,則一人。

胥,二肆,則一人。

肆長,每肆,則一人。自"胥師"以及"司稽"④,皆司市所自辟除也⑤。胥及肆長,市中給繇役者。胥師,領羣胥。賈師,定物賈。司暴,禁暴亂。司稽,察留連不時去者。

泉府,上士四人,中士八人,下士十有六人,府四人,史八人,賈八人,徒八十人。鄭司農云:"故書'泉'或作'錢'。"

司門,下大夫二人,上士四人,中士八人,下士十有六人,府二人,史四人,胥四人,徒四十人。每門,下士二人,府一人,史二人,徒四人。司門,若今城門校尉,主王城十

① 婺本無"和"字。

② 價,婺本、金本、建本、附圖本、纂圖本、互注本、京本、岳本、八行本、十行本並作"賈"。黄記云:"'賈'誤'價'。"

③ 廛,互注本作"之"。加記云:"纂本'廛'誤'之'。"

④ 自,互注本作"稽"。稽,互注本作"作"。

⑤ 司市,婺本、金本並作"市司"。

二門。

司關，上士二人，中士四人，府二人，史四人，胥八人，徒八十人。每關，下士二人，府一人，史二人，徒四人。關，界上之門。

掌節，上士二人，中士四人，府二人，史四人，胥二人，徒二十人。節，猶信也，行者所執之信。

遂人，中大夫二人。

遂師，下大夫四人，上士八人，中士十有六人，旅下士三十有二人，府四人，史十有二人，胥十有二人，徒百有二十人。遂人，主六遂，若司徒之於六鄉也[①]。六遂之地，自遠郊以達于畿，中有公邑[②]、家邑、小都、大都焉。鄭司農云："遂，謂王國百里外。"

遂大夫，每遂，中大夫一人。

縣正，每縣，下大夫一人。

鄙師，每鄙，上士一人。

酇長，每酇，中士一人。

里宰，每里，下士一人[③]。

鄰長，五家，則一人。縣、鄙、酇、里、鄰，遂之屬别也。

旅師，中士四人，下士八人，府二人，史四人，胥八人，徒八十人。主斂縣師所徵野之賦穀者也。旅，猶處也。六遂之官，里宰之師也。正用里宰者，亦斂民之税，宜督其親民。

稍人，下士四人，史二人，徒十有二人。主爲縣師令都鄙丘甸之政也。距王城三百里曰稍[④]。家邑、小都、大都[⑤]，自稍以出焉。

---

① 婺本、金本、八行本並無"於"字。加記云："董本脱'於'。"

② 邑，金本作"己"。

③ 一，唐石經作"二"。阮記云："諸本同，唐石經作'二人'，誤。"

④ 王，互注本作"上"。加記云："纂本'王'誤'上'。"

⑤ 婺本、金本、附圖本"大都"下並有"在"字。

委人，中士二人，下士四人，府二人，史四人，徒四十人。主斂甸稍芻薪之賦，以共委積者也。

土均，上士二人，中士四人，下士八人，府二人，史四人，胥四人，徒四十人。均，猶平也，主平土地之政令者也。

草人，下士四人，史二人，徒十有二人。草，除草。

稻人，上士二人，中士四人，下士八人，府二人，史四人，胥十人，徒百人。

土訓，中士二人，下士四人，史二人，徒八人。鄭司農云："訓，讀爲'馴'，謂以遠方土地所生異物，告道王也。爾雅云[①]：訓，道也。"玄謂：能訓説土地善惡之勢。

誦訓，中士二人，下士四人，史二人，徒八人。能訓説四方所誦習，及人所作爲久時事。

山虞，每大山，中士四人，下士八人，府二人，史四人，胥八人，徒八十人；中山，下士六人，史二人，胥六人，徒六十人；小山，下士二人，史一人，徒二十人。虞，度也，度知山之大小，及所生者。

林衡，每大林麓，下士十有二人，史四人，胥十有二人，徒百有二十人；中林麓，如中山之虞；小林麓，如小山之虞。衡，平也，平林麓之大小，及所生者。竹木生平地曰林。山足曰麓。

川衡，每大川，下士十有二人[②]，史四人，胥十有二人，徒百有二十人；中川，下士六人，史二人，胥六人，徒六十人；小川，下士二人，史一人，徒二十人。川，流水也，禹貢曰"九川滌源"。

澤虞，每大澤大藪，中士四人，下士八人，府二人，史

① 爾，金本、附圖本、纂圖本、互注本並作"尒"。

② 下，八行本作"卜"。加記云："浙本'下'誤'卜'。"

四人，胥八人，徒八十人；中澤中藪，如中川之衡；小澤小藪，如小川之衡。澤，水所鍾也，水希曰藪，禹貢曰"九澤既陂"，爾雅有八藪①。

迹人，中士四人，下士八人，史二人，徒四十人。迹之言跡②，知禽獸處。

丱人，中士二人，下士四人，府二人，史二人，胥四人，徒四十人。丱之言礦也，金玉未成器曰礦③。

角人，下士二人，府一人，徒八人。

羽人，下士二人，府一人，徒八人。

掌葛，下士二人，府一人，史一人，胥二人，徒二十人。

掌染草，下士二人，府一人，史二人，徒八人。染草，藍、蒨、象斗之屬。

掌炭，下士二人，史二人，徒二十人。

掌荼，下士二人，府一人，史一人，徒二十人。荼，茅莠。

掌蜃，下士二人，府一人，史一人，徒八人。蜃，大蛤，月令：孟冬"雉入大水爲蜃"。

囿人，中士四人，下士八人，府二人，胥八人，徒八十人。囿，今之苑。

場人，每場，下士二人④，府一人，史一人，徒二十人。場，築地爲墠，季秋除圃中爲之，詩云"九月築場圃，十月納禾稼"。

廩人，下大夫二人，上士四人，中士八人，下士十有

---

① 爾，金本、纂圖本、互注本並作"尔"。

② 跡，建本作"迹"。

③ 未，婺本作"木"。

④ 二，建本作"一"。

六人，府八人，史十有六人，胥三十人，徒三百人。藏米曰廩。廩人[①]，舍人、倉人、司禄官之長。

舍人，上士二人，中士四人，府二人，史四人，胥四人，徒四十人。舍，猶宮也[②]。主平宮中用穀者也[③]。

倉人，中士四人，下士八人，府二人，史四人，胥四人，徒四十人。

司禄，中士四人，下士八人，府二人，史四人，徒四十人。主班禄。

司稼，下士八人，史四人，徒四十人。種穀曰稼，如嫁女以有所生[④]。

舂人[⑤]，奄二人，女舂抌二人，奚五人。女舂抌，女奴能舂與抌者。抌，抒臼也，詩云"或舂或抌"。

饎人，奄二人，女饎八人，奚四十人。鄭司農云："饎人，主炊官也。特牲饋食禮曰'主婦視饎爨'[⑥]。"故書"饎"作"𩝐"。

稾人[⑦]，奄八人，女稾每奄二人[⑧]，奚五人。鄭司農云："稾[⑨]，讀爲'犒師'之'犒'，主冗食者，故謂之犒。"

大司徒之職，掌建邦之土地之圖，與其人民之數，以佐王安擾邦國。土地之圖，若今司空郡國輿地圖[⑩]。**以天下土地**

---

① 金本無"廩"字。

② 宮，金本作"官"。

③ 主，金本作"王"。

④ 嫁，十行本作"稼"。

⑤ 舂，金本作"春"。

⑥ 禮，金本、纂圖本、互注本並作"礼"。

⑦ 稾，白文本、金本、建本、纂圖本、互注本、京本、岳本、八行本、十行本並作"槀"，附圖本作"膏"。黄記云："'槀'皆誤'槀'。"

⑧ 稾，白文本、金本、建本、附圖本、纂圖本、互注本、京本、岳本、八行本、十行本並作"槀"。

⑨ 稾，金本、建本、附圖本、纂圖本、互注本、京本、岳本、八行本、十行本並作"槀"。

⑩ 纂圖本、互注本、京本"圖"下並有"也"字。

之圖，周知九州之地域廣輪之數，辨其山林、川澤、丘陵、墳衍、原隰之名物，周，猶徧也。九州，揚[①]、荆、豫、青、兖、雍、幽[②]、冀[③]、并也。輪，從也。積石曰山，竹木曰林，注瀆曰川，水鍾曰澤，土高曰丘，大阜曰陵，水崖曰墳[④]，下平曰衍，高平曰原，下溼曰隰。名物者，十等之名，與所生之物。**而辨其邦國都鄙之數，制其畿疆而溝封之，設其社稷之壝而樹之田主，各以其野之所宜木，遂以名其社與其野。**千里曰畿。疆，猶界也，春秋傳曰：吾子疆理天下。溝，穿地爲阻固也。封，起土界也。社稷，后土及田正之神。壝，壇與堳埒也。田主，田神，后土、田正之所依也，詩人謂之"田祖"。所宜木，謂若松柏栗也。若以松爲社者，則名松社之野，以別方面。**以土會之灋，辨五地之物生：一曰山林，其動物宜毛物，其植物宜皁物，其民毛而方；二曰川澤，其動物宜鱗物，其植物宜膏物，其民黑而津；三曰丘陵，其動物宜羽物，其植物宜覈物，其民專而長；四曰墳衍，其動物宜介物，其植物宜莢物，其民晳而瘠；五曰原隰，其動物宜蠃物，其植物宜叢物[⑤]，其民豐肉而庳。**會，計也。以土計貢稅之法，因別此五者也。毛物，貂狐貒貉之屬，縟毛者也。鱗物，魚龍之屬。津，潤也。羽物，翟雉之屬。核物，梅李之屬[⑥]。專，圜也。介物，龜鼈之屬，水居陸生者。莢物，薺莢王棘之屬[⑦]。晳，白也。瘠，臞也。蠃物，虎豹貔貐之屬，淺毛者。叢物，萑葦之屬。豐，猶厚也。庳[⑧]，猶短也。杜子春讀"生"爲"性"。鄭司農云："植

---

① 揚，金本、建本、八行本並作"楊"。

② 幽，婺本作"冀"。

③ 冀，婺本作"幽"。

④ 崖，附圖本作"涯"。

⑤ 叢，唐石經作"藂"。

⑥ 梅李，婺本、金本、建本、附圖本、纂圖本、互注本、京本、岳本、八行本、十行本並作"李梅"。加記云："嘉、士本'李梅'倒。"

⑦ 莢，附圖本作"災"。

⑧ 庳，金本作"痺"。加記云："陳本'庳'誤'痺'。"

物，根生之屬。皁物[1]，柞栗之屬[2]，今世間謂柞實爲皁斗。膏物，謂楊柳之屬，理致且白如膏[3]。"玄謂：膏，當爲"櫜"，字之誤也，蓮芡之實，有櫜韜。**因此五物者民之常，而施十有二教焉：一曰以祀禮教敬，則民不苟；二曰以陽禮教讓，則民不争；三曰以陰禮教親，則民不怨；四曰以樂禮教和，則民不乖；五曰以儀辨等，則民不越；六曰以俗教安，則民不愉[4]；七曰以刑教中，則民不虣；八曰以誓教恤，則民不怠；九曰以度教節，則民知足；十曰以世事教能，則民不失職；十有一曰以賢制爵，則民慎德；十有二曰以庸制禄，則民興功。**陽禮[5]，謂鄉射飲酒之禮也[6]。陰禮[7]，謂男女之禮[8]。昏姻以時，則男不曠，女不怨。儀，謂君南面臣北面、父坐子伏之屬。俗，謂土地所生習也。愉[9]，謂朝不謀夕。恤，謂災危相憂，民有凶患，憂之，則民不解怠。度，謂宫室車服之制。世事，謂士農工商之事，少而習焉，其心安焉，因教以能，不易其業。慎德，謂矜其善德，勸爲善也。庸，功也，爵以顯賢，禄以賞功。故書"儀"或爲"義"[10]，杜子春讀爲"儀"，謂九儀。**以土宜之灋，辨十有二土之名物，以相民宅而知其利害，以阜人民，以蕃鳥獸，以毓草木，以任土事。**十二土[11]，分野十二邦，上繫十二次，各有所宜也。

---

① 物，附圖本作"此"。

② 柞，附圖本作"作"。

③ 致，附圖本作"置"。阮記云："宋本'致'誤'置'。"

④ 愉，金本、十行本並作"偷"。阮記云："閩、監本同，疏中改'偷'爲'愉'，毛本經作'愉'，注及疏，又偷、愉錯見。案：釋文'不愉'，音偷，又音榆，唐石經、宋本、余本、岳本、嘉靖本皆作'愉'，注疏本或改作'偷'，俗字也。"

⑤ 禮，纂圖本、互注本並作"礼"。

⑥ 禮，纂圖本、互注本並作"礼"。

⑦ 禮，纂圖本、互注本並作"礼"。

⑧ 禮，纂圖本、互注本並作"礼"。

⑨ 愉，金本作"偷"。阮記引作"愉"，云："宋本、余本、岳本、嘉靖本同……○按：此亦當是經用古字、注用今字之例，經作'愉'從心，注作'偷'從人，爲是。"

⑩ 儀，十行本作"義"。

⑪ 土，十行本作"王"。加記云："正本'土'誤'王'。"

相，占視也[①]。阜，猶盛也。蕃，蕃息也。毓[②]，生也。任，謂就地所生[③]，因民所能。**辨十有二壤之物，而知其種，以教稼穡樹蓺。**壤，亦土也，變言耳。以萬物自生焉，則言土[④]，土[⑤]，猶吐也；以人所耕而樹蓺焉，則言壤，壤，和緩之貌。詩云"樹之榛栗"，又曰"我蓺黍稷"，蓺，猶蒔也。**以土均之灋，辨五物九等，制天下之地征，以作民職，以令地貢，以斂財賦[⑥]，以均齊天下之政。**均，平也。五物，五地之物也。九等，騂剛、赤緹之屬。征，税也。民職，民九職也[⑦]。地貢，貢地所生，謂九穀。財，謂泉穀。賦，謂九賦及軍賦。**以土圭之灋，測土深，正日景以求地中。日南，則景短多暑；日北，則景長多寒；日東，則景夕多風；日西，則景朝多陰。**土圭[⑧]，所以致四時日月之景也。測[⑨]，猶度也，不知廣深，故曰測。故書"求"爲"救"，杜子春云："當爲'求'[⑩]。"鄭司農云："測土深，謂南北東西之深也[⑪]。日南，謂立表處大南近日也；日北，謂立表處大北遠日也；景夕[⑫]，謂日跌景乃中，立表處大東近日也[⑬]；景朝，謂日未中而景中[⑭]，立表處大西遠日也。"玄謂：晝漏半而置土圭，表陰陽，審其南北。景短於土圭，謂之日南，是地於日爲近南也；景長於土圭[⑮]，謂之日北，是地於日爲近北也；東於土

---

① 占，十行本作"古"。加記云："正本'占'誤'古'。"

② 毓，金本、建本、附圖本、纂圖本、互注本、京本、岳本、八行本、十行本並作"育"。

③ 就，十行本作"既"。加記云："正、陳本'就'誤'既'。"

④ 附圖本無"土"字。

⑤ 附圖本"土"下有"之"字。

⑥ 金本"財"下有"九"字。

⑦ 金本無"九"字。

⑧ 土，十行本作"上"。

⑨ 測，十行本作"云則"。加記云："正、人本'測'誤'則'。"

⑩ 十行本無"當"字。阮記引文"杜子春云爲求"，云："宋本、余本、嘉靖本'云'下有'當'字，此脱。"

⑪ 深，纂圖本、互注本並作"稱"。加記云："纂本'深'誤'稱'。"

⑫ 夕，十行本作"朝"。加記云："正本'夕'誤'朝'。"

⑬ 十行本"表"下有"之"字。正字云："'之'衍字。"

⑭ 未，互注本作"末"。

⑮ 土，附圖本作"上"。

圭,謂之日東,是地於日爲近東也;西於土圭,謂之日西,是地於日爲近西也。如是,則寒暑陰風,偏而不和,是未得其所求[①]。凡日景於地,千里而差一寸。**日至之景,尺有五寸,謂之地中,天地之所合也,四時之所交也,風雨之所會也,陰陽之所和也,然則百物阜安,乃建王國焉,制其畿方千里,而封樹之。**景尺有五寸者,南戴日下萬五千里,地與星辰,四遊升降於三萬里之中,是以半之,得地之中也。畿方千里,取象於日一寸爲正。樹,樹木溝上,所以表助阻固也。鄭司農云:"土圭之長,尺有五寸,以夏至之日,立八尺之表,其景適與土圭等,謂之地中。今潁川陽城地爲然。"**凡建邦國,以土圭土其地,而制其域。諸公之地,封疆方五百里,其食者半;諸侯之地,封疆方四百里,其食者參之一;諸伯之地[②],封疆方三百里,其食者參之一;諸子之地,封疆方二百里,其食者四之一;諸男之地,封疆方百里,其食者四之一。**土其地[③],猶言度其地。鄭司農云:"土其地,但爲正四方耳[④]。其食者半,公所食租税得其半耳,其半皆附庸小國也,屬天子。參之一者亦然。故魯頌曰'錫之山川,土田附庸'[⑤],'奄有龜蒙,遂荒大東,至于海邦',論語曰:季氏將伐顓臾,孔子曰'先王以爲東蒙主,且在邦域之中,是社稷之臣'。此非七十里所能容,然則方五百里[⑥]、四百里,合於魯頌、論語之言。諸男食者四之一[⑦],適方五十里[⑧],獨此與今五經家説合耳。"玄謂:其食者半、參之一、四之一者,土均均邦國地貢輕重之等,其率之也,公之地以一易,侯伯之地以再易,子男之地以三易,必足其國禮俗、喪紀、祭祀之用,乃貢其餘,若今度支經用,餘爲司農穀矣。大國貢重,正之也。小國貢輕,字之也。凡諸侯爲牧正帥長,

---

① 求,十行本作"未"。加記云:"正本誤'未'。"
② 附圖本"諸"下有"侯"字。
③ 土,十行本作"上"。加記云:"正、岳本'土'誤'上'。"
④ 但,金本作"租"。
⑤ 田,互注本、京本、十行本並作"地",纂圖本無。
⑥ 五,金本作"三"。阮記云:"宋本'五'誤'三'。"
⑦ 岳本、八行本"諸"前並有"諸子"二字。加記云:"浙、岳本有二字,非,以意增之。"
⑧ 十,京本作"千"。加記云:"京本誤'五千'。"

及有德者，乃有附庸，爲其有禄者當取焉。公無附庸，侯附庸九同，伯附庸七同，子附庸五同，男附庸三同。進則取焉，退則歸焉。魯於周法，不得有附庸，故言"錫之"也①。地方七百里者，包附庸，以大言之也。附庸二十四，言得兼此四等矣②。**凡造都鄙，制其地域，而封溝之，以其室數制之，不易之地，家百晦；一易之地，家二百晦；再易之地，家三百晦。**都鄙，王子弟公卿大夫采地③，其界曰都；鄙，所居也。王制曰："天子之縣内，方百里之國九④，七十里之國二十有一，五十里之國六十有三⑤。"此蓋夏時采地之數，周未聞矣。春秋傳曰："遷鄭焉而鄙留⑥。"城郭之宅曰室，詩云"嗟我婦子，曰爲改歲，入此室處"。以其室數制之，謂制丘甸之屬。王制曰："凡居民，量地以制邑，度地以居民，地邑民居，必參相得。"鄭司農云："不易之地，歲種之，地美，故家百晦。一易之地，休一歲乃復種，地薄，故家二百晦。再易之地，休二歲乃復種，故家三百晦。"**乃分地職、奠地守、制地貢，而頒職事焉，以爲地灋⑦，而待政令。**分地職，分其九職所宜也。定地守，謂衡麓虞候之屬。制地貢，謂九職所税也。頒職事者，分命使各爲其所職之事。**以荒政十有二聚萬民：一曰散利，二曰薄征，三曰緩刑，四曰弛力，五曰舍禁，六曰去幾，七曰眚禮，八曰殺哀，九曰蕃樂，十曰多昏，十有一曰索鬼神，十有二曰除盜賊。**荒，凶年也。鄭司農云："救饑之政⑧，十有二

---

① 金本無"也"字。

② 四，纂圖本、十行本並作"一"。

③ 地，京本作"也"。加記云："京本'地'誤'也'。"

④ 九，附圖本作"凡"。

⑤ 三，十行本作"二"。加記云："正、陳、韓、人本'三'誤'二'。"

⑥ 焉，十行本作"爲"。加記云："正、人本'焉'誤'爲'。"

⑦ 灋，八行本作"法"。

⑧ 饑，婺本、金本、建本、附圖本、纂圖本、互注本、京本、岳本、八行本、十行本並作"飢"。阮記云："嘉靖本'飢'作'饑'，此非。○按：説文則'饑年'字當從'幾'，'飢餓'字作'飢'。"案：説文，"飢""餓"二字連文，又"飢"下云"餓也"；"饑""饉"二字連文，又"饑"下云"穀不孰爲饑"。據此，則此處當作"饑"，底本不誤，諸本皆非，阮記按語是也。

品。散利,貸種食也①。薄征②,輕租稅也。弛力,息繇役也。去幾,關市不幾也。眚禮,掌客職所謂"凶荒殺禮"者也。多昏,不備禮而娶,昏者多也。索鬼神,求廢祀而修之③,雲漢之詩所謂'靡神不舉,靡愛斯牲'者也。除盜賊,急其刑以除之④,饑饉則盜賊多⑤,不可不除也。"杜子春讀"蕃樂"爲"藩樂"⑥,謂閉藏樂器而不作。玄謂:去幾,去其稅耳。舍禁,若公無禁利。眚禮,謂殺吉禮也。殺哀,謂省凶禮。**以保息六養萬民:一曰慈幼,二曰養老,三曰振窮,四曰恤貧,五曰寬疾,六曰安富。**保息,謂安之使蕃息也。慈幼,謂愛幼少也,産子三人,與之母,二人,與之餼,十四以下不從征。養老,七十養於鄉,五十異粻之屬⑦。振窮,抍捄天民之窮者也。窮者有四:曰矜,曰寡,曰孤,曰獨。恤貧,貧無財業,稟貸之。寬疾,若今癃,不可事,不筭卒,可事者半之也。安富,平其繇役,不專取。**以本俗六安萬民:一曰媺宫室,二曰族墳墓,三曰聯兄弟,四曰聯師儒,五曰聯朋友,六曰同衣服。**本,猶舊也。美⑧,善也,謂約椓攻堅,風雨攸除,各有攸宇⑨。族,猶類也,同宗者,生相近,死相迫。聯⑩,猶合也。兄弟,昏姻嫁娶也。師儒,鄉里教以道藝者。同師曰朋,同志曰友。同,猶齊也,民雖有富者⑪,衣服不得獨異。**正月之吉,始和,布教于邦國都鄙,乃縣教象之灋于象魏,使萬民觀教象,挾日而斂之,乃施教灋于邦國都鄙,使之**

① 貸,十行本作"貨"。加記云:"正本'貸'誤'貨'。"
② 征,十行本作"正"。加記云:"正本'征'誤'正'。"
③ 祀,附圖本作"禮"。
④ 急,金本作"隱"。
⑤ 饑,纂圖本、互注本、京本、岳本、十行本並作"飢"。阮記云:"宋本、嘉靖本'飢'作'饑',當據以訂正。"案:據上文考正,"饑饉"作"饑",底本不誤,阮記是也。
⑥ 藩,金本、附圖本並作"蕃"。
⑦ 粻,附圖本、纂圖本、互注本、京本、十行本並作"粮"。
⑧ 美,岳本作"媺"。加記云:"岳、毛本'美'誤'媺'。"
⑨ 宇,附圖本作"芋"。阮記云:"宋本'宇'作'芋',蓋依今本毛詩改,非。"
⑩ 聯,婺本、金本、建本、附圖本、纂圖本、互注本、京本、八行本、十行本並作"連"。
⑪ 雖,十行本作"吹"。加記云:"十、正本'雖'誤'吹'。"

各以教其所治民。正月之吉，周正月朔日也。司徒以布王教[①]，至正歲，又書教法而縣焉。**令五家爲比，使之相保；五比爲閭，使之相受；四閭爲族，使之相葬；五族爲黨，使之相救；五黨爲州，使之相賙；五州爲鄉，使之相賓。**此所以勸民者也。使之者，皆謂立其長，而教令使之。保，猶任也。救，救凶災也。賓，賓客其賢者。故書"受"爲"授"，杜子春云"當爲'受'，謂民移徙所到[②]，則受之；所去，則出之"。又云："賙，當爲'糾'，謂糾其惡。"玄謂：受者，宅舍有故，相受寄託也。賙者，謂禮物不備，相給足也。閭，二十五家；族，百家；黨，五百家；州，二千五百家；鄉，萬二千五百家。**頒職事十有二于邦國都鄙，使以登萬民：一曰稼穡，二曰樹蓺，三曰作材，四曰阜蕃，五曰飭材，六曰通財，七曰化材，八曰斂材，九曰生材，十曰學藝，十有一曰世事，十有二曰服事。**鄭司農云："稼穡，謂三農生九穀也[③]。樹藝，謂園圃育草木[④]。作材，謂虞衡作山澤之材[⑤]。阜蕃，謂藪牧養蕃鳥獸[⑥]。飭材，謂百工飭化八材。通財，謂商賈阜通貨賄。化材[⑦]，謂嬪婦化治絲枲。斂材，謂臣妾聚斂疏材。生材，謂閒民無常職，轉移執事。學藝，謂學道藝。世事，謂以世事教能，則民不失職。服事，謂爲公家服事者。"玄謂：生材，養竹木者。**以鄉三物教萬民，而賓興之：一曰六德，知、仁、聖、義、忠、和；二曰六行，孝、友、睦、婣、任、恤；三曰六藝，禮、樂、射、御、書、數。**物，猶事也。興，猶舉也。民三事教成，鄉大夫舉其賢者能者，以飲酒之禮

① 王，附圖本、纂圖本、互注本、京本、岳本、八行本、十行本並作"五"。阮記引文"司徒以布五教"，云："閩、監、毛本同，誤也。宋本、嘉靖本作'王教'，此本疏中引注亦作'王教'，當據以訂正。"案：賈疏云"'司徒以布王教'者，案：大宰注云布王治之事於天下，此不言天下，注文略"，則賈氏所見確作"王教"，底本不誤，阮記是也。

② 徙，岳本作"徒"。加記云："岳本'徙'誤'徒'。"

③ 生，十行本作"注"。加記云："正、人本'生'誤'注'。"

④ 育，附圖本、纂圖本、互注本、京本、岳本、十行本並作"毓"。

⑤ 材，金本、八行本並作"財"。

⑥ 牧，纂圖本作"教"。

⑦ 材，金本、建本、附圖本、八行本並作"財"。加記云："浙本'材'誤'財'。"

賓客之,既則獻其書於王矣。知,明於事。仁,愛人以及物。聖,通而先識。義,能斷時宜。忠,言以中心。和,不剛不柔。善於父母爲孝,善於兄弟爲友。睦,親於九族①。婣,親於外親。任,信於友道。恤,振憂貧者②。禮,五禮之義。樂,六樂之歌舞。射,五射之法。御,五御之節。書,六書之品。數,九數之計。**以鄉八刑糾萬民:一曰不孝之刑,二曰不睦之刑,三曰不婣之刑,四曰不弟之刑,五曰不任之刑③,六曰不恤之刑,七曰造言之刑,八曰亂民之刑。**糾,猶割察也。不弟,不敬師長。造言,訛言惑衆。亂民,亂名改作④,執左道以亂政也。鄭司農云:"任,謂朋友相任。恤,謂相憂。"**以五禮防萬民之僞,而教之中。**禮,所以節止民之侈僞,使其行得中。鄭司農云:"五禮,謂吉、凶、賓⑤、軍⑥、嘉。"**以六樂防萬民之情,而教之和。**樂,所以蕩正民之情思,使其心應和也。鄭司農云:"六樂,謂雲門、咸池、大韶、大夏、大濩、大武。"**凡萬民之不服教,而有獄訟者,與有地治者聽而斷之,其附于刑者,歸于士。**不服教,不厭服於十二教⑦,貪冒者也。争罪曰獄,争財曰訟。有地治者,謂鄉州及治都鄙者也。附,麗也。士,司寇士師之屬。鄭司農云:"與有地治者聽而斷之⑧,與其地部界所屬吏共聽斷之。士,謂主斷刑之官⑨,春秋傳曰'士榮爲大士'。或謂'歸于圜土',圜土,謂獄也,獄城圜。"**祀五帝,奉牛牲,羞其肆。**牛能任載,地類也。奉,猶進也。鄭司農云:"羞,進也。肆,陳骨體也。"玄謂:進所肆解骨體,士喪禮曰:肆解去蹄。**享先王,亦如之。大賓客,令野脩道委積。**令,令遺人使爲之也。少曰委,多曰積,皆所以給賓客。

---

① 親,八行本作"新"。
② 附圖本"振"下有"於"字。加記云:"建、集、盧本……'振'下衍'於'。"
③ 刑,互注本作"禮"。加記云:"纂本'刑'誤'禮'。"
④ 名,建本作"民"。
⑤ 賓,京本作"軍"。
⑥ 軍,京本作"賓"。加記云:"京本、考索'賓軍'倒。"
⑦ 二,附圖本作"于"。
⑧ 有,建本、附圖本並作"其"。阮記云:"宋本'有'誤'其'。"
⑨ 主,岳本作"五"。加記云:"岳本'主'誤'五'。"

大喪，帥六鄉之衆庶，屬其六引，而治其政令。衆庶，所致役也。鄭司農云："六引，謂引喪車索也。六鄉主六引，六遂主六紼。"**大軍旅，大田役，以旗致萬民，而治其徒庶之政令。**旗，畫熊虎者也。徵衆，刻日，樹旗，期於其下。**若國有大故，則致萬民於王門**[①]**，令無節者不行於天下。**大故，謂王崩及寇兵也。節，六節。有節乃得行，防奸私。**大荒、大札，則令邦國移民、通財、舍禁、弛力、薄征、緩刑。**大荒，大凶年也。大札，大疫病也。移民，辟災就賤。其有守不可移者，則輸之穀，春秋定五年"夏，歸粟於蔡"是也。**歲終，則令教官正治而致事。**歲終，自周季冬也[②]。教官，其屬六十。正治，明處其文書。致事，上其計簿。**正歲，令于教官，曰："各共爾職，脩乃事，以聽王命。其有不正，則國有常刑。"**正歲，夏正月朔日。

小司徒之職，掌建邦之教灋，以稽國中及四郊都鄙之夫家九比之數，以辯其貴賤[③]**、老幼、廢疾，凡征役之施舍，與其祭祀、飲食、喪紀之禁令。**稽，猶考也。夫家，猶言男女也。鄭司農云："九比，謂九夫爲井。"玄謂：九比者，冢宰職出九賦者之人數也。貴，謂爲卿大夫。賤，謂占會販賣者。廢疾，謂癃病也。施，當爲"弛"[④]。**乃頒比灋于六鄉之大夫，使各登其鄉之衆寡、六畜、車輦，辯其物**[⑤]**，以歲時入其數，以施政教，行徵令。**登，成也，成，猶定也。衆寡，民之多少。物，家中之財。歲時入其數，若今

---

① 於，唐石經作"于"。

② 自，諸本皆同。阮記云："浦鏜云'是'誤'自'，盧文弨曰：'自'疑'目'。案：'自'當爲'者'之誤。"案：天官"宰夫之職"鄭注亦云"歲終自周季冬"，可前後互證也，底本不誤，浦説、阮記皆非也。

③ 辯，唐石經、白文本、婺本、金本、建本、附圖本、纂圖本、互注本、京本、岳本、八行本、十行本並作"辨"。

④ 弛，十行本作"施"。加記云："正、人本'弛'誤'施'。"

⑤ 辯，唐石經、白文本、婺本、金本、建本、附圖本、纂圖本、互注本、京本、岳本、八行本、十行本並作"辨"。

四時言事。**及三年，則大比，大比則受邦國之比要。**大比，謂使天下更簡閱民數及其財物也。受邦國之比要，則亦受鄉遂矣。鄭司農云："五家爲比，故以比爲名，今時八月案比是也。要，謂其簿。"**乃會萬民之卒伍而用之。五人爲伍，五伍爲兩，四兩爲卒，五卒爲旅，五旅爲師，五師爲軍。以起軍旅，以作田役，以比追胥，以令貢賦。**用，謂使民事之。伍、兩、卒、旅、師、軍，皆衆之名。兩，二十五人；卒，百人；旅，五百人；師，二千五百人①；軍，萬二千五百人。此皆先王所因農事而定軍令者也。欲其恩足相恤，義足相救，服容相別，音聲相識。作，爲也。役，功力之事②。追，逐寇也，春秋莊十八年"夏，公追戎于濟西③"。胥，伺捕盜賊也④。貢，嬪婦百工之物。賦，九賦也。鄉之田制，與遂同。**乃均土地，以稽其人民，而周知其數。上地家七人，可任也者家三人；中地家六人，可任也者二家五人；下地家五人，可任也者家二人。**均，平也。周，猶徧也。一家男女七人以上，則授之以上地⑤，所養者衆也。男女五人以下，則授之以下地⑥，所養者寡也。正以七人、六人、五人爲率者，有夫有婦然後爲家，自二人以至於十，爲九等，七六五者爲其中。可任，謂丁強任力役之事者，出老者一人，其餘男女強弱相半，其大數。**凡起徒役，毋過家一人，以其餘爲羨，唯田與追胥，竭作。**鄭司農云："羨，饒也。田，謂獵也。追，追寇賊也。竭作，盡行。"**凡用衆庶，則掌其政教，與其戒禁，聽其辭訟，施其賞罰，誅其犯命者。**命⑦，所以誓告之。**凡國之大事，致民；大故，致餘子。**大事，謂戎事也。大故，謂災寇也。鄭司農云："國有大事，當徵召會聚百姓，則小司徒召聚之。餘子，謂

① 千，八行本作"十"。加記云："浙本'千'誤'十'。"
② 力，纂圖本、互注本並作"令"。
③ 濟，十行本作"齊"。加記云："正本'濟'誤'齊'。"
④ 賊，金本作"城"。
⑤ 授，金本作"受"。加記云："董本……'授'誤'受'。"
⑥ 授，金本作"受"。加記云："董本'授'誤'受'。"
⑦ 附圖本"命"上有"大事"二字。

羨也。"玄謂：餘子，卿大夫之子①，當守於王宮者也②。**乃經土地，而井牧其田野，九夫爲井，四井爲邑，四邑爲丘，四丘爲甸，四甸爲縣，四縣爲都，以任地事，而令貢賦，凡税斂之事。**此謂造都鄙也。采地制井田，異於鄉遂，重立國。小司徒爲經之，立其五溝五塗之界③，其制似井之字，因取名焉。孟子曰："夫仁政必自經界始。經界不正，井田不均④，貢禄不平，是故暴君姦吏必慢其經界⑤。經界既正，分田制禄，可坐而定也。"鄭司農云："井牧者，春秋傳所謂井衍沃、牧隰皋者也。"玄謂：隰皋之地，九夫爲牧，二牧而當一井⑥。今造都鄙，授民田，有不易，有一易，有再易，通率二而當一，是之謂井牧。昔夏少康在虞思，有田一成，有衆一旅。一旅之衆而田一成，則井牧之法，先古然矣。九夫爲井者，方一里，九夫所治之田也。此制小司徒經之，匠人爲之溝洫，相包乃成耳。邑丘之屬，相連比，以出田税，溝洫爲除水害。四井爲邑，方二里。四邑爲丘，方四里。四丘爲甸，甸之言乘也，讀如"衷甸"之"甸"，甸方八里，旁加一里，則方十里，爲一成。積百井，九百夫，其中六十四井，五百七十六夫，出田税；三十六井，三百二十四夫，治洫。四甸爲縣，方二十里。四縣爲都⑦，方四十里。四都方八十里，旁加十里，乃得方百里，爲一同也。積萬井，九萬夫，其四千九十六井，三萬六千八百六十四夫，出田税；二千三百四井⑧，二萬七百三十六夫，治洫；三千六百井，三萬二千四百夫，治澮。井田之法，備於一同。今止於都者，采地食者皆四之一。其制三等：百里之國凡四都，一都之田税入於王；五十里之國凡四縣，一縣之田税入於王；二十五里之國凡四甸，一甸之田税入於王。地事⑨，謂農牧衡虞也⑩。貢，謂九穀

① 卿，金本作"鄉"。加記云："重本'卿'誤'鄉'。"
② 當，金本作"富"。
③ 塗，岳本作"涂"。
④ 田，互注本、京本、岳本、十行本並作"地"。
⑤ 姦，互注本作"汙"。吏，金本作"史"。
⑥ 金本"而"下有"而"字。
⑦ 都，十行本作"者"。加記云："正、人本'都'誤'者'。"
⑧ 三，附圖本作"八"。
⑨ 地，京本作"也"。加記云："京本'地'誤'也'。"
⑩ 衡虞，建本、附圖本並作"虞衡"。

山澤之材也。賦,謂出車徒給繇役也。司馬法曰:“六尺爲步,步百爲晦,晦百爲夫,夫三爲屋,屋三爲井,井十爲通,通爲匹馬,三十家,士一人,徒二人。通十爲成,成百井,三百家,革車一乘,士十人①,徒二十人。十成爲終,終千井,三千家,革車十乘,士百人,徒二百人。十終爲同,同方百里,萬井,三萬家,革車百乘,士千人,徒二千人。”**乃分地域,而辯其守②;施其職,而平其政。**分地域,謂建邦國,造都鄙,制鄉遂也。辨其守,謂衡虞之屬。職,謂九職也。政,税也。政,當作“征”。故書“域”爲“邦”,杜子春云:“當爲‘域’。”**凡小祭祀,奉牛牲,羞其肆。**小祭祀,王玄冕所祭③。**小賓客,令野脩道委積。**小賓客,諸侯之使臣。**大軍旅,帥其衆庶。**帥,帥而致於大司徒④。**小軍旅,巡役,治其政令。**巡役,小力役之事,則巡行之。**大喪,帥邦役,治其政教。**喪役,正棺、引、窆、復土。**凡建邦國,立其社稷,正其畿疆之封。**畿,九畿。**凡民訟,以地比正之;**鄭司農云:“以田畔所與比,正斷其訟。”**地訟,以圖正之。**地訟,爭疆界者。圖,謂邦國本圖。**歲終,則攷其屬官之治成,而誅賞,**治成,治事之計。**令羣吏正要會,而致事。正歲,則帥其屬而觀教灋之象⑤,徇以木鐸,曰:“不用灋者,國有常刑。”令羣吏憲禁令,脩灋糾職,以待邦治。**憲,表縣之。**及大比六鄉四郊之吏,平教治,正政事,攷夫屋,及其衆寡、六畜、兵器,以待政令。**四郊之吏,吏在四郊之内,主民事者。夫三爲屋⑥,屋三爲井,出地貢者,三三相任⑦。

---

① 士,金本作“七”。

② 辯,唐石經、白文本、婺本、金本、建本、附圖本、纂圖本、互注本、京本、岳本、八行本、十行本並作“辨”。

③ 王,八行本作“工”。加記云:“浙本‘王’誤‘工’。”

④ 帥,婺本、互注本、京本並作“師”。

⑤ 灋,互注本、京本並作“法”。

⑥ 三,金本作“二”。

⑦ 任,纂圖本作“注”。

鄉師之職，各掌其所治鄉之教，而聽其治。聽，謂平察之。**以國比之灋，以時稽其夫家衆寡，辯其老幼[①]、貴賤、廢疾、馬牛之物，辯其可任者[②]，與其施舍者，掌其戒令糾禁，聽其獄訟。**施舍，謂應復免，不給繇役[③]。**大役，則帥民徒而至，治其政令；既役，則受州里之役要，以攷司空之辟，以逆其役事。**而至，至作部曲也。既，已也。役要，所遣民徒之數。辟，功作章程。逆，猶鉤考也。鄭司農云："辟，法也。"**凡邦事，令作秩敘。**事，功力之事。秩，常也。敘，猶次也。事有常次，則不傴匽。**大祭祀，羞牛牲，共茅蒩。**杜子春云："蒩，當爲'菹'，以茅爲菹，若葵菹也。"鄭大夫讀"蒩"爲"藉"，謂祭前藉也，易曰"藉用白茅，无咎"[④]。玄謂：蒩，士虞禮所謂"苴，刌茅長五寸[⑤]，束之"者是也。祝設于几東席上，命佐食，取黍稷祭于苴，三，取膚祭，祭如初。此所以承祭，既祭，蓋束而去之，守祧職云"既祭藏其隋"是與？**大軍旅、會同，正治其徒役，與其輂輦，戮其犯命者。**輂，駕馬。輦，人輓行，所以載任器也，止以爲蕃營。司馬法曰："夏后氏謂輦曰余車，殷曰胡奴車，周曰輜輦。輦，一斧、一斤、一鑿、一梩、一鋤。周輦，加二版二築。"又曰："夏后氏二十人而輦，殷十八人而輦，周十五人而輦。"故書"輦"作"連"，鄭司農云："連，讀爲'輦'。"**大喪用役，則帥其民而至，遂治之。**治，謂監督其事。**及葬，執纛，以與匠師御匶而治役。**匠師，事官之屬，其於司空，若鄉師之於司徒也。鄉師主役，匠師主衆匠，共主葬引。雜記曰："升正柩，諸侯執綍五百人，四綍皆銜枚，司馬執鐸，左八人，右八人，匠人執翿以御柩。"天子六引，禮依此云。鄭司農云："翿，羽葆幢也。爾雅曰：纛，翳也。

---

① 辯，唐石經、白文本、婺本、金本、建本、附圖本、纂圖本、互注本、京本、岳本、八行本、十行本並作"辨"。

② 辯，唐石經、白文本、婺本、金本、建本、附圖本、纂圖本、互注本、京本、岳本、八行本、十行本並作"辨"。

③ 給，岳本作"紿"。加記云："岳本'給'誤'紿'。"

④ 无，建本、附圖本、八行本並作"無"。

⑤ 刌，金本作"者"。

以指麾輓柩之役,正其行列進退。”**及窆,執斧以涖匠師。**匠師,主豐碑之事,執斧以涖之,使戒其事。故書“涖”作“立”。鄭司農云:“窆,謂葬下棺也,春秋傳曰‘日中而堋’①,禮記所謂封者。立,讀爲‘涖’,涖,謂臨視也②。”**凡四時之田,前期,出田灋于州里,簡其鼓鐸、旗物、兵器,脩其卒伍。**田法③,人徒及所當有。**及期,以司徒之大旗致衆庶,而陳之以旗物,辯鄉邑④,而治其政令刑禁,巡其前後之屯,而戮其犯命者,斷其爭禽之訟。**司徒致衆庶者以熊虎之旗,此又以之,明爲司徒致之。大夫致衆,當以鳥隼之旟⑤。陳之以旗物,以表正其行列。辨,别異也。故書“巡”作“述”,“屯”或爲“臀”⑥,鄭大夫讀“屯”爲“課殿”,杜子春讀爲“在後曰殿”,謂前後屯兵也。玄謂:前後屯,車徒異部也,今書多爲“屯”,從屯。**凡四時之徵令有常者,以木鐸徇於市朝⑦。**徵令有常者,謂田狩,及正月命脩封疆,二月命雷且發聲。**以歲時巡國及野,而賙萬民之囏阨,以王命施惠。**歲時者,隨其事之時,不必四時也。囏阨,饑乏也⑧。鄭司農云:“賙,讀爲‘周急’之‘周’。”**歲終,則攷六鄉之治,以詔廢置。正歲,稽其鄉器,比共吉凶二服,閭共祭器,族共喪器,黨共射器,州共賓器,鄉共吉凶禮樂之器。**吉服者,祭服也,凶服者,弔服也,比長主集爲之;祭器者,簠簋鼎俎之屬⑨,閭胥主集爲之;喪器者,夷槃、素俎、楬豆、輁軸之屬,族師主集爲之:此三者民所以相共也。射器者,

---

① 堋,金本、建本、附圖本、八行本並作“傰”。

② 也,岳本作“之”。加記云:“岳本‘也’誤‘之’。”

③ 法,建本作“灋”。

④ 辯,唐石經、白文本、婺本、金本、建本、附圖本、纂圖本、互注本、京本、岳本、八行本、十行本並作“辨”。

⑤ 隼,纂圖本作“集”。

⑥ 臀,京本、岳本、十行本並作“臋”。

⑦ 於,唐石經作“于”。

⑧ 饑,金本、建本、附圖本、纂圖本、互注本、京本、岳本、八行本、十行本並作“飢”。

⑨ 鼎,纂圖本作“冕”。

弓矢楅中之屬[①],黨正主集爲之,爲州長或時射於此黨也。賓器者[②],尊俎笙瑟之屬,州長主集爲之,爲鄉大夫或時賓賢能於此州也。吉器,若閭祭器者也;凶器,若族喪器者也;禮樂之器,若州黨賓、射之器者也[③]:鄉大夫備集此四者,爲州黨族閭有故而不共也[④]。此鄉器者,旁使相共,則民無廢事[⑤],上下相補,則禮行而教成。**若國大比,則攷教、察辭、稽器、展事,以詔誅賞。**攷教,視賢能以知道藝與不。察辭,視吏言事,知其情實不。展,猶整具。

鄉大夫之職,各掌其鄉之政教禁令。鄭司農云:“萬二千五百家爲鄉。”**正月之吉,受教灋于司徒,退而頒之于其鄉吏,使各以教其所治,以攷其德行,察其道藝。**其鄉吏[⑥],州長以下。**以歲時登其夫家之衆寡,辯其可任者[⑦]。國中,自七尺以及六十;野,自六尺以及六十有五:皆征之。其舍者,國中貴者、賢者、能者、服公事者、老者、疾者,皆舍。以歲時入其書。**登,成也,定也。國中,城郭中也,晚賦税而早免之,以其所居復多役少;野,早賦税而晚免之,以其復少役多。鄭司農云:“征之者,給公上事也。舍者,謂有復除,舍不收役事也。貴者,謂若今宗室及關内侯,皆復也。服公事者,謂若今吏有復除也[⑧]。老者[⑨],謂若今八十[⑩]、九十復羨卒也。疾者,謂若今癃不可事者復之。”玄謂:入其書者,言於大司

① 楅,建本作“福”。加記云:“建本‘楅’誤‘福’。”
② 賓,附圖本作“實”。
③ 婺本、金本、建本、附圖本、京本、岳本、八行本、十行本並無“也”字。阮記引文“若州黨賓射之器者”,云:“嘉靖本下有‘也’字,此脱,當補。”
④ 纂圖本、互注本並無“賓射之器者也鄉大夫備集此四者爲州黨”十七字。
⑤ 無,婺本作“无”。
⑥ 吏,八行本作“史”。加記云:“浙本‘吏’誤‘史’。”
⑦ 辯,唐石經、白文本、婺本、金本、建本、附圖本、纂圖本、互注本、京本、岳本、八行本、十行本並作“辨”。
⑧ 復,金本、八行本並作“服”。加記云:“浙本誤‘服’。”
⑨ 老,纂圖本作“者”。
⑩ 八,八行本作“入”。

徒。**三年，則大比，攷其德行道藝，而興賢者、能者，鄉老及鄉大夫帥其吏，與其衆寡，以禮禮賓之**[①]。賢者，有德行者。能者，有道藝者。衆寡，謂鄉人之善者無多少也[②]。鄭司農云："興賢者，謂若今舉孝廉。興能者，謂若今舉茂才。賓，敬也，賓所舉賢者[③]、能者。"玄謂：變舉言"興"者，謂合衆而尊寵之，以鄉飲酒之禮，禮而賓之。**厥明，鄉老及鄉大夫、羣吏，獻賢能之書于王，王再拜受之，登于天府，内史貳之。**厥，其也。其賓之明日也。獻，猶進也。王拜受之，重得賢者。王上其書於天府。天府，掌祖廟之寶藏者。内史副寫其書者，當詔王爵禄之時。**退而以鄉射之禮五物詢衆庶：一曰和，二曰容，三曰主皮，四曰和容，五曰興舞。**以，用也。行鄉射之禮，而以五物詢於衆民。鄭司農云："詢，謀也。問於衆庶，寧復有賢能者[④]。和，謂閨門之内行也。容，謂容貌也。主皮，謂善射，射所以觀士也。"故書"舞"爲"無"。杜子春讀"和容"爲"和頌"，謂能爲樂也；"無"讀爲"舞"，謂能爲六舞。玄謂：和載六德，容包六行也。庶民無射禮，因田獵分禽，則有主皮。主皮者，張皮射之，無侯也[⑤]。主皮、和容、興舞，則六藝之射與禮樂與？當射之時，民必觀焉，因詢之也。孔子射於矍相之圃，蓋觀者如堵牆，射至於司馬，使子路執弓矢，出誓射者，又使公罔之裘、序點揚觶而語。詢衆庶之儀[⑥]，若是乎？**此謂使民興賢，出使長之；使民興能，入使治之。**言是乃所謂使民自舉賢者，因出之而使之長民，教以德行道藝於外也。使民自舉能者，因入之而使之治民之貢賦田役之事於内也。言爲政以順民爲本也。書曰："天聰明，自我民聰明；天明威[⑦]，自

① 禮賓，附圖本作"賓"。
② 無，婺本作"无"。
③ 賓，附圖本、纂圖本、互注本、京本、岳本、十行本並作"敬"。阮記云："嘉靖本'敬'作'賓'，非。"
④ 金本無"寧"字。
⑤ 無，婺本作"无"。
⑥ 儀，金本作"義"。
⑦ 威，附圖本、京本並作"畏"。

我民明威。”老子曰:“聖人無常心[①],以百姓心爲心。”如是,則古今未有遺民而可爲治[②]。**歲終,則令六鄉之吏,皆會政致事。**會,計也。致事,言其歲盡文書。**正歲,令羣吏攷灋于司徒,以退,各憲之於其所治[③]。國大詢于衆庶,則各帥其鄉之衆寡,而致於朝。**“大詢”者,詢國危、詢國遷、詢立君。鄭司農云:“大詢于衆庶,洪範所謂‘謀及庶民’。”**國有大故,則令民各守其閭,以待政令。**使民皆聚於閭胥所治處。**以旌節輔令,則達之。**民雖以徵令行,其將之者無節[④],則不得通。

州長,各掌其州之教治政令之灋。鄭司農云:“二千五伯家爲州[⑤],論語曰‘雖州里行乎哉’,春秋傳曰‘鄉取一人焉以歸[⑥],謂之夏州’。”**正月之吉,各屬其州之民而讀灋,以攷其德行道藝而勸之,以糾其過惡而戒之。**屬,猶合也,聚也。因聚衆而勸戒之者,欲其善。**若以歲時祭祀州社,則屬其民而讀灋,亦如之。春秋,以禮會民而射于州序。**序,州黨之學也。會民而射,所以正其志也。射義曰“射之爲言繹也”,“繹者,各繹己之志”。**凡州之大祭祀、大喪,皆涖其事。**大祭祀,謂州社稷也。大喪,鄉老、鄉大夫於是卒者也。涖,臨也。**若國作民而師田行役之事,則帥而致之[⑦],掌其戒令,與其賞罰。**致之,致之於司徒也。掌其戒令賞罰,則是於軍因爲師帥。**歲終,則會其州之政令。正歲,則讀**

---

① 無,婺本作“无”。

② 古,建本、附圖本並作“占”。加記云:“建本‘古’誤‘占’。”

③ 白文本、附圖本、纂圖本、互注本、京本、十行本“治”下並有“之”字。阮記云:“宋本、岳本、嘉靖本無‘之’字,‘國’字下屬,與賈疏合。”

④ 無,婺本作“无”。

⑤ 伯,婺本、金本、建本、附圖本、纂圖本、互注本、京本、岳本、八行本、十行本並作“百”。黄記云:“‘百’誤‘伯’。”

⑥ 纂圖本無“一”字。

⑦ 致,纂圖本、互注本、京本並作“置”。阮記云:“余本‘致’作‘置’,誤。”

教灋如初。雖以正月讀之,至正歲猶復讀之,因此四時之正,重申之。**三年,大比,則大攷州里,以贊鄉大夫廢興。**廢興,所廢退,所興進也。鄭司農云:"贊,助也。"

黨正,各掌其黨之政令教治。鄭司農云:"五百家爲黨,論語曰'孔子於鄉黨',又曰'闕黨童子'①。"**及四時之孟月吉日,則屬民而讀邦灋,以糾戒之。**以四孟之月朔日讀灋者②,彌親民者,於教亦彌數。**春秋祭禜,亦如之。**禜,謂雩禜水旱之神,蓋亦爲壇位,如祭社稷云。**國索鬼神而祭祀,則以禮屬民而飲酒于序,以正齒位。壹命齒于鄉里,再命齒于父族,三命而不齒。**國索鬼神而祭祀,謂歲十二月大蜡之時,建亥之月也。正齒位者,鄉飲酒義所謂"六十者坐,五十者立侍","六十者三豆,七十者四豆,八十者五豆,九十者六豆"是也。必正之者,爲民三時務農,將闕於禮,至此農隙,而教之尊長養老,見孝弟之道也③。黨正飲酒禮亡,以此事屬於鄉飲酒之義,微失少矣。凡射,飲酒,此鄉民雖爲卿大夫,必來觀禮,鄉飲酒、鄉射記:大夫樂作不入,士既旅不入④是也。齒于鄉里者,以年與衆賓相次也。齒于父族者,父族有爲賓者,以年與之相次,異姓雖有老者,居於其上。不齒者,席于尊東,所謂遵⑤。**凡其黨之祭祀、喪紀、婚冠⑥、飲酒,教其禮事,掌其戒禁。**其黨之民。**凡作民而師田、行役,則以其灋治其政事。**亦於軍因爲旅帥。**歲終,則會其黨政,帥其吏而致事。正歲,屬民讀灋,而書其德行道藝。**書,記

① 童,八行本作"重"。加記云:"浙本'童'誤'重'。"

② 灋,婺本、金本、纂圖本、互注本、京本、岳本、八行本、十行本並作"法"。黄記云:"'法'誤'灋'。"

③ 弟,互注本、京本並作"悌"。

④ 士,纂圖本、互注本、京本、十行本並作"凡",附圖本無。加記云:"十、元、集、京、陳、人、閩、韓、金本誤'凡'。"

⑤ 謂,附圖本作"爲"。

⑥ 婚,唐石經、白文本、婺本、金本、建本、附圖本、纂圖本、互注本、京本、岳本、八行本、十行本並作"昏"。

之。**以歲時涖校比。**涖，臨也。鄭司農云：“校比，族師職所謂‘以時屬民而校，登其族之夫家衆寡，辨其貴賤老幼廢疾可任者，及其六畜車輦’，如今小案比。”**及大比，亦如之。**

族師，各掌其族之戒令政事。政事，邦政之事。鄭司農云：“百家爲族。”**月吉，則屬民而讀邦灋，書其孝弟睦婣有學者。**月吉，每月朔日也。故書上句或無“事”字①，杜子春云“當爲‘正月吉’”，書亦或爲“戒令政事，月吉則屬民而讀邦灋”②。**春秋祭酺，亦如之。**酺者，爲人物烖害之神也。故書“酺”或爲“步”，杜子春云：“當爲‘酺’。”玄謂：校人職又有“冬祭馬步”，則未知此世所云蝝螟之酺與？人鬼之步與③？蓋亦爲壇位如雩禜云。族長無飲酒之禮④，因祭酺而與其民以長幼相獻酬焉⑤。**以邦比之灋，帥四閭之吏，以時屬民而校，登其族之夫家衆寡，辯其貴賤⑥、老幼、廢疾可任者，及其六畜車輦。**登，成也，定也。**五家爲比，十家爲聯；五人爲伍，十人爲聯；四閭爲族，八閭爲聯：使之相保相受，刑罰慶賞，相及相共，以受邦職，以役國事，以相葬埋。**相共，猶相救相賙。**若作民而師田行役，則合其卒伍，簡其兵器，以鼓鐸、旗物，帥而至，掌其治令、戒禁、刑罰。**亦於軍因爲卒長。**歲終，則會政致事。**

閭胥，各掌其閭之徵令。鄭司農云：“二十五家爲閭⑦。”**以**

① 無，婺本作“无”。
② 灋，婺本、金本、附圖本、纂圖本、京本、岳本、八行本、十行本並作“法”。
③ 人，金本作“又”。
④ 無，婺本作“无”。
⑤ 獻，建本作“勸”。
⑥ 辯，唐石經、白文本、婺本、金本、建本、附圖本、纂圖本、互注本、京本、岳本、八行本、十行本並作“辨”。
⑦ 五，建本作“王”。

歲時各數其閭之衆寡,辯其施舍[①]。凡春秋之祭祀、役、政、喪紀之數,聚衆庶,既比,則讀灋[②],書其敬、敏、任、恤者。祭祀,謂州社、黨禜、族酺也;役,田役也;政,若州射黨飲酒也;喪紀,大喪之事也:四者及比,皆會聚衆民,因以讀法以勑戒之[③]。故書"既"爲"暨"。杜子春讀"政"爲"征","暨"爲"既"。凡事,掌其比觵撻罰之事。觵撻者,失禮之罰也。觵用酒,其爵以兕角爲之。撻,扑也。故書或言"觵撻之罰事",杜子春云:"當言'觵撻罰之事'。"

比長,各掌其比之治。五家相受,相和親,有辠奇衺,則相及。衺,猶惡也。徙于國中及郊[④],則從而授之。徙,謂不便其居也,或國中之民出徙郊,或郊民入徙國中[⑤],皆從而付所處之吏,明無罪惡[⑥]。若徙于他,則爲之旌節而行之。徙於他,謂出居異鄉也。授之者,有節乃達。若無授無節,則唯圜土内之。鄉中無授[⑦],出鄉無節[⑧],過所則呵問,繫之圜土[⑨],考辟之也。圜土者,獄城也。獄必圜者,規主仁,以仁心求其情[⑩],古之治獄,閔於出之。

封人,掌設王之社壝[⑪],爲畿封而樹之。壝,謂壇及堳埒也。畿上有封,若今時界矣[⑫]。不言稷者,稷,社之細也。凡封國,設其社稷之壝,封其四疆。封國,建諸侯,立其國之封。造都邑之

---

① 辯,唐石經、白文本、婺本、金本、建本、附圖本、纂圖本、互注本、京本、岳本、八行本、十行本並作"辨"。

② 灋,附圖本作"法"。

③ 法,建本作"灋"。

④ 徙,岳本作"徒"。加記云:"岳本'徙'誤'徒'。"

⑤ 纂圖本無"入"字。

⑥ 無,婺本作"无"。

⑦ 無,婺本作"无"。

⑧ 無,婺本作"无"。

⑨ 土,十行本作"王"。加記云:"正、人本誤'王'。"

⑩ 京本無"以仁"二字。

⑪ 設,十行本作"詔"。

⑫ 界,互注本作"介"。加記云:"纂本'界'誤'介'。"矣,金本作"爲"。

封域者，亦如之。令社稷之職。將祭之時，令諸有職事於社稷者也。郊特牲曰："唯爲社事，單出里；唯爲社田，國人畢作；唯爲社，丘乘共粢盛：所以報本反始也。"**凡祭祀，飾其牛牲，設其楅衡，置其絼，共其水稾。**飾，謂刷治絜清之也[①]。鄭司農云："楅衡[②]，所以楅持牛也[③]。絼，著牛鼻繩，所以牽牛者，今時謂之雉，與古者名同。皆謂夕牲時也。"杜子春云："楅衡[④]，所以持牛，令不得抵觸人。"玄謂：楅設於角[⑤]，衡設於鼻，如椵狀也。水稾，給殺時洗薦牲也。絼字，當以豸爲聲。**歌舞牲，及毛炮之豚。**謂君牽牲入時，隨歌舞之，言其肥香以歆神也。毛炮豚者，爓去其毛而炮之，以備八珍。鄭司農云："封人主歌舞其牲，云'博碩肥腯'。"**凡喪紀、賓客、軍旅、大盟，則飾其牛牲。**大盟，會同之盟。

鼓人，掌教六鼓、四金之音聲，以節聲樂，以和軍旅，以正田役。音聲，五聲合和者。**教爲鼓，而辯其聲用[⑥]，**教爲鼓，教擊鼓者大小之數，又別其聲所用之事。**以雷鼓，鼓神祀；**雷鼓，八面鼓也。神祀，祀天神也。**以靈鼓，鼓社祭；**靈鼓，六面鼓也。社祭，祭地祇也。**以路鼓，鼓鬼享；**路鼓，四面鼓也。鬼享，享宗廟也[⑦]。**以鼖鼓，鼓軍事；**大鼓謂之鼖。鼖鼓，長八尺。**以鼛鼓，鼓役事；**鼛鼓，長丈二尺。**以晉鼓，鼓金奏；**晉鼓，長六尺六寸。金奏，謂樂作擊編鍾。**以金錞和鼓；**錞，錞于也，圜如碓頭，大上小下，樂作，鳴之與鼓

---

① 刷，纂圖本作"别"。

② 楅，十行本作"福"。

③ 楅，附圖本、十行本並作"福"。

④ 楅，纂圖本作"福"。

⑤ 楅設，十行本作"福縠"。

⑥ 辯，唐石經、白文本、婺本、金本、建本、附圖本、纂圖本、互注本、京本、岳本、八行本、十行本並作"辨"。

⑦ 建本無"享"字。加記云："建本不重'享'，誤也。"

相和。**以金鐲節鼓**;鐲,鉦也,形如小鐘①,軍行鳴之,以爲鼓節。司馬職曰:"軍行鳴鐲。"**以金鐃止鼓**;鐃如鈴,無舌②,有秉,執而鳴之,以止擊鼓③。司馬職曰:"鳴鐃且卻。"**以金鐸通鼓**。鐸,夫鈴也④,振之以通鼓。司馬職曰:"司馬振鐸。"**凡祭祀百物之神,鼓兵舞、帗舞者**。兵,謂干戚也⑤;帗,列五采繒爲之⑥,有秉:皆舞者所執。**凡軍旅,夜鼓鼜**,鼜,夜戒守鼓也。司馬法曰:"昏鼓四通爲大鼜,夜半三通爲晨戒,旦明五通爲發呴。"**軍動,則鼓其衆**。動,旦行⑦。**田役,亦如之。救日月,則詔王鼓**。救日月食⑧,王必親擊鼓者,聲大異。春秋傳曰:"非日月之眚,不鼓⑨。"**大喪,則詔大僕鼓**。始崩及窆時也。

舞師,掌教兵舞,帥而舞山川之祭祀;教帗舞,帥而舞社稷之祭祀;教羽舞,帥而舞四方之祭祀;教皇舞,帥而舞旱暵之事。羽,析白羽爲之,形如帗也。四方之祭祀,謂四望也⑩。旱暵之事,謂雩也。暵,熱氣也。鄭司農云:"皇舞,蒙羽舞。書或爲'翌',或爲'義'。"玄謂:皇,析五采羽爲之⑪,亦如帗。**凡野舞,則皆教之**。野舞,謂野人欲學舞者。**凡小祭祀,不興舞⑫**。小祭祀,王

① 鐘,婺本、金本、建本、附圖本、纂圖本、互注本、京本、岳本、八行本、十行本並作"鍾"。黄記云:"'鍾'誤'鐘'。"

② 無,婺本作"无"。

③ 金本"鼓"下有"也"字。

④ 夫,婺本、金本、建本、附圖本、纂圖本、互注本、京本、岳本、八行本、十行本並作"大"。黄記云:"'大'誤'夫'。"

⑤ 干,十行本作"于"。

⑥ 繒,十行本作"繪"。

⑦ 旦,婺本、金本、建本、附圖本、京本、岳本並作"且"。阮記云:"動即行,而云且行,恐誤。"

⑧ 附圖本"月"下有"食月"二字。

⑨ 鼓,金本作"言"。

⑩ 四,十行本作"則"。加記云:"正、人本'四'誤'則'。"

⑪ 析,岳本作"祈"。加記云:"岳本、通考'析'誤'祈'。"

⑫ 唐石經、白文本、婺本、金本、建本、附圖本、纂圖本、互注本、京本、岳本、八行本、十行本"不"上並有"則"字。

玄冕所祭者。興,猶作也。

牧人,掌牧六牲,而阜蕃其物,以共祭祀之牲牷。六牲[①],謂牛、馬、羊、豕、犬、雞。鄭司農云:"牷,純也。"玄謂:牷,體完具。**凡陽祀,用騂牲,毛之;陰祀,用黝牲,毛之;望祀,各以其方之色牲,毛之。**騂牲,赤色。毛之,取純毛也。陰祀,祭地北郊及社稷也。望祀,五嶽、四鎮、四瀆也。鄭司農云:"陽祀,春夏也。黝,讀爲'幽',幽,黑也。"玄謂:陽祀,祭天於南郊及宗廟。**凡時祀之牲,必用牷物。**時祀,四時所常祀,謂山川以下,至四方百物。**凡外祭毁事,用尨可也。**外祭,謂表貉及王行所過山川用事者。故書"毁"爲"甈","尨"作"龍"[②],杜子春云:"甈,當爲'毁'。龍[③],當爲'尨'。尨,謂雜色不純。毁,謂副辜侯禳毁[④],除殃咎之屬。"**凡祭祀,共其犧牲,以授充人繫之。**犧牲,毛羽完具也。授充人者,當殊養之。周景王時,賓起見雄雞自斷其尾,曰:雞憚其爲犧。**凡牲不繫者,共奉之。**謂非時而祭祀者。

牛人,掌養國之公牛,以待國之政令。公,猶官也。**凡祭祀,共其享牛、求牛,以授職人而芻之。**鄭司農云:"享牛,前祭一日之牛也。求牛,禱於鬼神,祈求福之牛也[⑤]。"玄謂:享,獻也。獻神之牛,謂所以祭者也。求,終也。終事之牛,謂所以繹者也。宗廟有繹者,孝子求神非一處。職,讀爲"樴",樴謂之杙,可以繫牛。樴人者,謂牧人、充人與?芻,牲之芻。牛人擇於公牛之中,而以授養之。**凡賓客之事,共其牢禮積膳之牛。**牢禮,飧饔也。積,所以給賓客之用,若司

---

① 牲,金本作"性"。

② 龍,十行本作"尨"。

③ 龍,十行本作"尨"。

④ 禳,婺本作"穰"。

⑤ 祈,建本作"所"。阮記云:"宋本'祈'作'所'。案:上云求牛禱於鬼神,此復云祈求福,詞意煩複,宋本作'所',是也。"案:單疏本疏文引注文,"云'求牛禱於鬼神祈求福之牛也'者",則賈氏所見本亦作"祈",底本不誤,建本之"所",或因與"祈"字形近而譌,阮説非也。

儀職曰“主國五積”者也。膳，所以間禮賓客，若掌客云“殷膳大牢”。**饗食、賓射，共其膳羞之牛。**羞，進也。所進賓之膳。燕禮，小臣請執冪者與羞膳者①，至獻賓，而膳宰設折俎。王之膳羞，亦猶此。**軍事，共其犒牛②。**鄭司農云：“犒師之牛③。”**喪事，共其奠牛。**謂殷奠、遣奠也。喪所薦饋曰奠。**凡會同、軍旅、行役，共其兵軍之牛，與其牽徬，以載公任器。**牽徬，在轅外輓牛也。人御之，居其前曰牽，居其旁曰徬。任，猶用也。**凡祭祀，共其牛牲之互與其盆簝，以待事。**鄭司農云：“互④，謂楅衡之屬⑤。盆、簝皆器名，盆，所以盛血；簝，受肉籠也。”玄謂：互，若今屠家縣肉格。

充人，掌繫祭祀之牲牷。祀五帝，則繫于牢，芻之三月。牢，閑也。必有閑者，防禽獸觸齧。養牛羊曰芻。三月，一時節氣成。**享先王，亦如之。凡散祭祀之牲，繫于國門，使養之。**散祭祀，謂司中、司命、山川之屬⑥。國門，謂城門司門之官⑦。鄭司農云：“使養之，使守門者養之。”**展牲則告牷，**鄭司農云：“展，具也。具牲，若今時選牲也。充人主以牲牷告展牲者也。”玄謂⑧：展牲，若今夕牲也。特牲饋食之禮曰“宗人視牲告充”⑨，“舉獸尾告備”，近之。**碩牲則贊。**贊，助也。君牽牲入，將致之，助持之也⑩。春秋傳曰：“故奉牲以告，曰‘博

---

① 請，婺本作“謂”。
② 犒，唐石經、纂圖本、互注本、京本、八行本、十行本並作“槁”。黄記云：“‘槁’誤‘犒’。”
③ 犒，十行本作“槁”。
④ 互，金本作“玄”。加記云：“董本‘互’誤‘玄’。”
⑤ 楅，纂圖本、岳本、十行本並作“福”，互注本作“樞”。衡，互注本作“行”。加記云：“纂本‘楅衡’誤‘樞行’。”
⑥ 山，纂圖本作“川”。
⑦ 城，金本作“成”。
⑧ 玄，八行本作“立”。
⑨ 宗，互注本作“宰”。視，互注本作“礼”。加記云：“纂本‘宗’誤‘宰’，‘視’誤‘礼’。”
⑩ 持，婺本、建本、京本並作“特”。阮記云：“宋本‘持’誤‘特’。”

碩肥腯’①。”

周禮卷第三

經五千五十六字

注八千四百一十四字②

① 腯，建本作“循也”。

② 自“經五”至“四字”，附圖本作“經五千五十二字注八千四百二十八字音義一千九百卅一字”，婺本、金本、建本、纂圖本、互注本、京本、岳本、八行本、十行本並無。

周禮卷第四

地官司徒下　周禮

鄭氏注

載師，掌任土之灋，以物地事，授地職，而待其政令。任土者，任其力勢所能生育，且以制貢賦也。物，物色之以知其所宜之事，而授農牧衡虞使職之。**以廛里任國中之地，以場圃任園地，以宅田、士田、賈田任近郊之地，以官田、牛田、賞田、牧田任遠郊之地，以公邑之田任甸地，以家邑之田任稍地，以小都之田任縣地，以大都之田任畺地。**故書"廛"或作"壇"，"郊"或爲"蒿"①，"稍"或作"削"。鄭司農云："壇②，讀爲'廛'，廛，市中空地未有肆、城中空地未有宅者。民宅曰宅③。宅田者，以備益多也。士田者，士大夫之子得而耕之田也。賈田者，吏爲縣官賣財，與之田。官田者，公家之所耕田。牛田者，以養公家之牛。賞田者，賞賜之田。牧田者，牧六畜之田。司馬法曰：'王國百里爲郊，二百里爲州，三百里爲野，四百里爲縣，五百里爲都。'"杜子春云："蒿，讀爲'郊'，五十里爲近郊，百里爲遠

---

① 蒿，金本作"高"。阮記云："毛本'蒿'誤'高'。"

② 壇，十行本作"禮"。阮記引文"禮讀爲廛"，云："閩、監本同，誤也。宋本、余本、嘉靖本、毛本皆作'壇讀爲廛'，當訂正。"

③ 曰，十行本作"田"。加記云："正、人、韓本'曰'誤'田'。"

郊。”玄謂：廛里者，若今云邑居里矣[1]。廛，民居之區域也[2]。里，居也。圃，樹果蓏之屬，季秋於中爲場。樊圃謂之園。宅田，致仕者之家所受田也。士相見禮曰：“宅者，在邦則曰市井之臣，在野則曰草茅之臣。”士，讀爲“仕”，仕者亦受田，所謂圭田也。孟子曰：“自卿以下，必有圭田，圭田五十畮。”賈田，在市賈人其家所受田也。官田，庶人在官者其家所受田也。牛田、牧田，畜牧者之家所受田也。公邑，謂六遂餘地，天子使大夫治之，自此以外皆然。二百里、三百里，其大夫如州長[3]；四百里、五百里，其大夫如縣正[4]：是以或謂二百里爲州[5]，四百里爲縣云，遂人亦監焉。家邑，大夫之采地。小都，卿之采地。大都，公之采地，王子弟所食邑也。畺，五百里，王畿界也[6]。皆言“任”者，地之形實，不方平如圖，受田邑者[7]，遠近不得盡如制，其所生育賦貢取正於是耳。以廛里任國中，而遂人職授民田‘夫一廛，田百畮’[8]，是廛里不謂民之邑居在都城者與？凡王畿内方千里，積百同，九百萬夫之地也，有山陵、林麓、川澤、溝瀆、城郭、宫室、涂巷，三分去一，餘六百萬夫，又以田不易、一易、再易，上中下相通，定受田者三百萬家也。遠郊之内，地居四同，三十六萬夫之地也，三分去一，其餘二十四萬夫，六鄉之民，七萬五千家，通不易、一易、再易，一家受二夫，則十五萬夫之地，其餘九萬夫，廛里也，場圃也，宅田也，士田也，賈田也，官田也，牛田也，賞田也[9]，牧田也，九者亦通受一夫焉，則半農人也，定受田十二萬家也。食貨志云：“農民户一人已受田，其家衆男爲餘夫，亦以口受田如此[10]。士工商家受田，五口，乃當農夫一人。”今餘夫在遂地之中，如此則士工商以事入

---

① 居里，建本、附圖本、纂圖本、互注本、京本、十行本並作“里居”。阮記引文“若今云邑里居矣”，云：“岳本、嘉靖本作‘邑居里’。案：當作‘若今云邑居矣’，‘里’衍文。”案：單疏本毛詩正義引鄭注作“居里”，與底本合，阮説非也。

② 域，十行本作“城”。加記云：“正、人、韓本、册府‘域’誤‘城’。”

③ 建本、附圖本、纂圖本、互注本、京本、十行本“其”下並有“上”字。

④ 金本、建本、附圖本、纂圖本、互注本、京本、十行本“其”下並有“下”字。加記云：“案：秋官縣士疏亦無‘上’‘下’二字，無者是也。”

⑤ 二，附圖本作“三”。

⑥ 王，十行本作“正”。

⑦ 受，建本作“授”。阮記云：“‘受’作‘授’，誤。”

⑧ 授，纂圖本作“受”。

⑨ 賞，十行本作“其”。加記云：“正本‘賞’誤‘其’。”

⑩ 此，婺本、纂圖本、互注本、岳本、八行本、十行本並作“比”。

在官,而餘夫以力出耕公邑。甸、稍、縣、都,合居九十六同[①],八百六十四萬夫之地,城郭宫室差少,涂巷又狹,於三分所去[②],六而存一焉,以十八分之十三率之[③],則其餘六百二十四萬夫之地,通上中下,六家而受十三夫,定受田二百八十八萬家也。其在甸七萬五千家爲六遂[④],餘則公邑。**凡任地,國宅,無征;園廛,二十而一;近郊,十一;遠郊,二十而三;甸、稍、縣、都,皆無過十二;唯其漆林之征,二十而五。**征,税也,言征者,以共國政也。鄭司農云:"任地,謂任土地以起税賦也。國宅,城中宅也。無征,無税也。"故書"漆林"爲"桼林",杜子春云:"當爲'漆林'。"玄謂:國宅,凡官所有宫室,吏所治者也。周税輕近而重遠,近者多役也。園廛亦輕之者,廛無穀,園少利也。古之宅必樹,而畺場有瓜[⑤]。**凡宅不毛者,有里布;凡田不耕者,出屋粟;凡民無職事者,出夫家之征。**鄭司農云:"宅不毛者,謂不樹桑麻也。里布者,布參印書,廣二寸,長二尺,以爲幣,貿易物。詩云'抱布貿絲',抱此布也。或曰:布,泉也。春秋傳曰'買之,百兩一布',又廛人職'掌斂市之次布、儳布、質布、罰布、廛布',孟子曰'廛,無夫里之布,則天下之民皆説而願爲其民矣'。故曰'宅不毛者有里布','民無職事出夫家之征',欲令宅樹桑麻,民就四業,則無税賦,以勸之也,故孟子曰:'五畮之宅,樹之以桑,則五十者可以衣帛。'不知言布參印書者何見,舊時説也。"玄謂:宅不毛者,罰以一里二十五家之泉;空田者,罰以三家之税粟:以共吉凶二服及喪器也。民雖有閒無職事者,猶出夫税、家税也[⑥]。夫税者,百畮之税。家税者,出士徒車輦,給繇役。**以時徵其賦。**

閭師,掌國中及四郊之人民、六畜之數,以任其力,

---

① 同,纂圖本作"司"。

② 三,八行本作"二"。加記云:"浙本'三'誤'二'。"

③ 率,十行本作"多"。加記云:"正、人、韓本'率'誤'多'。"

④ 七,十行本作"十"。阮記引文"十萬五千家爲六遂",云:"閩、監本同,誤也,宋本、余本、嘉靖本、毛本皆作'七萬',當據以訂正。"

⑤ "場",金本作"埸",附圖本、京本同;建本作"易";八行本作"塲",十行本同。阮記云:"諸本'埸'多誤'場'。"案:釋文注云"音亦",則當做"埸"。

⑥ 也,十行本作"事"。

以待其政令,以時徵其賦。國中及四郊,是所主數[①],六鄉之中,自廛里至遠郊也。掌六畜數者,農事之本也。賦,謂九賦及九貢。凡任民,任農以耕事,貢九穀;任圃以樹事,貢草木;任工以飭材事,貢器物;任商以市事,貢貨賄;任牧以畜事,貢鳥獸;任嬪以女事,貢布帛;任衡以山事,貢其物;任虞以澤事,貢其物。貢草木,謂葵韭果蓏之屬。凡無職者,出夫布。獨言無職者,掌其九賦。凡庶民,不畜者祭無牲,不耕者祭無盛,不樹者無椁,不蠶者不帛,不績者不衰。掌罰其家事也。盛,黍稷也;椁,周棺也;不帛,不得衣帛也;不衰,喪不得衣衰也:皆所以恥不勉。

縣師,掌邦國、都鄙、稍甸、郊里之地域,而辨其夫家、人民、田萊之數,及其六畜、車輦之稽。三年大比,則以攷羣吏,而以詔廢置。郊里,郊所居也。自邦國以及四郊之内,是所主數,周天下也[②]。萊,休不耕者。郊内謂之易,郊外謂之萊,善言近[③]。若將有軍旅、會同、田役之戒,則受灋于司馬,以作其衆庶及馬牛車輦,會其車人之卒伍,使皆備旗鼓兵器,以帥而至。受法於司馬者,知所當徵衆寡。凡造都邑,量其地,辨其物,而制其域。物,謂地所有也,"名山大澤不以封"。以歲時徵野之賦貢。野,謂甸、稍、縣、都也。所徵賦貢,與閭師同。

遺人,掌邦之委積,以待施惠;鄉里之委積,以恤民之艱阨;門關之委積,以養老孤;郊里之委積,以待賓客;野鄙之委積,以待羈旅;縣都之委積,以待凶荒。委積者,廩人、倉人計九穀之數足國用,以其餘共之,所謂"餘法用"也[④]。職内邦之

---

① 主,十行本作"生"。加記云:"正、閩本'主'誤'生'。"
② 周,十行本作"同"。加記云:"十、集、人、韓本'周'誤'同'。"
③ 建本"近"下有"之"字。阮記云:"宋本'近'下有'之',當衍。"
④ 法,十行本作"其"。

移用，亦如此也，皆以餘財共之。少曰委，多曰積。鄉里，鄉所居也。艱阨，猶困乏也①。門關，以養老孤，人所出入②，易以取餼廪也。羇旅，過行寄止者③。待凶荒，謂邦國所當通給者也。故書"艱阨"作"槿阨"，"羇"作"寄"，杜子春云："槿阨，當爲'艱阨'。寄，當爲'羇'"。**凡賓客、會同、師役，掌其道路之委積。凡國野之道，十里有廬，廬有飲食；三十里有宿，宿有路室，路室有委；五十里有市，市有候館，候館有積。**廬，若今野候徒有房也④。宿，可止宿，若今亭有室矣。候館，樓可以觀望者也。一市之閒⑤，有三廬一宿⑥。**凡委積之事，巡而比之，以時頒之。**

均人，掌均地政，均地守，均地職，均人民、牛馬、車輦之力政。政，讀爲"征"，地征，謂地守、地職之税也。地守，衡虞之屬。地職，農圃之屬。力征，人民，則治城郭、涂巷、溝渠；牛馬車輦，則轉委積之屬。**凡均力政，以歲上下，豐年，則公旬用三日焉⑦；中年，則公旬用二日焉；無年，則公旬用一日焉。**豐年，人食四鬴之歲也。人食三鬴爲中歲。人食二鬴爲無歲，歲無贏儲也。公，事也。旬，均也，讀如"畇畇原隰"之"畇"。易"坤爲均"，今書亦有作"旬"者。**凶札，則無力政，無財賦。**無力政⑧，恤其勞也。無財賦，恤其乏困也⑨。財賦，九賦也。**不收地守、地職，不均地政。**不收山澤及地

① 乏，金本、互注本並作"之"。加記云："纂本'乏'誤'之'。"
② 所，互注本作"新"。
③ 十行本無"寄"字。止，纂圖本、互注本並作"上"。
④ 徒，金本、附圖本、纂圖本、互注本、十行本並作"徙"。正字云"徒，誤'徙'"，阮記引文"廬若今野候徙有房也"，云："閩、監、毛本同，誤也，宋本、岳本、嘉靖本'徙'作'徒'，當據以訂正。"案：徙有房，不辭，揆諸文義，作"徒"是也，單疏本疏文引注云"云'廬若今野候徒有房也'者"，則賈氏所見本亦作"徒"，作"徒"是也。
⑤ 一，八行本作"二"。
⑥ 十行本無"一"字。
⑦ 旬，附圖本作"句"。
⑧ 政，建本作"征"。
⑨ 乏困，建本、附圖本並作"困乏"。

税,亦不平計地税也。非凶札之歲,當收税,乃均之耳。**三年大比,則大均。**有年無年,大平計之。若久不修,則數或闕。

師氏,掌以媺詔王。告王以善道也。文王世子曰:"師也者,教之以事而諭諸德者也。"**以三德教國子:一曰至德,以爲道本;二曰敏德,以爲行本;三曰孝德,以知逆惡。教三行:一曰孝行,以親父母;二曰友行,以尊賢良;三曰順行,以事師長。**德、行,内、外之稱,在心爲德,施之爲行。至德,中和之德,覆燾持載含容者也。孔子曰:"中庸之爲德,其至矣乎!"敏德,仁義順時者也。説命曰:"敬孫務時敏①,厥修乃來。"孝德,尊祖愛親,守其所以生者也。孔子曰:"武王、周公,其達孝矣乎! 夫孝者,善繼人之志,善述人之事者也。"孝,在三德之下、三行之上,德有廣於孝,而行莫尊焉。國子,公卿大夫之子弟,師氏教之,而世子亦齒焉,學君臣、父子、長幼之道。**居虎門之左,司王朝。**虎門,路寢門也。王日視朝於路寢門外②,畫虎焉,以明勇猛,於守宜也③。司,猶察也。察王之視朝,若有善道可行者,則當前以詔王④。**掌國中失之事,以教國子弟,**教之者,使識舊事也。中,中禮者也。失,失禮者也。故書"中"爲"得",杜子春云:"當爲'得',記君得失,若春秋是也。"**凡國之貴遊子弟,學焉。**貴遊子弟,王公之子弟⑤。遊,無官司者。杜子春云:"遊,當爲'猶',言雖貴猶學。"**凡祭祀、賓客、會同、喪紀、軍旅,王舉則從。**舉,猶行也。故書"舉"爲"與",杜子春云:"當爲'與',謂王與會同、喪紀之事。"**聽治亦如之。**謂王舉於野外以聽朝。**使其屬帥四夷之隸,各以其兵服,守王之門外,且蹕。**兵服,旃布弓劍不同也。門外,中門之外。蹕,止行人,不得迫王宫也。故書"隸"或作"肆",鄭司農云:"讀爲'隸'。"**朝在野外,則**

---

① 孫,八行本作"遜"。
② 王,十行本作"士"。加記云:"正本'王'誤'士'。"
③ 宜,附圖本作"宦"。
④ 當,十行本作"常"。
⑤ 弟,互注本作"曰"。加記云:"纂本'弟'誤'曰'。"

守内列。 内列，蕃營之在内者也。其屬亦帥四夷之隸守之，如守王宮[①]。

保氏，掌諫王惡。 諫者，以禮義正之。文王世子曰：“保也者，慎其身以輔翼之，而歸諸道者也。”**而養國子以道，乃教之六藝：一曰五禮，二曰六樂，三曰五射，四曰五馭，五曰六書，六曰九數；乃教之六儀：一曰祭祀之容，二曰賓客之容，三曰朝廷之容，四曰喪紀之容，五曰軍旅之容，六曰車馬之容。** 養國子以道者，以師氏之德行審諭之，而後教之以藝儀也。五禮，吉、凶、賓、軍、嘉也。六樂，雲門、大咸、大韶、大夏、大濩、大武也。鄭司農云：“五射，白矢、參連、剡注、襄尺、井儀也。五馭，鳴和鸞、逐水曲、過君表[②]、舞交衢、逐禽左。六書，象形、會意、轉注、處事、假借、諧聲也。九數，方田、粟米、差分、少廣、商功、均輸、方程、贏不足[③]、旁要。今有重差、夕桀、句股也。祭祀之容，穆穆皇皇。賓客之容，嚴恪矜莊。朝廷之容，濟濟蹌蹌。喪紀之容，涕涕翔翔。軍旅之容，闞闞仰仰。車馬之容，顛顛堂堂。”玄謂：祭祀之容，齊齊皇皇[④]。賓客之容，穆穆皇皇。朝廷之容，濟濟翔翔。喪紀之容，纍纍顛顛。軍旅之容，暨暨詻詻。車馬之容，匪匪翼翼。**凡祭祀、賓客、會同、喪紀、軍旅，王舉則從。聽治亦如之。使其屬守王闈。** 闈，宮中之巷門。

司諫，掌糾萬民之德，而勸之朋友，正其行而強之道藝，巡問而觀察之，以時書其德行道藝，辨其能而可任於國事者。 朋友，相切磋以善道也。強，猶勸也，學記曰：“強而弗抑則易。”巡問，行問民閒也。可任於國事，任吏職。**以攷鄉里之治，以詔廢置，以行赦宥。** 因巡問勸強萬民，而考鄉里吏民罪過，以告王所當罪不。

---

① 十行本“宫”下有“也”字。

② 君，正字云：“‘君’誤‘軍’。”識語云：“案：‘君’不誤……大司徒疏、禮記少儀疏、論語疏引皆作‘君’。”

③ 贏，建本作“嬴”。

④ 齊齊，纂圖本、互注本、京本並作“濟濟”。

司救,掌萬民之衺惡過失,而誅讓之[①]**,以禮防禁而救之。**衺惡,謂侮慢長老、語言無忌,而未麗於罪者。過失,亦由衺惡,酗醟好訟,若抽拔兵器,誤以行傷害人,麗於罪者。誅,誅責也。古者重刑,且責怒之,未即罪也。**凡民之有衺惡者,三讓而罰**[②]**,三罰而士加明刑,恥諸嘉石**[③]**,役諸司空。**罰,謂撻擊之也。加明刑者,去其冠飾,而書其衺惡之狀,著之背也。嘉石,朝士所掌,在外朝之門左,使坐焉,以恥辱之。既而役諸司空,使事官作之也[④]。坐役之數,存於司寇。**其有過失者,三讓而罰,三罰而歸于圜土**[⑤]**。**圜土,獄城也。過失近罪,晝日任之以事而收之[⑥],夜藏於獄,亦加明刑以恥之。不使坐嘉石,其罪已著,未忍刑之。**凡歲時,有天患民病,則以節巡國中及郊野,而以王命施惠。**天患,謂烖害也[⑦]。節,旌節也。施惠,賙恤之。

調人,掌司萬民之難而諧和之。難,相與爲仇讎。諧,猶調也。**凡過而殺傷人者,以民成之。**過,無本意也。成,平也。鄭司農云:"以民成之,謂立證佐,成其罪也。一説,以鄉里之民,共和解之[⑧],春秋傳曰'惠伯成之'之屬。"**鳥獸亦如之。**過失殺傷人之畜産者。**凡和難,父之讎,辟諸海外;兄弟之讎,辟諸千里之外;從父兄弟之讎,不同國;君之讎,眡父;師長之讎,眡兄弟;主友之讎,眡從父兄弟。**和之,使辟於此,不得就而仇之。

---

① 讓,京本作"賞"。加記云:"京本'讓'誤'賞'。"

② 十行本無"而罰"二字。加記云:"正、人、閩、韓本脱'而罰'。"

③ 嘉,金本作"加"。

④ 作之,十行本作"之作"。阮記引文"使事官之作也",云:"閩、監本同,宋本、嘉靖本、毛本皆云'使事官作之也',此誤倒,當據以訂正。"案:使之作,不辭,顯當作"作之",阮記是也。

⑤ 于,十行本作"於"。加記云:"案:經例用古字,當作'于'。"

⑥ 事,金本作"士"。加記云:"董本'事'誤'士'。"

⑦ 害,纂圖本、互注本並作"患"。

⑧ 共,互注本作"其"。

九夷、八蠻、六戎、五狄,謂之四海。主,大夫君也①。春秋傳曰:晉荀偃"卒而視,不可含,宣子盥而撫之,曰:事吴敢不如事主。"**弗辟,則與之瑞節,而以執之。**瑞節,玉節之剡圭也②。和之而不肯辟者,是不從王命也。王以剡圭使調人執之,治其罪。**凡殺人有反殺者,使邦國交讎之。**反,復也。復殺之者,此欲除害弱敵也。邦國交讎之,明不和,諸侯得者即誅之。鄭司農云:"有反殺者,謂重殺也。"**凡殺人而義者,不同國,令勿讎,讎之則死。**義,宜也。謂父母兄弟師長嘗辱焉而殺之者,如是爲得其宜,雖所殺者人之父兄,不得讎也,使之不同國而已。**凡有鬬怒者,成之;不可成者,則書之;先動者,誅之。**鬬怒,辯訟者也③。不可成,不可平也。書之,記其姓名,辯本也④。鄭司農云:"成之,謂和之也。和之,猶今二千石以令解仇怨,後復相報,移徙之。此其類也。"玄謂:上言"立證佐成其罪"⑤,似非。

媒氏,掌萬民之判。判,半也。得耦爲合,主合其半,成夫婦也。喪服傳曰:夫妻判合。鄭司農云:"主萬民之判合。"**凡男女,自成名以上,皆書年月日名焉。**鄭司農云:"成名,謂子生三月⑥,父名之。"**令男三十而娶,女二十而嫁。**二三者,天地相承覆之數也,易曰"參天兩地而奇數"焉⑦。**凡娶判妻入子者,皆書之。**書之者,以别未成昏禮者。鄭司農云:"入子者,謂嫁女者也。"玄謂:言入子者,容媵姪娣不娉之者⑧。**中春之月,令會男女,**中春,陰陽交,以成昏禮,順天時也。**於是時也,奔者不禁。**重天時,權許之也。**若無故而不用令者,罰之。**無故,謂無喪禍之變也。有喪禍者,娶得用

① 大,十行本作"人"。加記云:"正本誤'人'。"
② 剡,京本作"琰"。
③ 辯,互注本、京本並作"辨"。
④ 辯,纂圖本、互注本、京本、十行本並作"辨"。
⑤ 佐,互注本作"侯"。加記云:"纂本'佐'誤'侯'。"
⑥ 子,八行本作"始"。生,互注本作"年"。加記云:"纂本'生'誤'年'。"
⑦ 奇,婺本、八行本並作"倚"。
⑧ 娉,婺本、金本、纂圖本、互注本、京本、岳本、八行本、十行本並作"聘"。

非中春之月。雜記曰:"已雖小功,既卒哭,可以冠子娶妻。"**司男女之無夫家者,而會之。**司,猶察也。無夫家,謂男女之鰥寡者。**凡嫁子娶妻,入幣,純帛,無過五兩。**純,實緇字也,古緇以才爲聲。納幣用緇,婦人陰也。凡於娶禮,必用其類。五兩,十端也。必言兩者,欲得其配合之名。十者,象五行十日相成也。士大夫乃以玄纁束帛,天子加以穀圭,諸侯加以大璋。雜記曰:"納幣一束,束五兩,兩五尋。"然則每端二丈[①]。**禁遷葬者,與嫁殤者。**遷葬,謂生時非夫婦,死既葬,遷之使相從也。殤,十九以下未嫁而死者。生不以禮相接,死而合之,是亦亂人倫者也。鄭司農云:"嫁殤者,謂嫁死人也。今時娶會是也。"**凡男女之陰訟,聽之于勝國之社;其附于刑者,歸之于士。**陰訟,争中冓之事以觸法者。勝國,亡國也。亡國之社,奄其上而棧其下,使無所通。就之以聽陰訟之情,明不當宣露。其罪不在赦宥者,直歸士而刑之,不復以聽。士,司寇之屬。詩云:"牆有茨,不可埽也[②]。中冓之言,不可道也。所可道也,言之醜也。"

司市,掌市之治教、政刑、量度、禁令。量,豆、區、斗[③]、斛之屬。度,丈尺也。**以次敘分地而經市,**次,謂吏所治舍,思次、介次也,若今市亭然。敘,肆行列也。經,界也。**以陳肆辨物而平市,**陳,猶列也。辨物,物異肆也,肆異則市平。**以政令禁物靡而均市,**物靡者,易售而無用,禁之則市均。鄭司農云:"靡,謂侈靡也。"**以商賈阜貨而行布,**通物曰商,居賣物曰賈。阜,猶盛也。鄭司農云:"布,謂泉也。"**以量度成賈而徵價,**徵,召也。價,買也。物有定賈,則買者來也[④]。**以質劑結信而止訟,**質劑,謂兩書一札而别之也,若今下手書,言保物要還矣。鄭司農云:"質劑,月平。"**以賈民禁僞而除詐,**賈

① 然,纂圖本作"何"。

② 埽,婺本、建本、附圖本並作"掃"。阮記引文"不可埽也",云:"余本、嘉靖本同,閩、監、毛本云'埽'作'掃',非。"

③ 斗,八行本作"升"。

④ 則,金本作"用"。

民，胥師、賈師之屬。必以賈民爲之者，知物之情僞與實詐。**以刑罰禁虣而去盜，**刑罰，憲、徇、扑。**以泉府同貨而斂賒。**同，共也。同者，謂民貨不售，則爲斂而買之；民無貨，則賒貰而予之。**大市，日昃而市，百族爲主；朝市，朝時而市，商賈爲主；夕市，夕時而市，販夫販婦爲主。**日昃，昳中也。市，雜聚之處。言主者，謂其多者也。百族必容來去，商賈家於市城，販夫販婦朝資夕賣，因其便而分爲三時之市，所以了物極衆。鄭司農云："百族，百姓也。"**凡市入，則胥執鞭度守門。市之羣吏，平肆、展成、奠賈，上旌于思次，以令市，市師涖焉，而聽大治大訟。胥師、賈師，涖于介次，而聽小治小訟。**凡市入，謂三時之市，市者入也。胥守門，察僞詐也，必執鞭度，以威正人衆也。度，謂殳也，因刻丈尺耳。羣吏，胥師以下也。平肆，平賣物者之行列，使之正也。展之言整也。成，平也，會平成市物者也。奠，讀爲定，整勑會者，使定物賈，防誑豫也。上旌者，以爲衆望也，見旌則知當市也。思次，若今市亭也。市師，司市也。介次，市亭之屬[①]，别小者也。故書"涖"作"立"。杜子春云："奠，當爲'定'。"鄭司農云："思，辭也。次，市中候樓也。立，當爲'涖'，涖，視也。"玄謂：思，當爲"司"字，聲之誤也。**凡萬民之期于市者，辟布者、量度者、刑戮者，各於其地之敘。**期，謂欲賣買，期決於市也。量度者，若今處斗斛及丈尺也。故書"辟"爲"辭"，鄭司農云："辭布，辭訟泉物者也。"玄謂：辟布，市之羣吏考實諸泉入，及有遺忘。**凡得貨賄、六畜者亦如之，三日而舉之。**得遺物者，亦使置其地，貨於貨之肆，馬於馬之肆，則主求之易也。三日而無識認者，舉之没入官。**凡治市之貨賄、六畜、珍異，亡者使有，利者使阜，害者使亡，靡者使微。**利，利於民，謂物實厚者[②]。害，害於民，謂物行沽者[③]。使有、使阜，起其賈以徵之

① 互注本"市"下有"正"字。

② 厚，十行本作"辱"。加記云："正本'厚'誤'辱'。"

③ 沽，婺本、建本、附圖本、纂圖本、互注本、京本、十行本並作"苦"。

也;使亡、使微,抑其賈以卻之也。侈靡細好,使富民好奢,微之而已。鄭司農云:"亡者使有,無此物,則開利其道使之有。"**凡通貨賄,以璽節出入之。**璽節,印章,如今斗檢封矣,使人執之以通商。以出貨賄者,王之司市也;以内貨賄者,邦國之司市也。**國凶荒札喪,則市無征而作布。**有災害,物貴,市不税,爲民乏困也[①]。金銅無凶年,因物貴,大鑄泉以饒民。**凡市僞飾之禁,在民者十有二,在商者十有二,在賈者十有二,在工者十有二。**鄭司農云:"所以俱十有二者[②],工不得作,賈不得粥,商不得資,民不得畜。"玄謂:王制曰"用器不中度,不粥於市;兵車不中度,不粥於市;布帛精麤不中數、幅廣狹不中量,不粥於市;姦色亂正色,不粥於市","五穀不時、果實未孰,不粥於市;木不中伐,不粥於市;禽獸魚鼈不中殺,不粥於市",亦其類也。於四十八,則未聞,數十二焉。**市刑,小刑憲罰,中刑徇罰,大刑扑罰[③],其附于刑者,歸于士。**徇,舉以示其地之衆也。扑,撻也。鄭司農云:"憲罰,播其肆也。"故書"附"爲"柎"[④],杜子春云:"當爲'附'。"**國君過市,則刑人赦;夫人過市,罰一幕;世子過市,罰一帟;命夫過市,罰一蓋;命婦過市,罰一帷。**謂諸侯及夫人、世子過其國之市,大夫、内子過其都之市也。市者,人之所交利而行刑之處[⑤],君子無故,不遊觀焉。若遊觀,則施惠以爲説也。國君則赦其刑人,夫人、世子、命夫、命婦則使之出罰,異尊卑也。所罰謂憲、徇、扑也,必罰幕、帟、蓋、帷,市者衆也,此四物者,在衆之用也。此王國之市,而説國君以下過市者,諸侯之於其國,與王同,以其足以互明之。**凡會同師役[⑥],市司帥賈師而從,治其市政,掌其賣價之事。**市司,司市也。價,買也。會同師役,必有

① 岳本"民"下有"之"字。
② 俱,附圖本作"具"。
③ 扑,唐石經、白文本並作"朴"。
④ 柎,八行本作"拊"。
⑤ 建本、附圖本並無"之"字。
⑥ 役,八行本作"殺"。加記云:"浙本'役'誤'殺'。"

市者①,大衆所在,來物以備之。

質人,掌成市之貨賄、人民、牛馬、兵器、珍異。成,平也。會者平物賈而來,主成其平也。人民,奴婢也。珍異,四時食物。**凡賣價者,質劑焉,大市以質,小市以劑。**鄭司農云:"質劑,月平賈也。質大賈,劑小賈。"玄謂:質劑者,爲之券藏之也。大市,人民、馬牛之屬,用長券;小市,兵器、珍異之物,用短券。**掌稽市之書契,同其度量,壹其淳制,巡而攷之,犯禁者舉而罰之。**稽,猶考也,治也。書契,取予市物之券也。其券之象,書兩札刻其側。杜子春云:"淳,當爲'純',純,謂幅廣;制,謂匹長也:皆當中度量。"玄謂:淳,讀如"淳尸盥"之"淳"。**凡治質劑者,國中一旬,郊二旬,野三旬,都三月,邦國朞。期内聽,期外不聽。**謂齎券契者來訟也,以期内來則治之,後期則不治,所以絶民之好訟,且息文書也。郊,遠郊也。野,甸稍也。都,小都、大都。

廛人,掌斂市絘布、總布、質布、罰布、廛布,而入于泉府。布,泉也。鄭司農云:"絘布,列肆之税布。"杜子春云:"總,當爲'儳',謂無肆立持者之税也。"玄謂:總,讀如'租穆'之'穆'。穆布,謂守斗斛銓衡者之税也②。質布者,質人所罰③,犯質劑者之泉也。罰布者,犯市令者之泉也。廛布者,貨賄諸物邸舍之税。**凡屠者,斂其皮角、筋骨,入于玉府。**以當税,給作器物也。其無皮角及筋骨不中用,亦税之。**凡珍異之有滯者,斂而入于膳府。**故書"滯"或作"廛"。鄭司農云:"謂滯貨不售者,官爲居之。貨物沈滯於廛中,不決,民待其直以給喪疾,而不可售,賈賤者也。廛,謂市中之地,未有肆,而可居以畜藏貨物者也。孟子曰:'市廛而不征,法而不廛,則天下之商皆説而願藏於其市矣。'謂貨物𥨍藏於市中,而不租税也,故曰'廛而不征',其有貨物久滯於

① 纂圖本、互注本並無"必"字。加記云:"纂本脱'必'。"

② 斗,附圖本作"升"。

③ 京本"人"下有"之"字。阮記引文"質人之所罰",云:"余本、閩、監、毛本同,宋本、岳本、嘉靖本無'之'。案:賈疏引注,亦無'之'字,有者衍文。"

廛而不售者，官以法爲居取之，故曰‘法而不廛’。”玄謂：滯，讀如“沉滯”之“滯”。珍異，四時食物也，不售而在廛，久則將瘦臞腐敗，爲買之入膳夫之府，所以紓民事而官不失實。

胥師，各掌其次之政令，而平其貨賄，憲刑禁焉。憲，表縣之①。**察其詐僞、飾行、儥慝者，而誅罰之。**鄭司農云：“儥，賣也②，慝，惡也，謂行且賣姦僞惡物者。”玄謂：飾行儥慝，謂使人行賣惡物於市③，巧飾之，令欺誑買者。**聽其小治小訟而斷之。**

賈師，各掌其次之貨賄之治，辨其物而均平之，展其成而奠其賈，然後令市。辨，別也。**凡天患，禁貴儥者，使有恒賈。**恒，常也。謂若猪米穀棺木④，而睹久雨疫病者，貴賣之，因天災害阨民，使之重困。**四時之珍異，亦如之。**薦宗廟之物。**凡國之賣儥，各帥其屬而嗣掌其月。**儥，買也。故書“賣”爲“買”。鄭司農云：“謂官有所斥賣⑤，賈師帥其屬而更相代直月⑥，爲官賣之，均勞逸。”**凡師役、會同，亦如之。**

司虣，掌憲市之禁令，禁其鬭嚻者，與其虣亂者，出入相陵犯者，以屬遊飲食于市者。嚻，讙也。鄭司農云：“以屬遊飲食，羣飲食者。”**若不可禁，則搏而戮之。**

司稽，掌巡市，而察其犯禁者與其不物者而搏之。不物，衣服視占不與衆同，及所操物不如品式。**掌執市之盜賊以徇，且刑之。**

---

① 表，纂圖本、互注本、十行本並作“長”。阮記云：“宋本、嘉靖本、閩、監、毛本‘長’作‘表’，當據正。”案：釋文出音“表縣”，又疏文云“鄭云憲謂表縣之”，則賈氏所見本亦作“表”，又小司徒鄭注明謂“憲表縣之”，則作“表”是也。

② 賣，纂圖本作“買”。

③ 建本“賣”下有“僞”字。

④ 若，附圖本作“君”。

⑤ 附圖本、纂圖本、互注本、京本、十行本“斥”下並有“令”字。阮記云：“有‘令’者衍文。”

⑥ 相，附圖本作“之”。

胥，各掌其所治之政，執鞭度而巡其前，掌其坐作出入之禁令，襲其不正者。作，起也。坐起禁令，當市而不得空守之屬。故書“襲”爲“習”，杜子春云：“當爲‘襲’，謂掩捕其不正者。”凡有罪者，撻戮而罰之。罰之使出布。

肆長，各掌其肆之政令。陳其貨賄，名相近者相遠也，實相近者相爾也，而平正之。爾，亦近也。俱是物也，使惡者遠善，善自相近。鄭司農云：“謂若珠玉之屬，俱名爲珠，俱名爲玉，而賈或百萬，或數萬，恐農夫愚民見欺，故别異令相遠，使賈人不得雜亂以欺人。”斂其總布，掌其戒禁。杜子春云：“總，當爲‘儳’。”

泉府，掌以市之征布，斂市之不售貨之滯於民用者，以其賈買之，物楬而書之，以待不時而買者。買者各從其抵，都鄙從其主，國人郊人從其有司，然後予之。故書“滯”爲“癉”①，杜子春云：“癉，當爲‘滯’。”鄭司農云：“物楬而書之，物物爲揃書，書其賈，楬著其物也。不時買者，謂急求者也。抵，故賈也。主者，别治大夫也。然後予之，爲封符信，然後予之。”玄謂：柢②，實“柢”字③。柢④，本也，本，謂所屬吏。主，有司是⑤。凡賒者，祭祀無過旬日，喪紀無過三月。鄭司農云：“賒，貰也。以祭祀、喪紀，故從官貰買物。”凡民之貸者，與其有司辨而授之，以國服爲之息。有司，其所屬吏也⑥。與之别其貸民之物，定其賈以與之。鄭司農云：“貸者，謂從官借本賈也，故有息，使民弗利，以其所賈之國，所出爲息也。假令其

---

① 書滯，纂圖本作“杜子”。

② 柢，婺本、金本、建本、附圖本、纂圖本、互注本、京本、岳本、八行本、十行本並作“抵”。黄記云：“‘抵’誤‘柢’。”

③ 柢，金本作“祇”，建本、附圖本並作“抵”。

④ 柢，建本、附圖本並作“抵”。阮記引文“抵實柢字柢本也”，云：“宋本‘柢’皆作‘抵’，誤。”

⑤ 纂圖本、互注本、八行本“是”下並有“也”字。阮記云：“宋本、嘉靖本無‘也’……有者衍文。”

⑥ 其，金本作“有”。加記云：“董本‘其’誤‘有’。”

國出絲絮,則以絲絮償;其國出絺葛,則以絺葛償。"玄謂:以國服爲之息,以其於國服事之税爲息也。於國事受園廛之田,而貸萬泉者,則朞出息五百。王莽時,民貸以治産業者,但計贏所得受息①,無過歲什一。**凡國事之財用②,取具焉。歲終,則會其出入,而納其餘。**會,計也。納,入也。入餘於職幣。

司門,掌授管鍵,以啓閉國門。鄭司農云:"鍵,讀爲'蹇'。管,謂籥也。鍵,謂牡。"**幾出入不物者,正其貨賄,凡財物犯禁者,舉之,**不物,衣服視占不與衆同,及所操物不如品式者。正,讀爲"征",征税也。犯禁,謂商所不資者。舉之,没入官。**以其財養死政之老與其孤。**財,所謂門關之委積也。死政之老,死國事者之父母也。孤,其子。**祭祀之牛牲繫焉,監門養之。**監門,門徒。**凡歲時之門,受其餘。**鄭司農云:"受祭門之餘。"**凡四方之賓客造焉,則以告。**告③,猶至也。告,告於王,而止客以俟逆。

司關,掌國貨之節,以聯門市。貨節,謂商本所發司市之璽節也。自外來者,則案其節,而書其貨之多少,通之國門,國門通之司市。自内出者,司市爲之璽節,通之國門,國門通之關門,參相聯以檢猾商。**司貨賄之出入者,掌其治禁與其征廛。**征廛者,貨賄之税與所止邸舍也。關下亦有邸客舍,其出布如市之廛。**凡貨不出於關者,舉其貨,罰其人。**不出於關,謂從私道出辟税者,則没其財而撻其人。

---

① 贏,附圖本作"羸"。

② 白文本、金本、京本、岳本、十行本並無"事"字。阮記引文"凡國事之財用取具焉",云:"唐石經、宋本、嘉靖本、毛本同,監本'國事'倒作'事國',此本及閩本脱'事'字,今補正。"案:賈疏云"云'凡國事之財用取具焉'者",則賈氏所見本作"國事",則作"國事"是也。加記於此條下案語云"未補正",蓋謂阮記云"今補正"而阮本仍作"國",故未補正也,然阮記所云"今補正"乃指阮記引文"凡國事之財用取具焉",確已補正,盧宣旬照抄阮記附于阮本本卷之後,引文亦作"凡國事之財用取具焉",加氏殆不解其中原委,徑謂"未補正",疏矣。

③ 告,婺本、金本、建本、附圖本、纂圖本、互注本、京本、岳本、八行本、十行本並作"造"。黄記云:"'造'誤'告'。"

凡所達貨賄者，則以節傳出之。商或取貨於民閒，無璽節者，至關，關爲之璽節及傳，出之。其有璽節，亦爲之傳。傳，如今移過所文書。**國凶札，則無關門之征，猶幾。**鄭司農云："凶，謂凶年飢荒也。札，謂疾疫死亡也，越人謂死爲札，春秋傳曰：'札瘥夭昬。'無關門之征者，出入關門無租税。猶幾，謂無租税，循苛察[①]，不得令姦人出入。孟子曰：'關幾而不征，則天下之行旅皆説而願出於其塗[②]。'"**凡四方之賓客敂關，則爲之告。**謂朝聘者也。叩關[③]，猶謁關人也。鄭司農説以國語曰："周之秩官有之曰：'敵國賓至，關尹以告，行理以節逆之。'"**有外、内之送令[④]，則以節傳出、内之。**有送令，謂奉貢獻及文書，以常事往來。環人之職，所送迎通賓客，來至關，則爲之節與傳以通之。

掌節，掌守邦節而辨其用，以輔王命。邦節者，珍圭、牙璋、穀圭、琬圭、琰圭也。王有命，則別其節之用，以授使者。輔王命者，執以行爲信。**守邦國者用玉節，守都鄙者用角節。**謂諸侯於其國中，公卿大夫、王子弟於其采邑，有命者，亦自有節以輔之。玉節之制，如玉爲之[⑤]，以命數爲小大。角用犀角，其制未聞。**凡邦國之使節，山國用虎節，土國用人節[⑥]，澤國用龍節，皆金也，以英蕩輔之。**使節，使卿大夫聘於天子諸侯，行道所執之信也。土，平地也。山多虎，平地多人，澤多龍。以金爲節，鑄象焉，必自以其國所多者，於以相別爲信明也，今漢有銅虎符。杜子春云："蕩，當爲'帑'，謂以函器盛此節。或曰：英蕩，畫函。"**門關用符節，貨賄用璽節，道路用旌節，皆有期以反節。**門關，司門、司關也。貨賄者，主通貨賄之官，謂司市也。

---

① 循，婺本、金本、建本、附圖本、纂圖本、互注本、京本、岳本、八行本、十行本並作"猶"。黄記云："'猶'誤'循'。"

② 説，纂圖本、互注本並作"悦"。

③ 叩，附圖本、纂圖本、互注本、京本、岳本、十行本並作"敂"。

④ 外内，京本作"内外"。

⑤ 玉，婺本、金本、建本、纂圖本、互注本、京本、岳本、八行本並作"王"，十行本作"土"。阮記引文"如王爲之"，云："此本'王'誤'土'，嘉靖本誤'玉'。"

⑥ 土，十行本作"上"。

道路者，主治五涂之官，謂鄉遂大夫也。凡民遠出至於邦國，邦國之民若來入，由門者，司門爲之節①；由關者②，司關爲之節③。其商④，則司市爲之節。其以徵令及家徙⑤，則鄉遂大夫爲之節。唯時事而行，不出關，不用節也。變司市言貨賄者⑥，璽節主以通貨賄，貨賄非必由市，或資於民家焉。變鄉遂言道路者，容公邑及小都大都之吏，皆主治五涂，亦有民也。符節者，如今宫中諸官詔符也⑦。璽節者，今之印章也。旌節，今使者所擁節是也，將送者，執此節以送行者，皆以道里日時課，如今郵行有程矣，以防容姦，擅有所通也。凡節有法式，藏於掌節。**凡通達於天下者，必有節，以傳輔之。**必有節，言遠行無有不得節而出者也。輔之以傳者，節爲信耳，傳說所齎操及所適。**無節者，有幾，則不達。**圜土内之。

遂人，掌邦之野。郊外曰野。此野謂甸、稍、縣、都。**以土地之圖經田野，造縣鄙形體之灋。五家爲鄰，五鄰爲里，四里爲酇，五酇爲鄙，五鄙爲縣，五縣爲遂，皆有地域溝樹之。使各掌其政令刑禁⑧，以歲時稽其人民，而授之田野，簡其兵器，教之稼穡。**經、形體，皆謂制分界也。鄰、里、酇、鄙、縣、遂，猶郊内比、閭、族、黨⑨、州、鄉也。鄭司農云："田野之居，其比伍之名，與國中異制，故五家爲鄰。"玄謂：異其名者，示相變耳，遂之軍法，追胥起徒役如六鄉⑩。**凡治野，以下劑致甿，以田里安甿，以樂昬擾甿，以土宜教甿稼穡，以興耡利甿，以時器勸甿，以**

① 建本、附圖本"節"下並有"也"字。
② 建本、附圖本"由"上並有"入"字。
③ 建本、附圖本"節"下並有"也"字。
④ 建本、附圖本"其"上並有"故"字。阮記云："宋本'司門爲之節'下有'也入'二字，'司關爲之節'下有'也故'二字，並衍。"
⑤ 徙，纂圖本、互注本、京本並作"徒"。阮記引文"其以徵令及家徒"，云："余本同，誤也，宋本、嘉靖本、閩、監、毛本皆作'家徙'，當訂正。"
⑥ 者，建本作"於"。加記云："建本'者'誤'於'。"
⑦ 宫，建本、附圖本並作"官"。加記云："建、周本'宫'誤'官'。"
⑧ 使，八行本作"便"。加記云："浙本'使'誤'便'。"
⑨ 族黨，婺本作"黨族"，岳本作"旅黨"。加記云："岳本'族'誤'旅'。"
⑩ 如，建本作"加"。加記云："建本'如'誤'加'。"

彊予任甿，以土均平政。變民言甿，異外内也。甿，猶懵懵無知皃也。致，猶會也。民雖受上田、中田、下田，及會之，以下劑爲率，謂可任者家二人。樂昏，勸其昏姻，如媒氏會男女也。擾，順也。時器，鑄作耒耜錢鎛之屬①。彊予，謂民有餘力，復予之田，若餘夫然②。政，讀爲"征"。土均，掌均平其税。鄭大夫讀"耡"爲"藉"。杜子春讀"耡"爲"助"，謂起民人，令相佐助。**辨其野之土，上地、中地、下地，以頒田里。上地，夫一廛，田百晦，萊五十晦，餘夫亦如之；中地，夫一廛，田百晦，萊百晦，餘夫亦如之；下地，夫一廛，田百晦，萊二百晦，餘夫亦如之。**萊，謂休不耕者。鄭司農云："户計一夫一婦而賦之田，其一户有數口者，餘夫亦受此田也。廛，居也。楊子雲：有田一廛，謂百晦之居也。"玄謂：廛，城邑之居，孟子所云"五晦之宅，樹之以桑麻"者也。六遂之民，奇受一廛，雖上地猶有萊③，皆所以饒遠也。王莽時，城郭中宅不樹者爲不毛，出三夫之布④。**凡治野，夫間有遂，遂上有徑；十夫有溝，溝上有畛；百夫有洫，洫上有涂；千夫有澮，澮上有道；萬夫有川，川上有路：以達于畿。**十夫⑤，二鄰之田⑥。百夫，一酇之田⑦。千夫，二鄙之田。萬夫⑧，四縣之田。遂、溝、洫、澮，皆所以通水於川也。遂，廣深各二尺，溝倍之，洫倍溝。澮，廣二尋，深二仞。徑、畛、涂、道、路，皆所以通車徒於國都也。徑容牛馬，畛容大車，涂容乘車一軌，道容二軌⑨，路容三軌。都之野涂，與環涂同，可也。萬夫者，方三十三里，少半里，九而方一同。以南晦圖之，則遂從溝横，

① 鎛，十行本作"鑄"。加記云："正、人本誤'鑄'。"
② 夫，十行本作"天"。加記云："正本'夫'誤'天'。"
③ 上，互注本作"土"。加記云："纂本'上'誤'土'。"地，婺本作"也"。加記云："周本'地'誤'也'。"
④ 出，互注本作"立"。
⑤ 十，岳本作"一"。
⑥ 鄰，十行本作"都"。加記云："正本'鄰'誤'都'。"
⑦ 酇，十行本作"都"。加記云："正、韓本'酇'誤'都'。"
⑧ 萬，互注本作"五"。
⑨ 二，十行本作"三"。加記云："正本'二'誤'三'。"

洫從澮橫,九澮而川周其外焉。去山陵、林麓、川澤、溝瀆、城郭、宫室、涂巷,三分之制,其餘如此[①]。以至于畿,則中雖有都鄙,遂人盡主其地。**以歲時登其夫家之衆寡,及其六畜、車輦,辨其老幼、癈疾,與其施舍者,以頒職作事,以令貢賦,以令師田,以起政役。**登,成也[②],猶定也。夫家,猶言男女也。施,讀爲"弛"。職,謂民九職也。分其農、牧、衡、虞之職,使民爲其事也。載師職云"以物地事,授地職",互言矣。貢,九貢也。賦,九賦也。政役,出士徒役。**若起野役,則令各帥其所治之民而至,以遂之大旗致之,其不用命者,誅之。**役,謂師田若有功作也。遂之大旗,熊、虎。**凡國祭祀,共野牲,令野職。**共野牲,入於牧人以待事也。野職,薪炭之屬。**凡賓客,令脩野道而委積。**委積於廬宿市。**大喪,帥六遂之役而致之,掌其政令,及葬,帥而屬六綍,及窆,陳役。**致役,致於司徒,給墓上事及竁也。綍,舉棺索也。葬舉棺者,謂載與説時也。用綍旁六,執之者[③],天子其千人與?陳役者,主陳列之耳,匠師帥監之,鄉師以斧涖焉[④]。大喪之正棺、殯、啓、朝及引,六鄉役之;載及窆,六遂役之,亦即遠相終始也。鄭司農云:"窆,謂下棺時,遂人主陳役也,禮記謂之'封',春秋謂之'堋'[⑤],皆葬下棺也。聲相似。"**凡事致野役,而師田作野民,帥而至,掌其政治禁令。**

遂師,各掌其遂之政令戒禁。以時登其夫家之衆寡、六畜、車輦,辨其施舍與其可任者。經牧其田野,辨其可食者,周知其數而任之,以徵財征。作役事[⑥],則聽其治訟。施,讀亦"弛"也。經牧,制田界與井也。可食,謂今年所當耕

① 餘,十行本作"論"。加記云:"正、人本'餘'誤'論'。"
② 成,纂圖本作"城"。
③ 婺本無"之"字。
④ 鄉,互注本作"元"。加記云:"纂本'鄉'誤'元'。"
⑤ 堋,附圖本作"倗"。
⑥ 唐石經"作"上有"以"字。

者也。財征，賦稅之事。**巡其稼穡，而移用其民，以救其時事**[①]。移用其民，使轉相助，救時急事也。四時耕耨、斂艾、芟地之宜，晚早不同，而有天期地澤風雨之急。**凡國祭祀，審其誓戒，共其野牲。**審，亦聽也。**入野職、野賦于玉府。**民所入貨賄，以當九職、九賦，中玉府之用者。**賓客，則巡其道脩，庀其委積。**巡其道脩，行治道路也。故書"庀"爲"比"，鄭司農云："比，讀爲'庀'，庀，具也。"**大喪，使帥其屬以幄帟先，道野役，及窆，抱磿**[②]**，共丘籠及蜃車之役。**使以幄帟先者，大宰也，其餘，司徒也。幄帟先，所以爲葬窆之間，先張神坐也。道野役，帥以至墓也。丘籠之役，竁復土也，其器曰籠。蜃車，柩路也。柩路載柳，四輪迫地而行，有似於蜃，因取名焉。行至壙，乃說，更復載以龍輴。蜃，禮記或作"搏"，或作"輇"。役，謂執綍者。鄭司農云："抱磿，磿，下車也。"玄謂：磿者，適歷，執綍者名也。遂人主陳之，而遂師以名行校之。**軍旅、田獵，平野民，掌其禁令，比敘其事而賞罰。**平，謂正其行列部伍也。鄭司農云："比，讀爲'庀'。"

遂大夫，各掌其遂之政令。以歲時稽其夫家之衆寡、六畜、田野，辨其可任者與其可施舍者，以教稼穡，以稽功事。掌其政令、戒禁，聽其治訟。施，讀亦爲"弛"。功事，九職之事，民所以爲功業。**令爲邑者，歲終則會政致事。**不言其遂之吏，而言爲邑者，容公邑及卿大夫王子弟之采邑。致令戒禁[③]，遂大夫亦施焉。**正歲，簡稼器，脩稼政。**簡，猶閱也。稼器，耒耜、茲其之

---

① 其，金本作"共"。

② 磿，建本、附圖本、纂圖本、互注本、京本、岳本、八行本、十行本並作"磨"。下注文三"磿"同。

③ 致，婺本、金本、建本、附圖本、纂圖本、互注本、京本、岳本、八行本、十行本並作"政"。黃記云："'政'誤'致'。"

屬①。稼政,孟春之月令所云皆修封彊,審端徑術②,善相丘陵、阪險、原隰,土地所宜,五穀所殖,以教道民,必躬親之。**三歲大比,則帥其吏而興甿,明其有功者,屬其地治者。**興甿,舉民賢者能者,如六鄉之爲也。興,猶舉也。屬,猶聚也。又因舉吏治有功者,而聚勑其餘以職事。**凡爲邑者,以四達戒其功事,而誅賞廢興之。**四達者,治民之事,大通者有四:夫家衆寡也,六畜車輦也,稼穡耕耨也,旗鼓兵革也。

縣正,各掌其縣之政令徵比,以頒田里,以分職事,掌其治訟,趨其稼事,而賞罰之。徵,徵召也。比,案比。**若將用野民師田、行役、移執事,則帥而至,治其政令。**移執事,移用其民。鄭司農云:"謂轉相佐助。"**既役,則稽功會事而誅賞。**

鄙師,各掌其鄙之政令、祭祀。祭祀,祭禜也。**凡作民,則掌其戒令。**作民,謂起役也。**以時數其衆庶,而察其微惡而誅賞③。**時,四時也。**歲終,則會其鄙之政而致事。**

酇長,各掌其酇之政令,以時校登其夫家,比其衆寡,以治其喪紀、祭祀之事。校,猶數也。**若作其民而用之,則以旗鼓兵革帥而至。若歲時簡器,與有司數之。**簡器,簡稼器也,兵器亦存焉。有司,遂大夫。**凡歲時之戒令皆聽之,趨其耕耨,稽其女功。**聽之,受而行之也。女功,絲枲之事。

里宰,掌比其邑之衆寡,與其六畜、兵器,治其政令。邑,猶里也。**以歲時合耦于耡,以治稼穡,趨其耕耨,行其秩敘,以待有司之政令,而徵斂其財賦。**考工記曰"耜廣五

① 玆,婺本、附圖本、纂圖本、互注本、京本、岳本、八行本、十行本並作"鎡"。其,附圖本作"基"。阮記云:"嘉靖本'鎡基'作'玆其',從金從土,蓋後人所加。"

② 徑,建本、附圖本、岳本並作"經"。阮記云:"岳本'徑'作'經',誤。"

③ 微,唐石經、白文本、婺本、金本、建本、附圖本、纂圖本、互注本、京本、岳本、八行本、十行本並作"媺"。黄記云:"'媺'誤'微'。"

寸，二耜爲耦"，此言兩人相助耦而耕也。鄭司農云："耡，讀爲'藉'。"杜子春云："耡，讀爲'助'，謂相佐助也。"玄謂：耡者，里宰治處也，若今街彈之室。於此合耦，使相佐助，因放而爲名。季冬之月令"命農師計耦耕事，修耒耜，具田器"，是其歲時與？合人耦，則牛耦亦可知也。秩敘，受耦相佐助之次第。

鄰長，掌相糾相受。相糾，相舉察。**凡邑中之政相贊，**長短使相補助。**徒于他邑**[①]**，則從而授之。**從，猶隨也。授，猶付也。

旅師，掌聚野之耡粟、屋粟、閒粟，野，謂遠郊之外也。耡粟，民相助作，一井之中[②]，所出九夫之税粟也。屋粟，民有田不耕，所罰三夫之税粟[③]。閒粟，閒民無職事者所出一夫之征粟。**而用之。以質劑致民，平頒其興積，施其惠，散其利，而均其政令。**而，讀爲"若"[④]，聲之誤也。若用之，謂恤民之艱阨，委積於野，如遺人於鄉里也。以質劑致民，案入税者名[⑤]，會而貸之。興積，所興之積，謂三者之粟也。平頒之，不得偏頗有多少。縣官徵聚物曰興，今云軍興是也[⑥]，是粟[⑦]，縣師徵之，旅師斂之，而用之。以賙衣食曰惠，以作事業曰利。均其政令者，皆以國服爲之息。**凡用粟，春頒而秋斂之。**困時施之，饒時收之。**凡新甿之治皆聽之，使無征役，以地之媺惡爲之等。**新甿，新徙來者也。治，謂有所求乞也。使無政役[⑧]，復之也。王制曰："自諸侯來徙於家，期不從政。"以地美惡爲之等，七人以上[⑨]，授以上地；六口，授以中地；五口以下，授以下地，與舊民同。旅師掌斂地税，而又施惠散利，

---

① 徒，唐石經、白文本、婺本、金本、建本、附圖本、纂圖本、互注本、京本、岳本、八行本、十行本並作"徙"。黄記云："'徙'誤'徒'。"

② 井，附圖本作"屋"。

③ 三，十行本作"九"。

④ 爲，八行本作"實"。阮記云："宋本'爲'誤'實'。"

⑤ 名，建本、附圖本並作"各"。阮記云："宋本'名'誤'各'。"

⑥ 云，金本、八行本並作"之"。

⑦ 金本無"是"字。

⑧ 政，金本、建本、附圖本、纂圖本、互注本、京本、岳本、八行本、十行本並作"征"。

⑨ 七，金本、附圖本作"十"。

是以屬用新民焉。

稍人，掌令丘乘之政令。丘乘，四丘爲甸。甸，讀與“惟禹敶之”之“敶”同，其訓曰乘，由是改云。是掌令都鄙脩治井、邑、丘、甸、縣、都之溝涂。云丘甸者，舉中言之。溝涂之人名，井别邑異，則民之家數存焉。**若有會同、師田、行役之事，則以縣師之灋，作其同徒、輂輦，帥而以至，治其政令，以聽於司馬。**有軍旅、會同、田役之戒，縣師受法於司馬，邦國都鄙、稍甸郊里，唯司馬所調。以其法作其衆庶及馬牛車輦，會其車人之卒伍，使皆備旗鼓兵器，以帥而至，是以書令之耳。其所調若在家邑、小都、大都，則稍人用縣師所受司馬之法作之，帥之以致於司馬也①。同徒②，司馬所調之同。凡用役者不必一時皆徧，以人數調之，使勞逸遞焉。**大喪，帥蜃車與其役以至，掌其政令，以聽於司徒。**蜃車及役，遂人共之。稍人者野監，是以帥而致之。既夕禮曰：“既正柩，賓出，遂匠納車于階閒。”則天子以至于士，柩路皆從遂來。

委人，掌斂野之賦，斂薪芻，凡疏材、木材，凡畜聚之物。野，謂遠郊以外也。所斂野之賦，謂野之園圃、山澤之賦也。凡疏材，草木有實者也。凡畜聚之物，瓜瓠葵芋，禦冬之具也。野之農賦，旅師斂之。工商嬪婦，遂師以入玉府。其牧③，則遂師又以共野牲④。**以稍聚待賓客，以甸聚待羈旅。**聚，凡畜聚之物也。故書“羈”作“奇”，杜子春云：“當爲‘羈’。”**凡其余聚，以待頒賜。**余，當爲“餘”，聲之誤也。餘，謂縣都畜聚之物。**以式灋共祭祀之薪蒸木材；賓客，共其芻薪；喪紀，共其薪蒸木材；軍旅，共其委積薪芻，凡疏材，共野委兵器，與其野囿財用。**式法，故事之多少也。薪蒸，給炊及燎。麤者曰薪，細者曰蒸。木材，給張事。委積薪芻

① 致，附圖本作“至”。阮記云：“宋本‘致’誤‘至’。”

② 同，建本、附圖本、纂圖本、互注本、京本並作“司”。阮記云：“閩、監、毛本‘同徒’誤‘司徒’。”

③ 牧，金本作“收”。

④ 共，附圖本作“其”。

者,委積之薪芻也。軍旅又有疏材,以助禾粟。野委,謂廬宿止之薪芻也。共兵器①,謂守衛陳兵之器也。野囿之財用者,苑囿藩羅之材②。**凡軍旅之賓客館焉。**館,舍也。必舍此者,就牛馬之用。

土均,掌平土地之政,以均地守,以均地事,以均地貢。政,讀爲"征"。所平之税,邦國都鄙也。地守,虞衡之屬。地事,農圃之職。地貢,諸侯之九貢。**以和邦國都鄙之政令刑禁,與其施舍,禮俗、喪紀、祭祀,皆以地媺惡爲輕重之灋而行之,掌其禁令。**施,讀亦爲"弛"也③。禮俗,邦國都鄙民之所行,先王舊禮也。君子行禮,不求變俗,隨其土地厚薄,爲之制豐省之節耳。禮器曰:"禮也者,合於天時,設於地財,順於鬼神,合於人心,理萬物④。"

草人,掌土化之灋,以物地,相其宜而爲之種。土化之法,化之使美,若氾勝之術也。以物地,占其形色爲之種,黄白宜以種禾之屬。**凡糞種,騂剛用牛,赤緹用羊,墳壤用麋,渴澤用鹿,鹹潟用貆,勃壤用狐,埴壚用豕,彊檃用蕡,輕爂用犬。**凡所以糞種者,皆謂煮取汁也。赤緹,縓色也。渴澤,故水處也。潟,鹵也。貆,貒也。勃壤,粉解者。埴壚,黏疏者。彊檃,強堅者。輕爂,輕脆者。故書"騂"爲"挈","墳"作"盆"。杜子春"挈"讀爲"騂",謂地色赤而土剛強也。鄭司農云:"用牛,以牛骨汁漬其種也,謂之糞種。墳壤,多盆鼠也。壤,白色。蕡,麻也。"玄謂:墳壤,潤解⑤。

稻人,掌稼下地。以水澤之地種穀也。謂之稼者,有似嫁女相

① 共,婺本、金本、建本、附圖本、纂圖本、互注本、京本、岳本、八行本、十行本並作"其"。阮記云:"嘉靖本'其'誤'共'。"

② 囿,建本、附圖本並作"圃"。羅,建本、附圖本、岳本並作"蘿"。

③ 附圖本、纂圖本、互注本、京本、岳本、十行本並無"亦"字。阮記云:"宋本、余本、嘉靖本、監、毛本'施讀'下有'亦'字,當據補。"案:賈疏云"云'施讀亦爲弛也'者,上遂人注已云'施讀爲弛',故此云'亦'",據此,則"亦"字顯不可闕。

④ 建本、附圖本、纂圖本、互注本、十行本"理"下有"於"字。阮記云:"岳本、嘉靖本皆無'於',有者衍文。"

⑤ 潤,建本、附圖本並作"閏"。加記云:"建、周本'潤'誤'閏'。"

生。**以豬畜水**[①]**,以防止水,以溝蕩水,以遂均水,以列舍水,以澮寫水,以涉揚其芟作田。**鄭司農説豬[②]、防,以春秋傳曰"町原防","規偃豬"。以列舍水,列者非一,道以去水也。以涉揚其芟,以其水寫,故得行其田中,舉其芟鉤也。杜子春讀"蕩"爲"和蕩",謂以溝行水也。玄謂:偃豬者,畜流水之陂也。防,豬旁隄也。遂,田首受水小溝也。列,田之畦畤也。澮,田尾去水大溝。作,猶治也。開遂舍水於列中,因涉之,揚去前年所芟之草,而治田種稻。**凡稼澤**[③]**,夏以水殄草而芟荑之。**殄,病也,絶也。鄭司農説芟夷,以春秋傳曰"芟夷薀崇之"[④],今時謂禾下麥爲夷下麥,言芟刈其禾,於下種麥也。玄謂:將以澤地爲稼者,必於夏六月之時,大雨時行,以水病絶草之後生者,至秋水涸,芟之,明年乃稼。**澤草所生,種之芒種。**鄭司農云:"澤草之所生,其地可種芒種。芒種,稻麥也。"**旱暵,共其雩斂。**稻人共雩斂,稻急水者也。鄭司農云:"雩事所發斂。"**喪紀,共其葦事。**葦以闉壙,禦濕之物。

土訓,掌道地圖,以詔地事。道,説也。説地圖九州形勢、山川所宜,告王以施其事也。若云荆、揚地宜稻[⑤],幽、并地宜麻。**道地慝,以辨地物,而原其生,以詔地求。**地慝,若障蠱然也。辨其物者,别其所有所無;原其生,生有時也:以此二者,告王之求也。地所無及物未生,則不求也。鄭司農云:"地慝,地所生惡物害人者,若虺蝮之屬。"**王巡守,則夾王車。**巡守[⑥],行視所守也。天子以四海爲守。

誦訓,掌道方志,以詔觀事。説四方所識久遠之事,以告王觀博古所識。若魯有大庭氏之庫,殽之二陵。**掌道方慝,以詔辟忌,以知地俗。**方慝,四方言語所惡也。不辟其忌,則其方以爲苟於

① 豬,纂圖本、互注本、京本、十行本並作"瀦"。
② 説,岳本作"云"。
③ 稼,建本作"嫁"。加記云:"建本'稼'誤'嫁'。"
④ 薀,建本、附圖本並作"蘊"。阮記云:"岳本、閩本'薀'作'蘊',非。"
⑤ 揚,金本、建本、附圖本、纂圖本、京本、十行本並作"楊"。
⑥ 守,互注本、京本、岳本並作"狩"。

言語也。知地俗,博事也。鄭司農云:"以詔辟忌,不違其俗也。曲禮曰:'君子行禮,不求變俗。'"**王巡守,則夾王車。**

山虞,掌山林之政令,物爲之厲,而爲之守禁。物爲之厲,每物有蕃界也。爲之守禁,爲守者設禁令也。守者,謂其地之民占伐林木者也①。鄭司農云:"厲,遮列守之。"**仲冬斬陽木,仲夏斬陰木。**鄭司農云:"陽木,春夏生者。陰木,秋冬生者,若松柏之屬。"玄謂:陽木,生山南者;陰木,生山北者。冬斬陽,夏斬陰,堅濡調。**凡服耜,斬季材,以時入之。**季,猶穉也。服與耜宜用穉材,尚柔刃也②。服,牝服,車之材。**令萬民時斬材,有期日。**時斬材,斬材之時也。有期日,入出有日數,爲久盡物。**凡邦工入山林而掄材,不禁。**掄,猶擇也。不禁者,山林國之有,不拘日也。**春秋之斬木,不入禁。**非冬夏之時,不得入所禁之中斬木也,斬四野之木可。**凡竊木者,有刑罰。**竊,盜也。**若祭山林,則爲主而脩除,且蹕。**爲主,主辨護之也。脩除,治道路、場壇。**若大田獵,則萊山田之野,及弊田,植虞旗于中,致禽而珥焉。**萊,除其草萊也。弊田,田者止也③。植,猶樹也。田止樹旗④,令獲者皆致其禽,而校其耳,以知獲數也。山虞有旗,以其主山,得畫熊虎,其仞數則短也。鄭司農云:"珥者,取禽左耳以效功也,大司馬職曰'獲者取左耳'。"

林衡,掌巡林麓之禁令,而平其守,平其守者,平其地之民,守林麓之部分。**以時計林麓,而賞罰之。**計林麓者,計其守之功也。林麓蕃茂,民不盜竊則有賞,不則罰之。**若斬木材,則受灋于山虞,而掌其政令。**法,萬民入出時日之期。

---

① 謂,附圖本作"爲"。加記云:"建、周本'謂'誤'爲'。"
② 刃,附圖本、纂圖本、互注本、京本、十行本並作"忍"。
③ 止,八行本作"上"。加記云:"浙本'止'誤'上'。"
④ 止,互注本、京本、八行本、十行本並作"上"。阮記引文"田上樹旗",云:"閩、監、毛本同,誤也,宋本、嘉靖本'上'作'止',當訂正。"

川衡，掌巡川澤之禁令，而平其守，以時舍其守，犯禁者，執而誅罰之。舍其守者，時案視守者，於其舍申戒之。祭祀、賓客，共川奠。川奠，籩豆之實，魚鱐蜃蛤之屬。

澤虞，掌國澤之政令，爲之厲禁，使其地之人，守其財物，以時入之于玉府，頒其餘于萬民。其地之人，占取澤物者，因以部分使守之。以時入之于玉府，謂皮角珠貝也，入之以當邦賦，然後得取其餘以自爲也。入出亦有時日之期。凡祭祀、賓客，共澤物之奠；澤物之奠，亦籩豆之實，芹茆蔆芡之屬。喪紀，共其葦蒲之事①；葦以闉壙，蒲以爲席。若大田獵，則萊澤野，及弊田，植虞旌以屬禽。屬禽，猶致禽而珥焉。澤虞有旌，以其主澤，澤鳥所集，故得注析羽。

迹人，掌邦田之地政，爲之厲禁而守之。田之地，若今苑也。凡田獵者受令焉。令，謂時與處也。禁麛卵者，與其毒矢射者。爲其夭物，且害必多也②。麛，麋鹿子。

卝人，掌金玉錫石之地，而爲之厲禁以守之。錫，鈏也。若以時取之，則物其地，圖而授之。物地，占其形色，知鹹淡也。授之③，教取者之處。巡其禁令。行其禁，明其令④。

角人，掌以時徵齒角凡骨物於山澤之農⑤，以當邦賦之政令。山澤出齒角骨物，大者犀象，其小者麋鹿。以度量受之，以共財用。骨入漆浣者，受之以量。其餘以度，度所中。

羽人，掌以時徵羽翮之政于山澤之農，以當邦賦之

---

① 葦蒲，京本作"蒲葦"。加記云："京本'葦蒲'倒。"

② 必，婺本、金本、建本、附圖本、纂圖本、互注本、京本、岳本、八行本、十行本並作"心"。阮記云："嘉靖本、閩、監、毛本'心'作'必'，蓋'心'字誤。"

③ 授，互注本作"受"。加記云："纂本'授'誤'受'。"

④ 其，建本作"真"。加記云："建本'其'誤'真'。"

⑤ 於，唐石經作"于"。加記云："諸本'於'同，誤也。"

政令。翮，羽本。**凡受羽，十羽爲審，百羽爲摶，十摶爲縳。**審、摶、縳，羽數束名也。爾雅曰："一羽謂之箴，十羽謂之縛，百羽謂之緷。"其名音相近也，一羽則有名①，蓋失之矣。

掌葛，掌以時徵絺綌之材于山農，凡葛征，徵草貢之材于澤農，以當邦賦之政令。草貢出澤，萴紵之屬，可緝績者。**以權度受之。**以知輕重長短也。故書"受"或爲"授"，杜子春云："當爲'受'。"

掌染草，掌以春秋斂染草之物，染草，茅蒐、橐蘆、豕目②、紫茢之屬。**以權量受之，以待時而頒之。**權量，以知輕重多少。時，染夏之時。

掌炭，掌灰物炭物之徵令，以時入之。灰、炭，皆山澤之農所出也。灰給澣練，炭之所共多。**以權量受之，以共邦之用，凡炭灰之事。**

掌荼，掌以時聚荼，以共喪事。共喪事者，以著物也，既夕禮曰："茵著用荼。"**徵野疏材之物，以待邦事，凡畜聚之物。**荼，茅秀，疏材之類也，因使掌焉。徵者，徵於山澤，入於委人。

掌蜃，掌斂互物蜃物，以共闉壙之蜃。互物，蚌蛤之屬。闉，猶塞也。將井椁，先塞下以蜃，禦濕也。鄭司農説以春秋傳曰"始用蜃炭"，言僭天子也。**祭祀，共蜃器之蜃。**飾祭器之屬也。鬯人職曰：凡四方山川用蜃器。春秋：定十四年秋，"天王使石尚來歸蜃"③。蜃之器④，以蜃飾，因名焉。鄭司農云："蜃可以白器，令色白。"**共白盛之蜃。**盛，猶成也。謂飾牆使白之蜃也。今東萊用蛤，謂之叉灰云。

① 纂圖本、互注本、京本並無"則"字。阮記云："宋本、岳本、嘉靖本'羽'下有'則'字，此脱。"案：賈疏引注文有"則"字，賈氏所見本有"則"字，"則"字實不可闕。

② 目，婺本、金本、建本、附圖本、纂圖本、互注本、京本、岳本、八行本、十行本並作"首"。黄記云："'首'誤'目'。"

③ 蜃，岳本作"脤"。

④ 蜃，岳本作"脤"。

囿人，掌囿游之獸禁，囿游，囿之離宮小苑觀處也。養獸以宴樂視之。禁者，其蕃衛也。鄭司農云："囿游之獸，游牧之獸。"**牧百獸。**備養衆物也。今掖庭有鳥獸，自熊、虎、孔雀，至於狐狸、鳧、鶴，備焉。**祭祀、喪紀、賓客，共其生獸、死獸之物。**

場人，掌國之場圃，而樹之果蓏珍異之物，以時斂而藏之。果，棗、李之屬。蓏，瓜瓠之屬。珍異，蒲桃、枇杷之屬。**凡祭祀、賓客，共其果蓏，享亦如之。**享，納牲。

廩人，掌九穀之數，以待國之匪頒、賙賜、稍食。匪①，讀爲"分"。分頒，謂委人之職諸委積也。賙賜，謂王所賜予，給好用之式也。稍食，禄稟。**以歲之上下數邦用，以知足否，以詔穀用，以治年之凶豐。**數，猶計也。**凡萬民之食食者，人四鬴，上也；人三鬴，中也；人二鬴，下也。**此皆謂一月食米也。六斗四升曰鬴。**若食不能人二鬴，則令邦移民就穀，詔王殺邦用。**就穀，就都鄙之有者。殺，猶減也。**凡邦有會同師役之事，則治其糧與其食。**行道曰糧，謂糒也。止居曰食，謂米也。**大祭祀，則共其接盛。**接，讀爲"壹扱再祭"之"扱"，扱以授舂人舂之②。大祭祀之穀，藉田之收，藏於神倉者也，不以給小用。

舍人，掌平宫中之政，分其財守，以灋掌其出入。政，謂用穀之政也。分其財守者，計其用穀之數，分送宫正、内宰，使守而頒之也。而行出於廩人，其有空缺，則計之還入。**凡祭祀，共簠簋，實之、陳之。**方曰簠，圓曰簋，盛黍稷稻粱器。**賓客，亦如之，共其禮，車米、筥米、芻禾。**禮，致饔餼之禮。**喪紀，共飯米、熬穀。**飯，所以實口，不忍虚也。君用粱，大夫用稷，士用粱③，皆四升，實者

---

① 匪，八行本作"賜"。加記云："浙本'匪'誤'賜'。"

② 授，纂圖本、互注本、京本並作"受"。

③ 粱，岳本作"稻"。阮記云："岳本'粱'作'稻'，非。"

唯盈。熬穀者，錯于棺旁，所以惑蚍蜉也。喪大記曰："熬，君四種八筐，大夫三種六筐，士二種四筐，加魚腊焉①。"**以歲時縣穜稑之種，以共王后之春獻種。**縣之者，欲其風氣燥達也。鄭司農云："春，王當耕于藉，則后獻其種也。后獻其種，見内宰職。"**掌米粟之出入，辨其物。**九穀六米，别爲書。**歲終，則會計其政。**政，用穀之多少。

倉人，掌粟入之藏。九穀盡藏焉，以粟爲主。**辨九穀之物，以待邦用。若穀不足，則止餘灋用；有餘，則藏之，以待凶而頒之。**止，猶殺也。殺餘法用，謂道路之委積，所以豐優賓客之屬。**凡國之大事，共道路之穀積、食飲之具。**大事，謂喪、戎。

司禄闕。

司稼，掌巡邦野之稼，而辨穜稑之種，周知其名，與其所宜地，以爲灋，而縣于邑閭②。周，猶徧也。徧知種所宜之地，縣以示民，後年種穀，用爲法也。**巡野觀稼，以年之上下出斂灋。**斂法者，豐年從正，凶荒則損。若今十傷二三，實除減半。**掌均萬民之食，而賙其急，而平其興。**均，謂度其多少。賙，稟其艱阨。興，所徵賦。

舂人，掌共米物。米物，言非一米。**祭祀，共其齍盛之米。**齍盛，謂黍稷稻粱之屬，可盛以爲簠簋實。**賓客，共其牢禮之米，**謂可以實筐筥。**凡饗食，共其食米。**饗有食米，則饗禮兼燕與食。**掌凡米事。**

饎人③，掌凡祭祀共盛。炊而共之④。**共王及后之六食。**六食，六穀之飯。**凡賓客，共其簠簋之實，**謂致飧饔。**饗**

---

① 腊，建本作"錯"。

② 于，建本、附圖本並作"於"。

③ 饎，白文本、婺本、金本、建本、附圖本、纂圖本、互注本、京本、岳本、八行本、十行本並作"饝"。

④ 炊，建本作"忺"。加記云："建本'炊'誤'忺'。"

食，亦如之。

稾人①**，掌共外内朝宂食者之食。**外朝，司寇斷獄弊訟之朝也。今司徒府中，有百官朝會之殿，云天子與丞相舊決大事焉，是外朝之存者與？内朝，路門外之朝也。宂食者，謂留治文書，若今尚書之屬，諸直上者。**若饗耆老、孤子、士庶子，共其食。**士庶子，卿大夫、士之子弟，宿衛王宫者。**掌豢祭祀之犬。**養犬豕曰豢。不於饎人言其共至尊②，雖其潘瀾戔餘，不可褻也。

周禮卷第四

經四千五百一十八字
注一万二字③

---

① 稾，唐石經、白文本、婺本、金本、建本、附圖本、互注本、京本並作"槀"，八行本、十行本並作"稾"，岳本作"犒"。黄記云："'稾'誤'稾'。"

② 言其，建本作"言者言"，岳本作"言者"。阮記引文"不於饎人言其"，云："宋本、余本、監、毛本同，誤也，岳本、嘉靖本'其'作'者'，當據以訂正。"案：嘉靖本作"其"不作"者"，不知阮氏所據嘉靖本爲何本。

③ 自"經四"至"二字"，附圖本作"經四千五百二十七字注一万二百四十二字"，婺本、金本、建本、纂圖本、互注本、京本、岳本、八行本、十行本並無。

周禮卷第五

春官宗伯第三[①]　周禮

鄭氏注

惟王建國，辨方正位，體國經野，設官分職，以爲民極。乃立春官宗伯，使帥其屬而掌邦禮，以佐王和邦國。禮，謂曲禮五，吉、凶、賓、軍[②]、嘉，其别三十有六。鄭司農云："宗伯，主禮之官，故書堯典曰：'帝曰："咨！四岳，有能典朕三禮？"僉曰"伯夷"，帝曰"俞，咨伯，女作秩宗"。'宗官又主鬼神，故國語曰：'使名姓之後，能知四時之生、犧牲之物、玉帛之類、采服之宜、彝器之量、次主之度、屏攝之位、壇場之所、上下之神祇、氏姓之所出，而率舊典者，爲之宗。'春秋：禘于大廟，躋僖公，而傳曰'夏父弗忌爲宗人'，又曰'使宗人釁夏獻其禮'，禮特牲曰[③]'宗人升自西階，視壺濯及豆籩'。然則唐虞歷三代，以宗官典國之禮，與其祭祀，漢之大常是也。"**禮官之屬：大宗伯，卿一人；小宗伯，中大夫二人；肆師，下大夫四人，上士八人，中士十有六人，旅下士三十有二人，府六人，史十有二人，胥十有二**

① 三，唐石經作"五"。

② 賓軍，八行本作"軍賓"。阮記云："按：依大宗伯經文次第，先賓後軍，則作'賓軍'是也。自蔡沈書注曰'五禮：吉、凶、軍、賓、嘉也'，初學幼而熟誦，乃不省周禮本文矣。"

③ 禮，婺本、建本、附圖本、八行本並作"郊"。阮記云："監本、毛本'禮'誤'郊'。"

人,徒百有二十人。肆,猶陳也。肆師,佐宗伯陳列祭祀之位及牲器粢盛。

鬱人,下士二人,府二人[①],史一人,徒八人。鬱,鬱金香草,宜以和鬯。

鬯人,下士二人,府一人[②],史一人,徒八人。鬯,釀秬爲酒,芬香條暢於上下也。秬,如黑黍,一稃二米。

雞人,下士一人,史一人,徒四人。

司尊彝,下士二人,府四人,史二人,胥二人,徒二十人。彝,亦尊也,鬱鬯曰彝。彝,法也,言爲尊之法正[③]。

司几筵,下士二人,府二人,史一人,徒八人。筵,亦席也,鋪陳曰筵,藉之曰席。然其言之,筵、席通矣。

天府,上士一人,中士二人,府四人,史二人,胥二人,徒二十人。府,物所藏。言天者,尊此所藏,若天物然。

典瑞,中士二人,府二人,史二人,胥一人,徒十人。瑞,節信也。典瑞,若今符璽郎[④]。

典命,中士二人,府二人,史二人,胥一人,徒十人。命,謂王遷秩羣臣之書。

司服,中士二人,府二人,史一人,胥一人,徒十人。

典祀,中士二人,下士四人,府二人,史二人,胥四人,徒四十人。

守祧,奄八人,女祧每廟二人,奚四人。遠廟曰祧,周爲文王、武王廟,遷主藏焉。奄,如今之宦者。女祧,女奴有才知者。天子七廟,三昭三穆。奚,女奴也。

---

① 二,纂圖本、互注本、岳本並作"一"。

② 一,附圖本作"二"。

③ 正,婺本、附圖本並無,金本、纂圖本、互注本、京本、岳本、八行本、十行本並作"也"。加記云:"嘉、建、士本、尚書疏誤'正'。"

④ 郎,建本、附圖本並作"節"。加記云:"董、建、集本'郎'誤'節'。"

世婦，每宮卿二人，下大夫四人，中士八人，女府二人，女史二人，奚十有六人。世婦，后宮官也。王后六宮。漢始，大長秋、詹事、中少府、大僕亦用士人①。女府、女史，女奴有才知者。

内宗，凡内女之有爵者。内女，王同姓之女，謂之内宗。有爵，其嫁於大夫及士者。凡，無常數之言。

外宗，凡外女之有爵者。外女，王諸姑姊妹之女，謂之外宗②。

冢人，下大夫二人，中士四人，府二人，史四人，胥十有二人③，徒百有二十人。冢，封土爲丘壠，象冢而爲之④。

墓大夫，下大夫一人⑤，中士八人，府二人，史四人，胥二十人，徒二百人。墓，冢塋之地，孝子所思慕之處。

職喪，上士二人，中士四人，下士八人，府二人，史四人，胥四人，徒四十人。職，主也。

大司樂，中大夫二人⑥；樂師，下大夫四人，上士八人，下士十有六人，府四人，史八人，胥八人，徒八十人。大司樂，樂官之長。

大胥，中士四人；小胥，下士八人，府二人，史四人，徒四十人。胥，有才知之稱。禮記文王世子曰："小樂正學干，大胥佐之。"

大師，下大夫二人；小師，上士四人；瞽矇，上瞽四十

---

① 附圖本、纂圖本、互注本、京本、岳本、十行本"士"下並有"八"字。阮記云："嘉靖本作'亦用士人'，無'八'字，此衍文，當删正。○按：嘉靖本此條勝於各本。"

② 互注本"宗"下有"也"字。

③ 二，白文本作"三"。加記云："八本誤'三人'。"

④ 互注本"之"下有"也"字。

⑤ 一，唐石經、白文本、婺本、金本、建本、附圖本、纂圖本、互注本、京本、岳本、八行本、十行本並作"二"。加記云："嘉、士本誤'一人'。"

⑥ 二，岳本作"四"。加記云："岳本誤'四人'。"

人,中瞽百人,下瞽百有六十人;眡瞭三百人;府四人,史八人,胥十有二人,徒百有二十人。凡樂之歌,必使瞽矇爲焉。命其賢知者,以爲大師、小師。晉杜蒯云:"曠也,大師也。"眡,讀爲"虎眡"之"眡"。瞭,目明者。鄭司農云:"無目眹謂之瞽,有目眹而無見謂之矇,有目無眸子謂之瞍。"

典同,中士二人,府一人,史一人,胥二人,徒二十人。同,陰律也。不以陽律名官者,因其先言耳。書曰:"協時月,正日,同律度量衡。"大師職曰:"執同律以聽軍聲。"

磬師,中士四人,下士八人,府四人,史二人,胥四人,徒四十人。

鍾師,中士四人,下士八人,府二人,史二人,胥六人,徒六十人。

笙師,中士二人,下士四人,府二人,史二人,胥一人,徒十人。

鎛師,中士二人,下士四人,府二人,史二人[①],胥二人,徒二十人。鎛,如鍾而大。

韎師,下士二人,府一人,史一人,舞者十有六人,徒四十人。鄭司農說以明堂位曰"昧,東夷之樂"[②],讀如"味食飲"之"味"[③],杜子春讀韎爲"菋荎著"之"菋"。玄謂:讀如"韎韐"之"韎"。

旄人,下士四人,舞者衆寡無數,府二人,史二人,胥二人,徒二十人。旄,旄牛尾,舞者所持以指麾。

籥師,中士四人,府二人,史二人,胥二人,徒二十人。籥,舞者所吹。春秋:宣八年,"壬午,猶繹,萬入,去籥",傳曰:"去其

① 二,岳本作"一"。加記云:"岳本'二'誤'一'。"

② 說,十行本作"云"。昧,建本、附圖本、纂圖本、互注本、京本、岳本、八行本、十行本並作"韎"。

③ 食飲,建本、十行本並作"飲食"。

有聲者,廢其無聲者。”詩云:“左手執籥,右手秉翟。”

籥章,中士二人,下士四人,府一人,史一人,胥二人,徒二十人。籥章,吹籥以爲詩章。

鞮鞻氏,下士四人,府一人,史一人,胥二人,徒二十人。鞻,讀如“屨”也①。鞮屨,四夷舞者所扉也,今時倡蹋鼓沓行者自有扉。

典庸器,下士四人,府四人,史二人,胥八人,徒八十人。庸,功也。鄭司農云:“庸器,有功者鑄器銘其功。春秋傳曰:‘以所得於齊之兵,作林鍾而銘魯功焉。’”

司干,下士二人,府二人,史二人,徒二十人。干,舞者所持,謂盾也②。春秋傳曰:“萬者何?干舞也。”

大卜,下大夫二人;卜師,上士四人;卜人,中士八人,下士十有六人,府二人,史二人,胥四人,徒四十人。問龜曰卜。大卜,卜筮官之長。

龜人,中士二人,府二人,史二人,工四人,胥四人,徒四十人。工,取龜、攻龜。

菙氏,下士二人,史一人,徒八人。焳焌用荆,菙之類。

占人,下士八人,府一人,史一人③,徒八人。占著龜之卦兆吉凶。

簭人,中士二人,府一人,史二人,徒四人。問著曰筮,其占易。

占夢,中士二人,史二人,徒四人。

眡祲,中士二人,史二人,徒四人。祲,陰陽氣相侵,漸成

① 如,金本無,岳本作“爲”。

② 盾,纂圖本、互注本、京本、岳本並作“楯”。

③ 一,唐石經、白文本、婺本、金本、建本、附圖本、纂圖本、互注本、京本、岳本、八行本、十行本並作“二”。阮記云:“嘉靖本作‘史一人’,誤。”黄記云:“‘二’誤‘一’。”

祥者。魯史梓慎云:"吾見赤黑之祲。"

大祝,下大夫二人,上士四人;小祝,中士八人,下士十有六人,府二人,史四人,胥四人,徒四十人。大祝,祝官之長。

喪祝,上士二人,中士四人,下士八人,府二人,史二人,胥四人,徒四十人。

甸祝,下士二人,府一人,史一人,徒四人。甸之言田也。田狩之祝。

詛祝,下士二人,府一人,史一人,徒四人。詛,謂祝之使沮敗也。

司巫,中士二人,府一人,史一人,胥一人,徒十人。司巫,巫官之長。

男巫,無數。

女巫,無數。其師,中士四人[①],府二人,史四人,胥四人,徒四十人。巫,能制神之處位次主者。

大史,下大夫二人,上士四人。

小史,中士八人,下士十有六人,府四人,史八人,胥四人,徒四十人。大史,史官之長。

馮相氏,中士二人,下士四人,府二人,史四人,徒八人。馮,乘也。相,視也。世登高臺以視天文之次序。天文屬大史,月令曰:"乃命大史,守典奉法,司天日月星辰之行,宿離不貸。"

保章氏,中士二人,下士四人,府二人,史四人,徒八人。保,守也。世守天文之變。

内史,中大夫一人,下大夫二人,上士四人,中士八人,下士十有六人,府四人,史八人,胥四人,徒四十人。

---

① 四,纂圖本、互注本並作"二"。加記云:"纂本'四'誤'二'。"

外史，上士四人，中士八人，下士十有六人，胥二人，徒二十人。

御史，中士八人，下士十有六人，其史百有二十人，府四人，胥四人，徒四十人。御，猶侍也，進也。其史百有二十人，以掌贊書人多也。

巾車，下大夫二人，上士四人，中士八人，下士十有六人，府四人，史八人，工百人，胥五人，徒五十人。巾，猶衣也。巾車，車官之長。

典路，中士二人，下士四人，府二人，史二人，胥二人，徒二十人。路，王之所乘車。

車僕，中士二人，下士四人，府二人，史二人，胥二人，徒二十人。

司常，中士二人，下士四人，府二人，史二人，胥四人，徒四十人。司常，主王旌旗。

都宗人，上士二人，中士四人，府二人，史四人，胥四人，徒四十人。都，謂王子弟所封，及公卿所食邑。

家宗人，如都宗人之數。家，謂大夫所食采地①。

凡以神士者無數，以其藝爲之貴賤之等。以神士者，男巫之俊，有學問才知者。藝，謂禮、樂、射、御、書、數。高者爲上士，次之爲中士，又次之爲下士。

大宗伯之職，掌建邦之天神、人鬼、地示之禮，以佐王建保邦國。建，立也。立天神地祇人鬼之禮者，謂祀之，祭之，享之。禮，吉禮是也。保，安也。所以佐王立安邦國者，主謂凶禮、賓禮、軍禮、嘉禮也。自吉禮於上，承以立安邦國者，互以相成，明尊鬼神，重人事。**以吉禮事邦國之鬼神示：**事，謂祀之，祭之，享之。故書“吉”或爲

① 地，婺本、金本、附圖本、纂圖本、互注本、京本、岳本並作“邑”。

"告",杜子春云:"書爲告禮者,非是,當爲吉禮,書亦多爲吉禮。"吉禮之别十有二。**以禋祀祀昊天上帝;以實柴祀日、月、星、辰;以槱燎祀司中、司命、飌師、雨師;**禋之言煙,周人尚臭,煙,氣之臭聞者。槱,積也。詩曰:"芃芃棫樸,薪之槱之。"三祀皆積柴,實牲體焉,或有玉帛,燔燎而升煙,所以報陽也。鄭司農云:"昊天,天也。上帝,玄天也。昊天上帝,樂以雲門。實柴,實牛柴上也。故書'實柴'或爲'賓柴'。司中,三能三階也。司命,文昌宫星。風師,箕也。雨師,畢也。"玄謂:昊天上帝,冬至於圜丘所祀天皇大帝。星,謂五緯。辰,謂日月所會十二次。司中、司命,文昌第五、第四星,或曰中能、上能也。祀五帝,亦用實柴之禮云。**以血祭祭社稷、五祀、五嶽;以貍沈祭山林、川澤;以疈辜祭四方百物;**不言祭地,此皆地祇,祭地可知也。陰祀自血起,貴氣臭也。社稷,土穀之神,有德者配食焉,共工氏之子曰句龍,食於社,有厲山氏之子曰柱,食於稷,湯遷之而祀棄。故書"祀"作"禩","疈"爲"罷"。鄭司農云:"禩,當爲'祀',書亦或作'祀'。五祀,五色之帝,於王者宫中曰五祀。罷辜,披磔牲以祭,若今時磔狗祭以止風。"玄謂:此五祀者,五官之神在四郊,四時迎五行之氣於四郊而祭,五德之帝,亦食此神焉。少昊氏之子曰重,爲句芒,食於木;該爲蓐收,食於金;修及熙爲玄冥,食於水;顓頊氏之子曰黎,爲祝融、后土,食於火、土。五嶽,東曰岱宗,南曰衡山,西曰華山,北曰恒山,中曰嵩高山。不見四竇者,四竇,五嶽之匹,或省文。祭山林曰埋,川澤曰沈,順其性之含藏。疈,疈牲胷也。疈而磔之,謂磔禳及蜡祭。郊特牲曰:"八蜡以記四方,四方年不順成,八蜡不通,以謹民財也。"又曰:"蜡之祭也,主先嗇而祭司嗇也,祭百種以報嗇也。饗農及郵表畷、禽獸,仁之至,義之盡也。"**以肆獻祼享先王;以饋食享先王;以祠春享先王;以禴夏享先王;以嘗秋享先王;以烝冬享先王。**宗廟之祭,有此六享。肆獻祼、饋食,在四時之上,則是祫也、禘也。肆者,進所解牲體,謂薦孰時也。獻,獻醴,謂薦血腥也。祼之言灌,灌以鬱鬯,謂始獻尸求神時也。郊特牲曰:"魂氣歸于天,形魄歸于地,故祭所以求諸陰陽之義也,殷人先求諸陽,周人先求諸陰。"灌是也。祭必先灌,乃後薦腥薦孰。於祫逆言之者,與下共文,明六享俱然。祫言肆獻祼,禘言饋食者,著有黍稷,互相備也。魯禮,三年喪畢而祫於大祖,明年春禘於羣廟,自爾以後，五年而再殷祭，一祫一禘。**以凶禮哀邦國之憂：**哀，謂救患分烖。凶禮之别有五。**以喪禮哀死亡；**哀，謂親者服焉，疏者含襚。**以荒禮哀凶札；**荒，人物有害也。曲禮曰："歲凶，年穀不登，君膳不祭肺，馬不食穀，馳道不除，祭事不縣，大夫不食粱①，士飲酒不樂。"札，讀爲"截"，截②，謂疫厲③。**以弔禮哀禍烖；**禍烖，謂遭水火。"宋大水，魯莊公使人弔焉，曰：天作淫雨，害於粢盛，如何不弔。""廄焚，孔子拜鄉人爲火來者，拜之，士一，大夫再，亦相弔之道。"**以禬禮哀圍敗；**同盟者合會財貨，以更其所喪。春秋襄三十年冬，"會于澶淵，宋烖故"，是其類。**以恤禮哀寇亂。**恤，憂也，鄰國相憂。兵作於外爲寇，作於内爲亂。**以賓禮親邦國：**親者④，使之相親附。賓禮之别有八。**春見曰朝，夏見曰宗，秋見曰覲，冬見曰遇，時見曰會，殷見曰同，**此六禮者，以諸侯見王爲文。六服之内，四方以時分來，或朝春，或宗夏，或覲秋，或遇冬，名殊禮異，更遞而徧。朝，猶朝也，欲其來之早。宗，尊也，欲其尊王。覲之言勤也，欲其勤王之事⑤。遇，偶也，欲其若不期而俱至。時見者，言無常期，諸侯有不順服者，王將有征討之事，則既朝覲，王爲壇於國外，合諸侯而命事焉，春秋傳曰"有事而會，不協而盟"是也。殷，猶衆也。十二歲王如不巡守，則六服盡朝，朝禮既畢，王亦爲壇，合諸侯以命政焉。所命之政，如王巡守。殷見，四方四時分來，終歲則徧⑥。**時聘曰問，殷覜曰視。**時聘者，亦無常期，天子有事乃聘之焉。竟外之臣，既非朝

① 粱，金本、建本、纂圖本、互注本、岳本、十行本並作"梁"。阮記云："嘉靖本、閩本'粱'作'梁'，當據正。"案：梁如何可食？顯當作"粱"，此引禮記曲禮，檢之，正作"粱"，作"粱"是也。

② 纂圖本、互注本、京本、岳本、十行本並無"截"字。阮記云："宋本、嘉靖本重'截'字，與賈疏本同。"案：單疏本疏文云"云'札讀爲截＝謂疫厉'者"，則賈氏所見本重"截"字，"截"字不可闕也。

③ 厲，金本、建本、附圖本並作"癘"。

④ 者，金本、建本、附圖本、纂圖本、互注本、京本、岳本、八行本、十行本並作"謂"。阮記云："嘉靖本'謂'作'者'，蓋非。"

⑤ 事，互注本作"速"。加記云："纂本'事'誤'速'。"

⑥ 則，纂圖本、互注本並作"以"。

歲,不敢瀆爲小禮。殷覜,謂一服朝之歲,以朝者少,諸侯乃使卿以大禮衆聘焉。一服朝①,在元年、七年、十一年②。**以軍禮同邦國:**同,謂威其不協僭差者。軍禮之别有五。**大師之禮,用衆也;**用其義勇。**大均之禮,恤衆也;**均其地政、地守、地職之賦,所以憂民。**大田之禮,簡衆也;**古者因田習兵,閲其車徒之數。**大役之禮,任衆也;**築宫邑,所以事民力强弱。**大封之禮,合衆也。**正封疆溝塗之固③,所以合聚其民。**以嘉禮親萬民:**嘉,善也,所以因人心所善者而爲之制。嘉禮之别有六。**以飲食之禮,親宗族兄弟;**親者,使之相親。人君有食宗族飲酒之禮,所以親之也。文王世子曰:"族食世降一等。"大傳曰:"繫之以姓而弗别,綴之以食而弗殊,百世而昏姻不通者,周道然也。"**以昏冠之禮,親成男女;**親其恩,成其性。**以賓射之禮,親故舊朋友;**射禮,雖王,亦立賓主也。王之故舊朋友,爲世子時共在學者。天子亦有友諸侯之義,武王誓曰"我友邦冢君"是也。司寇職有議故之辟、議賓之辟。**以饗燕之禮,親四方之賓客;**賓客,謂朝聘者。**以脤膰之禮,親兄弟之國;**脤膰,社稷宗廟之肉,以賜同姓之國,同福禄也。兄弟,有共先王者。魯定公十四年,"天王使石尚來歸脤"。**以賀慶之禮,親異姓之國。**異姓,王昏姻甥舅。**以九儀之命,正邦國之位:**每命異儀,貴賤之位乃正。春秋傳曰:"名位不同,禮亦異數。"**壹命受職,**始見命爲正吏,謂列國之士,於子男爲大夫,王之下士亦一命。鄭司農云:"受職,治職事。"**再命受服,**鄭司農云:"受服,受祭衣服,爲上士。"玄謂:此受玄冕之服,列國之大夫再命,於子男爲卿,卿大夫自玄冕而下,如孤之服。王之中士亦再命,則爵弁服。**三命受位,**鄭司農云:"受下大夫之位。"玄謂:此列國之卿,始有列位於王,爲王之臣也。王之上士亦三命。**四命受器,**鄭司農云:"受祭器爲上大夫。"玄謂:此公

① 一,互注本作"五"。加記云:"纂本'一'誤'五'。"
② 一,互注本作"三"。加記云:"纂本'一'誤'三'。"
③ 固,金本作"因"。

之孤,始得有祭器者也。禮運曰:"大夫具官,祭器不假,聲樂皆具,非禮也。"王之下大夫亦四命。**五命賜則,**鄭司農云:"則者,法也。出爲子男。"玄謂:則,地未成國之名。王之下大夫四命,出封加一等,五命,賜之以方百里、二百里之地者,方三百里以上爲成國①。王莽時,以二十五成爲則②,方五十里,合今俗説子男之地,獨劉子駿等識古有此制焉。**六命賜官,**鄭司農云:"子男入爲卿,治一官也。"玄謂:此王六命之卿。賜官者,使得自置其臣治家邑,如諸侯。春秋襄十八年冬,晉侯以諸侯圍齊,荀偃爲君禱河,既陳齊侯之罪③,而曰:"曾臣彪將率諸侯以討焉④,其官臣偃實先後之。"**七命賜國,**王之卿六命,出封加一等者。鄭司農云:"出就侯伯之國。"**八命作牧,**謂侯伯有功德者⑤,加命,得專征伐於諸侯。鄭司農云:"一州之牧。王之三公亦八命。"**九命作伯。**上公有功德者,加命爲二伯,得征五侯九伯者。鄭司農云:"長諸侯爲方伯。"**以玉作六瑞,以等邦國:**等,猶齊等也。**王執鎮圭,**鎮,安也,所以安四方⑥。鎮圭者,蓋以四鎮之山爲瑑飾,圭長尺有二寸。**公執桓圭,**公,二王之後,及王之上公。雙植謂之桓⑦,桓,宫室之象,所以安其上也。桓圭,蓋亦以桓爲瑑飾,圭長九寸。**侯執信圭,伯執躬圭,**信,當爲"身",聲之誤也。身圭、躬圭,蓋皆象以人形爲瑑飾,文有麤縟耳,欲其慎行以保身。圭皆長七寸。**子執穀璧,男執蒲璧。**穀,所以養人。蒲爲席,所以安人。

---

① 賜之以方百里二百里之地者方三百里以上爲成國,諸本皆同。阮記云:"臧禮堂云:春秋襄十四年正義引此注云'賜之以方百里二百里三百里之地者方四百里以上爲成國',今本'二百里'下脱'三百里'三字,'四百里'作'三百里',誤甚,當據此訂正。"案:單疏本疏文云"云'賜之百里二百里之地'者"、"云'方三百里以上爲成國'者",則賈氏所見本作"賜之百里二百里之地者方三百里以上爲成國",又北宋版通典卷三十六引鄭注亦作"賜之以方百里二百里之地也方三百里以上爲成國",則原文不誤,春秋正義或爲誤引,臧説不可信從。

② 成,纂圖本、互注本並作"城"。加記云:"纂本'成'誤'城'。"

③ 既,建本作"曰"。加記云:"建本'既'誤'曰'。"

④ 曾,建本、附圖本、京本、八行本並作"魯"。加記云:"陳本'曾'誤'魯'。"

⑤ 謂,互注本作"諸"。加記云:"纂本'謂'誤'諸'。"

⑥ 纂圖本、互注本並無"所"字。

⑦ 謂,互注本作"調"。

二玉蓋或以縠爲飾,或以蒲爲瑑飾,璧皆徑五寸。不執圭者,未成國也。**以禽作六摯,以等諸臣:**摯之言至,所執以自致。**孤執皮帛,卿執羔,大夫執鴈,士執雉,庶人執鶩,工商執雞。**皮帛者,束帛而表以皮爲之飾。皮,虎豹皮。帛,如今璧色繒也。羔,小羊,取其群而不失其類。鴈,取其候時而行。雉,取其守介而死,不失其節。鶩,取其不飛遷。雞,取其守時而動。曲禮曰"飾羔鴈者以繢",謂衣之以布而又畫之者。自雉以下,執之無飾。士相見之禮,卿大夫執摯以布①,不言繢。此諸侯之臣,與天子之臣異也。然則,天子之孤飾摯以虎皮,公之孤飾摯以豹皮與?此孤卿大夫士之摯,皆以爵不以命數。凡摯無庭實。**以玉作六器,以禮天地四方:**禮,謂始告神時,薦於神坐。書曰:周公"植璧秉圭"是也。**以蒼璧禮天,以黄琮禮地,以青圭禮東方,以赤璋禮南方,以白琥禮西方,以玄璜禮北方,**此禮天以冬至,謂天皇大帝在北極者也。禮地以夏至,謂神在崐崘者也。禮東方以立春,謂蒼精之帝②,而太昊、句芒食焉。禮南方以立夏,謂赤精之帝,而炎帝、祝融食焉。禮西方以立秋,謂白精之帝,而少昊、蓐收食焉。禮北方以立冬,謂黑精之帝,而顓頊、玄冥食焉。禮神者必象其類③:璧圜,象天;琮八方,象地;圭鋭,象春物初生;半圭曰璋④,象夏物半死;琥猛,象秋嚴;半璧曰璜,象冬閉藏,地上無物,唯天半見⑤。**皆有牲幣,各放其器之色。**幣以從爵,若人飲酒有酬幣。**以天産作陰德,以中禮防之;以地産作陽德,以和樂防之。**鄭司農云:"陰德,謂男女之情,天性生而自然者。過時則奔隨,先時則血氣未定,聖人爲制其中,令民三十而娶,女二十而嫁,以防其淫泆,令無失德。情性隱而不露,故謂之陰德。陽德,謂分地利以致富。富者之失,不驕奢則吝嗇,故以和樂防之。樂所以滌蕩邪

① 執,婺本、金本、建本、附圖本、纂圖本、互注本、京本、岳本、八行本、十行本並作"飾"。
② 謂,婺本作"爲"。
③ 禮,互注本作"祀"。
④ 圭,建本、附圖本並作"珪"。
⑤ 金本"見"下有"也"字。

穢①，道人之正性者也。一説，地産，謂土地之性各異，若齊性舒緩，楚性急悍，則以和樂防其失，令無失德，樂所以移風易俗者也。此皆露見於外，故謂之陽德。陽德②、陰德不失其正，則民和而物各得其理，故曰'以諧萬民，以致百物'。"玄謂：天産者，動物，謂六牲之屬；地産者，植物③，謂九穀之屬。陰德，陰氣在人者，陰氣虚，純之則劣，故食動物，作之使動，過則傷性，制中禮以節之。陽德，陽氣在人者，陽氣盈，純之則躁，故食植物④，作之使静，過則傷性，制和樂以節之。如是，然後陰陽平，情性和，而能育其類。**以禮、樂合天地之化、百物之産，以事鬼神，以諧萬民，以致百物。**禮濟虚，樂損盈，並行則四者乃得其和⑤。能生非類曰化，生其種曰産。**凡祀大神，享大鬼，祭大示，帥執事而卜日，宿眂滌濯，涖玉鬯，省牲鑊，奉玉齍，詔大號，治其大禮，詔相王之大禮。**執事，諸有事於祭者。宿，申戒也。滌濯，溉祭器也。玉，禮神之玉也。始涖之，祭又奉之。鑊，亨牲器也。大號，六號之大者，以詔大祝以爲祝辭。治，猶簡習也。豫簡習大禮，至祭，當以詔相王。羣臣禮爲小禮。故書"涖"作"立"，鄭司農讀爲"涖"，涖，視也。**若王不與祭祀，則攝位。**王有故，代行其祭事。**凡大祭祀，王后不與，則攝而薦豆籩，徹。**薦徹豆籩，王后之事。**大賓客，則攝而載果。**載，爲也。果，讀爲"祼"。代王祼賓客以鬯。君無酌臣之禮，言爲者，攝酌獻耳，拜送則王也。鄭司農云："王不親爲主。"**朝覲會同，則爲上相。大喪，亦如之。王哭諸侯，亦如之。**相，詔王禮也。出接賓曰擯，入詔禮曰相。相者五人，卿爲上擯。大喪，王后及世子也。哭諸侯者，謂薨於國，爲位而哭之。檀弓曰："天子之哭諸侯也，爵弁，絰，紂衣。"**王命諸侯，則儐。**儐，進之也。王將出命⑥，假祖廟，立依前，南

① 附圖本"樂"上有"禮"字。
② 纂圖本、互注本並無"陽德"二字。
③ 植，金本、建本、附圖本、八行本並作"殖"。
④ 植，金本、建本、附圖本、八行本並作"殖"。
⑤ 者，京本作"時"。
⑥ 將，十行本作"時"。

鄉，儐者進當命者，延之，命使登，内史由王右，以策命之，降，再拜稽首，登，受策以出。此其略也。諸侯爵禄其臣，則於祭焉。**國有大故，則旅上帝及四望。**故，謂凶烖。旅，陳也。陳其祭事以祈焉，禮不如祀之備也。上帝，五帝也。鄭司農云："四望，日、月、星、海。"玄謂：四望，五嶽、四鎮、四瀆。**王大封，則先告后土。**后土，土神也，黎所食者。**乃頒祀于邦國都家鄉邑。**頒，讀爲"班"。班其所當祀，及其禮。都家之鄉邑，謂王子弟及公卿大夫所食采地。

小宗伯之職，掌建國之神位，右社稷，左宗廟。庫門内、雉門外之左右。故書"位"作"立"。鄭司農[①]："立，讀爲'位'，古者立、位同字。古文春秋經'公即位'爲'公即立'。"**兆五帝於四郊，四望、四類亦如之。**兆，爲壇之營域。五帝，蒼曰靈威仰，大昊食焉；赤曰赤熛怒[②]，炎帝食焉；黄曰含樞紐，黄帝食焉；白曰白招拒，少昊食焉；黑曰汁光紀，顓頊食焉。黄帝亦於南郊。鄭司農云："四望，道氣出入。四類，三皇、五帝、九皇、六十四民，咸祀之。"玄謂：四望，五嶽、四鎮、四竇。四類，日、月、星、辰，運行無常，以氣類爲之位，兆日於東郊，兆月與風師於西郊，兆司中、司命於南郊，兆雨師於北郊。**兆山川、丘陵、墳衍，各因其方。**順其所在。**掌五禮之禁令，與其用等。**用等，牲器尊卑之差。鄭司農云："五禮，吉、凶、賓、軍[③]、嘉。"**辨廟祧之昭穆。**祧，遷主所藏之廟。自始祖之後，父曰昭，子曰穆。**辨吉凶之五服、車旗、宮室之禁。**五服，王及公、卿、大夫、士之服。**掌三族之别[④]，以辨親疏。其正室皆謂之門子[⑤]，掌其政令。**三族，謂父子孫，人屬之正名。喪服小記曰："親親以三爲五，以五爲九。"正室，適子也，將代父當

---

① 金本、附圖本、互注本、京本、岳本"農"下並有"云"字。

② 赤曰，附圖本作"亦曰"。赤熛，金本作"熛"。

③ 賓軍，互注本、京本、岳本並作"軍賓"。阮記云："嘉靖本'軍賓'作'賓軍'，此本疏中標起訖云'注用等至軍嘉'，與大宗伯注合，今本非。"

④ 岳本無"掌"字。

⑤ 皆，十行本作"宫"。加記云："十、元、集、人本'皆'誤'宫'。"

門者也。政令,謂役守之事。**毛六牲,辨其名物,而頒之于五官,使共奉之。**毛,擇毛也。鄭司農云:"司徒主牛,宗伯主雞,司馬主馬及羊,司寇主犬,司空主豕。"**辨六齍之名物,與其用,使六宫之人共奉之。**齍,讀爲"粢"。六粢,謂六穀:黍、稷、稻、粱、麥、苽。**辨六彝之名物,以待果將。**六彝,雞彝、鳥彝、斝彝、黄彝、虎彝、蜼彝。果,讀爲"祼"。**辨六尊之名物,以待祭祀、賓客。**待者,有事則給之。鄭司農云:"六尊,獻尊、象尊、壺尊、著尊、大尊、山尊。"**掌衣服、車旗、宫室之賞賜。**王以賞賜有功者。書曰"車服以庸"。**掌四時祭祀之序事,與其禮。**序事,卜日、省牲、視滌濯、饔爨之事,次序之時。**若國大貞,則奉玉帛以詔號。**號,神號、幣號。鄭司農云:"大貞,謂卜立君,卜大封。"**大祭祀,省牲,眡滌濯。祭之日,逆齍,省鑊,告時于王,告備于王。**逆齍,受饎人之盛以入。省鑊,視亨腥孰。時,薦陳之晚早。備,謂饌具。**凡祭祀、賓客,以時將瓚果。**將,送也,猶奉也。祭祀,以時奉而授王。賓客,以時奉而授宗伯。天子圭瓚,諸侯璋瓚。**詔相祭祀之小禮。凡大禮,佐大宗伯。**小禮,羣臣之禮。**賜卿大夫士爵,則儐。**賜,猶命也。儐之,如命諸侯之儀。春秋文元年"天王使毛伯來錫公命",傳曰:"錫者何?賜也。命者何?加我服也。"**小祭祀,掌事,如大宗伯之禮。大賓客,受其將幣之齎。**謂所齎來貢獻之財物。**若大師,則帥有司而立軍社,奉主車。**有司,大祝也。王出軍,必先有事於社,及遷廟,而以其主行。社主曰軍社,遷主曰祖。春秋傳曰:"軍行,祓社釁鼓,祝奉以從。"曾子問曰:"天子巡守①,以遷廟主行,載于齊車,言必有尊也。"書曰:"用命賞于祖,不用命戮于社。"社之主,蓋用石爲之。奉,謂將行。**若軍將有事,則與祭有司將事于四望。**軍將有事,將與敵合戰也。鄭司農云:"則與祭,謂軍祭,表禡、軍社之屬,小宗伯與其祭事。"玄謂:與

① 守,互注本作"狩"。

祭有司,謂大祝之屬,蓋司馬之官實典焉。**若大甸,則帥有司而饁獸于郊**[①]**,遂頒禽。**甸,讀曰"田"。有司,大司馬之屬。饁,饋也。以禽饋四方之神於郊,郊有羣神之兆[②]。頒禽,謂以予羣臣,詩傳曰"禽雖多,擇取三十焉,其餘以予大夫士,以習射於澤宮",而分之。**大裁,及執事禱祠于上下神示。**執事,大祝及男巫女巫也。求福曰禱,得求曰祠,讄曰:禱爾于上下神祇。鄭司農云:"小宗伯與執事共禱祠。"**王崩,大肆,以秬鬯湃,**鄭司農云:"大肆,大浴也。"杜子春讀"湃"爲"泯",以秬鬯浴尸。玄謂:大肆,始陳尸,伸之。**及執事涖大斂、小斂,帥異族而佐,**執事,大祝之屬。涖,臨也。親斂者[③],蓋事官之屬爲之。喪大記曰:小斂,衣十九稱,君、大夫、士一也;大斂,君百稱,大夫五十稱,士三十稱。異族佐斂,疏者可以相助。**縣衰冠之式于路門之外,**制色宜齊同。**及執事眡葬獻器,遂哭之,**執事,蓋梓匠之屬。至將葬,獻明器之材,又獻素,獻成,皆於殯門外。王不親哭,有官代之。**卜葬兆,甫竁,亦如之,**兆,墓塋域。甫,始也。鄭大夫讀"竁"皆爲"穿"[④],杜子春讀"竁"爲"毳",皆謂葬穿壙也。今南陽名穿地爲竁,聲如"腐脆"之"脆"。**既葬,詔相喪祭之禮,**喪祭,虞祔也。檀弓曰:"葬日虞,弗忍一日離也。是日也,以虞易奠,卒哭曰成事。是日也,以吉祭易喪祭[⑤]。明日祔于祖父[⑥]。"**成葬而祭墓,爲位。**成葬,丘已封也。天子之冢,蓋

---

① 帥,十行本作"即"。

② 神,纂圖本、互注本、京本、岳本並作"臣"。阮記引文"郊有羣臣之兆",云:"余本、岳本、閩、監、毛本同,誤也。宋本、嘉靖本'臣'作'神',賈疏引注同,并有申釋之義,當據以訂正。"

③ 親,纂圖本、互注本並作"謂"。阮記引文"謂斂者",云:"余本同,嘉靖本、閩、監、毛本作'親斂者'。按:賈疏亦作'親斂者',且云以其諸處更不見主斂事者云云,是本作'親'字,此本及余本作'謂',非。"

④ 皆,諸本皆同。阮記云:"按:'皆'字涉下誤衍。"案:單疏本疏文云"'鄭大夫讀竁皆爲穿',此經唯有一竁,而云'皆',并下'冢人'甫竁,皆爲穿也",疏文釋注如此明晰,阮記竟謂"皆"爲衍文,誤矣。識語云:"案:'皆'字非衍。"是也。

⑤ 喪,金本作"器"。

⑥ 父,建本作"廟"。

不一日而畢。位,壇位也。先祖形體託於此地,祀其神以安之。冢人職曰:"大喪既有日,請度甫竁,遂爲之尸。"**凡王之會同、軍旅、甸役之禱祠,肄儀,爲位。**肄,習也。故書"肄"爲"肆","儀"爲"義",杜子春讀"肆"當爲"肄","義"爲"儀",謂若今時肄司徒府也①。小宗伯主其位。**國有禍烖,則亦如之。**謂有所禱祈。**凡天地之大烖,類社稷宗廟,則爲位。**禱祈禮輕。類者,依其正禮而爲之。**凡國之大禮,佐大宗伯。凡小禮,掌事,如大宗伯之儀。**

肆師之職,掌立國祀之禮,以佐大宗伯。佐,助也。**立大祀,用玉帛牲牷;立次祀,用牲幣;立小祀,用牲。**鄭司農云:"大祀,天地。次祀,日、月、星、辰。小祀,司命已下②。"玄謂:大祀,又有宗廟;次祀,又有社稷、五祀、五嶽;小祀,又有司中、風師、雨師、山川百物。**以歲時序其祭祀,及其祈珥。**序,第次其先後大小。故書"祈"爲"幾",杜子春讀"幾"當爲"祈","珥"爲"餌"。玄謂:祈,當爲"進禨"之"禨"。珥,當爲"衈"。禨衈者③,釁禮之事④。雜記曰"成廟則釁之","雍人舉羊升屋,自中,中屋南面刲羊,血流于前,乃降,門、夾室皆用雞","其衈,皆於屋下,割雞,門當門,夾室中室"。然則是禨謂羊血也⑤。小子職曰"掌珥于社稷,祈于五祀"是也,亦謂其宮兆始成時也。春秋僖十九年夏,"邾人執鄫子,用之",傳曰:"用之者何?蓋叩其鼻以衈社也。"**大祭祀,展犧牲,繫于牢,頒于職人。**展,省閱也。職,讀爲"樴",樴,可以繫牲者。此樴人,謂充人及監門人。**凡祭祀之卜日、宿爲期,詔相其禮。眡滌濯,亦如之。**宿,先卜祭之夕⑥。**祭之日,表齍盛,告絜;展器陳,告備;及果,築鬻。相治小禮,**

① 纂圖本、互注本、京本、岳本、十行本並無"謂"字。阮記云:"嘉靖本'若'上有'謂',與漢制考所引正合,此脱。"

② 已,建本作"以"。

③ 禨,建本、附圖本並作"機"。加記云:"建本'禨'誤'機'。"十行本"衈"下有"當"字。

④ 釁,纂圖本作"爲"。

⑤ 羊,金本作"於"。

⑥ 夕,八行本作"日"。加記云:"浙本'夕'誤'日'。"

誅其慢怠者。粢,六穀也。在器曰盛。陳,陳列也。果築鬻者,所築鬻以裸也。故書“表”爲“剽”,剽、表皆謂徽識也。鄭司農云:“築煮,築香草,煮以爲鬯。”**掌兆中、廟中之禁令。**兆,壇塋域。**凡祭祀,禮成,則告事畢。大賓客,涖筵几,築鬻,**此王所以禮賓客。**贊果將。**酌鬱鬯①,授大宗伯載裸。**大朝覲,佐儐,**爲承儐。**共設匪罋之禮,**設於賓客之館。公食大夫禮曰“若不親食,使大夫以侑幣致之”,“豆實實于罋”,“簋實實于筐”。匪,其“筐”字之誤與?禮不親饗,則以酬幣致之,或者匪以致饗。**饗食,授祭。**授賓祭肺。**與祝侯禳于畺,及郊。**侯禳,小祝職也。畺,五百里。遠郊百里,近郊五十里。**大喪,大渳以鬯,則築鬻;**築香草煮以爲鬯,以浴尸。香草,鬱也。**令外内命婦序哭;**序,使相次秩。**禁外内命男女之衰不中灋者,且授之杖。**外命男,六鄉以出也。内命男,朝廷卿大夫士也,其妻爲外命女。喪服,爲夫之君齊衰不杖。内命女,王之三夫人以下。不中法,違升數與裁制者②。鄭司農云:“三日授子杖,五日授大夫杖,七日授士杖。此舊説也。喪大記曰‘君之喪,三日,子、夫人杖,五日既殯,授大夫、世婦杖’,無七日授士杖文。”玄謂:授杖日數,王喪依諸侯與?七日授士杖③,四制云。**凡師甸,用牲于社宗,則爲位。**社,軍社也。宗,遷主也。尚書傳曰:王升舟入水,鼓鍾亞,觀臺亞,將舟亞,宗廟亞。故書“位”爲“涖”,杜子春云:“涖,當爲‘位’,書亦或爲‘位’。宗,謂宗廟。”**類造上帝,封于大神,祭兵于山川,亦如之。**造,猶即也。爲兆,以類禮即祭上帝也。類禮,依郊祀而爲之者。封,謂壇也。大神,社及方嶽也。山川,蓋軍之所依止④。大傳曰:“牧之野,武王之大事也,既事而退,柴於上帝,祈于社,設奠於牧室。”**凡師不功,則助牽主車。**助,助大司馬也。故書“功”爲“工”,鄭司農“工”讀爲“功”,古者工與功同字。謂師無

① 鬱,金本作“鬯”。
② 升,十行本作“斗”。加記云:“正本‘升’誤‘斗’。”
③ 七,金本作“六”。
④ 止,建本作“土”。加記云:“建本‘止’誤‘土’。”

功，肆師助牽之，恐爲敵所得。**凡四時之大甸獵，祭表貉**[①]**，則爲位。**貉，師祭也。貉，讀爲"十百"之"百"。於所立表之處，爲師祭造軍法者[②]，禱氣勢之增倍也。其神蓋蚩蚘，或曰黄帝。**嘗之日，涖卜來歲之芟；**芟，芟草，除田也。古之始耕者，除田種穀。嘗者，嘗新穀，此芟之功也。卜者，問後歲宜芟不[③]。詩云："載芟載柞，其耕澤澤。"**獮之日，涖卜來歲之戒；**秋田爲獮，始習兵，戒不虞也。卜者，問後歲兵寇之備。**社之日，涖卜來歲之稼。**社祭土，爲取財焉。卜者，問後歲稼所宜。**若國有大故，則令國人祭，**大故，謂水旱凶荒。所令祭者，社及禜酺。**歲時之祭祀，亦如之。**月令：仲春"命民社"，此其一隅。**凡卿大夫之喪，相其禮。**相其適子。**凡國之大事，治其禮儀，以佐宗伯。**治，謂如今每事者更奏白王[④]，禮也。故書"儀"爲"義"，鄭司農[⑤]："義，讀爲'儀'。古者書'儀'但爲'義'，今時所謂'義'爲'誼'。"**凡國之小事，治其禮儀，而掌其事，如宗伯之禮。**

鬱人，掌祼器。祼器，謂彝及舟與瓚。**凡祭祀、賓客之祼事，和鬱鬯，以實彝而陳之。**築鬱金煮之，以和鬯酒。鄭司農云："鬱，草名，十葉爲貫，百二十貫爲築[⑥]，以煮之鐎中[⑦]，停於祭前。鬱爲草，若蘭。"**凡祼玉，濯之，陳之，以贊祼事。**祼玉，謂圭瓚、璋瓚。**詔祼將之儀，與其節。**節，謂王奉玉送祼早晏之時[⑧]。**凡祼事，沃盥。大喪之渳，共其肆器，**肆器，陳尸之器。喪大記曰："君設大盤

① 表，十行本作"衣"。加記云："正、人本'表'誤'衣'。"
② 軍，十行本作"平"。加記云："正本'軍'誤'平'。"
③ 宜，八行本作"之"。加記云："浙本'宜'誤'之'。"
④ 附圖本無"者"字。
⑤ 京本、十行本"農"下並有"云"字。阮記引文"鄭司農云義讀爲儀"，云："嘉靖本無'云'，漢制考所引同，今本衍。"
⑥ 黄記云："'爲'字當衍，'築'字下屬。"
⑦ 鐎，建本、附圖本並作"焦"。
⑧ 晏，金本作"宴"。

造冰焉,大夫設夷盤造冰焉,士倂瓦盤無冰,設牀襢笫[①],有枕。”此之謂肆器。天子亦用夷盤。**及葬,共其裸器,遂貍之。**遣奠之彝與瓚也,貍之於祖廟階閒,明奠終於此。**大祭祀,與量人受舉斝之卒爵而飲之。**斝,受福之嘏,聲之誤也。王酳尸,尸嘏王,此其卒爵也。少牢饋食禮:主人受嘏,詩懷之,卒爵,執爵以興,出,宰夫以籩受嗇黍,主人嘗之,乃還獻祝。此鬱人受王之卒爵,亦王出房時也。必與量人者,鬱人贊裸尸,量人制從獻之脯燔,事相成。

鬯人,掌共秬鬯而飾之。秬鬯,不和鬱者。飾之,謂設巾。**凡祭祀,社壝用大罍,**壝,謂委土爲墠壇,所以祭也。大罍,瓦罍。**禜門用瓢齎,**禜,謂營酇所祭。門,國門也。春秋傳曰“日月星辰之神,則雪霜風雨之不時,於是乎禜之”,“山川之神,則水旱厲疫之不時[②],於是乎禜之”。魯莊二十五年秋,大水,鼓用牲于門[③]。故書“剽”作“剽”[④],鄭司農讀“剽”爲“瓢”,杜子春讀“齎”爲“粢”。瓢,謂瓠蠡也[⑤]。粢,盛也。玄謂:齎,讀爲“齊”,取甘瓠,割去柢,以齊爲尊。**廟用修。凡山川四方用蜃,凡裸事用概,凡疈事用散。**裸,當爲“埋”[⑥],字之誤也。故書“蜃”或爲“謨”,杜子春云:“謨,當爲‘蜃’,書亦或爲‘蜃’,蜃,水中蜃也。”鄭司農云:“修、謨、概、散,皆器名。”玄謂:廟用修者,謂始禘時,自饋食始。修、蜃、概、散,皆漆尊也。修,讀曰“卣”,卣,中尊,謂獻象之屬。尊者,彝爲上,罍爲下。蜃,畫爲蜃形。蚌曰合漿,尊之象。概尊,以朱帶者。無飾曰散。**大喪之大渳設斗,共其釁鬯。**斗,所以沃尸也。釁尸以鬯酒,使之香美者。鄭司農云:“釁,讀爲‘徽’。”**凡王之齊事,共其**

---

① 笫,纂圖本、互注本、十行本並作“策”。加記云:“纂、正、京、陳本‘笫’誤‘策’。”

② 厲疫,建本、附圖本、纂圖本、互注本、京本、岳本、十行本並作“疫癘”,金本作“癘疫”,岳本作“疫厲”。

③ 八行本“于”下有“社于”二字。

④ 書剽,婺本、金本、建本、附圖本、纂圖本、互注本、京本、岳本、八行本、十行本並作“書飄”。阮記云:“嘉靖本‘飄’誤‘剽’。”

⑤ 謂,建本作“爲”。

⑥ 埋,建本、互注本並作“理”。

秬鬯。給淬浴。**凡王弔臨，共介鬯。**以尊適卑曰臨，春秋傳曰"照臨幣邑"①。鄭司農云："鬯，香草，王行弔喪被之，故曰介。"玄謂：曲禮曰"摯，天子鬯"，王至尊，以介爲摯致之以禮於鬼神與②？檀弓曰："臨諸侯，畛於鬼神，曰有天王某父。"此王適四方，舍諸侯祖廟，祝告其神之辭，介於是進鬯。

雞人，掌共雞牲，辨其物。物，謂毛色也。辨之者，陽祀用騂，陰祀用黝。**大祭祀，夜嘑旦以嘂百官。**夜，夜漏未盡，雞鳴時也。呼旦以警起百官，使夙興。**凡國之大賓客、會同、軍旅、喪紀，亦如之。凡國事爲期，則告之時。**象雞知時也。告其有司主事者。少牢曰："宗人朝服北面曰：請祭期。主人曰：比於子。宗人曰：旦明行事。"告時者，至此旦明而告之。**凡祭祀、面禳釁，共其雞牲。**釁，釁廟之屬。釁廟以羊，門、夾室皆用雞。鄭司農云："面禳，四面禳也。釁，讀爲'徽'。"

司尊彝，掌六尊、六彝之位，詔其酌，辨其用與其實。位，所陳之處。酌，泲之使可酌，各異也。用，四時祭祀所用亦不同。實，鬱及醴齊之屬。**春祠、夏禴，祼用雞彝、鳥彝，皆有舟，其朝踐用兩獻尊，其再獻用兩象尊，皆有罍，諸臣之所昨也。秋嘗、冬烝，祼用斝彝、黄彝，皆有舟，其朝獻用兩著尊，其饋獻用兩壺尊，皆有罍，諸臣之所昨也。凡四時之閒祀追享、朝享，祼用虎彝、蜼彝，皆有舟，其朝踐用兩大尊，其再獻用兩山尊，皆有罍，諸臣之所昨也。**祼，謂以圭瓚酌鬱鬯，始獻尸也。后於是以璋瓚酌亞祼。郊特牲曰："周人尚臭，灌用鬯臭，鬱合鬯，臭陰達於淵泉，灌以圭璋，用玉氣也③。既灌，然後迎牲，致陰氣也。"

---

① 幣，婺本、建本、附圖本、纂圖本、互注本、京本、岳本、八行本並作"弊"。阮記引文"照臨幣邑"，云："嘉靖本、閩、監、毛本同，誤也。宋本作'弊邑'，當據正。"

② 婺本、金本、纂圖本、互注本、京本、岳本、八行本、十行本並無"以"字。摯，婺本、金本、纂圖本、互注本、京本、岳本、八行本、十行本並作"執"。阮記云："嘉靖本衍'以'字，'執'誤'摯'。"

③ 玉，八行本作"五"。加記云："浙本誤'五'。"

朝踐,謂薦血腥,酌醴,始行祭事。后於是薦朝事之豆籩,既又酌獻。其變朝踐爲朝獻者,尊相因也。朝獻,謂尸卒食,王酳之。再獻者①,王酳尸之後,后酌亞獻,諸臣爲賓,又次后酌盎齊②,備卒食三獻也。於后亞獻,内宗薦加豆籩。其變再獻爲饋獻者,亦尊相因。饋獻,謂薦孰時。后於是薦饋食之豆籩。此凡九酌,王及后各四,諸臣一,祭之正也。以今祭禮特牲、少牢言之,二祼爲奠而尸飲七矣,王可以獻諸臣。祭統曰"尸飲五,君洗玉爵獻卿",是其差也。明堂位曰:"灌用玉瓚大圭,爵用玉琖,加用璧角璧散。"又鬱人職曰:"受舉斝之卒爵而飲之。"則王酳尸以玉爵也。王酳尸用玉爵,而再獻者用璧角、璧散可知也。雞彝、鳥彝,謂刻而畫之爲雞鳳皇之形。"皆有舟""皆有罍",言春、夏、秋、冬及追享、朝享有之同。昨,讀爲"酢",字之誤也。諸臣獻者③,酌罍以自酢,不敢與王之神靈共尊。鄭司農云:"舟,尊下臺,若今時承槃。獻,讀爲'犧'。犧尊,飾以翡翠。象尊,以象鳳皇,或曰以象骨飾尊。明堂位曰:'犧、象,周尊也。'春秋傳曰:'犧、象不出門。'尊以祼神。罍,臣之所飲也④,詩曰:'缾之罄矣,維罍之恥。'斝,讀爲'稼'。稼彝,畫禾稼也。黄彝,黄目尊也。明堂位曰:'夏后氏以雞彝,殷以斝,周以黄目⑤。'爾雅曰:'彝、卣、罍,器也。'著尊者,著略尊也,或曰:著尊,著地無足。明堂位曰:'著,殷尊也。'壺者,以壺爲尊,春秋傳曰'尊以魯壺'。追享、朝享,謂禘祫也,在四時之間,故曰間祀。蜼,讀爲'蛇虺'之'虺',或讀爲'公用射隼'之'隼'。大尊,大古之瓦尊。山尊,山罍也。明堂位曰:'泰,有虞氏之尊也。山罍,夏后氏之尊。'"故書"踐"作"餞",杜子春云:'餞,當爲'踐'。"玄謂:黄目,以黄金爲目,郊特牲曰:"黄目,鬱氣之上尊也。黄者,中也。目者,氣之清明者也。言酌於中而清明於外。"追享,謂追祭遷廟之主,以事有所請禱。朝享,謂朝受政於廟,春秋傳曰:"閏月不告朔,猶朝于廟。"蜼,禺屬,卬鼻而長尾。山罍,亦刻而畫之爲山雲之

---

① 者,附圖本作"君"。

② 盎,八行本、十行本並作"益"。

③ 臣,纂圖本、互注本並作"不"。

④ 臣,纂圖本、互注本、京本、十行本並作"神"。阮記引文"罍神之所飲也",云:"余本、閩、監、毛本同,誤也。嘉靖本'神'作'臣','釋曰'云:罍臣之所飲也者,經云'皆有罍諸臣之所酢',故知諸臣所飲者也,當據以訂正。"

⑤ 京本無"目"字。

形。**凡六彝六尊之酌，鬱齊獻酌，醴齊縮酌，盎齊涚酌，凡酒脩酌。**故書"縮"爲"數"，"齊"爲"齍"。鄭司農云："獻，讀爲'儀'。儀酌，有威儀多也。涚酌者，涚拭勺而酌也。修酌者，以水洗勺而酌也。齍，讀皆爲'齊和'之'齊'。"杜子春云："數，當爲'縮'。齊，讀皆爲'粢'。"玄謂：禮運曰："玄酒在室，醴醆在户，粢醍在堂，澄酒在下。"以五齊次之，則醆酒盎齊也。郊特牲曰："縮酌用茅，明酌也。醆酒涚于清，汁獻涚于醆酒，猶明清與醆酒于舊澤之酒也。"此言轉相泲成也。獻，讀爲"摩莎"之"莎"，齊語，聲之誤也。煮鬱和秬鬯，以醆酒摩莎泲之，出其香汁也。醴齊尤濁，和以明酌，泲之以茅，縮去滓也。盎齊差清，和以清酒，泲之而已。其餘三齊，泛從醴，緹沈從盎。凡酒，謂三酒也。修，讀如"滌濯"之"滌"。滌酌，以水和而泲之，今齊人命浩酒曰滌①。明酌，酌取事酒之上也。澤，讀曰"醳"。明酌、清酒、醆酒，泲之皆以舊醳之酒。凡此四者，裸用鬱齊，朝用醴齊，饋用盎齊，諸臣自酢用凡酒②。唯大事于大廟，備五齊三酒。**大喪，存奠彝。**存，省也。謂大遣時奠者，朝夕乃徹也。**大旅，亦如之。**旅者，國有大故之祭也。亦存其奠彝，則陳之不即徹。

司几筵，掌五几五席之名物，辨其用，與其位。五几，左右玉、彫、彤、漆、素。五席，莞、藻、次、蒲、熊。用、位，所設之席及其處。**凡大朝覲、大饗射，凡封國、命諸侯，王位設黼依，依前南鄉，設莞筵紛純，加繅席畫純，加次席黼純，左右玉几。**斧，謂之黼，其繡白黑采，以絳帛爲質。依，其制如屏風然。於依前爲王設席，左右有几，優至尊也。鄭司農云："紛，讀爲'豳'，又讀爲'和粉'之'粉'，謂白繡也。純，讀爲'均服'之'均'，純，緣也。繅，讀爲'藻率'之'藻'。次席，虎皮爲席。書顧命曰：成王將崩，命大保芮伯、畢公等被冕服，馮玉几。"玄謂：紛，如綬，有文而狹者。繅席，削蒲蒻展之，編以五采，若今合歡矣。畫，謂雲氣也。次席，桃枝席，有次列成文③。**祀先王、昨席亦如之。**鄭司農云："昨席，於主階設席，王所坐也。"玄謂：昨，讀曰

① 浩，建本作"誥"。加記云："建本'浩'誤'誥'。"
② 凡，建本作"允"。加記云："建本'凡'誤'允'。"
③ 岳本"文"下有"者"字。

"酢",謂祭祀及王受酢之席。尸卒食,王酳之,卒爵,祝受之,又酌授尸[①],尸酢王[②],於是席王於户内,后、諸臣致爵乃設席。**諸侯祭祀席,蒲筵繢純,加莞席紛純,右彫几。**繢,畫文也。不莞席加繅者,繅柔𥏈,不如莞清堅,又於鬼神宜。**昨席,莞筵紛純,加繅席畫純。筵國賓于牖前,亦如之,左彤几。**昨,讀亦曰"酢"。鄭司農云:"禮記:國賓,老臣也。爲布筵席於牖前。"玄謂:國賓,諸侯來朝,孤卿大夫來聘。後言几者,使不蒙"如"也[③],朝者彫几,聘者彤几。**甸役則設熊席,右漆几。**謂王甸,有司祭表貉所設席。**凡喪事,設葦席,右素几。其柏席用萑,黼純,諸侯則紛純,每敦一几。**喪事,謂凡奠也[④]。萑,如葦而細者。鄭司農云:"柏席,迫地之席[⑤],葦居其上。或曰:柏席,載黍稷之席。"玄謂:柏,"椁"字磨滅之餘。椁席,藏中神坐之席也。敦,讀曰"燾"。燾,覆也。棺在殯則椁燾,既窆則加見,皆謂覆之。周禮,雖合葬,及同時在殯,皆異几,體實不同,祭於廟,同几,精氣合。**凡吉事變几,凶事仍几。**故書"仍"爲"乃"。鄭司農云:"變几,變更其質,謂有飾也。乃,讀爲'仍',仍,因也,因其質,謂無飾也。爾雅曰:'儴、仍,因也。'書顧命曰:翌日乙丑,成王崩,癸酉,牖間南嚮,西序東嚮,東序西嚮,皆仍几。"玄謂:吉事,王祭宗廟,祼於室,饋食於堂,繹於祊,每事易几,神事文,示新之也。凶事,謂凡奠[⑥],几朝夕相因,喪禮略。

天府,掌祖廟之守藏,與其禁令。祖廟,始祖后稷之廟,其寶物世傳守之,若魯寶玉、大弓者。**凡國之玉鎮、大寶器,藏焉,若有大祭、大喪,則出而陳之,既事,藏之。**玉鎮、大寶器,玉瑞、玉器之美者,禘祫及大喪,陳之以華國也。故書"鎮"作"瑱"。鄭司農

---

① 授,八行本作"受"。

② 尸,附圖本作"祝"。

③ 如,京本作"加"。加記云:"京本'如'誤'加'。"

④ 凡,建本、附圖本、纂圖本、互注本、京本、八行本並作"几"。加記云:"作'几'者,非是。"

⑤ 迫,互注本、京本並作"柏"。加記云:"纂、京本'迫'誤'柏'。"

⑥ 凡,婺本、八行本並作"几"。

云:"瑱,讀爲'鎮'。書顧命曰:翌日乙丑,王崩,丁卯,命作册度,越七日癸酉,陳寶:赤刀、大訓、弘璧、琬、琰,在西序;大玉、夷玉、天球、河圖,在東序;胤之舞衣、大貝、鼖鼓,在西房;兑之戈、和之弓、垂之竹矢,在東房。此其行事見於經。"**凡官府鄉州及都鄙之治中,受而藏之,以詔王察羣吏之治。**察,察其當黜陟者。鄭司農云:"治中,謂其治職簿書之要。"**上春,釁寶鎮及寶器。**上春,孟春也。釁,謂殺牲以血血之。鄭司農云:"釁,讀爲'徽',或曰:釁鼓之釁。"**凡吉凶之事,祖廟之中沃盥,執燭。**吉事,四時祭也。凶事,后王喪,朝于祖廟之奠。**季冬,陳玉,以貞來歲之媺惡。**問事之正曰貞。問歲之美惡,謂問於龜,大卜職大貞之屬。陳玉,陳禮神之玉。凡卜筮實問於鬼神,龜筮能出其卦兆之占耳。龜有天地四方,則玉有六器者與?言陳者,既事藏之,不必貍之也。鄭司農云:"貞,問也,易曰'師:貞,丈人,吉',問於丈人,國語曰'貞於陽卜'。"**若遷寶,則奉之。**奉①,猶送也。**若祭天之司民、司禄,而獻民數、穀數,則受而藏之。**司民,軒轅角也。司禄,文星第六星②,或曰下能也。禄之言穀也,年穀登,乃後制禄。祭此二星者,以孟冬既祭之,而上民穀之數於天府。

典瑞,掌玉瑞、玉器之藏,辨其名物,與其用事,設其服飾。人執以見曰瑞,禮神曰器。瑞,符信也。服飾,服玉之飾,謂繅藉。**王晉大圭,執鎮圭,繅藉五采五就,以朝日。**繅有五采文,所以薦玉,木爲中榦,用韋衣而畫之。就,成也。王朝日者,示有所尊,訓民事君也。天子常春分朝日,秋分夕月,覲禮曰"拜日於東門之外"。故書"鎮"作"瑱",鄭司農云:"晉,讀爲'搢紳'之'搢',謂插之於紳帶之閒③,若帶劍也。瑱,讀爲'鎮',玉人職曰'大圭長三尺,杼上,終葵首,天子服之','鎮

① 奉,婺本、金本、建本、附圖本、纂圖本、互注本、京本、岳本、八行本、十行本並作"奉"。黄記云:"'奉'誤'秦'。"

② 文星,婺本、金本、建本、附圖本、纂圖本、互注本、京本、岳本、八行本、十行本並作"文昌"。加記云:"嘉、士本'昌'誤'星'。"

③ 纂圖本、互注本、京本、十行本並無"之"字。阮記引文"謂插於紳帶之間",云:"此脱'之'字。"

王尺有二寸①,天子守之’。繅,讀爲‘藻率’之‘藻’。五就,五帀也。一帀爲一就。”**公執桓圭,侯執信圭,伯執躬圭,繅皆三采三就;子執穀璧,男執蒲璧,繅皆二采再就;以朝、覲、宗、遇、會、同于王。**三采,朱、白、蒼。二采,朱、緑也。鄭司農云:“以圭璧見于王,覲禮曰‘侯氏入門右,坐奠圭,再拜稽首’。侯氏見于天子②,春曰朝,夏曰宗,秋曰覲,冬曰遇,時見曰會,殷見曰同③。”**諸侯相見亦如之。**鄭司農云:“亦執圭璧以相見④,故邾隱公朝於魯,春秋傳曰‘邾子執玉高,其容仰’。”**瑑圭、璋、璧、琮,繅皆二采一就,以覜聘。**璋以聘后夫人,以琮享之也。大夫衆來曰覜,寡來曰聘。鄭司農云:“琢有沂鄂瑑起⑤。”**四圭有邸,以祀天、旅上帝。**鄭司農云:“於中央爲璧,圭著其四面,一玉俱成。爾雅曰:‘邸,本也。’圭本著於璧,故四圭有邸,圭末四出故也。或説四圭有邸,有四角也。邸,讀爲‘抵欺’之‘抵’。上帝,玄天。”玄謂:祀天,夏正郊天也。上帝,五帝,所郊亦猶五帝,殊言天者,尊異之也。大宗伯職曰:“國有大故,則旅上帝及四望。”**兩圭有邸,以祀地、旅四望。**兩圭者,以象地數二也。僢而同邸。祀地,謂所祀於北郊神州之神。**祼圭有瓚,以肆先王,以祼賓客。**鄭司農云:“於圭頭爲器,可以挹鬯祼祭,謂之瓚,故詩曰‘卹彼玉瓚,黄流在中’,國語謂之鬯圭。以肆先王,灌先王祭也⑥。”玄謂:肆,解牲體以祭,因以爲名。爵行曰祼。漢禮,瓚槃大五升,口徑八寸,下有槃,口徑二尺⑦。**圭璧,以祀日月星辰。**圭其邸爲璧,取殺於上帝。**璋邸射,以祀山川,以**

① 王,婺本、金本、建本、附圖本、纂圖本、互注本、京本、岳本、八行本、十行本並作“圭”。阮記云:“嘉靖本‘圭’作‘王’,蓋‘玉’之誤。”黄記云:“‘圭’誤‘王’。”

② 于,金本作“下”。

③ 殷,纂圖本、互注本並作“時”。加記云:“纂本‘殷’誤‘時’。”

④ 相,金本作“用”。

⑤ 沂,建本、附圖本、纂圖本、互注本、京本、岳本、八行本、十行本並作“圻”。

⑥ 灌,纂圖本、互注本、京本並作“祼”。

⑦ 二,婺本、金本、建本、附圖本、纂圖本、互注本、京本、岳本、八行本、十行本並作“一”。識語云:“案:考工記玉人疏、詩旱麓疏、漢制考引皆作‘一尺’,嘉靖本非是。”

造贈賓客。璋有邸而射，取殺於四望。鄭司農云："射，剡也。"**土圭，以致四時日月，封國則以土地**。以致四時日月者，度其景至不至，以知其行得失也。冬夏以致日，春秋以致月。土地，猶度地也。封諸侯，以土圭度日景，觀分寸長短，以制其域所封也。鄭司農説："以玉人職曰'土圭尺有五寸，以致日，以土地'，所求地中①，故謂之土圭。"**珍圭，以徵守，以恤凶荒**。杜子春云："珍，當爲'鎮'，書亦或爲'鎮'。以徵守者②，以徵召守國諸侯，若今時徵郡守以竹使符也。鎮者，國之鎮，諸侯亦一國之鎮，故以鎮圭徵之也。凶荒，則民有遠志，不安其土，故以鎮圭鎮安之。"玄謂：珍圭，王使之瑞節，制大小當與琬琰相依。王使人徵諸侯、憂凶荒之國，則授之，執以往，致王命焉，如今時使者持節矣。恤者，闓府庫振救之。凡瑞節，歸又執以反命。**牙璋，以起軍旅，以治兵守**。鄭司農云："牙璋，瑑以爲牙。牙齒，兵象，故以牙璋發兵，若今時以銅虎符發兵。"玄謂：牙璋，亦王使之瑞節。兵守，用兵所守，若齊人戍遂，諸侯戍周。**璧羨，以起度**。鄭司農云："羨，長也。此璧徑長尺，以起度量，玉人職曰：璧羨，度尺，以爲度。"玄謂：羨，不圜之貌，蓋廣徑八寸，袤一尺。**駔圭、璋、璧、琮、琥、璜之渠眉，疏璧、琮以斂尸**。鄭司農云："駔，外有捷盧也，駔，讀爲'駔疾'之'駔'。疏，讀爲'沙'。謂圭③、璋、璧、琮、琥、璜，皆爲開渠爲眉瑑，沙除以斂尸，令汁得流去也。"玄謂：以斂尸者，於大斂焉加之也。駔，讀爲"組"，與組馬同，聲之誤也。渠眉，玉飾之溝瑑也。以組穿聯六玉溝瑑之中以斂尸，圭在左，璋在首，琥在右，璜在足，璧在背，琮在腹，蓋取象方明，神之也。疏璧琮者，通於天地。**穀圭，以和難，以聘女**。穀圭，亦王使之瑞節。穀，善也。其飾若粟文然。難，仇讎。和之者，若春秋宣公及齊侯平莒及郯，晉侯使瑕嘉平戎于王。其聘女則以納徵焉。**琬圭，以治德，以結好**。琬圭，亦王使之瑞節。諸侯

---

① 所，建本、纂圖本、互注本、京本、岳本、十行本並作"以"。黄記云："'以'誤'所'。"
② 金本無"以徵守者"四字。
③ 謂，互注本作"讀"。

有德,王命賜之。及諸侯使大夫來聘①,既而爲壇會之,使大夫執以命事焉,大行人職曰"時聘以結諸侯之好"。鄭司農云:"琬圭,無鋒芒,故治德以結好。"**琰圭,以易行,以除慝。**琰圭,亦王使之瑞節。鄭司農云:"琰圭,有鋒芒,傷害征伐誅討之象,故以易行除慝。易惡行令爲善者,以此圭責讓喻告之也。"玄謂:除慝,亦於諸侯使大夫來覜,既而使大夫執而命事於壇,大行人職曰"殷覜以除邦國之慝"。**大祭祀、大旅、凡賓客之事,共其玉器而奉之。**玉器,謂四圭、裸圭之屬②。**大喪,共飯玉、含玉、贈玉。**飯玉,碎玉以雜米也。含玉,柱左右䪼及在口中者,雜記曰"含者執璧將命",則是璧形而小耳。贈玉,蓋璧也,贈有束帛,六幣"璧以帛"。**凡玉器出,則共奉之。**玉器出,謂王所好賜也。奉之,送以往,遠則送於使者③。

典命,掌諸侯之五儀,諸臣之五等之命。五儀,公、侯、伯、子、男之儀。五等,謂孤以下四命、三命、再命、一命、不命也。或言儀,或言命,互文也。故書"儀"作"義",鄭司農"義"讀爲"儀"。**上公九命爲伯,其國家、宫室、車旗、衣服、禮儀,皆以九爲節;侯伯七命,其國家、宫室、車旗、衣服、禮儀,皆以七爲節;子男五命,其國家、宫室、車旗、衣服、禮儀,皆以五爲節。**上公,謂王之三公有德者,加命爲二伯。二王之後,亦爲上公。國家,國之所居④,謂城方也。公之城,蓋方九里⑤,宫方九百步;侯伯之城,蓋方七里,宫方七百步;子男之城,蓋方五里,宫方五百步。大行人職則有諸侯圭、藉、冕服、建常、樊纓、貳車、介、牢禮、朝位之數焉。**王之三公八命,其卿六命,其大夫四命。及其出封,皆加一等。其國家、宫室、車旗、衣服、禮儀,亦如之。**四命,中下大夫也。出封,出畿内

① 來,纂圖本、互注本、十行本並作"求"。
② 謂,十行本作"爲"。
③ 金本無"者"字。
④ 附圖本"國"下有"家"字。
⑤ 九,八行本作"五"。加記云:"浙本上'九'誤'五'。"

封於八州之中。加一等，褒有德也。大夫爲子男，卿爲侯伯，其在朝廷，則亦如命數耳。王之上士三命，中士再命，下士一命。**凡諸侯之適子，誓於天子，攝其君，則下其君之禮一等；未誓，則以皮帛繼子男。**誓，猶命也。言誓者，明天子既命以爲之嗣，樹子不易也。春秋桓九年，"曹伯使其世子射姑來朝"，行國君之禮是也。公之子，如侯伯而執圭；侯伯之子，如子男而執璧；子男之子，與未誓者，皆次小國之君，執皮帛而朝會焉，其賓之皆以上卿之禮焉。**公之孤四命，以皮帛眡小國之君，其卿三命，其大夫再命，其士壹命**[①]**，其宫室、車旗、衣服、禮儀，各眡其命之數；侯伯之卿大夫士，亦如之；子男之卿再命，其大夫壹命**[②]**，其士不命，其宫室、車旗、衣服、禮儀，各眡其命之數。**視小國之君者，列於卿大夫之位，而禮如子男也。鄭司農云："九命上公，得置孤卿一人。春秋傳曰：'列國之卿，當小國之君，固周制也。'"玄謂：王制曰："大國三卿，皆命於天子，下大夫五人，上士二十七人；次國三卿，二卿命於天子，一卿命於其君，下大夫五人，上士二十七人；小國二卿，皆命於其君，下大夫五人，上士二十七人。"

司服，掌王之吉凶衣服，辨其名物，與其用事。用事，祭祀、視朝、甸、凶弔之事。衣服各有所用。**王之吉服，祀昊天、上帝，則服大裘而冕，祀五帝亦如之；享先王，則衮冕；享先公、饗、射，則驚冕；祀四望、山川，則毳冕；祭社稷、五祀，則希冕；祭羣小祀，則玄冕。**六服同冕者，首飾尊也。先公，謂后稷之後，大王之前，不窋至諸盩。饗射，饗食賓客，與諸侯射也。羣小祀，林澤、墳衍、四方百物之屬。鄭司農云："大裘，羔裘也。衮，卷龍衣也。驚，裨衣也。毳，罽衣也。"玄謂：書曰："予欲觀古人之象，日、月、星辰、山、龍、華

① 壹，纂圖本、互注本、京本、十行本並作"一"。阮記引文"其士一命"，云："余本、閩、監、毛本同。唐石經、岳本、嘉靖本'一'作'壹'，下同，當據正。"

② 壹，纂圖本、互注本、京本、十行本並作"一"。

蟲作繢,宗彝、藻、火、粉米、黼、黻希繡[①]。"此古天子冕服十二章,舜欲觀焉。華蟲,五色之蟲,繢人職曰"鳥獸蛇,雜四時五色以章之謂",是也。希,讀爲"絺",或作"黹",字之誤也。王者相變,至周而以日、月、星辰畫於旌旗,所謂"三辰旂旗,昭其明也",而冕服九章,登龍於山,登火於宗彝,尊其神明也。九章,初一曰龍,次二曰山,次三曰華蟲,次四曰火,次五曰宗彝,皆畫以爲繢;次六曰藻,次七曰粉米,次八曰黼,次九曰黻,皆希以爲繡:則衮之衣五章,裳四章,凡九也。鷩,畫以雉,謂華蟲也,其衣三章,裳四章,凡七也。毳,畫虎蜼,謂宗彝也,其衣三章,裳二章,凡五也。希,刺粉米,無畫也,其衣一章,裳二章,凡三也。玄者,衣無文,裳刺黻而已,是以謂玄焉。凡冕服皆玄衣纁裳。**凡兵事,韋弁服。**韋弁,以韎韋爲弁,又以爲衣裳,春秋傳曰:晉郤至衣韎韋之跗注。是也。今時伍伯緹衣[②],古兵服之遺色。**眡朝,則皮弁服。**視朝,視内外朝之事。皮弁之服,十五升,白布衣,積素以爲裳。王受諸侯朝覲於廟,則衮冕。**凡甸,冠弁服。**甸,田獵也。冠弁,委貌,其服緇布衣,亦積素以爲裳,諸侯以爲視朝之服。詩國風曰"緇衣之宜兮",謂王服此以田,王卒食而居,則玄端。**凡凶事,服弁服。**服弁,喪冠也,其服斬衰、齊衰。**凡弔事,弁絰服。**弁絰者,如爵弁而素,加環絰。論語曰:"羔裘玄冠不以弔。"絰,大如緦之絰,其服錫衰、緦衰、疑衰。諸侯及卿大夫,亦以錫衰爲弔服。喪服小記曰"諸侯弔,必皮弁錫衰",則變其冠耳。喪服舊説,以爲士弔服,素委貌冠,朝服,此近庶人弔服,而衣猶非也,士當事弁絰疑衰,變其裳以素耳。國君於其臣弁絰,他國之臣則皮弁,大夫士有朋友之恩亦弁絰。故書"弁"作"絣",鄭司農"絣"讀爲"弁",弁而加環絰。環絰,即弁絰服。**凡喪,爲天王斬衰,爲王后齊衰。**王后,小君也。諸侯爲之不杖期。**王爲三公六卿錫衰,爲諸侯緦衰,爲大夫士疑衰,其首服皆弁絰。**君爲臣服,弔服也。鄭司農云:"錫,麻之滑易者,十五升去其半,有事其布,無事其縷[③]。

---

① 希,建本、附圖本、互注本並作"絺"。
② 伍,金本作"五"。阮記云:"今本作'五伯',非。"
③ 縷,附圖本作"綫"。

緦，亦十五升去其半，有事其縷[①]，無事其布。疑衰，十四升衰。”玄謂：無事其縷[②]，哀在内；無事其布，哀在外。疑之言擬也，擬於吉。**大札、大荒、大烖，素服。**大札，疫病也。大荒，饑饉也。大烖，水火爲害。君臣素服縞冠，若晉伯宗哭梁山之崩。**公之服，自衮冕而下，如王之服；侯伯之服，自驚冕而下，如公之服；子男之服，自毳冕而下，如侯伯之服；孤之服，自希冕而下，如子男之服；卿大夫之服，自玄冕而下，如孤之服，其凶服，加以大功、小功；士之服，自皮弁而下，如大夫之服，其凶服，亦如之，其齊服，有玄端、素端。**自公之衮冕至卿大夫之玄冕，皆其朝聘天子及助祭之服。諸侯非二王後，其餘皆玄冕而祭於己。雜記曰：“大夫冕而祭於公，弁而祭於己。士弁而祭於公，冠而祭於己。大夫爵弁自祭家廟，唯孤爾。”其餘皆玄冠，與士同。玄冠自祭其廟者，其服朝服玄端。諸侯之自相朝聘，皆皮弁服，此天子日視朝之服。喪服，天子諸侯齊斬而已，卿大夫加以大功、小功，士亦如之，又加緦焉[③]。士齊有素端者，亦爲札荒有所禱請[④]。變素服言素端者，明異制。鄭司農云：“衣有襦裳者爲端。”玄謂：端者，取其正也。士之衣袂，皆二尺二寸而屬幅，是廣袤等也，其袪尺二寸。大夫已上侈之。侈之者，蓋半而益一焉，半而益一，則其袂三尺三寸[⑤]，袪尺八寸。**凡大祭祀、大賓客，共其衣服而奉之。**奉，猶送也，送之於王所。**大喪，共其復衣服、斂衣服、奠衣服、廞衣服，皆掌其陳序。**奠衣服，今坐上魂衣也。故書“廞”爲“淫”，鄭司農云：“淫，讀爲‘廞’，廞，陳也。”玄謂：廞衣服，所藏於椁中。

典祀，掌外祀之兆守，皆有域，掌其禁令[⑥]。外祀，謂所

---

① 縷，附圖本作“綏”。

② 縷，附圖本作“綏”。

③ 焉，建本作“麻”。加記云：“建本‘焉’誤‘麻’。”

④ 有，十行本作“者”。加記云：“人本‘有’誤‘者’。”

⑤ 袂，金本作“袪”。

⑥ 禁，白文本、纂圖本、互注本並作“政”。阮記云：“唐石經、嘉靖本、監、毛本作‘禁令’……此作‘政’，誤。”案：單疏本疏文標起止作“典祀至禁令”，疏云“‘掌（轉下頁注）

祀於四郊者。域,兆表之塋域。**若以時祭祀,則帥其屬而修除,徵役于司隸而役之。**屬,其屬胥徒也。修除,芟掃之。徵,召也。役之,作使之。**及祭,帥其屬而守其厲禁,而蹕之。**鄭司農云:"遮列禁人,不得令入。"

守祧,掌守先王先公之廟祧,其遺衣服藏焉。廟,謂大祖之廟,及三昭三穆。遷主所藏曰祧。先公之遷主,藏于后稷之廟。先王之遷主,藏于文武之廟。遺衣服,大斂之餘也。故書"祧"作"濯",鄭司農"濯"讀爲"祧"。此王者之宫而有先公,謂大王以前爲諸侯。**若將祭祀,則各以其服授尸。**尸,當服卒者之上服,以象生時。**其廟則有司脩除之,其祧則守祧黝堊之。**廟,祭此廟也。祧,祭遷主。有司,宗伯也。脩除、黝堊,互言之。有司恒主修除,守祧恒主黝堊。鄭司農云:"黝,讀爲'幽',幽,黑也。堊,白也。爾雅曰:'地謂之黝,牆謂之堊。'"**既祭,則藏其隋,與其服。**鄭司農云:"隋,謂神前所沃灌器名。"玄謂:隋,尸所祭肺脊黍稷之屬,藏之以依神。

世婦,掌女宫之宿戒,及祭祀,比其具,女宫,刑女給宫中事者。宿戒,當給事豫告之齊戒也。比,次也。具,所濯摡及粢盛之爨。鄭司農:"比,讀爲'庀',庀,具也。"**詔王后之禮事,**薦徹之節。**帥六宫之人共齍盛,**帥世婦、女御。**相外内宗之禮事**[①]。同姓異姓之女有爵,佐后者。**大賓客之饗食,亦如之。**比、帥、詔、相,其事同。**大喪,比外内命婦之朝莫哭,不敬者而苛罰之。**苛,譴也。**凡王后有摔事於婦人,則詔相。**鄭司農云:"謂爵婦人。"玄謂:拜,拜謝之也,喪大記曰"夫人亦拜寄公夫人於堂上"。**凡内事有達於外官者,世婦掌之。**主通之,使相共授。

(接上頁注)其禁令'者",又前經"典祀中士二人下士四人府二人史二人胥四人徒四十人",疏文云"案其職云'掌外祀之兆守,皆有域,掌其禁令'",則賈氏所見本正作"禁",作"禁"是也。

① 外内,岳本作"内外"。

内宗,掌宗廟之祭祀,薦加豆籩,加爵之豆籩,故書爲"籩豆"。鄭司農云:"謂婦人所薦。"杜子春云:"當爲'豆籩'。"**及以樂徹,則佐傳豆籩。**佐傳,佐外宗。**賓客之饗食,亦如之。王后有事則從。大喪,序哭者。**次序外内宗及命婦哭王①。**哭諸侯,亦如之。凡卿大夫之喪,掌其弔臨。**王后弔臨諸侯而已,是以言掌卿大夫云。

外宗,掌宗廟之祭祀,佐王后薦玉豆,眡豆籩,及以樂徹,亦如之。視,視其實。**王后以樂羞齍,則贊。**贊,猶佐也。**凡王后之獻,亦如之。**獻,獻酒於尸。**王后不與,則贊宗伯。**后有故不與祭,宗伯攝其事。**小祭祀,掌事。賓客之事,亦如之。**小祭祀,謂在宫中。**大喪,則敘外内朝莫哭者。哭諸侯,亦如之。**内,内外宗及外命婦。

冢人,掌公墓之地,辨其兆域而爲之圖,先王之葬居中,以昭穆爲左右。公,君也。圖,謂畫其地形及丘壟所處而藏之。先王,造塋者。昭居左,穆居右,夾處東西。**凡諸侯居左右以前,卿大夫士居後,各以其族。**子孫各就其所出王②,以尊卑處其前後,而亦併昭穆。**凡死於兵者,不入兆域。**戰敗無勇,投諸塋外以罰之。**凡有功者,居前。**居王墓之前,處昭穆之中央。**以爵等爲丘封之度,與其樹數。**别尊卑也。王公曰丘,諸臣曰封③。漢律曰:"列侯墳高四丈④,關内侯以下至庶人,各有差。"**大喪既有日,請度甫竁,遂爲之尸。**甫,始也。請量度所始竁之處地。爲尸者,成葬爲祭墓地之尸也。鄭司農云:"既有日,既有葬日也。始竁時,祭以告后土,冢人爲之尸。"**及竁,以度爲丘隧,共喪之窆器。**隧,羡道也。度丘

---

① 王,岳本作"位"。黄記云:"'位'誤'王'。"
② 王,十行本作"正"。
③ 封,建本作"列"。加記云:"建本'封'誤'列'。"
④ 丈,金本作"尺"。

與羨道廣袤所至。窆器,下棺豐碑之屬。喪大記曰:"凡封,用綍去碑負引,君封以衡,大夫士以咸[①]。"**及葬,言鸞車象人。**鸞車,巾車所飾遣車也,亦設鸞旗。鄭司農云:"象人,謂以芻爲人。言,言問其不如法度者。"玄謂:言,猶語也。語之者,告當行,若於生存者,於是巾車行之。"孔子謂:爲芻靈者善,謂爲俑者不仁。非作象人者,不殆於用生乎[②]?"**及窆,執斧以涖。**臨下棺也。**遂入藏凶器。**凶器,明器。**正墓位,蹕墓域,守墓禁。**位,謂丘封所居前後也。禁,所爲塋限。**凡祭墓,爲尸。**祭墓爲尸,或禱祈焉。鄭司農云:"爲尸,冢人爲尸。"**凡諸侯及諸臣葬於墓者,授之兆,爲之蹕,均其禁。**

墓大夫,掌凡邦墓之地域,爲之圖。凡邦中之墓地,萬民所葬地[③]。**令國民族葬,而掌其禁令,**族葬,各從其親。**正其位,掌其度數,**位,謂昭穆也。度數,爵等之大小。**使皆有私地域。**古者萬民墓地同處,分其地,使各有區域,得以族葬,後相容。**凡争墓地者,聽其獄訟。**争墓地,相侵區域。**帥其屬而巡墓厲,居其中之室以守之。**厲,塋限遮列處。鄭司農云:"居其中之室,有官寺在墓中。"

職喪,掌諸侯之喪,及卿大夫士凡有爵者之喪,以國之喪禮,涖其禁令,序其事。國之喪禮,喪服、士喪、既夕、士虞今存者,其餘則亡。事,謂小斂、大斂、葬也。**凡國有司,以王命有事焉,則詔贊主人。**有事,謂含、襚、贈、賵之屬。詔贊者,以告主人,佐其受之。鄭司農云:"凡國,謂諸侯國。有司,謂王有司也。以王命有事,職喪主詔贊主人。"玄謂:凡國有司,有司從王國以王命往。**凡其喪祭,詔**

---

① 嫳本、建本、互注本、京本、岳本、八行本並無"士"字。

② 岳本"用"下有"人"字。

③ 地,纂圖本、互注本、京本、岳本、十行本並作"也"。阮記云:"按:作'地'是也。經文前曰公墓之地,此曰邦墓之地。"

其號，治其禮。鄭司農云："號，謂謚號。"玄謂：告以牲號[1]、齍號之屬，當以祝之。**凡公有司之所共，職喪令之，趣其事。**令，令其當共物者給事之期也。"有司"或言"公"，或言"國"，言"國"者，由其君所來；居其官，曰"公"。謂王遣使奉命有贈之物，各從其官出，職喪當催督也。

周禮卷第五

經四千七百七十九字

注一萬二千三百三十六字[2]

---

① 告，婺本作"祭"。加記云："董本……'告'誤'祭'。"

② 自"經四"至"六字"，附圖本作"經四千七伯七十六字注一萬二千三伯八十三字音義三千四十一字"，婺本、金本、建本、纂圖本、互注本、京本、岳本、八行本、十行本並無。

周禮卷第六

春官宗伯下　周禮

鄭氏注

大司樂,掌成均之灋,以治建國之學政,而合國之子弟焉。鄭司農云:“均,調也。樂師主調其音,大司樂主受此成事已調之樂。”玄謂:董仲舒云:成均,五帝之學。成均之法者,其遺禮可法者。國之子弟、公卿大夫之子弟當學者,謂之國子。文王世子曰:“於成均以及取爵於上尊。”然則周人立此學之宫。**凡有道者、有德者,使教焉,死則以爲樂祖,祭於瞽宗。**道,多才藝者。德,能躬行者,若舜命夔典樂教胄子是也。死則以爲樂之祖,神而祭之。鄭司農云:“瞽,樂人。樂人所共宗也。或曰:祭於瞽宗,祭於廟中。明堂位曰:‘瞽宗,殷學也;泮宫,周學也。’以此觀之,祭於學宫中。”**以樂德教國子:中、和、祗、庸、孝、友。**中,猶忠也。和,剛柔適也。祗,敬。庸,有常也。善父母曰孝。善兄弟曰友。**以樂語教國子:興、道、諷、誦、言、語。**興者,以善物喻善事。道,讀曰導,導者,言古以剴今也。倍文曰諷。以聲節之曰誦。發端曰言。答述曰語。**以樂舞教國子:舞雲門、大卷、大咸、大㲈、大夏、大濩、大武。**此周所存六代之樂。黄帝曰雲門、大卷,黄帝能成名萬物以明民共財,言其德如雲之所出,民得以有族類。大咸、咸池,堯樂也,堯能禪均刑法以儀民①,言其德無所不施。大㲈,舜樂

① 禪,婺本、金本、建本、附圖本、八行本、十行本並作“殫”。識語云:“疑賈疏本亦作‘禪’。”

也，言其德能紹堯之道也。大夏，禹樂也，禹治水傅土，言其德能大中國也。大濩，湯樂也，湯以寬治民而除其邪，言其德能使天下得其所也。大武，武王樂也，武王伐紂以除其害，言其德能成武功。**以六律、六同、五聲、八音、六舞大合樂，以致鬼神示，以和邦國，以諧萬民，以安賓客，以説遠人，以作動物。**六律，合陽聲者也；六同，合陰聲者也：此十二者，以銅爲管，轉而相生。黄鍾爲首，其長九寸，各因而三分之①，上生者益一分，下生者去一焉。國語曰："律，所以立均出度也。古之神瞽，考中聲而量之以制，度律均鍾。"言以中聲定律，以律立鍾之均。大合樂者，謂徧作六代之樂，以冬日至作之，致天神人鬼；以夏日至作之，致地祇物鬽。動物②，羽蠃之屬。虞書云："夔曰：戛擊，鳴球、搏拊、琴、瑟以詠，祖考來格，虞賓在位，羣后德讓，下管鼗鼓，合止柷敔，笙鏞以閒，鳥獸牄牄③，簫韶九成，鳳皇來儀。"夔又曰："於！予擊石拊石，百獸率舞，庶尹允諧。"此其於宗廟九奏效應。**乃分樂而序之，以祭，以享，以祀。**分，謂各用一代之樂。**乃奏黄鍾，歌大吕，舞雲門，以祀天神。**以黄鍾之鍾、大吕之聲爲均者，黄鍾，陽聲之首，大吕爲之合，奏之以祀天神，尊之也。天神，謂五帝及日月星辰也。王者又各以夏正月，祀其所受命之帝於南郊，尊之也。孝經説曰"祭天南郊，就陽位"是也。**乃奏大蔟，歌應鍾，舞咸池，以祭地示。**大蔟，陽聲第二，應鍾爲之合。咸池，大咸也。地祇④，所祭於北郊，謂神州之神及社稷。**乃奏姑洗，歌南吕，舞大磬，以祀四望。**姑洗，陽聲第三，南吕爲之合。四望，五嶽、四鎮、四竇。此言祀者，司中、司命、風師、雨師或亦用此樂與？**乃奏蕤賓，歌函鍾，舞大夏，以祭山川。**蕤賓，陽聲第四，函鍾爲之合。函鍾，一名林鍾。**乃奏夷則，歌小吕，舞大濩，以享先妣。**夷則，陽聲第五，小吕爲之合。小吕一名中吕。先妣，姜嫄也。姜嫄履大人

① 三，十行本作"二"。加記云："正、人、韓本……誤'二'。"
② 纂圖本、互注本並無"物"字。
③ 牄牄，婺本、岳本並作"蹌蹌"，建本作"鎗鎗"。
④ 祇，婺本、建本、附圖本、岳本並作"示"。加記云："岳本……誤'示'。"

跡,感神靈而生后稷,是周之先母也。周立廟自后稷爲始祖,姜嫄無所妃[①],是以特立廟而祭之,謂之閟宫。閟,神之。**乃奏無射,歌夾鍾,舞大武,以享先祖。**無射,陽聲之下也,夾鍾爲之合。夾鍾,一名圜鍾。先祖,謂先王、先公。**凡六樂者,文之以五聲,播之以八音。**六者,言其均,皆待五聲八音乃成也。播之言被也。故書"播"爲"藩",杜子春云:"藩,當爲'播',讀如'后稷播百穀'之'播'。"**凡六樂者,一變而致羽物及川澤之示,再變而致臝物及山林之示,三變而致鱗物及丘陵之示,四變而致毛物及墳衍之示,五變而致介物及土示,六變而致象物及天神。**變,猶更也。樂成則更奏也。此謂大蜡索鬼神而致百物,六奏樂而禮畢。東方之祭,則用大蔟、姑洗;南方之祭,則用蕤賓;西方之祭,則用夷則、無射;北方之祭,則用黄鍾爲均焉。每奏有所感致,和以來之。凡動物敏疾者、地祇高下之甚者,易致。羽物既飛又走,川澤有孔竅者,蛤蟹走則遲,墳衍孔竅則小矣,是其所以舒疾之分。土祇,原隰及平地之神也。象物,有象在天,所謂四靈者。天地之神,四靈之知,非德至和則不至。禮運曰:"何謂四靈?麟、鳳、龜、龍,謂之四靈。龍以爲畜,故魚鮪不淰;鳳以爲畜,故鳥不獝;麟以爲畜,故獸不狘;龜以爲畜,故人情不失。"**凡樂,圜鍾爲宫,黄鍾爲角,大蔟爲徵,姑洗爲羽[②],靁鼓、靁鼗,孤竹之管,雲和之琴瑟,雲門之舞,冬日至,於地上之圜丘奏之,若樂六變,則天神皆降,可得而禮矣。凡樂,函鍾爲宫,大蔟爲角,姑洗爲徵,南吕爲羽[③],靈鼓、靈鼗,孫竹之管,空桑之琴瑟,咸池之舞,夏日至,於澤中之方丘奏之,若樂八變,則地示皆出,可得而禮矣。凡樂,黄鍾爲宫,大吕爲角,大蔟爲徵,應鍾爲羽,路鼓、路鼗,陰竹之管,龍門之琴**

① 妃,纂圖本作"如"。加記云:"董本'妃'誤'如'。"
② 姑,金本作"沽"。
③ 吕,建本、十行本並作"宫"。

瑟，九德之歌，九磬之舞，於宗廟之中奏之，若樂九變，則人鬼可得而禮矣。此三者，皆禘大祭也。天神則主北辰，地祇則主崐崘，人鬼則主后稷。先奏是樂以致其神，禮之以玉而祼焉，乃後合樂而祭之。大傳曰：王者必禘其祖之所自出。祭法曰"周人禘嚳而郊稷"，謂此祭天圜丘，以嚳配之。圜鍾，夾鍾也，夾鍾生於房心之氣，房心爲大辰，天帝之明堂；函鍾，林鍾也，林鍾生於未之氣，未，坤之位，或曰天社，在東井輿鬼之外，天社，地神也；黄鍾生於虚危之氣，虚危爲宗廟：以此三者爲宫，用聲類求之。天宫夾鍾陰聲，其相生從陽數，其陽無射，無射上生中吕①，中吕與地宫同位，不用也。中吕上生黄鍾，黄鍾下生林鍾，林鍾地宫，又不用。林鍾上生大蔟，大蔟下生南吕②，南吕與無射同位，又不用。南吕上生姑洗，地宫林鍾，林鍾上生大蔟，大蔟下生南吕。南吕上生姑洗，人宫黄鍾，黄鍾下生林鍾，林鍾地宫，又辟之。林鍾上生大蔟，大蔟下生南吕，南吕與天宫之陽同位，又辟之。南吕上生姑洗，姑洗南吕之合，又辟之。姑洗下生應鍾，應鍾上生蕤賓，蕤賓地宫，林鍾之陽也，又辟之。蕤賓上生大吕。凡五聲，宫之所生，濁者爲角，清者爲徵、羽。此樂無商者，祭尚柔，商堅剛也。鄭司農云："雷鼓、雷鼗，皆謂六面有革可擊者也。雲和，地名也。靈鼓、靈鼗，四面。路鼓、路鼗，兩面。九德之歌，春秋傳所謂水、火、金、木、土、穀，謂之六府；正德、利用、厚生，謂之三事：六府、三事，謂之九功，九功之德，皆可歌也，謂之九歌也。"玄謂：雷鼓、雷鼗，八面；靈鼓、靈鼗，六面；路鼓、路鼗，四面。孤竹，竹特生者。孫竹，竹枝根之末生者。陰竹，生於山北者。雲和、空桑、龍門，皆山名。九磬，讀當爲"大韶"，字之誤也③。**凡樂事，大祭祀，宿縣，遂以聲展之，**叩聽其聲，具陳次之，以知完不。**王出入，則令奏王夏；尸出入，則令奏肆夏；牲出入，則令奏**

① 金本無"無射"二字。上，諸本皆同。阮記云："浦鏜云'下'誤'上'。"案：續漢書律歷志云"無射九萬八千三百四，上生中吕"，宋書律志"無射之數四十五，主九月，上生中吕"，北宋版通典卷一百四十三"無射上生中吕"，又大師鄭注云"無射又上生中吕之上六"，則作"上"是也，原文不誤，浦説誤矣。又漢書律歷志云"參分亡射，損一，下生中吕"，浦説或本此，然漢志明云三分無射損一，方爲下生中吕，非無射下生中吕，浦氏顯然誤讀原文也。

② 纂圖本、互注本並無"大蔟"二字。

③ 金本"字"上有"声"字。婺本、金本、建本、附圖本、岳本、八行本並無"也"字。

昭夏，三夏，皆樂章名。**帥國子而舞。**當用舞者，帥以往。**大饗不入牲，其他皆如祭祀。**大饗，饗賓客也。不入牲，牲不入，亦不奏昭夏也。其他，謂王出入、賓客出入，亦奏王夏、肆夏。**大射，王出入，令奏王夏，及射，令奏騶虞。**騶虞，樂章名，在召南之卒章。王射以騶虞爲節。**詔諸侯以弓矢舞。**舞，謂執弓挾矢①，揖讓進退之儀②。**王大食，三宥，皆令奏鍾鼓。**大食，朔日月半③，以樂宥食時也。宥，猶勸也。**王師大獻，則令奏愷樂。**大獻，獻捷於祖。愷樂，獻功之樂。鄭司農説以春秋晉文公敗楚於城濮，傳曰"振旅愷以入于晉"。**凡日月食、四鎮五嶽崩、大傀異烖、諸侯薨，令去樂。**四鎮，山之重大者，謂楊州之會稽、青州之沂山、幽州之醫無閭、冀州之霍山。五嶽，岱在兖州、衡在荆州、華在豫州、嶽在雍州、恒在并州。傀，猶怪也。大怪異烖，謂天地奇變，若星辰奔霣及震裂爲害者。去樂，藏之也。春秋傳曰："壬午，猶繹，萬入，去籥。"萬言入，則去者不入，藏之可知④。**大札、大凶、大烖、大臣死，凡國之大憂，令弛縣。**札，疫癘也。凶，凶年也。烖，水火也。弛，釋下之，若今休兵鼓之爲。**凡建國，禁其淫聲、過聲、凶聲、慢聲。**淫聲，若鄭、衛也。過聲，失哀樂之節。凶聲，亡國之聲，若桑閒、濮上。慢聲，惰慢不恭。**大喪，涖廞樂器。**涖，臨也。廞，興也。臨笙師、鎛師之屬，興樂器也。興，謂作之也⑤。**及葬，藏樂器，亦如之。**

樂師，掌國學之政，以教國子小舞。謂以年幼少時教之舞。内則曰：十三舞勺，成童舞象，二十舞大夏。**凡舞，有帗舞，有羽舞，有皇舞，有旄舞，有干舞，有人舞。**故書"皇"作"翌"。鄭

---

① 謂，纂圖本、互注本並作"請"。

② 儀，金本作"義"。

③ 日，婺本、金本、建本、附圖本、纂圖本、互注本、京本、岳本、八行本、十行本並作"月"。黄記云："上'月'誤'日'。"

④ 附圖本"知"下有"也"字。

⑤ 作，金本作"行"。

司農云:"帗舞者,全羽;羽舞者,析羽;皇舞者,以羽冒覆頭上,衣飾翡翠之羽;旄舞者,氂牛之尾;干舞者,兵舞;人舞者,手舞。社稷以帗,宗廟以羽,四方以皇,辟廱以旄,兵事以干,星辰以人舞。翌,讀爲'皇',書亦或爲'皇'。"玄謂:帗,析五采繒,今靈星舞子持之是也。皇,雜五采羽如鳳皇色,持以舞①。人舞無所執,以手袖爲威儀。四方以羽,宗廟以人,山川以干,旱暵以皇。**教樂儀,行以肆夏,趨以采薺,車亦如之,環拜以鍾鼓爲節。**教樂儀,教王以樂出入於大寢朝廷之儀。故書"趨"作"跢"。鄭司農云:"跢,當爲'趨',書亦或爲'趨'。肆夏、采薺,皆樂名,或曰皆逸詩,謂人君行步以肆夏爲節,趨疾於步則以采薺爲節。若今時行禮於大學,罷出以鼓陔爲節。環,謂旋也。拜,直拜也。"玄謂:行者,謂於大寢之中。趨,謂於朝廷。爾雅曰"堂上謂之行","門外謂之趨"。然則王出既服,至堂而肆夏作,出路門而采薺作,其反入,至應門、路門,亦如之,此謂步迎賓客。王如有車出之事,登車於大寢西階之前,反降於阼階之前。尚書傳曰:天子將出,撞黄鍾之鍾,右五鍾皆應,入則撞蕤賓之鍾,左五鍾皆應,大師於是奏樂。**凡射,王以騶虞爲節,諸侯以貍首爲節,大夫以采蘋爲節,士以采蘩爲節。**騶虞、采蘋、采蘩,皆樂章名,在國風召南,唯貍首在樂記。射義曰:"騶虞者,樂官備也。貍首者,樂會時也。采蘋者,樂循法也。采蘩者,樂不失職也。是故天子以備官爲節,諸侯以時會爲節,卿大夫以循法爲節,士以不失職爲節。"鄭司農説以大射禮曰:"樂正命大師曰:奏貍首,間若一。大師不興,許諾,樂正反位,奏貍首以射。"貍首,曾孫。**凡樂,掌其序事,治其樂政。**序事,次序用樂之事。**凡國之小事用樂者,令奏鍾鼓。**小事,小祭祀之事。**凡樂成,則告備。**成,謂所奏一竟,書曰"簫韶九成"。燕禮曰:"大師告于樂正曰:正歌備。"**詔來瞽,皋舞,**鄭司農云:"瞽,當爲'鼓'。皋,當爲'告'。呼擊鼓者,又告當舞者,持鼓與舞俱來也。鼓,字或作'瞽'。詔來瞽,或曰:來,敕也。敕爾瞽,率爾衆工,奏爾悲誦,肅肅雍雍,毋怠毋凶。"玄謂:詔來瞽,詔視瞭扶瞽者來入也。皋之言號,告國子當舞者舞。**及徹,**

① 持,纂圖本、互注本、京本、十行本並作"特"。加記云:"十、纂、元、正、京、人、周本……'持'誤'特'。"

帥學士而歌徹，學士，國子也。鄭司農云："謂將徹之時，自有樂，故帥學士而歌徹。"玄謂：徹者歌雍，雍在周頌臣工之什。**令相。**令視瞭扶工。鄭司農云："告當相瞽師者，言當罷也。瞽師、盲者①，皆有相道之者。故師冕見，及階，曰'階也'；及席，曰'席也'；皆坐，曰'某在斯，某在斯'。曰相師之道與？"**饗食諸侯，序其樂事，令奏鍾鼓，令相，如祭之儀。燕射，帥射夫以弓矢舞。**射夫，衆耦也。故書"燕"爲"舞"，"帥"爲"率"，"射夫"爲"射矢"。鄭司農云："舞，當爲'燕'。率，當爲'帥'。射矢，書亦或爲'射夫'。"**樂出入，令奏鍾鼓。**樂出入，謂笙歌舞者及其器。**凡軍大獻，教愷歌，遂倡之。**故書"倡"爲"昌"。鄭司農云："樂師主倡也。昌，當爲'倡'，書亦或爲'倡'。"**凡喪陳樂器，則帥樂官。**帥樂官往陳之。**及序哭，亦如之。**哭此樂器亦帥之。**凡樂官，掌其政令，聽其治訟。**

大胥，掌學士之版，以待致諸子。鄭司農云："學士，謂卿大夫諸子學舞者。版，籍也。今時鄉户籍，世謂之户版。大胥主此籍，以待當召聚學舞者卿大夫之諸子，則案此籍以召之。漢大樂律曰：卑者之子，不得舞宗廟之酎，除吏二千石到六百石，及關内侯到五大夫子，先取適子高七尺已上，年二十到年三十②，顔色和順，身體脩治者，以爲舞人。與古用卿大夫子同義。"**春入學，舍采，合舞；**春始以學士入學宫而學之。合舞，等其進退，使應節奏。鄭司農云："舍采，謂舞者皆持芬香之采。或曰：古者士見於君，以雉爲摯，見於師，以菜爲摯，菜，直謂疏食菜羹之菜。或曰：學者皆人君卿大夫之子，衣服采飾，舍采者，減損解釋盛服，以下其師也。月令：仲春之月，上丁，命樂正習舞，釋采；仲丁，又命樂正入學習樂。"玄謂：舍，即釋也。采，讀爲"菜"。始入學，必釋菜，禮先師也。菜，蘋蘩之屬。**秋頒學，合聲。**春使之學，秋頒其才藝所爲。合聲，亦等其曲折，使應節奏。**以六樂之會正舞位，**大同六樂之節奏，正其位，使相應

① 盲，婺本、建本、附圖本、纂圖本、互注本、京本、岳本、八行本並作"肓"。黄記云："'肓'誤'盲'。"

② 二十，婺本、金本、建本、八行本、十行本並作"十二"。三十，八行本作"三十一"。

也。言爲大合樂習之。**以序出入舞者，**以長幼次之，使出入不紕錯。**比樂官，**比，猶校也。杜子春云："次比樂官也。"鄭大夫讀"比"爲"庀"，庀，具也，録具樂官。**展樂器。**展，謂陳數之。**凡祭祀之用樂者，以鼓徵學士。**擊鼓以召之。文王世子曰："大昕鼓徵，所以警衆。"**序宫中之事。**

小胥，掌學士之徵令而比之，觵其不敬者。比，猶校也。不敬，謂慢期不時至也。觵，罰爵也，詩云"兕觵其觩"。**巡舞列而撻其怠慢者。**撻，猶抶也，抶，以荆扑①。**正樂縣之位，王宫縣，諸侯軒縣，卿大夫判縣，士特縣，辨其聲。**樂縣，謂鍾磬之屬，縣於筍虡者。鄭司農云："宫縣，四面縣；軒縣，去其一面；判縣，又去其一面；特縣，又去其一面。四面，象宫室四面有牆，故謂之宫縣。軒縣，三面，其形曲，故春秋傳曰'請曲縣繁纓以朝'，諸侯之禮也。故曰唯器與名，不可以假人。"玄謂：軒縣，去南面，辟王也。判縣，左右之合，又空北面。特縣，縣於東方，或於階閒而已。**凡縣鍾磬，半爲堵，全爲肆。**鍾磬者，編縣之，二八十六枚，而在一虡，謂之堵。鍾一堵，磬一堵，謂之肆。半之者，謂諸侯之卿大夫士也。諸侯之卿大夫，半天子之卿大夫，西縣鍾，東縣磬。士亦半天子之士，縣磬而已。鄭司農云："以春秋傳曰'歌鍾二肆'。"

大師，掌六律六同，以合陰陽之聲。陽聲，黄鍾、大蔟、姑洗、蕤賓、夷則、無射；陰聲，大吕、應鍾、南吕、函鍾、小吕、夾鍾：皆文之以五聲，宫、商、角、徵、羽，皆播之以八音，金、石、土、革、絲、木、匏、竹。以合陰陽之聲者，聲之陰陽各有合。黄鍾，子之氣也，十一月建焉，而辰在星紀；大吕，丑之氣也，十二月建焉，而辰在玄枵；大蔟，寅之氣也，正月建焉，而辰在陬訾②；應鍾，亥之氣也，十月建焉，而辰在析木；姑洗③，辰之氣也，三月建焉，而辰在大

① 扑，金本、附圖本並作"朴"。
② 陬，婺本、建本、岳本、八行本並作"娵"。黄記云："'娵'誤'陬'。"
③ 姑，金本、八行本並作"沽"。

梁;南吕,酉之氣也,八月建焉,而辰在壽星;蕤賓,午之氣也,五月建焉,而辰在鶉首;林鍾,未之氣也,六月建焉,而辰在鶉火;夷則,申之氣也,七月建焉,而辰在鶉尾;中吕,巳之氣也,四月建焉,而辰在實沈;無射,戌之氣也,九月建焉,而辰在大火;夾鍾,卯之氣也,二月建焉,而辰在降婁。辰與建,交錯貿處,如表裏然,是其合也。其相生,則以陰陽六體爲之。黄鍾初九也,下生林鍾之初六,林鍾又上生太蔟之九二,太蔟又下生南吕之六二①,南吕又上生姑洗之九三,姑洗又下生應鍾之六三,應鍾又上生蕤賓之九四,蕤賓又上生大吕之六四②,大吕又下生夷則之九五③,夷則又上生夾鍾之六五④,夾鍾又下生無射之上九⑤,無射又上生中吕之上六。同位者象夫妻,異位者象子母,所謂律取妻而吕生子也。黄鍾長九寸,其實一籥,下生者三分去一,上生者三分益一,五下六上,乃一終矣。大吕長八寸二百四十三分寸之一百四⑥,太蔟長八寸,夾鍾長七寸二千一百八十七分寸之千七十五⑦,姑洗長七寸九分寸之一,中吕長六寸萬九千六百八十三分寸之萬二千九百七十四,蕤賓長六寸八十一分寸之二十六,林鍾長六寸,夷則長五寸七百二十九分寸之四百五十一,南吕長五寸三分寸之一,無射長四寸六千五百六十一分寸之六千五百二十四,應鍾長四寸二十七分寸之二十。文之者,以調五聲,使之相次,如錦繡之有文章。播,猶揚也,揚之以八音,乃可得而觀之矣。金,鍾鎛也。石,磬也。土,塤也。革,鼓鼗也。絲,琴瑟也。

---

① 二,建本作"三"。加記云:"建本'二'誤'三'。"

② 上,建本、附圖本、十行本並作"下"。

③ 下,建本、附圖本、十行本並作"上"。

④ 上,建本、附圖本、十行本並作"下"。

⑤ 下,建本、附圖本、十行本並作"上"。阮記云:"余本、岳本、嘉靖本'下生'皆作'上生','上生'皆作'下生',當據以訂正。"案:續漢書律歷志云"大吕十六萬五千八百八十八,下生夷則……夾鍾十四萬七千四百五十六,下生無射……蕤賓十二萬四千四百一十六,上生大吕……夷則十一萬五百九十二,上生夾鍾夷",北宋版通典卷一百四十三"蕤賓上生大吕,大吕下生夷則,夷則上生夾鐘,夾鐘下生無射",與底本文字相合,則以上諸處,底本皆不誤,阮記是也。建本等致誤者,或因漢書律歷志有云"參分蕤賓損一下生大吕,參分大吕益一上生夷則,參分夷則損一下生夾鐘,參分夾鐘益一上生亡射",徒見上、下之字,不覩"三分"之語,故有若此之錯亂也。

⑥ 二百,八行本作"一百"。

⑦ 一百八,附圖本作"八百一"。

木,柷敔也。匏,笙也。竹,管簫也。**教六詩:曰風,曰賦,曰比,曰興,曰雅,曰頌。**教,教瞽矇也。風,言賢聖治道之遺化也。賦之言鋪,直鋪陳今之政教善惡。比,見今之失,不敢斥言,取比類以言之。興,見今之美,嫌於媚諛,取善事以喻勸之①。雅,正也,言今之正者,以爲後世法。頌之言誦也,容也,誦今之德,廣以美之。鄭司農云:"古而自有'風''雅''頌'之名,故延陵季子觀樂於魯,時孔子尚幼,未定詩、書,而曰'爲之歌邶、鄘、衛'②,曰'是其衛風乎',又爲之歌小雅、大雅,又爲之歌頌。論語曰:'吾自衛反魯,然後樂正,雅、頌各得其所。'時禮樂自諸侯出,頗有謬亂不正,孔子正之。'曰比''曰興',比者,比方於物也;興者,託事於物。"**以六德爲之本,**所教詩,必有知、仁、聖、義、忠、和之道,乃後可教以樂歌。**以六律爲之音。**以律視其人爲之音,知其宜何歌。子貢見師乙而問曰:"賜也聞樂歌各有宜,若賜者宜何歌?"此問人性也。本人之性,莫善於律③。**大祭祀,帥瞽登歌,令奏,擊拊,**擊拊,瞽乃歌也。故書"拊"爲"付",鄭司農云:"登歌,歌者在堂也。付,字當爲'拊',書亦或爲'拊'。樂,或當'擊',或當'拊'。登歌下管,貴人聲也。"玄謂:拊,形如鼓,以韋爲之,著之以穅。**下管播樂器,令奏,鼓朄。**鼓朄,管乃作也。特言管者,貴人氣也。鄭司農云:"下管,吹管者在堂下。朄,小鼓也。先擊小鼓,乃擊大鼓,小鼓爲大鼓先引,故曰朄。朄④,讀爲'道引'之'引'。"玄謂:鼓朄,猶言擊朄⑤,詩云"應朄縣鼓"。**大饗,亦如之。大射,帥瞽而歌射節。**射節,王歌騶虞⑥。**大師,執同律以聽軍聲,而詔吉凶。**大師,大起軍師。兵書曰:王者行師出軍之日,授將弓矢,士卒振旅,將張弓大呼,大師吹律合音。商則戰勝,軍士强;角則軍擾多變,失士心;宫則軍和,士卒同心;徵則將急數怒,軍士勞;羽則兵弱,少威

① 喻勸,附圖本作"勸喻"。

② 曰,建本、附圖本、十行本並作"因"。正字云:"'曰'誤'因'。"

③ 莫,纂圖本作"美"。

④ 八行本無"朄"字。

⑤ 十行本無"猶"字。

⑥ 王,十行本作"主"。阮記引文"主歌騶虞",云:"閩、監、毛本同,誤也。余本、嘉靖本'主'作'王',此本疏中標注亦作'王',當據以訂正。"

明。鄭司農説以師曠曰①："吾驟歌北風，又歌南風，南風不競②，多死聲，楚必無功。"**大喪，帥瞽而廞，作匶謚。**廞，興也，興言王之行，謂諷誦其治功之詩。故書"廞"爲"淫"，鄭司農云："淫，陳也。陳其生時行迹，爲作謚。"**凡國之瞽矇正焉。**從大師之政教。

小師，掌教鼓鼗、柷、敔、塤、簫、管、弦、歌。教，教瞽矇也。出音者曰鼓③。鼗，如鼓而小，持其柄摇之，旁耳還自擊。塤，燒土爲之，大如鴈卵。簫，編小竹管，如今賣飴餳所吹者。弦，謂琴瑟也。歌，依詠詩也。鄭司農云："柷，如漆筩，中有椎。敔，木虎也。塤，六孔④。管，如篪，六孔⑤。"玄謂：管，如篴而小，併兩而吹之，今大子樂官有焉⑥。**大祭祀，登歌，擊拊，**亦自有拊，擊之，佐大師令奏。鄭司農云："拊者擊石⑦。"**下管，擊應鼓，**應，鼙也。應與朄及朔，皆小鼓也，其所用別未聞。**徹，歌。**於有司徹而歌雍。**大饗，亦如之。大喪，與廞。**從大師。**凡小祭祀，小樂事，鼓朄。**如大師。鄭司農云："朄，小鼓名。"**掌六樂聲音之節與其和。**和，錞于。

瞽矇，掌播鼗、柷、敔、塤、簫、管、弦、歌。播，謂發揚其音。**諷誦詩，世奠繫，鼓琴瑟。**諷誦詩，謂闇讀之，不依詠也。故書"奠"或爲"帝"。鄭司農云："諷誦詩，主誦詩以刺君過，故國語曰'瞍賦，矇誦'，謂詩也。"杜子春云："帝，讀爲'定'，其字爲'奠'，書亦或爲'奠'。世奠繫，謂帝繫，諸侯卿大夫世本之屬是也。小史主次序先王之世，昭穆之繫，述其德行。瞽矇主誦詩，并誦世繫，以戒勸人君也。故國語曰'教之世，

① 説，建本、附圖本、十行本並作"云"。阮記引文"鄭司農云以師曠曰"，云："閩、監、毛本同，誤也。余本、岳本、嘉靖本'云'作'説'，當據正。"

② 建本無"南風"二字。

③ 婺本、金本、建本、附圖本、纂圖本、互注本、京本、岳本、十行本並無"者"字。阮記云："嘉靖本'音'下有'者'，六經正誤云：出音者曰鼓，闕'者'字。"

④ 孔，岳本作"空"。

⑤ 孔，附圖本、岳本並作"空"。

⑥ 子，婺本、金本、京本並作"予"。案：單疏本抄作"大子樂官"，清武英殿刊周禮注疏考證云："子，當作'予'。大予，漢樂官名。"

⑦ 附圖本"石"下有"野"字。

而爲之昭明德而廢幽昏焉,以怵懼其動’。”玄謂:諷誦詩,主謂廞作柩謚時也①,諷誦王治功之詩以爲謚。世之而定其繫,謂書於世本也。雖不歌,猶鼓琴瑟,以播其音②,美之③。**掌九德、六詩之歌,以役大師**④。役,爲之使。

眡瞭,掌凡樂事,播鼗,擊頌磬、笙磬。視瞭播鼗,又擊磬。磬在東方曰笙,笙,生也;在西方曰頌,頌,或作“庸”,功也⑤。大射禮曰:“樂人宿縣于阼階東,笙磬西面,其南笙鍾,其南鎛,皆南陳。”又曰:“西階之西,頌磬東面,其南鍾,其南鎛,皆南陳。”**掌大師之縣。**大師當縣則爲之。**凡樂事,相瞽。**相,謂扶工。**大喪,廞樂器。大旅,亦如之。**旅,非常祭,於時乃興造其樂器。**賓射,皆奏其鍾鼓。**擊㮚以奏之。其登歌,大師自奏之。**鼜、愷獻,亦如之。**愷獻,獻功愷樂也。杜子春讀“鼜”爲“憂戚”之“戚”,謂戒守鼓也。擊鼓聲疾數,故曰“戚”。

典同,掌六律、六同之和,以辨天地四方陰陽之聲,以爲樂器。陽聲屬天,陰聲屬地,天地之聲,布於四方。爲,作也。故書“同”作“銅”。鄭司農云:“陽律以竹爲管,陰律以銅爲管。竹,陽也;銅,陰也:各順其性,凡十二律,故大師職曰‘執同律以聽軍聲’。”玄謂:律,述氣者也;同,助陽宣氣與之同。皆以銅爲⑥。**凡聲,高聲䃂,正聲緩,下聲肆,陂聲散,險聲斂,達聲贏,微聲韽,回聲衍,侈聲筰,弇聲鬱,薄聲甄,厚聲石。**故書“䃂”或作“硍”⑦,杜子春讀

---

① 謂,京本作“爲”。加記云:“京本‘謂’誤‘爲’。”時也,金本作“也時”。加記云:“董本‘時也’誤倒。”

② 音,八行本作“美”。

③ 美,八行本作“音”。加記云:“浙本‘音美’倒。”

④ 役,十行本作“設”。

⑤ 婺本、金本、建本、附圖本、纂圖本、互注本、京本、岳本、八行本、十行本“功”上並有“庸”字。

⑥ 岳本“爲”下有“之”字。

⑦ 岳本無“或”字。加記云:“岳、陳本脱‘或’。”作,婺本作“爲”。硍,金本作“䃂”。

“硍”爲“鏗鎗”之“鏗”；高，謂鍾形容高也；韽，讀爲“闇不明”之“闇”；筰，讀爲“行扈唶唶”之“唶”；石，如磬石之聲。鄭大夫讀“硍”爲“衮冕”之“衮”①；陂，讀爲“人短罷”之“罷”；韽，讀爲“鶉鵪”之“鵪”②。鄭司農云：“鍾形下當蹕，正者，不高不下，鍾形上下正傭。”玄謂：高，鍾形大上上大也，高則聲上藏，衮然旋如裹。正，謂上下直，正則聲緩無所動。下，謂鍾形大下下大也，下則聲出去放肆。陂，讀爲“險陂”之“陂”，陂謂偏侈，陂則聲離散也。險，謂偏弇也，險則聲斂不越也。達，謂其形微大也，達則聲有餘，若大放也。微，謂其形微小也。韽，讀爲“飛鉆涅韽”之“韽”，韽，聲小不成也。回，謂其形微圜也，回則其聲淫衍，無鴻殺也。侈，謂中央約也，侈則聲迫筰，出去疾也。弇，謂中央寬也，弇則聲鬱勃不出也。甄，讀爲“甄燿”之“甄”③，甄，猶掉也，鍾微薄則聲掉。鍾大厚則如石，扣之無聲④。**凡爲樂器，以十有二律爲之數度，以十有二聲爲之齊量。**數度，廣長也。齊量，侈弇之所容。**凡和樂，亦如之。**和，謂調其故器也。

磬師，掌教擊磬，擊編鍾。教，教視瞭也。磬亦編，於鍾言之者，鍾有不編，不編者鍾師擊之。杜子春讀“編”爲“編書”之“編”。**教縵樂、燕樂之鍾磬。**杜子春讀“縵”爲“怠慢”之“慢”。玄謂：縵，讀爲“縵錦”之“縵”，謂雜聲之和樂者也。學記曰：“不學操縵，不能安弦。”燕樂，房中之樂，所謂陰聲也。二樂皆教其鍾磬。**凡祭祀，奏縵樂。**

鍾師，掌金奏。金奏，擊金以爲奏樂之節。金，謂鍾及鎛。**凡樂事，以鍾鼓奏九夏：王夏、肆夏、昭夏、納夏、章夏、齊夏、族夏、祴夏、驁夏。**以鍾鼓者，先擊鍾，次擊鼓，以奏九夏。夏，大也，樂之大歌有九。故書“納”作“内”，杜子春云：“内，當爲‘納’。祴，讀爲‘陔鼓’之‘陔’。王出入奏王夏，尸出入奏肆夏，牲出入奏昭夏，四方

---

① 硍，金本作“硍”。
② 兩“鵪”，附圖本皆作“韽”。
③ 燿，婺本、建本、岳本、八行本並作“燿”。
④ 扣，婺本、建本、互注本、京本、岳本、八行本、十行本並作“叩”。黄記云：“‘叩’誤‘扣’。”

賓來奏納夏，臣有功奏章夏，夫人祭奏齊夏，族人侍奏族夏，客醉而出奏陔夏，公出入奏驁夏。肆夏，詩也，春秋傳曰‘穆叔如晉’，‘晉侯享之，金奏肆夏三，不拜；工歌文王之三，又不拜；歌鹿鳴之三，三拜’，‘曰：三夏，天子所以享元侯也，使臣不敢與聞’，肆夏與文王、鹿鳴俱稱‘三’，謂其三章也，以此知肆夏詩也。國語曰‘金奏肆夏、繁遏、渠，天子所以享元侯’，肆夏、繁遏、渠，所謂三夏矣。吕叔玉云：‘肆夏、繁遏、渠皆周頌也。肆夏，時邁也；繁遏，執傹也；渠，思文①。肆，遂也，夏，大也，言遂於大位，謂王位也，故時邁曰“肆于時夏，允王保之”；繁，多也，遏，止也，言福禄止於周之多也，故執傹曰“降福穰穰，降福簡簡”，“福禄來反”；渠，大也，言以后稷配天，王道之大也，故思文曰“思文后稷，克配彼天”，故國語謂之曰“皆昭令德以合好也”。’”玄謂：以文王、鹿鳴言之，則九夏皆詩篇名，頌之族類也。此歌之大者，載在樂章，樂崩亦從而亡，是以頌不能具。**凡祭祀、饗食，奏燕樂。**以鍾鼓奏之。**凡射，王奏騶虞，諸侯奏貍首，卿大夫奏采蘋，士奏采蘩。**鄭司農云：“騶虞，聖獸。”**掌鼙，鼓縵樂。**鼓，讀如“莊王鼓”之“鼓”。玄謂：作縵樂，擊鼙以和之。

笙師，掌教龡竽、笙、塤、籥、簫、篪②、篴、管，舂牘、應、雅，以教祴樂。教，教視瞭也。鄭司農云：“竽，三十六簧。笙，十三簧③。篪，七空④。舂牘，以竹大五六寸，長七尺，短者一二尺，其端有兩空，髤畫，以兩手築地。應，長六尺五寸，其中有椎。雅⑤，狀如漆筩而弇口，大二圍，長五尺六寸，以羊韋鞔之，有兩紐⑥，疏畫。”杜子春讀“篴”爲“蕩滌”之“滌”，今時所吹五空竹篴。玄謂：籥，如篴，三空。祴樂，祴夏之樂。牘、應、雅，教其舂者，謂以築地，笙師教之，則三器在庭可知矣。賓醉

---

① 岳本、八行本“文”下有“也”字。

② 篪，白文本、金本、附圖本、纂圖本、互注本、京本、十行本並作“箎”。阮記云：“唐石經、嘉靖本‘箎’作‘篪’，爲是。”案：箎爲箎竹，篪爲管樂，判然二物，作“篪”是也，阮記是也。

③ 三，附圖本作“二”。

④ 空，纂圖本、互注本、京本並作“孔”。

⑤ 雅，金本、建本、互注本、京本、岳本並作“椎”。加記云：“纂、陳本誤‘椎’。”

⑥ 紐，十行本作“組”。

而出,奏祴夏,以此三器築地,爲之行節,明不失禮。**凡祭祀、饗射,共其鍾笙之樂。**鍾笙,與鍾聲相應之笙。**燕樂,亦如之。大喪,廞其樂器,及葬,奉而藏之。**廞,興也,興,謂作之。奉,猶送[1]。**大旅,則陳之。**陳於饌處而已,不涖其縣。

鎛師,掌金奏之鼓。謂主擊晉鼓,以奏其鍾鎛也。然則擊鎛者亦視瞭[2]。**凡祭祀,鼓其金奏之樂。饗食、賓射,亦如之。軍大獻,則鼓其愷樂。凡軍之夜三鼜,皆鼓之。守鼜,亦如之。**守鼜,備守鼓也,鼓之以鼖鼓。杜子春云:"一夜三擊,備守鼜也,春秋傳所謂'賓將趨'者音聲相似。"**大喪,廞其樂器,奉而藏之。**

韎師,掌教韎樂。祭祀,則帥其屬而舞之。舞之以東夷之舞。**大饗,亦如之。**

旄人,掌教舞散樂,舞夷樂。散樂,野人爲樂之善者,若今黄門倡矣,自有舞。夷樂,四夷之樂,亦皆有聲歌及舞。**凡四方之以舞仕者屬焉。凡祭祀、賓客,舞其燕樂。**

籥師,掌教國子舞羽,歙籥。文舞有持羽吹籥者[3],所謂籥舞也。文王世子曰:"秋冬學羽、籥。"詩云:"左手執籥,右手秉翟。"**祭祀則鼓羽籥之舞。**鼓之者,恒爲之節。**賓客饗食,則亦如之。大喪,廞其樂器,奉而藏之。**

籥章,掌土鼓、豳籥。杜子春云:"土鼓,以瓦爲匡,以革爲兩面,可擊也。"鄭司農云:"豳籥,豳國之地竹,豳詩亦如之。"玄謂:豳籥,豳人吹籥之聲章,明堂位曰:"土鼓、蒯桴、葦籥,伊耆氏之樂。"**中春,晝擊土鼓,歙豳詩,以逆暑。**豳詩,豳風七月也。吹之者,以籥爲之聲,七月言寒暑之事。迎氣,歌其類也。此風也,而言詩,詩揔名也。迎暑以

① 岳本"送"下有"也"字。
② 岳本"瞭"下有"也"字。
③ 舞,纂圖本、京本並作"武"。阮記云:"余本'舞'誤'武'。"

晝，求諸陽。**中秋，夜迎寒，亦如之。**迎寒以夜，求諸陰。**凡國祈年于田祖，龡豳雅，擊土鼓，以樂田畯。**祈年，祈豐年也。田祖，始耕田者，謂神農也。豳雅，亦七月也。七月又有"于耜""舉趾""饁彼南畝"之事，是亦歌其類。謂之"雅"者，以其言男女之正①。鄭司農云："田畯，古之先教田者，爾雅曰：'畯，農夫也②。'"**國祭蜡，則龡豳頌，擊土鼓，以息老物。**故書"蜡"爲"蠶"，杜子春云："蠶，當爲'蜡'。郊特牲曰：'天子大蜡八，伊耆氏始爲蜡'，'歲十二月，而合聚萬物而索饗之也，蜡之祭也，主先嗇而祭司嗇也'③，'黄衣黄冠而祭，息田夫也'，'既蜡而收，民息已'。"玄謂：十二月，建亥之月也。求萬物而祭之者，萬物助天成歲事，至此爲其老而勞，乃祀而老息之，於是國亦養老焉，月令孟冬，"勞農以休息之"是也。豳頌，亦七月也。七月又有"穫稻""作酒""躋彼公堂，稱彼兕觵，萬壽無疆"之事，是亦歌其類也。謂之頌者，以其言歲終人功之成。

鞮鞻氏，掌四夷之樂，與其聲歌。四夷之樂，東方曰韎，南方曰任，西方曰株離④，北方曰禁，詩云"以雅以南"是也。王者必作四夷之樂，一天下也。言與其聲歌⑤，則云樂者主於舞。**祭祀，則龡而歌之。燕，亦如之。**吹之，以管籥爲之聲。

典庸器，掌藏樂器、庸器。庸器，伐國所獲之器，若崇鼎、貫鼎及以其兵物所鑄銘也。**及祭祀，帥其屬而設筍虡，陳庸器。**設筍虡，視瞭當以縣樂器焉。陳功器，以華國也。杜子春云："筍，讀爲'博選'之'選'，横者爲筍，從者爲鐻。"**饗食、賓射，亦如之。大喪，廞筍虡。**廞，興也，興，謂作之。

司干，掌舞器。舞器，羽籥之屬。**祭祀，舞者既陳，則授**

---

① 其言，京本作"言其"。

② 農，金本、附圖本、纂圖本、互注本、京本、岳本並作"田"。加記云："岳、京、陳本'農'誤'田'。"

③ 先嗇，纂圖本作"先王"。

④ 株，十行本作"誅"。

⑤ 與其，京本作"其與"。

舞器；既舞，則受之。既，已也。受，取藏之。賓饗，亦如之。大喪，廞舞器，及葬，奉而藏之。

大卜，掌三兆之灋：一曰玉兆，二曰瓦兆，三曰原兆。兆者，灼龜發於火，其形可占者，其象似玉瓦原之璺罅，是用名之焉。上古以來作其法，可用者有三。原，原田也。杜子春云："玉兆，帝顓頊之兆。瓦兆，帝堯之兆。原兆，有周之兆。"其經兆之體，皆百有二十；其頌，皆千有二百。頌，謂繇也。三法體、繇之數同，其名占異耳。百二十，每體十繇，體有五色，又重之以墨坼也。五色者，洪範所謂：曰雨、曰濟、曰圛、曰蟊、曰剋。掌三易之灋：一曰連山，二曰歸藏，三曰周易。易者，揲蓍變易之數，可占者也。名曰連山，似山出内氣也。歸藏者，萬物莫不歸而藏於其中。杜子春云："連山，宓戲。歸藏，黄帝。"其經卦，皆八；其别，皆六十有四。三易卦、别之數亦同，其名占異也。每卦"八""别"者，重之數。掌三夢之灋：一曰致夢，二曰觭夢，三曰咸陟。夢者，人精神所寤可占者。致夢，言夢之所至，夏后氏作焉。咸，皆也。陟之言得也，讀如"王德翟人"之"德"，言夢之皆得，周人作焉。杜子春云："觭，讀爲'奇偉'之'奇'①，其字直當爲'奇'。"玄謂：觭，讀如"諸戎掎"之"掎"，掎亦得也，亦言夢之所得，殷人作焉。其經運，十；其别，九十。運，或爲"緷"，當爲"煇"，是視祲所掌十煇也。王者於天，日也。夜有夢，則晝視日旁之氣，以占其吉凶，凡所占者十煇，每煇九變，此術今亡。以邦事作龜之八命：一曰征，二曰象，三曰與，四曰謀，五曰果，六曰至，七曰雨，八曰瘳。國之大事，待蓍龜而決者有八，定作其辭於將卜，以命龜也。鄭司農云："征，謂征伐人也。象，謂災變雲物，如衆赤鳥之屬，有所象似，易曰'天垂象，見吉凶'，春秋傳曰'天事恒象'，皆是也。與，謂予人物也。謀，謂謀議也。果，謂事成與不也。至，謂至不也。雨，謂雨不也。瘳，謂疾瘳不也。"玄謂：征，亦云"行"，巡守也。象，謂有所造立也，易曰"以制器者尚其象"。與，謂所與共

① 之奇，京本作"之行"。

事也。果,謂以勇決爲之,若吴伐楚,楚司馬子魚卜戰,"令龜曰'鮒也以其屬死之,楚師繼之,尚大克之',吉"是也。**以八命者贊三兆、三易、三夢之占,以觀國家之吉凶,以詔救政。**鄭司農云:"以此八事命卜筮蓍龜,參之以夢,故曰以八命者贊三兆、三易、三夢之占。春秋傳曰:'筮襲於夢,武王所用。'"玄謂:贊,佐也。詔,告也。非徒占其事,吉則爲,否則止,又佐明其繇之占,演其意,以視國家餘事之吉凶,凶則告王救其政。**凡國大貞,卜立君,卜大封,則眡高,作龜。**卜立君,君無冢適,卜可立者。卜大封,謂竟界侵削,卜以兵征之,若魯昭元年秋,"叔弓帥師疆鄆田"是也。視高,以龜骨高者可灼處示宗伯也。大事,宗伯涖卜,卜用龜之腹骨,骨近足者其部高。鄭司農云:"貞,問也。國有大疑,問於蓍龜。作龜,謂鑿龜令可爇也。"玄謂:貞之爲問,問於正者,必先正之,乃從問焉,易曰"師:貞,丈人,吉"。作龜,謂以火灼之,以作其兆也,春灼後左,夏灼前左,秋灼前右,冬灼後右。士喪禮曰"宗人受卜人龜,示高,涖卜受視,反之",又曰"卜人坐作龜"。**大祭祀,則眡高,命龜。**命龜,告龜以所卜之事。不親作龜者,大祭祀輕於大貞也。士喪禮曰:"宗人即席西面坐,命龜。"**凡小事,涖卜。**代宗伯。**國大遷、大師,則貞龜。**正龜於卜位也,士喪禮曰"卜人抱龜燋,先奠龜,西面"是也①。又不親命龜,亦大遷、大師輕於大祭祀也②。**凡旅,陳龜。**陳龜於饌處也,士喪禮曰"卜人先奠龜于西塾上,南首"是也。不親貞龜,亦以卜旅祭非常,輕於大遷③、大師。**凡喪事,命龜。**重喪禮,次大祭祀也。士喪禮則筮宅、卜日,天子卜葬兆。凡大事,大卜陳龜、貞龜、命龜,視高,其他以差降焉。

卜師,掌開龜之四兆:一曰方兆,二曰功兆,三曰義兆,四曰弓兆。開,開出其占書也④。經兆百二十體,此言四兆者⑤,

---

① 面,岳本、八行本並作"南"。加記云:"浙、岳本'面'誤'南'。"

② 婺本、金本、建本、八行本並無"也"字。

③ 大遷,互注本作"人遷"。加記云:"纂本上'大'誤'人'。"建本"師"下有"也"字。

④ 纂圖本、互注本、京本並無"開"字。阮記云:"余本不重'開'字,此衍。"加記云:"阮校不説可否之故,唯是余本,恐不免武斷。"

⑤ 此,十行本作"今"。

分之爲四部,若易之二篇。書金縢曰開籥見書,是謂與?其云"方"、"功"、"義"、"弓"之名,未聞。**凡卜事,眡高。**示涖卜也。**揚火以作龜,致其墨。**揚,猶熾也。致其墨者,孰灼之,明其兆。**凡卜,辨龜之上下左右陰陽①,以授命龜者而詔相之。**所卜者,當各用其龜也。大祭祀、喪事,大卜命龜;則大貞,小宗伯命龜;其他,卜師命龜,卜人作龜。卜人作龜②,則亦辨龜以授卜師③。上,仰者也。下,俯者也。左,左倪也。右,右倪也。陰,後弇也。陽,前弇也。詔相,告以其辭及威儀。

龜人,掌六龜之屬,各有名物。天龜曰靈屬,地龜曰繹屬,東龜曰果屬,西龜曰靁屬,南龜曰獵屬,北龜曰若屬,各以其方之色與其體辨之④。屬,言非一也。色,謂天龜玄,地龜黄,東龜青,西龜白,南龜赤,北龜黑。龜俯者靈,仰者繹,前弇果,後弇獵,左倪靁,右倪若,是其體也。東龜南龜長前後,在陽,象經也;西龜北龜長左右,在陰,象緯也。天龜俯,地龜仰,東龜前,南龜卻,西龜左,北龜右,各從其耦也。杜子春讀"果"爲"羸"。**凡取龜用秋時,攻龜用春時,各以其物,入于龜室。**六龜各異室也⑤。秋取龜,及萬物成也。攻,治也。治龜骨以春,是時乾解,不發傷也。**上春釁龜,祭祀先卜。**釁者,殺牲以血之,神之也。鄭司農云:"祭祀先卜者,卜其日與其牲。"玄謂:先卜,始用卜筮者,言祭言祀,尊焉,天地之也。世本作曰"巫咸作筮",卜,未聞其人也。是上春者,夏正建寅之月,月令孟冬云"釁祠龜策",相互矣。秦以十月建亥爲歲首,則月令秦世之書,亦或欲以歲首釁龜耳。**若有祭事⑥,則奉龜以往。**奉,猶送也⑦,送之所當於卜。**旅,亦如之。喪,亦如之。**

---

① 辨,白文本、婺本並作"辯"。

② 纂圖本、互注本、京本並無"卜人作龜"四字。阮記云:"余本脱一'卜人作龜'。"

③ 辨,婺本作"辯"。

④ 辨,婺本作"辯"。

⑤ 六,建本、十行本並作"云"。

⑥ 事,八行本作"祀"。正字云:"'祀'誤'事'。"

⑦ 猶,婺本作"由"。

華氏，掌共燋契，以待卜事。杜子春云：“燋，讀爲‘細目燋’之‘燋’，或曰如‘薪樵’之‘樵’，謂所爇灼龜之木也，故謂之‘樵’①。契，謂‘契龜’之‘鍥’也，詩云‘爰始爰謀，爰契我龜’。”玄謂：士喪禮曰“楚焞置于燋，在龜東”，楚焞，即契，所用灼龜也。燋，謂炬，其存火②。**凡卜，以明火爇燋，遂歈其焌契，以授卜師，遂役之。**杜子春云：“明火，以陽燧取火於日③。焌，讀爲‘英俊’之‘俊’，書亦或爲‘俊’。”玄謂：焌，讀如“戈鐏”之“鐏”，謂以契柱燋火而吹之也。契既然，以授卜師，用作龜也。役之，使助之。

占人，掌占龜，以八簭占八頌，以八卦占簭之八故，以眂吉凶。占人亦占筮，言掌占龜者，筮短龜長，主於長者。以八筮占八頌，謂將卜八事，先以筮筮之。言頌者，同於龜占也。以八卦占筮之八故，謂八事不卜而徒筮之也④。其非八事，則用九筮，占人亦占焉。**凡卜簭，君占體，大夫占色，史占墨，卜人占坼。**體，兆象也。色，兆氣也。墨，兆廣也。坼，兆亹也。體有吉凶，色有善惡，墨有大小，坼有微明。尊者視兆象而已，卑者以次詳其餘也。周公卜武王，占之曰“體，王其無害”。凡卜，象吉，色善，墨大，坼明，則逢吉。**凡卜簭，既事，則繫幣以比其命。歲終，則計其占之中否。**杜子春云：“繫幣者⑤，以帛書其占，繫之於龜也。”玄謂：既卜筮，史必書其命龜之事及兆於策，繫其禮神之幣，而合藏焉。書曰：“王與大夫盡弁，開金縢之書，乃得周公所自以爲功代武王之説。”是命龜書。

簭人，掌三易，以辨九簭之名，一曰連山，二曰歸藏，三曰周易；九簭之名，一曰巫更，二曰巫咸，三曰巫式，四曰巫目，五曰巫易，六曰巫比，七曰巫祠，八曰巫參，九曰

---

① 樵，岳本、八行本並作“燋”。
② 存，附圖本作“野”。
③ 取，附圖本作“收”。
④ 徒，十行本作“積”。加記云：“正、人、韓本‘徒’誤‘積’。”
⑤ 繫，金本作“計”。幣，十行本作“弊”。加記云：“正本……‘幣’誤‘弊’。”

巫環：以辨吉凶。此九"巫"讀皆當爲"筮"，字之誤也。更，謂筮遷都邑也。咸，猶僉也，謂筮衆心歡不也。式，謂筮制作法式也。目，謂事衆，筮其要所當也。易，謂民衆不説，筮所改易也。比，謂筮與民和比也。祠，謂筮牲與日也。參，謂筮御與右也。環，謂筮可致師不也①。**凡國之大事，先簭而後卜。**當用卜者先筮之，即事有漸也②。於筮之凶，則止不卜③。**上春，相簭。**相，謂更選擇其蓍也。蓍龜歲易者與？**凡國事，共簭。**

占夢，掌其歲時，觀天地之會，辨陰陽之氣，其歲時，今歲四時也。天地之會，建厭所處之日辰。陰陽之氣，休王前後。**以日、月、星辰占六夢之吉凶：**日月星辰，謂日月之行，及合辰所在。春秋昭三十一年，"十二月辛亥，朔，日有食之，是夜也，晉趙簡子夢童子倮而轉以歌，旦而日食，占諸史墨"，"對曰：'六年及此月也，吴其入郢乎，終亦弗克，入郢必以庚辰，日月在辰尾，庚午之日，日始有適，火勝金，故弗克。'"此以日月星辰占夢者。其術則今八會其遺象也，用占夢則亡。**一曰正夢，**無所感動，平安自夢④。**二曰噩夢，**杜子春云："噩，當爲'驚愕'之'愕'，謂驚愕而夢。"**三曰思夢，**覺時所思，念之而夢。**四曰寤夢，**覺時道之而夢。**五曰喜夢，**喜説而夢。**六曰懼夢。**恐懼而夢。**季冬聘王夢，獻吉夢于王，王拜而受之。**聘，問也。夢者，事之祥。吉凶之占，在日月星辰。季冬，日窮于次，月窮于紀，星迴于天，數將幾終，於是發幣而問焉，若休慶之云爾。因獻羣臣之吉夢於王，歸美焉，詩云"牧人乃夢，衆維魚矣，旐維旟矣"，此所獻吉夢。**乃舍萌于四方，以贈惡夢，**杜子春讀"萌"爲"明"，又云⑤："其字當爲'明'，明，謂毆疫也，謂歲竟逐疫置四方，書亦或爲'明'。"玄謂：舍，讀爲"釋"。舍萌，猶釋采

---

① 婺本、金本、附圖本並無"也"字。
② 金本、八行本並無"有"字。漸，建本作"漸"。加記云："建本'漸'誤'斬'。"
③ 止，十行本作"也"。加記云："正、人本誤'也'。"
④ 安，十行本作"夢"。加記云："正本'安'誤'夢'。"
⑤ 又，十行本作"或"。阮記云："余本、岳本、嘉靖本'或'作'又'，當據正。"

也,古書“釋采”“釋奠”多作“舍”字①。萌,菜始生也。贈,送也。欲以新善去故惡。**遂令始難歐疫。**令,令方相氏也。難,謂執兵以有難郤也②。方相氏蒙熊皮,黄金四目,玄衣朱裳,執戈揚盾,帥百隸爲之歐疫癘鬼也。故書“難”或爲“儺”。杜子春“儺”讀爲“難問”之“難”,其字當作“難”。月令:季春之月,“命國儺,九門磔禳,以畢春氣”③;仲秋之月,“天子乃儺,以達秋氣”;季冬之月,“命有司大儺,旁磔,出土牛以送寒氣”。

眡祲,掌十煇之灋,以觀妖祥,辨吉凶:妖祥,善惡之徵。鄭司農云:“煇,謂日光炁也。”**一曰祲,二曰象,三曰鑴,四曰監,五曰闇,六曰瞢,七曰彌,八曰敘,九曰隮,十曰想。**故書“彌”作“迷”,“隮”作“資”。鄭司農云:“祲,陰陽氣相侵也。象者,如赤烏也。鑴,謂日旁氣四面反鄉,如煇狀也。監,雲氣臨日也。闇,日月食也④。瞢,日月瞢瞢無光也。彌者,白虹彌天也。敘者,雲有次序⑤,如山在日上也。隮者,升氣也。想者,煇光也。”玄謂:鑴,讀如“童子佩鑴”之“鑴”,謂日旁氣刺日也。監,冠珥也。彌,氣貫日也。隮,虹也,詩云“朝隮于西”。想,雜氣有似,可形想。**掌安宅敘降。**宅,居也。降,下也。人見妖祥則不安,主安其居處也。次序其凶禍所下,謂禳移之⑥。**正歲,則行事。**占夢以季冬贈惡夢,此正月而行安宅之事⑦,所以順民。**歲終,則弊其事。**弊,斷也,謂計其吉凶然否多少。

大祝,掌六祝之辭,以事鬼神示,祈福祥,求永貞:一

---

① 采,建本、附圖本、十行本並作“菜”。加記云:“士、周本‘菜’誤‘采’。”

② 郤,婺本、金本、京本、岳本並作“卻”。阮記云:“余本‘郤’作‘卻’,爲是。”案:卻者從卩,卩者節也,節制也;郤者從邑,無止步之義。揆諸文義,顯當作“卻”,單疏本疏文云“云‘難謂執兵以有難卻也’者”,則賈氏所見本作“卻”,作“卻”是也。

③ 春,纂圖本、互注本、十行本並作“風”。加記云:“纂、十、元、正、人、周本誤‘風’。”

④ 十行本無“食”字。盧宣旬補阮記云:“毛本‘月’下有‘食’字,此本誤脱。”案:日月如何有闇義?“食”字顯不可闕,考單疏本疏文云“‘闇日月食也’者”,則賈氏所見本亦有“食”字。

⑤ 金本、建本、附圖本、互注本、十行本“序”下並有“也”字。

⑥ 禳,建本作“穰”。

⑦ 宅,十行本作“安”。加記云:“正本‘宅’誤‘安’。”

曰順祝，二曰年祝，三曰吉祝，四曰化祝，五曰瑞祝，六曰筴祝。永，長也。貞，正也。求多福、歷年得正命也。鄭司農云："順祝，順豐年也。年祝，求永貞也。吉祝，祈福祥也。化祝，弭災兵也。瑞祝，逆時雨、寧風旱也。筴祝，遠罪疾①。"**掌六祈，以同鬼神示：一曰類，二曰造，三曰禬，四曰禜，五曰攻，六曰説。**祈，嘄也，謂爲有災變，號呼告神以求福。天神、人鬼、地祇不和，則六癘作見，故以祈禮同之。故書"造"作"竈"，杜子春讀"竈"爲"造次"之"造"，書亦或爲"造"，造，祭於祖也。鄭司農云："類、造、禬、禜、攻、説，皆祭名也。類，祭于上帝。詩曰'是類是禡'，爾雅曰：是類是禡，師祭也；又曰'乃立冢土，戎醜攸行'，爾雅曰：起大事，動大衆，必先有事乎社而後出，謂之宜，故曰'大師宜于社，造于祖，設軍社，類上帝'。司馬法曰：將用師，'乃告于皇天上帝、日月星辰，以禱于后土、四海神祇、山川冢社，乃造于先王，然後冢宰徵師于諸侯，曰：某國爲不道，征之，以某年某月某日，師至某國。'禜，日月星辰山川之祭也，春秋傳曰'日月星辰之神，則雪霜風雨之不時，於是乎禜之'，'山川之神，則水旱癘疫之災，於是乎禜之'。"玄謂：類、造，加誠肅，求如志。禬、禜，告之以時有災變也②。攻、説，則以辭責之。禜，如日食，以朱絲縈社③。攻，如其鳴鼓然。董仲舒救日食祝曰："炤炤大明，瀸滅無光，奈何以陰侵陽，以卑侵尊。"是之謂説也。禬，未聞焉。造、類、禬、禜，皆有牲；攻、説，用幣而已。**作六辭，以通上下親疏遠近：一曰祠，二曰命，三曰誥，四曰會，五曰禱，六曰誄。**鄭司農云："祠，當爲'辭'，謂辭令也。命，論語所謂'爲命，裨諶草創之'。誥，謂康誥、盤庚之誥之屬也，盤庚將遷于殷，誥其世臣卿大夫，道其先祖之善功，故曰'以通上下親疏遠近'。會，謂王官之伯，命事於會，胥命于蒲，主爲其命也。禱，謂禱於天地、社稷、宗廟，主爲其辭也，春秋傳曰：鐵之戰，'衛大子禱曰"曾孫蒯聵，敢昭告皇祖文王、烈祖康叔、文祖襄公：鄭勝亂從，晉午在難，不能治亂，使鞅討之，蒯聵不敢自佚，備持矛焉，敢告，無絶筋，無破骨，無面夷"，"無作三祖

① 岳本"疾"下有"也"字。
② 災，金本作"火"。
③ 縈，附圖本作"禜"。社，岳本作"杜"。

羞,大命不敢請,佩玉不敢愛”。’若此之屬。誄,謂積累生時德行以賜之命,主爲其辭也,春秋傳曰:‘孔子卒,哀公誄之曰“閔天不淑,不慭遺一老①,俾屏余一人以在位,嬛嬛予在疚,嗚呼哀哉尼父,無自律”。’此皆有文雅辭令難爲者也,故大祝官主作六辭。或曰:誄,論語所謂‘誄曰:禱爾于上下神祇’。”杜子春云:“誥,當爲‘告’,書亦或爲‘告’。”玄謂:一曰祠者,交接之辭,春秋傳曰:古者諸侯相見,“號辭必稱先君以相接”。辭之辭也。會,謂會同盟誓之辭。禱,賀慶言福祚之辭,“晉趙文子成室,晉大夫發焉,張老曰:‘美哉輪焉!美哉奂焉!歌於斯,哭於斯,聚國族於斯。’文子曰:‘武也得歌於斯,哭於斯,聚國族於斯,是全要領以從先大夫於九京也。’北面再拜稽首,君子謂之善頌善禱”。禱是之辭②。**辨六號:一曰神號,二曰鬼號,三曰示號,四曰牲號,五曰齍號,六曰幣號。**號,謂尊其名,更爲美稱焉。神號,若云“皇天上帝”。鬼號,若云“皇祖伯某”。祇號,若云“后土地祇”。幣號,若“玉云嘉玉,幣云量幣”。鄭司農云:“牲號,爲犧牲皆有名號③,曲禮曰‘牛曰“一元大武”,豕曰“剛鬣”’,‘羊曰“柔毛”,鷄曰“翰音”’。粢號,謂黍稷皆有名號也,曲禮曰‘黍曰“香合”,梁曰“香萁”④’,‘稻曰“嘉疏”’。少牢饋食禮曰‘敢用“柔毛”“剛鬣”’,士虞禮曰‘敢用絜牲“剛鬣”“香合”’。”**辨九祭:一曰命祭,二曰衍祭,三曰炮祭,四曰周祭,五曰振祭,六曰擩祭,七曰絶祭,八曰繚祭,九曰共祭。**杜子春云:“命祭,祭有所主命也。振

① 慭,金本作“憖”,建本、附圖本、纂圖本、互注本、十行本並作“憗”。阮記云:“閩、監、毛本‘憖’作‘憗’,皆訛,釋文、余本、嘉靖本作‘慭’,當據正。”案:慭、憖、憗,字別義異,慭者,願也,不願遺一老也,此鄭注引左傳,左傳本引毛詩,檢哀公十六年傳文、小雅十月之交經文,並作“慭”,則作“慭”是也,阮記是也。

② 禱是,岳本作“是禱”。

③ 爲,諸本皆同。正字云“‘謂’誤‘爲’”,阮記云:“賈疏引注‘爲’作‘謂’,此誤,諸本同。”案:單疏本疏文云“先鄭云‘牲號爲犧牲皆有名號’”,則賈氏所見亦作“爲”,阮記謂賈疏引注作“謂”,不知其所據何本。

④ 梁,京本、岳本並作“粱”。黄記云:“‘粱’誤‘梁’。”萁,建本、附圖本、十行本並作“箕”。阮記云:“賈疏、余本、嘉靖本、閩本‘箕’作‘萁’,釋文作‘香其’,此從竹,非。”案:此注引禮記曲禮,檢之正作“萁”,則作“萁”是也。

祭,'振'讀爲'慎',禮家讀'振'爲'振旅'之'振'①。擩祭,'擩'讀爲'虞芮'之'芮'。"鄭司農云:"衍祭,羡之道中,如今祭殤,無所主命。周祭,四面爲坐也。炮祭,燔柴也。爾雅曰'祭天曰燔柴'。擩祭,以肝肺菹擩鹽醢中以祭也。繚祭,以手從肺本,循之至于末,乃絶以祭也。絶祭,不循其本,直絶肺以祭也。重肺賤肝,故初祭絶肺以祭,謂之絶祭,至祭之末,禮殺之後,但擩肝鹽中振之,擬之若祭狀,弗祭,謂之振祭②。特牲饋食禮曰:'取菹,擩于醢,祭于豆閒。'鄉射禮曰:'取肺坐,絶祭。'鄉飲酒禮曰:'右取肺,左卻手執本,坐,弗繚,右絶末以祭。'少牢曰:'取肝擩于鹽,振祭。'"玄謂:九祭,皆謂祭食者。命祭者,玉藻曰"君若賜之食而君客之,則命之祭然後祭"是也。衍,字當爲"延";炮,字當爲"包":聲之誤也。延祭者,曲禮曰"客若降等,執食興辭,主人興辭於客,然後客坐,主人延客祭"是也。包,猶兼也,兼祭者,有司曰"宰夫贊者,取白黑以授尸,尸受,兼祭于豆祭"是也。周,猶徧也,徧祭者,曲禮曰"殽之序徧祭之"是也。振祭、擩祭本同③,不食者,擩則祭之;將食者,既擩必振乃祭也。絶祭、繚祭亦本同,禮多者,繚之;禮略者,絶則祭之。共,猶授也,王祭食,宰夫授祭,孝經説曰:共綏執授。**辨九𢷎:一曰稽首,二曰頓首,三曰空首,四曰振動,五曰吉𢷎,六曰凶𢷎,七曰奇𢷎,八曰襃𢷎,九曰肅𢷎,以享右祭祀。**稽首,拜頭至地也。頓首,拜頭叩地也。空首,拜頭至手,所謂拜手也。吉拜,拜而後稽顙,謂齊衰不杖以下者。言吉者,此殷之凶拜,周以其拜與頓首相近,故謂之吉拜云。凶拜,稽顙而後拜,謂三年服者。杜子春云:"振,讀爲'振鐸'之'振'。動,讀爲'哀慟'之'慟'。奇,讀爲'奇偶'之'奇',謂先屈一膝,今雅拜是也。或云:奇,讀曰'倚',倚拜謂持節、持戟拜,身倚之以拜。"鄭大夫云:"動,讀爲'董',書亦或爲'董'。振董,以兩手相擊也。奇拜,謂一拜也。襃,讀爲'報',報拜,再拜是也。"鄭司農云:"襃拜,今時持節拜是也。肅拜,但俯下手,今時擅是也。介者不拜,故曰'爲事故,敢肅使者'。"玄謂:振動,戰栗變動之拜,書曰"王動色變"④。一

① 振旅,金本作"祭"。

② 振,金本作"娠"。

③ 擩祭,附圖本作"擩宗"。

④ 色變,纂圖本、京本並作"變色"。

拜,答臣下拜。再拜,拜神與尸①。享,獻也,謂朝獻饋獻也。右,讀爲"侑",侑,勸尸食而拜。**凡大禋祀、肆享、祭示,則執明水火而號祝。**明水火,司烜所共日月之氣②,以給烝享。執之,如以六號祝,明此圭絜也。禋祀,祭天神也。肆享,祭宗廟也。故書"祇"爲"禜",杜子春云"禜,當爲'祇'"。**隋釁、逆牲、逆尸,令鍾鼓右,亦如之。**隋釁,謂薦血也。凡血祭曰釁③。既隋釁,後言逆牲,容逆鼎。右,讀亦當爲"侑"。**來瞽,令臯舞。**臯,讀爲"卒嘷呼"之"嘷"。來、嘷者④,皆謂呼之入。**相尸禮。**延其出入,詔其坐作。**既祭,令徹。大喪,始崩,以肆鬯渳尸,相飯,贊斂,徹奠,**肆鬯,所謂陳尸設鬯也⑤。鄭司農云:"渳尸,以鬯浴尸。"**言甸人讀禱。付、練、祥,掌國事。**鄭司農云:"甸人,主設復梯。大祝主言問其具梯物⑥。"玄謂:言,猶語也。禱,六辭之屬禱也。甸人喪事代王受眚災,大祝爲禱辭語之,使以禱於藉田之神也。付,當爲"祔",祭於先王,以祔後死者。掌國事⑦,辨護之。**國有大故、天烖,彌祀社稷、禱,祠。**大故,兵寇也。天烖,疫癘水旱也。彌,猶徧也。徧祀社稷及諸所禱,既則祠之以報焉。**大師,宜于社、造于祖、設軍社、類上帝、國將有事于四望、及軍歸獻于社,則前祝。**鄭司農説設軍社以春秋傳曰,所謂"君以師行,祓社釁鼓,祝奉以從"者也。則前祝⑧,大祝自前祝也。玄謂:前祝者,王出也,歸也,將有事於此神,大祝居前,先以祝辭告之。**大會同,造于廟、宜于社、過大山川,則用事焉,反行,舍奠。**用事,亦用祭事告行

① 尸,附圖本作"及"。
② 司,纂圖本作"同"。
③ 血祭,金本作"祭血"。
④ 嘷,互注本作"瞽"。加記云:"纂本'嘷'誤'瞽'。"
⑤ 謂,婺本、建本、纂圖本、互注本、京本、岳本、八行本、十行本並作"爲"。
⑥ 問,十行本作"簡"。加記云:"正本誤'簡'。"
⑦ 事,金本作"士"。
⑧ 祝,建本作"祀"。正字云:"祝,監本誤'祀'。"

也[1]。玉人職有宗祝以黄金勺前馬之禮,是謂過大山川與?曾子問曰:"凡告必用牲幣[2],反亦如之。"**建邦國,先告后土,用牲幣。**后土,社神也。**禁督逆祀命者[3]。**督,正也。正王之所命,諸侯之所祀,有逆者,則刑罰焉。**頒祭號于邦國都鄙。**祭號,六號。

小祝,掌小祭祀,將事侯禳禱祀之祝號[4],以祈福祥,順豐年,逆時雨,寧風旱,彌裁兵,遠辠疾。侯之言候也,候嘉慶,"祈福祥"之屬。禳,禳卻凶咎,"寧風旱"之屬。順豐年而順爲之祝辭。逆,迎也。彌,讀曰"敉",敉,安也。**大祭祀,逆齍盛,送逆尸,沃尸盥,贊隋,贊徹,贊奠。**隋,尸之祭也。奠,奠爵也。祭祀奠先徹後,反言之者,明所佐大祝非一。**凡事,佐大祝。**唯大祝所有事。**大喪,贊渳,**故書"渳"爲"攝",杜子春云:"當爲'渳',渳,謂浴尸。"**設熬,置銘。**銘,今書或作"名"。鄭司農云:"銘,書死者名於旌,今謂之柩。士喪禮曰'爲銘,各以其物。亡,則以緇,長半幅,赬末,長終幅,廣三寸,書名于末,曰某氏某之柩,竹杠長三尺,置于西階上','重木置于中庭,叄分庭,一在南','粥餘飯,盛以二鬲','縣于重,冪用葦席','取銘置于重'。"杜子春云:"熬,謂重也。檀弓曰:'銘,明旌也。以死者爲不可别,故以旗識之[5],愛之,斯録之矣。敬之,斯盡其道焉爾。重,主道也。殷主綴重焉,周主徹重焉[6],奠以素器,以主人有哀素之心也。'"玄謂:熬者,棺既蓋,設於其旁,所以惑蚍蜉也。喪大記曰:"熬,君四種八筐,大夫三種六筐,士二種四筐,加魚腊焉。"士喪禮曰:"熬,黍稷各二筐,有魚腊,饌于西坫南。"又曰:"設熬,旁一筐,乃塗。"**及葬,設道齎之奠,分禱五祀。**

---

① 亦,附圖本作"以"。

② 幣,金本作"弊"。

③ 祀,纂圖本作"在"。

④ 祀,唐石經、白文本、婺本、金本、建本、附圖本、纂圖本、互注本、京本、岳本、八行本、十行本並作"祠"。黄記云:"'祠'誤'祀'。"

⑤ 婺本、金本、建本、附圖本、纂圖本、互注本、京本、岳本、八行本、十行本"以"下並有"其"字。黄記云:"案:檀弓'以'下有'其'字,董本、岳本有,此當脱。"

⑥ 纂圖本、互注本並無"周主徹重焉"五字。加記引文"周主徹重焉",云:"纂本脱此句。"

杜子春云:"竇,當爲'桼',道中祭也。漢儀:'每街路輒祭。'"玄謂:竇,猶送也。送道之奠,謂遣奠也。分其牲體,以祭五祀,告王去此宫中不復反,故興祭祀也。王七祀,祀五者[①],司命、大厲,平生出入不以告。**大師,掌釁祈號祝。**鄭司農云:"釁,謂釁鼓也。春秋傳曰:'君以軍行,祓社釁鼓,祝奉以從。'"**有寇戎之事,則保郊、祀于社。**故書"祀"或作"禩"。鄭司農云:"謂保守郊,祭諸祀及社,無令寇侵犯之。"杜子春讀"禩"爲"祀",書亦或爲"祀"。玄謂:保、祀互文,郊、社皆守而祀之,彌裁兵。**凡外内小祭祀、小喪紀、小會同、小軍旅,掌事焉。**

喪祝,掌大喪勸防之事。鄭司農云:"勸防,引柩也。"杜子春云:"防,當爲'披'。"玄謂:勸,猶倡帥前引者。防,爲執披備傾戲[②]。**及辟,令啓。**鄭司農云:"辟,謂除菆塗椁也。令啓,謂喪祝主命役人開之也。檀弓曰:'天子之殯也,菆塗龍輴以椁,加斧于椁上,畢塗屋,天子之禮也。'"**及朝,御匶,乃奠。**鄭司農云:"朝,謂將葬朝於祖考之廟而後行,則喪祝爲御柩也。檀弓曰:'喪之朝也,順死者之孝心也。其哀離其室也,故至於祖考之廟而後行。殷朝而殯於祖,周朝而遂葬。'故春秋傳曰:凡夫人不殯于廟,不袝于姑,則弗致也。晉文公卒,將殯于曲沃,就宗廟。晉宗廟在曲沃,故曰'曲沃,君之宗也'。又曰'丙午,入于曲沃,丁未,朝于武宫'。"玄謂:乃奠,朝廟奠。**及祖,飾棺,乃載,遂御。**鄭司農云:"祖,謂將葬,祖於庭[③],象生時出則祖也,故曰事死如事生,禮也。檀弓曰:'飯於牖下,小斂於户内,大斂於阼,殯於客位,祖於庭,葬於墓,所以即遠也。'祖時,喪祝主飾棺,乃載,遂御之,喪祝爲柩車御也。或謂及祖,至祖廟

---

① 十行本無"祀"字。阮記云:"徐本、余本、嘉靖本疊'祀'字,此脱。"案:鄭注云"王七祀,祀五者,司命、大厲,平生出入不以告",意謂王本應七祀,而此處經文云"分禱五祀",則有五祀,乃因其中司命、大厲不祭,故僅存五祀,揆諸文義,"祀"字不可闕也。

② 爲,婺本、金本、建本、附圖本、纂圖本、互注本、京本、岳本、八行本、十行本並作"謂"。戲,纂圖本作"戲",八行本作"虧",十行本作"戲"。阮記云:"釋文:傾戲,音虧。按:賈疏引注作'傾虧'。"案:釋文出字"傾戲",小注"音虧",集韻戲有音驅爲切,即所謂"音虧"也,則作"戲"是也。

③ 庭,附圖本作"廷"。

也。"玄謂:祖爲行始。飾棺,設柳池紐之屬①。其序,載而後飾,既飾當還車鄉外,喪祝御之。御之者,執翿居前,卻行爲節度。**及葬,御匶出宫,乃代。**喪祝二人相與更也。**及壙,説載,除飾。**鄭司農云:"壙,謂穿中也。説載,下棺也。除飾,去棺飾也,四翣之屬,令可舉移安錯之。"玄謂:除飾,便其窆爾。周人之葬,牆置翣。**小喪,亦如之。掌喪祭祝號。**喪祭,虞也。檀弓曰:"葬日虞,不忍一日離也。是日也,以虞易奠。卒哭曰成事,是日也,以吉祭易喪祭。"**王弔,則與巫前。**鄭司農云:"喪祝與巫,以桃厲執戈在王前。檀弓曰:'君臨臣喪,以巫、祝桃茢執戈,惡之也,所以異於生也。'春秋傳曰:'楚人使公親襚',公'使巫以桃茢先祓殯,楚人弗禁,既而悔之'。君臨臣喪之禮,故悔之。"**掌勝國邑之社稷之祝號,以祭祀禱祠焉。**勝國邑,所誅討者。社稷者,若亳社是矣。存之者,重神也。蓋奄其上而棧其下,爲北牖。**凡卿大夫之喪,掌事而斂,飾棺焉。**

甸祝,掌四時之田,表貉之祝號。杜子春讀"貉"爲"百爾所思"之"百",書亦或爲"禡"。貉,兵祭也。甸以講武治兵,故有兵祭,詩曰"是類是禡",爾雅曰:"是類是禡,師祭也。"玄謂:田者,習兵之禮,故亦禡祭,禱氣埶之十百而多獲。**舍奠于祖廟,禰亦如之。**舍,讀爲"釋"。釋奠者,告將時田,若將征伐。鄭司農云:"禰,父廟。"**師甸,致禽于虞中,乃屬禽。及郊,饁獸,舍奠于祖禰,乃斂禽。禂牲、禂馬,皆掌其祝號。**師田,謂起大衆以田也。致禽於虞中,使獲者各以其禽來,致于所表之處。屬禽,别其種類。饁,饋也,以所獲獸,饋於郊,薦于四方羣兆,入又以奠于祖禰,薦且告反也。斂禽,謂取三十入腊人也。杜子春云:"禂,禱也。爲馬禱無疾,爲田禱多獲禽牲,詩云'既伯既禱',爾雅曰:'既伯既禱,馬祭也。'"玄謂:禂,讀如"伏誅"之"誅",今"侏大"字也。爲牲祭,求肥充;爲馬祭,求肥健。

詛祝,掌盟、詛、類、造、攻、説、禬、禜之祝號。八者之

---

① 紐,十行本作"組"。

辭,皆所以告神明也。盟、詛主於要誓,大事曰盟,小事曰詛。**作盟、詛之載辭,以敘國之信用,以質邦國之劑信。**載辭,爲辭而載之於策,坎用牲,加書于其上也。國,謂王之國。邦國,諸侯國也。質,正也,成也。文王脩德而虞、芮質厥成。鄭司農云:"載辭,以春秋傳曰'使祝爲載書'。"

司巫,掌羣巫之政令。若國大旱,則帥巫而舞雩。雩,旱祭也,天子於上帝,諸侯於上公之神。鄭司農云:"魯僖公欲焚巫尪,以其舞雩不得雨。"**國有大烖,則帥巫而造巫恒。**杜子春云:"司巫帥巫官之屬,會聚常處以待命也。"玄謂:恒,久也。巫久者,先巫之故事。造之,當案視所施爲。**祭祀,則共匰主,及道布,及蒩館。**杜子春云:"蒩,讀爲'鉏'。匰,器名。主,謂木主也。道布,新布三尺也。鉏,藉也。館,神所館止也。書或爲'蒩館',或爲'租飽'。或曰:布者,以爲席也。租飽,茅裹肉也。"玄謂:道布者,爲神所設巾,中霤禮曰"以功布爲道布,屬于几"也。蒩之言藉也,祭食有當藉者。館,所以承蒩,謂若今筐也。主先匰,蒩後館,互言之者,明共主以匰,共蒩以筐。大祝取其主、蒩陳之,器則退也。士虞禮曰"苴,刌茅長五寸","實于筐,饌于西坫上",又曰"祝盥","取苴,降,洗之,升,入設于几東席上,東縮"。**凡祭事,守瘞。**瘞,謂若祭地祇有埋牲玉者也[①]。守之者,以祭禮未畢,若有事然。祭禮畢則去之。**凡喪事,掌巫降之禮。**降,下也。巫下神之禮。今世或死既斂[②],就巫下禓,其遺禮。

男巫,掌望祀望衍授號,旁招以茅。杜子春云:"望衍,謂衍祭也。授號,以所祭之名號授之。旁招以茅,招四方之所望祭者。"玄謂:衍,讀爲"延",聲之誤也。望祀,謂有牲粢盛者;延,進也,謂但用幣致其神:二者詛祝所授類造攻説禬禜之神號[③],男巫爲之招。**冬堂贈,無方無筭。**故書"贈"爲"矰",杜子春云:"矰,當爲'贈'。堂贈,謂逐疫也。

---

① 若,附圖本作"告"。
② 金本無"既"字。
③ 授,附圖本作"受"。

無方，四方爲可也。無筭，道里無數，遠益善也。"玄謂：冬歲終，以禮送不祥及惡夢，皆是也。其行必由堂始。巫與神通言，當東則東，當西則西，可近則近，可遠則遠，無常數。**春招弭，以除疾病。**招，招福也。杜子春讀"弭"如"彌兵"之"彌"。玄謂：弭，讀爲"敉"，字之誤也。敉，安也，安凶禍也。招、敉，皆有祀、衍之禮。**王弔，則與祝前。**巫祝前王也。故書"前"爲"先"。鄭司農云："爲先，非是也。"

女巫，掌歲時祓除、釁浴。歲時祓除，如今三月上巳如水上之類。釁浴，謂以香薰草藥沐浴。**旱暵，則舞雩。**使女巫舞旱祭，崇陰也。鄭司農云："求雨以女巫，故檀弓曰：'歲旱，繆公召縣子而問焉'，'曰："吾欲暴巫而奚若？"曰"天則不雨，而望之愚婦人"，"無乃已疏乎"！'"**若王后弔，則與祝前。**女巫與祝前后，如王禮。**凡邦之大烖，歌哭而請。**有歌者，有哭者，冀以悲哀感神靈也。

大史，掌建邦之六典，以逆邦國之治。掌灋以逆官府之治，掌則以逆都鄙之治。典、則，亦法也①。逆，迎也。六典、八法、八則，冢宰所建，以治百官，大史又建焉，以爲王迎受其治也。大史，日官也，春秋傳曰："天子有日官，諸侯有日御，日官居卿以底日，禮也。日御不失日，以授百官于朝。"居，猶處也，言建六典以處六卿之職。**凡辨灋者攷焉②，不信者刑之。**謂邦國、官府、都鄙，以法争訟來正之者。**凡邦國都鄙及萬民之有約劑者，藏焉，以貳六官，六官之所登。**約劑，要盟之載辭及券書也。貳，猶副也。藏法與約劑之書，以爲六官之副，其有後事，六官又登焉。**若約劑亂，則辟灋，不信者刑之。**謂抵冒盟誓者。辟法者，考案讀其然不。**正歲年以序事，頒之于官府及都鄙，**中數曰歲，朔數曰年。中朔大小不齊，正之以閏，若今時作曆日矣。定四時以次序，授民時之事，春秋傳曰："閏以正

① 法，建本、附圖本、十行本並作"治"。加記云："建、十、元、正、陳、人本誤'治'。"
② 辨，唐石經作"辯"。阮記云："唐石經'辨'作'辯'，誤，下'辨事者攷焉'同。"

時,時以作事,事以厚生,生民之本,於是乎在[①]。"**頒告朔于邦國。**天子班朔于諸侯[②],諸侯藏之祖廟,至朔,朝于廟,告而受行之。鄭司農云:"頒,讀爲'班',班,布也。以十二月朔,布告天下諸侯,故春秋傳曰:'不書日,官失之也。'"**閏月,詔王居門,終月。**門,謂路寢門也。鄭司農云:"月令十二月分在青陽、明堂[③]、總章、玄堂左右之位,唯閏月無所居,居于門,故於文'王'在'門',謂之'閏'。"**大祭祀,與執事卜日,**執事,大卜之屬。與之者,當視墨。**戒及宿之日,與羣執事讀禮書而協事。**協,合也。合,謂習録所當共之事也。故書"協"作"叶",杜子春云:"叶,協也,書亦或爲'協',或爲'叶'[④]。"**祭之日,執書以次位常,**謂校呼之,教其所當居之處。**辨事者攷焉[⑤],不信者誅之。**謂抵冒其職事。**大會同朝覲,以書協禮事,**亦先習録之也。**及將幣之日,執書以詔王。**將[⑥],送也。詔王,告王以禮事[⑦]。**大師[⑧],抱天時,與大師同車。**鄭司農云:"大出師,則大史主抱式,以知天時,處吉凶。史官主知天道,故國語曰'吾非瞽史,焉知天道',春秋傳曰'楚有雲如衆赤烏,夾日以飛,楚子使問諸周大史',大史主天道。"玄謂:瞽即大師,大師,瞽官之長。**大遷國,抱瀍以前。**法,司空營國之法也。抱之以前,當先王至,知諸位處。**大喪,執瀍以涖勸防,**鄭司農云:"勸防,引六紼。"**遣之日,讀誄。**遣,謂祖廟之庭大奠,將行時也,人之道終於此。累其行而讀之,大師又帥瞽廞之而作謚。瞽史知天道,使共其事,言王之誄謚成於天道。**凡喪事,攷焉。**爲有得失。**小喪,賜謚。**小喪,卿大夫也。**凡射事,飾中,舍筭,執其禮事。**舍,

---

① 乎,十行本作"子"。加記云:"正本'乎'誤'子'。"
② 班,婺本、建本、十行本並作"頒"。
③ 堂,附圖本作"掌"。
④ 叶,婺本、建本、岳本、八行本並作"汁"。
⑤ 辨,唐石經作"辯"。
⑥ 將,建本、附圖本並作"呼"。加記云:"建本'將'誤'呼'。"
⑦ 告,十行本作"誥"。事,八行本作"畢"。
⑧ 師,金本作"史"。

讀曰"釋"。鄭司農云:"中,所以盛筭也。"玄謂:設筭於中,以待射時而取之,中則釋之①。鄉射禮曰"君,國中射則皮豎中","於郊則閭中","於竟則虎中","大夫兕中","士鹿中"。天子之中未聞。

小史,掌邦國之志,奠繫世,辨昭穆。若有事,則詔王之忌諱。鄭司農云:"志,謂記也,春秋傳所謂周志,國語所謂鄭書之屬是也。史官主書,故韓宣子聘于魯,觀書大史氏。繫世,謂帝繫、世本之屬是也。小史主定之,瞽矇諷誦之。先王死日爲忌,名爲諱。"故書"奠"爲"帝",杜子春云:"帝,當爲'奠'。奠,讀爲'定',書'帝'亦或爲'奠'。"玄謂:王有事,祈祭於其廟。**大祭祀,讀禮灋,史以書敘昭穆之俎簋。**讀禮法者②,大史與羣執事。史③,此小史也④。言讀禮法者⑤,小史敘俎簋以爲節。故書"簋"或爲"几"。鄭司農云:"几,讀爲'軌',書亦或爲'簋',古文也。大祭祀,小史主敘其昭穆,以其主定繫世。祭祀,史主敘其昭穆,次其俎簋,故齊景公疾,欲誅於祝史⑥。"玄謂:俎簋,牲與黍稷,以書次之,校比之。**大喪、大賓客、大會同、大軍旅,佐大史。凡國事之用禮灋者,掌其小事。卿大夫之喪,賜謚讀誄。**其讀誄,亦以大史賜謚爲節,事相成。

馮相氏,掌十有二歲、十有二月、十有二辰、十日、二十有八星之位,辯其敘事⑦,以會天位。歲,謂太歲。歲星與日同次之月,斗所建之辰。樂説説歲星與日,常應大歲月建以見,然則今曆大歲非此也。歲日月辰星宿之位,謂方面所在。辨其敘事,謂若仲春辨秩東

① 釋,十行本作"盛"。

② 纂圖本、互注本、京本並無"讀禮"二字。阮記云:"余本脱'讀禮'二字。"案:單疏本疏文云"鄭知讀禮法",則賈氏所見本亦作"讀禮法","讀禮"二字不可闕。

③ 附圖本無"史"字。

④ 此,建本、附圖本並作"比"。

⑤ 禮,建本、纂圖本、互注本、京本並作"定"。阮記引文"言讀禮法者",云:"余本'禮'作'定',蓋'礼'之訛。"案:單疏本疏文云"言讀禮法者",則賈氏所見本亦作"禮",作"禮"是也。

⑥ 誄,纂圖本、互注本、京本並作"誅"。阮記云:"余本'誄'作'誅',誤。"

⑦ 辯,唐石經、白文本、婺本、八行本並作"辨"。

作,仲夏辨秩南譌,仲秋辯秩西成,仲冬辯在朔易[①]。會天位者,合此歲月日辰星宿五者[②],以爲時事之候,若今曆日,大歲在某月某日某甲朔日直某也。國語曰:王合位于三五。孝經説曰:故勑以天期四時,節有晚早,趣勉趣時,無失天位。皆由此術云。**冬夏致日,春秋致月,以辯四時之敘**[③]。冬至,日在牽牛,景丈三尺;夏至,日在東井,景尺五寸:此長短之極。極則氣至[④],冬無愆陽,夏無伏陰。春分,日在婁,秋分,日在角,而月弦於牽牛、東井,亦以其景知氣至不。春秋冬夏氣皆至,則是四時之敘正矣[⑤]。

保章氏,掌天星,以志星辰日月之變動,以觀天下之遷,辨其吉凶。志,古文識,識,記也。星,謂五星。辰,日月所會。五星有贏縮圜角,日有薄食暈珥,月有虧盈朓側匿之變[⑥],七者右行列舍,天下禍福變移所在皆見焉。**以星土辨九州之地,所封封域皆有分星,以觀妖祥**。星土,星所主土也。封,猶界也。鄭司農説星土以春秋傳曰"參爲晉星"、"商主大火",國語曰"歲之所在,則我有周之分野"之屬是也。玄謂:大界則曰九州,州中諸國中之封域,於星亦有分焉,其書亡矣。堪輿雖有郡國所入度,非古數也。今其存可言者[⑦],十二次之分也:星紀,吴越也;玄枵,齊也;娵訾,衛也;降婁,魯也;大梁,趙也;實沈,晉也;鶉首,秦也;鶉火,周也;鶉尾,楚也;壽星,鄭也;大火,宋也;析木,燕也。此分野之妖祥,主用客星彗孛之氣爲象。**以十有二歲之相**[⑧]**,觀天下之妖祥**。歲,謂大歲。歲星與日同次之月[⑨],斗所建之辰也[⑩]。歲星爲

---

① 在,十行本作"其"。

② 月日,建本、附圖本、纂圖本、互注本、京本、岳本、十行本並作"日月"。

③ 辯,附圖本、纂圖本、互注本並作"辨"。

④ 極,金本作"以"。

⑤ 則,建本作"以"。

⑥ 虧盈,建本、附圖本、十行本作"盈虧"。正字云"虧盈,字誤倒",阮記云:"余本、嘉靖本'盈虧'作'虧盈',此誤倒。"案:單疏本疏文云"云'月有虧盈'者",則賈氏所見本亦作"虧盈",作"虧盈"是也。朓,婺本、建本並作"眺"。

⑦ 存,十行本作"字"。加記云:"正、人、韓本'存'誤'字'。"

⑧ 附圖本無"有"字。

⑨ 同,京本作"司"。

⑩ 建,八行本作"達"。

陽,右行於天,大歲爲陰,左行於地,十二歲而小周。其妖祥之占,甘氏歲星經,其遺象也。鄭司農云:"大歲所在,歲星所居。春秋傳曰'越得歲而吴伐之,必受其凶'之屬是也。"**以五雲之物,辨吉凶、水旱降豐荒之祲象。**物,色也。視日旁雲氣之色。降,下也,知水旱所下之國。鄭司農云:"以二至二分觀雲色,青爲蟲,白爲喪,赤爲兵荒,黑爲水,黄爲豐,故春秋傳曰:'凡分、至、啓、閉,必書雲物,爲備故也。'故曰'凡此五物,以詔救政'。"**以十有二風,察天地之和,命乖别之妖祥。**十有二辰皆有風,吹其律以知和不,其道亡矣。春秋襄十八年,楚師伐鄭,師曠曰:"吾驟歌北風,又歌南風,南風不競,多死聲,楚必無功。"是時楚師多凍,其命乖别審矣①。**凡此五物者,以詔救政,訪序事。**訪,謀也。見其象,則當豫爲之備,以詔王救其政,且謀今歲天時占相所宜②,次序其事。

内史,掌王之八枋之灋,以詔王治:一曰爵,二曰禄,三曰廢,四曰置,五曰殺,六曰生,七曰予,八曰奪。大宰既以詔王,内史又居中貳之。**執國灋及國令之貳,以攷政事,以逆會計。**國法,六典、八法、八則。**掌敘事之灋,受納訪,以詔王聽治。**敘,六敘也。納訪,納謀於王也。六敘,六曰以敘聽其情。**凡命諸侯及孤卿大夫,則策命之。**鄭司農説以春秋傳曰"王命内史興父策命晉侯爲侯伯"。策,謂以簡策書王命。其文曰:"王謂叔父,敬服王命,以綏四國③,糾逖王慝。"晉侯三辭,從命,受策以出。**凡四方之事書,内史讀之。**若今尚書入省事。**王制禄,則贊爲之,以方出之。**贊爲之,爲之辭也。鄭司農云:"以方出之,以方版書而出之。上農夫食九人,其次食八人,其次食七人,其次食六人,下農夫食五人。庶人在官者,其禄以是爲差。諸侯之下士視上農夫,禄足以代其耕也。中士倍下士,上士倍中士,下大夫倍上士,卿四大夫禄,君十卿禄。"杜子春云:

---

① 附圖本"審"下有"之"字。
② 占,建本作"王"。加記云:"建本'占'誤'王'。"
③ 國,附圖本作"方"。

"方,直謂今時牘也。"玄謂:王制曰:王之三公視公侯,卿視伯,大夫視子男,元士視附庸。**賞賜,亦如之。内史掌書王命,遂貳之。**副寫藏之。

外史,掌書外令,王令下畿外。**掌四方之志,**志,記也,謂若魯之春秋、晉之乘、楚之檮杌。**掌三皇五帝之書,**楚靈王所謂三墳、五典。**掌達書名于四方。**謂若堯典、禹貢,達此名使知之。或曰:古曰名,今曰字,使四方知書之文字,得能讀之。**若以書使于四方,則書其令。**書王令以授使者。

御史,掌邦國都鄙及萬民之治令,以贊冢宰。王所以治之令,冢宰掌王治。**凡治者受灋令焉。**爲書寫其治之法令,來受則授之①。**掌贊書。**王有命,當以書致之,則贊爲辭,若今尚書作詔文。**凡數從政者。**自公卿以下至胥徒凡數,及其見在空缺者。鄭司農讀言"掌贊書數"。書數者②,經禮三百,曲禮三千,法度皆在。玄以爲不辭,故改之云。

巾車,掌公車之政令,辨其用與其旗物而等敘之,以治其出入。公,猶官也。用,謂祀賓之屬。旗物,大常以下。等敘之,以封同姓異姓之次敘。**王之五路③:一曰玉路,鍚,樊纓,十有再就,建大常,十有二斿,以祀;**王在焉曰路。玉路,以玉飾諸末。鍚,馬面當盧,刻金爲之,所謂鏤鍚也。樊,讀如"鞶帶"之"鞶"④,謂今馬大帶也。鄭司農云:"纓,謂當胷,士喪禮下篇曰'馬纓三就'。禮家説曰:纓,當胷,以削革爲之。三就,三重三匝也。"玄謂:纓,今馬鞅。玉路之樊及纓,皆以五采罽飾之,十二就。就,成也。大常,九旗之畫日月者,正幅爲縿⑤,

① 受,金本作"授"。

② 纂圖本、互注本並無"書數"二字。

③ 纂圖本、互注本"王"上並有"一"字。加記云:"纂本上節'重言'中,'司几筵各一'之各'一',誤大書在'王'上,似經文。"

④ 帶,金本作"帨"。

⑤ 正,附圖本作"止"。

斿則屬焉。**金路，鉤，樊纓九就，建大旂，以賓，同姓以封；**金路，以金飾諸末。鉤，婁頷之鉤也。金路無鍚有鉤，亦以金爲之。其樊及纓，以五采罽飾之而九成①。大旂，九旗之畫交龍者。以賓，以會賓客。同姓以封，謂王子母弟率以功德出封。雖爲侯伯，其畫服猶如上公，若魯、衛之屬。其無功德，各以親疏食采畿内而已。故書"鉤"爲"拘"，杜子春讀爲"鉤"。**象路，朱，樊纓七就，建大赤，以朝，異姓以封；**象路，以象飾諸末。象路無鉤，以朱飾勒而已。其樊及纓，以五采罽飾之而七成。大赤，九旗之通帛。以朝，以日視朝。異姓，王甥舅。**革路，龍勒，條纓五就，建大白，以即戎，以封四衛；**革路，鞔之以革而漆之，無他飾。龍，駹也。以白黑飾韋，雜色爲勒。條，讀爲"絛"。其樊及纓，以絛絲飾之而五成。不言樊，字蓋脱爾。以此言絛，知玉路、金路、象路飾樊纓，皆不用金、玉、象矣②。大白，殷之旗，猶周大赤，蓋象正色也③。即戎，謂兵事。四衛，四方諸侯守衛者，蠻服以内。**木路，前樊鵠纓，建大麾，以田，以封蕃國。**木路，不鞔以革，漆之而已。前，讀爲"緇翦"之"翦"。翦，淺黑也。木路無龍勒，以淺黑飾韋爲樊，鵠色飾韋爲纓。不言就數，飾與革路同。大麾不在九旗中，以正色言之則黑，夏后氏所建。田，四時田獵。蕃國，謂九州之外，夷服、鎮服、蕃服。杜子春云："鵠，或爲'結'。"**王后之五路：重翟，鍚面朱總；厭翟，勒面繢總；安車，彫面鷖總，皆有容蓋；**重翟，重翟雉之羽也。厭翟，次其羽使相迫也。勒面，謂以如王龍勒之韋，爲當面飾也。彫者，畫之，不龍其韋。安車，坐乘車，凡婦人車皆坐乘。故書"朱總"爲"䌹"，"鷖"或作"繄"。鄭司農云："鍚，馬面鍚。䌹，當爲'總'，書亦或爲'總'。鷖，讀爲'鳧鷖'之'鷖'。鷖總者，青黑色，以繒爲之，總著馬勒直兩耳與兩鑣。容，謂幨車，山東謂之'裳幃'，或曰'潼容'④。"玄謂：朱總、繢總，其施之如鷖總，車衡輨亦宜有焉。繢，畫文也。蓋，如今小車蓋也。皆有容有蓋，則重翟、厭翟

---

① 五，建本作"玉"。

② 皆，附圖本作"大"。

③ 正，十行本作"玉"。婺本、金本並無"也"字。

④ 潼，金本、建本、附圖本、纂圖本、互注本、十行本並作"幢"。

謂蔽也。重翟,后從王祭祀所乘。厭翟,后從王賓饗諸侯所乘。安車無蔽,后朝見於王所乘,謂去飾也。詩國風碩人曰"翟蔽以朝",謂諸侯夫人始來,乘翟蔽之車,以朝見於君,盛之也。此翟蔽,蓋厭翟也。然則王后始來,乘重翟乎? **翟車,貝面,組總,有握;**翟車,不重不厭,以翟飾車之側爾。貝面,貝飾勒之當面也。有握,則此無蓋矣,如今軿車是也。后所乘以出桑。**輦車,組輓,有翣,羽蓋。**輦車不言飾,后居宫中,從容所乘,但漆之而已①。爲輇輪,人輓之以行。有翣,所以禦風塵。以羽作小蓋,爲翳日也。故書"翣"爲"毼",杜子春云:"當爲'翣',書亦或爲'髭'。"

王之喪車五乘:木車,蒲蔽,犬複,尾櫜,疏飾,小服皆疏;木車,不漆者。鄭司農云:"蒲蔽,謂臝蘭車以蒲爲蔽,天子喪服之車,漢儀亦然。犬複,以犬皮爲覆笭。"故書"疏"爲"揟",杜子春讀"揟"爲"沙"。玄謂:蔽,車旁禦風塵者。犬,白犬皮,既以皮爲覆笭,又以其尾爲戈戟之弢。麤布飾二物之側爲之緣,若攝服云。服,讀爲"菔"②,小菔③,刀劍短兵之衣。此始遭喪所乘,爲君之道尚微,備姦臣也。書曰"以虎賁百人逆子釗",亦爲備焉。**素車,棼蔽,犬複,素飾,小服皆素;**素車,以白土堊車也。棼,讀爲"薠",薠麻以爲蔽。其複服以素繒爲緣。此卒哭所乘,爲君之道益著,在車可以去戈戟。**藻車,藻蔽,鹿淺複,革飾;**故書"藻"作"轍",杜子春"轍"讀爲"華藻"之"藻"④,直謂華藻也。玄謂:藻,水草,蒼色。以蒼土堊車,以蒼繒爲蔽也。鹿淺複,以鹿夏皮爲覆笭,又以所治去毛者緣之,此既練所乘⑤。**駹車,雚蔽,然複,髤飾;**故書"駹"作"龍","髤"爲"軟"⑥。杜子春云:"龍,讀爲'駹'。軟,讀爲'桼垸'之'桼',直謂髤桼也。"玄謂:駹車,邊側有漆飾也。雚,細葦席也。以爲蔽者,漆則成蕃⑦,即吉也。然,果然也。髤,赤多黑少之色韋也。此大祥所

① 漆,八行本作"次"。加記云:"浙本'漆'誤'次'。"
② 菔,建本、附圖本、十行本並作"箙"。
③ 菔,建本、附圖本、十行本並作"箙"。
④ 華,纂圖本、互注本、十行本並作"革"。加記云:"正本'華'誤'革'。"
⑤ 練,十行本作"蔽"。加記云:"正、陳、人本'練'誤'蔽'。"
⑥ 軟,互注本、岳本並作"軟"。案:《釋文》出字爲"軟",注云"音次"。
⑦ 蕃,纂圖本、互注本、京本、岳本並作"藩"。

乘。**漆車，藩蔽，豻複，雀飾。**漆車，黑車也。藩，今時小車藩，漆席以爲之。豻，胡犬。雀，黑多赤少之色韋也。此禫所乘。**服車五乘：孤乘夏篆，卿乘夏縵，大夫乘墨車，士乘棧車，庶人乘役車。**服車，服事者之車。故書"夏篆"爲"夏緣"。鄭司農云："夏，赤也。緣，緣色。或曰：夏篆，篆讀爲'圭瑑'之'瑑'，夏篆，轂有約也。"玄謂：夏篆，五采畫轂約也。夏縵亦五采畫，無瑑爾。墨車，不畫也。棧車，不革鞔而漆之①。役車，方箱，可載任器以共役。**凡良車、散車不在等者，其用無常。**給遊燕及恩惠之賜。不在等者，謂若今輜車後户之屬。作之有功有沽。**凡車之出入，歲終則會之，**計其完敗多少。**凡賜闕之，**完敗不計。**毀折，入齎于職幣。**計所傷敗入其直。杜子春云："齎，讀爲'資'②。資，謂財也。乘官車毀折者，入財以償繕治之直③。"**大喪，飾遣車，遂廞之，行之；**廞，興也，謂陳駕之。行之，使人以次舉之以如墓也。遣車，一曰鸞車。**及葬，執蓋從車，持旌。**從車，隨柩路。持蓋與旌者，王平生時，車建旌，雨則有蓋。今蜃車無蓋，執而隨之，象生時有也。所執者銘旌。**及墓，嘑啓關，陳車。**關，墓門也。車，貳車也。士喪禮下篇曰："車至道左，北面立，東上。"**小喪，共匶路，與其飾。**柩路，載柩車也。飾，棺飾也。**歲時更續，共其弊車。**故書"更續"爲"受讀"，杜子春云："受，當爲'更'④。讀，當爲'續'。更續，更受新。共其弊車，歸其故弊車也。"玄謂：俱受新耳。更，易其舊。續，續其不任用。共其弊車，巾車既更續之，取其弊車，共於車人，材或有中，用之。

---

① 鞔，婺本、金本、建本、附圖本、纂圖本、互注本、京本、岳本、八行本、十行本並作"輓"。阮記云："嘉靖本、閩、監、毛本'鞔'誤'輓'。○按：'鞔'是。"案：輓者引也，革引不辭，鞔者蒙也，革鞔，蒙革也，上鄭注云"革路，鞔之以革而漆之"，義與此同，又考工記云"棧車欲弇"，鄭注"爲其無革鞔，不堅"，彼"無革鞔"正爲此處之"不革鞔"，又疏文云"不革鞔而漆之"，則賈氏所見本作"鞔"，作"鞔"是也，阮記按語是也。

② 爲，互注本作"之"。

③ 治，互注本作"信"。加記云："纂本'治'誤'信'。"

④ 纂圖本、互注本並無"更"字。加記云："纂本脱'更'。"

大祭祀,鳴鈴以應雞人。 雞人主呼旦,鳴鈴以和之,聲且警衆①。必使鳴鈴者,車有和鸞相應和之象。故書“鈴”或作“軨”,杜子春云“當爲‘鈴’”。

典路,掌王及后之五路,辨其名物,與其用説。 用,謂將有朝祀之事而駕之。鄭司農云:“説,謂舍車也,春秋傳曰:‘鷄鳴而駕,日中而説。’用,謂所宜用。”**若有大祭祀,則出路,贊駕説。** 出路,王當乘之②。贊駕説③,贊僕與趣馬也。**大喪、大賓客,亦如之。** 亦出路,當陳之。鄭司農説以書顧命曰④:成王崩,康王既陳先王寶器,又曰“大路在賓階面,贅路在阼階面,先路在左塾之前,次路在右塾之前”。漢朝上計律,陳屬車於庭。故曰“大喪、大賓客,亦如之”。**凡會同、軍旅、弔于四方,以路從。** 王出,於事無常,王乘一路,典路以其餘路從行,亦以華國。

車僕,掌戎路之萃,廣車之萃,闕車之萃,苹車之萃,輕車之萃。 萃,猶副也。此五者皆兵車,所謂五戎也。戎路,王在軍所乘也。廣車,横陳之車也。闕車⑤,所用補闕之車也。苹,猶屏也⑥,所用對敵自蔽隱之車也。輕車,所用馳敵致師之車也。春秋傳曰“公喪戎路”,又曰“其君之戎,分爲二廣”,則諸侯戎路、廣車也,又曰“帥斿闕四十乘”。孫子八陳,有苹車之陳,又曰“馳車千乘”。五者之制,及苹數⑦,未盡聞也。書曰“武王戎車三百兩”。故書“苹”作“平”,杜子春云:“苹車,當爲‘軿車’。其字當爲‘萃’,書亦或爲‘萃’。”**凡師,共革車,各以其萃。** 五戎者,共其一以爲王,優尊者所乘也,而萃各從其元焉。**會同,亦如**

---

① 且,纂圖本作“旦”。黄記云:“‘旦’誤‘且’。”

② 纂圖本、互注本並無“之”字。

③ 纂圖本、互注本並無“贊”字。加記云:“纂本脱‘之’、‘贊’。”

④ 説,附圖本作“云”。

⑤ 闕,婺本、金本、建本、附圖本、纂圖本、互注本、京本、岳本、八行本、十行本並作“闕”。黄記云:“上‘闕’誤‘闕’。”

⑥ 屏,八行本作“并”。

⑦ 苹,纂圖本、互注本、京本並作“萃”。黄記云:“‘萃’誤‘苹’。”

之。巡守及兵車之會，則王乘戎路。乘車之會，王雖乘金路，猶共以從，不失備也。**大喪，廞革車**。言興革車，則遣車不徒戎路[①]，廣、闕、苹、輕皆有焉。**大射，共三乏**[②]。鄭司農云："乏，讀爲'匱乏'之'乏'。"

司常，掌九旗之物名，各有屬，以待國事。日月爲常，交龍爲旂，通帛爲旜，雜帛爲物，熊虎爲旗，鳥隼爲旟，龜蛇爲旐，全羽爲旞，析羽爲旌。物名者，所畫異物則異名也。屬，謂徽識也，大傳謂之徽號。今城門僕射所被，及亭長著絳衣，皆其舊象。通帛，謂大赤，從周正色，無飾。雜帛者，以帛素飾其側。白，殷之正色。全羽、析羽，皆五采，繫之於旞旌之上，所謂注旄於干首也。凡九旗之帛皆用絳。**及國之大閱，贊司馬頒旗物。王建大常，諸侯建旂，孤卿建旜，大夫士建物，師都建旗，州里建旟，縣鄙建旐，道車載旞，斿車載旌**，仲冬教大閱，司馬主其禮。自王以下治民者，旗畫成物之象。王畫日月，象天明也[③]。諸侯畫交龍，一象其升朝，一象其下復也。孤卿不畫，言奉王之政教而已。大夫士雜帛，言以先王正道佐職也。師都，六鄉六遂大夫也。謂之師都，都，民所聚也。畫熊虎者，鄉遂出軍賦，象其守猛，莫敢犯也。州里、縣鄙，鄉遂之官，互約言之。鳥隼，象其勇捷也。龜虵，象其扞難辟害也。道車，象路也。王以朝夕燕出入[④]。斿車，木路也。王以田以鄙。全羽、析羽，五色，象其文德也。大閱，王乘戎路，建大常焉。玉路、金路不出。**皆畫其象焉，官府各象其事，州里各象其名，家各象其號**。事、名、號者，徽識，所以題別衆臣，樹之於位，朝各就焉。覲禮曰："公、侯、伯、子、男，皆就其旂而立。"此其類也。或謂之事，或謂之名，或謂之號，異外内也。三者，旌旗之細也。士喪禮曰："爲銘，各以其物。亡則以緇長半幅，赬末，長終幅，廣三寸，書名於末。"此蓋其制也。徽識之書，則云某某之事，某某之名，某某之號[⑤]。今

① 徒，附圖本作"從"。
② 乏，金本作"之"。
③ 明，纂圖本、互注本並作"地"。加記云："通考'明'誤'地'。"
④ 王，十行本作"士"。
⑤ 某某，金本作"某甲"。

大閱禮,象而爲之。兵,凶事,若有死事者,亦當以相別也。杜子春云:"畫,當爲'書'。"玄謂:畫,畫雲氣也。異於在國[①],軍事之飾[②]。**凡祭祀,各建其旗。**王祭祀之車則玉路。**會同、賓客,亦如之,置旌門。**賓客、朝覲、宗遇,王乘金路;巡守、兵車之會,王乘戎路:皆建其大常。掌舍職曰"爲帷宫,設旌門"。**大喪,共銘旌,**銘旌,王則大常也。士喪禮曰:"爲銘各以其物。"**建廞車之旌。及葬,亦如之。**葬云建之,則行廞車解説之。**凡軍事,建旌旗;及致民,置旗,弊之。**始置旗以致民,民至仆之,誅後至者。**甸,亦如之。凡射,共獲旌。**獲旌,獲者所持旌。**歲時共更旌。**取舊予新。

都宗人,掌都祭祀之禮。凡都祭祀,致福于國。都,或有山川,及因國無主,九皇六十四民之祀,王子弟則立其祖王之廟,其祭祀,王皆賜禽焉。主其禮者,警戒之,糾其戒具,其來致福,則帥而以造祭僕。**正都禮,與其服。**禁督其違失者。服,謂衣服及宫室車旗。**若有寇戎之事,則保羣神之壝。**守山川、丘陵、墳衍之壇域。**國有大故,則令禱祠。既祭,反命于國。**令,令都之有司也。祭,謂報塞也。反命,還白王。

家宗人,掌家祭祀之禮。凡祭祀,致福。大夫采地之所祀,與都同。若先王之子孫,亦有祖廟。**國有大故,則令禱祠,反命。祭,亦如之。**以王命令禱祠,歸白王。於獲福,又以王命令祭之,還又反命。**掌家禮與其衣服、宫室、車旗之禁令。**掌,亦正也。不言寇戎保羣神之壝,則都家自保之。都宗人所保者,謂王所祀明矣。

凡以神仕者,掌三辰之灋,以猶鬼神示之居,辨其名物。猶,圖也。居,謂坐也。天者,羣神之精,日月星辰其著位也。以此圖天神人鬼地祇之坐者,謂布祭衆寡,與其居句。孝經説郊祀之禮曰:燔燎,埽地,祭牲繭栗,或象天酒旗坐星,廚倉具黍稷,布席,極敬心也。言郊

---

① 在國,附圖本作"主軍"。
② 軍,附圖本作"國"。

之布席，象五帝坐。禮祭宗廟，序昭穆，亦又有似虚危。則祭天圜丘，象北極，祭地方澤，象后妃，及社稷之席，皆有明法焉。國語曰：古者“民之精爽不携貳者，而又能齊肅中正，其知能上下比義，其聖能光遠宣朗①，其明能光照之，其聰能聽徹之，如是，則神明降之，在男曰覡，在女曰巫，是之使制神之處位次主，而爲之牲器時服。”巫既知神如此，又能居以天法，是以聖人用之②。今之巫祝，既闇其義，何明之見？何法之行？正神不降，或於淫厲，苟貪貨食，遂誣人神，令此道滅，痛矣！**以冬日至，致天神人鬼；以夏日至，致地示物鬽；以禬國之凶荒、民之札喪。**天、人，陽也。地、物，陰也。陽氣升而祭鬼神，陰氣升而祭地祇物鬽，所以順其爲人與物也。致人鬼於祖廟，致物鬽於墠壇，蓋用祭天地之明日。百物之神曰鬽，春秋傳曰“螭鬽魍魎”。杜子春云：“禬，除也。”玄謂：此“禬”讀如“潰癕”之“潰”③。

周禮卷第六

經四千五百五十四字

注一萬七千九百九十一字④

① 朗，纂圖本、互注本並作“明”。加記云：“纂本改‘明’，並避宋諱。”

② 用，十行本作“祭”。

③ 潰癕，十行本作“癕”。

④ 自“經四”至“一字”，附圖本作“經肆阡伍佰伍拾伍字注壹萬捌阡叁拾伍字音義肆阡壹佰捌拾伍字”，婺本、金本、建本、纂圖本、互注本、京本、岳本、八行本、十行本並無。

周禮卷第七

夏官司馬第四[①]　周禮

鄭氏注

惟王建國，辨方正位，體國經野，設官分職，以爲民極。乃立夏官司馬，使帥其屬而掌邦政，以佐王平邦國。政，正也，政所以正不正者也[②]。孝經説曰：政者，正也[③]，正德名以行道。**政官之屬：大司馬，卿一人；小司馬，中大夫二人；軍司馬，下大夫四人；輿司馬，上士八人；行司馬，中士十有六人；旅下士三十有二人，府六人，史十有六人，胥三十有二人，徒三百有二十人。**輿，衆也。行，謂軍行列。晉作六軍而有三行，取名於此。**凡制軍：萬有二千五百人爲軍，王六軍，大國三軍，次國二軍，小國一軍，軍將皆命卿；二千有五百人爲師，師帥皆中大夫[④]；五百人爲旅，旅帥皆下大夫；百人爲卒，卒長皆上士；二十五人爲兩，兩司馬皆中士；五人爲伍，伍皆有長。**軍、師、旅、卒、兩、伍，皆衆名也。伍一比，兩一

---

① 四，唐石經作“七”。
② 政，十行本作“故”，岳本無此字。加記云：“正、人本誤‘故’。”
③ 正，附圖本作“政”。
④ 八行本無“師”字。

閭,卒一族,旅一黨,師一州,軍一鄉,家所出一人。將、帥、長、司馬者,其師吏也。言軍將皆命卿,則凡軍帥不特置,選於六官、六鄉之吏。自鄉以下,德任者使兼官焉。鄭司農云:"王六軍,大國三軍,次國二軍,小國一軍,故春秋傳有大國、次國、小國,又曰:'成國不過半天子之軍,周爲六軍,諸侯之大者,三軍可也。'詩大雅常武曰:'赫赫明明,王命卿士,南仲大祖,大師皇父,整我六師,以修我戎,既儆既戒,惠此南國。'大雅文王曰:'周王于邁,六師及之。'此周爲六軍之見于經也。春秋傳曰:'王使虢公命曲沃伯以一軍爲晉侯。'此小國一軍之見于傳也①。百人爲卒,二十五人爲兩,故春秋傳曰:'廣有一卒,卒偏之兩②。'"**一軍則二府,六史,胥十人,徒百人。**

司勳,上士二人,下士四人,府二人,史四人,胥二人,徒二十人。故書"勳"作"勛"。鄭司農云:"勛,讀爲'勳'。勳,功也。此官主功賞,故曰'掌六鄉賞地之法,以等其功'。"

馬質,中士二人,府一人,史二人,賈四人,徒八人。質,平也。主買馬,平其大小之賈直。

量人,下士二人,府一人,史四人,徒八人。量,猶度也,謂以丈尺度地。

小子,下士二人,史一人,徒八人。小子,主祭祀之小事。

羊人,下士二人,史一人,賈二人,徒八人。

司爟,下士二人,徒六人。故書"爟"爲"燋"。杜子春云:"燋,當爲'爟',書亦或爲'爟',爟爲私火。"玄謂:爟,讀如"予若觀火"之"觀"。今燕俗名湯熱爲觀,則爟火謂熱火與?

掌固,上士二人,下士八人,府二人,史四人,胥四人,徒四十人。固,國所依阻者也。國曰固,野曰險。易曰"王公設險

① 一,十行本作"二"。加記云:"十本版割裂'一'作'二',正、人、閩、金本誤'二'。"
② 八行本"兩"下有"下"字。加記云:"浙本下衍'下'字。"

以守其國"①。

司險，中士二人，下士四人，史二人，徒四十人。

掌疆，中士八人，史四人，胥十有六人，徒百有六十人。疆，界也。

候人，上士六人，下士十有二人，史六人，徒百有二十人。候，候迎賓客之來者。

環人，下士六人，史二人，徒十有二人。環，猶卻也，以勇力卻敵。

挈壺氏，下士六人，史二人，徒十有二人。挈，讀如"絜髮"之"絜"。壺，盛水器也。世主挈壺水以爲漏。

射人，下大夫二人，上士四人，下士八人，府二人，史四人，胥二人，徒二十人。

服不氏，下士一人，徒四人。服不，服不服之獸者。

射鳥氏，下士一人，徒四人。

羅氏，下士一人，徒八人。能以羅罔捕鳥者②。郊特牲曰："大羅氏，天子之掌鳥獸者。"

掌畜，下士二人，史二人，胥二人，徒二十人。畜，謂斂而養之。

司士，下大夫二人，中士六人，下士十有二人，府二人，史四人，胥四人，徒四十人。

諸子，下大夫二人，中士四人，府二人，史二人，胥二人，徒二十人。諸子，主公卿大夫士之子者③，或曰庶子。

司右，上士二人，下士四人，府四人，史四人，胥八

---

① "誤"，婺本、金本、建本、附圖本、纂圖本、互注本、京本、岳本、八行本、十行本並作"設"。黄記云："'設'誤'誤'。"

② 捕，岳本作"搏"。

③ 主，金本作"王"，附圖本作"下"。

人，徒八十人。右，謂有勇力之士，充王車右。

虎賁氏，下大夫二人，中士十有二人，府二人，史八人，胥八十人，虎士八百人。不言徒，曰虎士，則虎士徒之選有勇力者。

旅賁氏，中士二人，下士十有六人，史二人，徒八人。

節服氏，下士八人，徒四人。世爲王節所衣服①。

方相氏，狂夫四人。方相，猶言放想，可畏怖之貌。

大僕，下大夫二人；小臣，上士四人。

祭僕，中士六人。

御僕，下士十有二人，府二人，史四人，胥二人，徒二十人。僕，侍御於尊者之名，大僕其長也。

隸僕，下士二人，府一人，史二人，胥四人，徒四十人。此吏而曰隸，以其事褻。

弁師，下士二人，工四人，史二人，徒四人。弁者，古冠之大稱②。委貌、緇布曰冠。

司甲，下大夫二人，中士八人，府四人，史八人，胥八人，徒八十人。甲，今之鎧也。司甲，兵戈盾官之長。

司兵，中士四人，府二人，史四人，胥二人，徒二十人。

司戈盾，下士二人，府一人，史二人，徒四人。戈，今時句孑戟。

司弓矢，下大夫二人，中士八人，府四人，史八人，胥八人，徒八十人。司弓矢③，弓弩矢箙官之長。

---

① 衣，金本作“依”。
② 古，婺本作“占”。
③ 八行本無“弓”字。加記云：“浙本脱上‘弓’。”

繕人，上士二人，下士四人，府一人，史二人，胥二人，徒二十人。繕之言勁也，善也。

槀人，中士四人，府二人，史四人，胥二人，徒二十人。鄭司農云："槀，讀爲'芻槀'之'槀'，箭幹謂之槀。此官主弓弩箭矢，故謂之槀人。"

戎右，中大夫二人，上士二人。古者參乘[①]，此充戎路之右，田獵亦爲之右焉。

齊右，下大夫二人。充玉路、金路之右。

道右，上士二人。充象路之右。

大馭，中大夫二人。馭之最尊。

戎僕，中大夫二人。馭言僕者，此亦侍御於車。

齊僕，下大夫二人。古者王將朝覲、會同，必齊，所以敬宗廟及神明。

道僕，上士十有二人。王朝朝莫夕，主御，王以與諸臣行先王之道。

田僕，上士十有二人。

馭夫，中士二十人，下士四十人。

校人，中大夫二人，上士四人，下士十有六人，府四人，史八人，胥八人，徒八十人。校之爲言校也。主馬者，必仍校視之。校人[②]，馬官之長。

趣馬，下士，皁一人，徒四人。趣馬，趣養馬者也。鄭司農説以詩曰"蹶惟趣馬"。

巫馬，下士二人，醫四人，府一人，史二人，賈二人[③]，

① 古，金本、建本、附圖本、纂圖本、互注本、京本、重言重意本、岳本、十行本並作"右"。阮記云："余本、嘉靖本、毛本'右'作'古'，當據以訂正。"案：單疏本疏文云"故云'古者參乘'"，則賈氏所見本作"古"，作"古"是也。

② 校，十行本作"以"。加記云："十、正、人、閩本'校'誤'以'。"

③ 二，金本、纂圖本、互注本並作"一"。

徒二十人。巫馬,知馬祖、先牧、馬社、馬步之神者。馬疾若有犯焉,則知之,是以使與醫同職。

牧師,下士四人,胥四人,徒四十人。主牧放馬而養之。

廋人,下士,閑二人,史二人,徒二十人。廋之言數[①]。

圉師,乘一人,徒二人;圉人,良馬匹一人,駑馬麗一人。養馬曰圉。四馬爲乘。良,善也。麗,耦也[②]。

職方氏,中大夫四人,下大夫八人,中士十有六人,府四人,史十有六人,胥十有六人,徒百有六十人。職,主也。主四方之職貢者。職方氏,主四方官之長。

土方氏,上士五人,下士十人,府二人,史五人,胥五人,徒五十人。土方氏,主四方邦國之土地。

懷方氏,中士八人,府四人,史四人,胥四人,徒四十人。懷,來也。主來四方之民及其物。

合方氏,中士八人,府四人,史四人,胥四人,徒四十人。合方氏,主合同四方之事。

訓方氏,中士四人,府四人,史四人,胥四人,徒四十人。訓,道也。主教道四方之民。

形方氏,中士四人,府四人,史四人,胥四人,徒四十人。形方氏,主制四方邦國之形體。

山師,中士二人,下士四人,府二人,史四人,胥四人,徒四十人。

川師,中士二人,下士四人,府二人,史四人,胥四人,徒四十人。

邍師,中士四人,下士八人,府四人,史八人,胥八

---

① 建本、重言重意本"數"下並有"也"字。

② 耦,附圖本作"偶"。

人，徒八十人。遼，地之廣平者。

匡人，中士四人，史四人，徒八人。匡，正也。主正諸侯以法則。

撢人，中士四人，史四人，徒八人。撢人，主撢序王意以語天下①。

都司馬，每都上士二人，中士四人，下士八人，府二人，史八人，胥八人，徒八十人。都，王子弟所封，及三公采地也。司馬主其軍賦。

家司馬，各使其臣以正於公司馬。家，卿大夫采地。正，猶聽也。公司馬，國司馬也。卿大夫之采地，王不特置司馬，各自使其家臣爲司馬，主其地之軍賦，往聽政於王之司馬。王之司馬，其以王命來有事，則曰國司馬。

大司馬之職，掌建邦國之九灋，以佐王平邦國：平，成也，正也。制畿封國，以正邦國；封，謂立封於疆爲界。設儀辨位，以等邦國；儀，謂諸侯及諸臣之儀。辨，别也，别尊卑之位。進賢興功，以作邦國；興，猶舉也。作，起也。起其勸善樂業之心，使不惰廢。建牧立監，以維邦國；牧，州牧也。監，監一國，謂君也。維，猶聯結也②。制軍詰禁，以糾邦國；詰，猶窮治也。糾，猶正也。施貢分職，以任邦國；職，謂賦税也。任，猶事也。事以其力之所堪。簡稽鄉民，以用邦國；簡，謂比數之③。稽，猶計也。均守平則，以安邦國；諸侯有土地者均之，尊者守大，卑者守小。則，法也。比小事大，以和邦國。比，猶親。使大國親小國，小國事大國，相合和也。易比象曰："先王以建萬國，親諸侯。"以九伐之灋正邦國：諸侯有違

① 王，建本、京本並作"主"。阮記云："按：賈疏引其職掌誦王志云云，以釋此注，則當從嘉靖本作'王'。"

② 聯，纂圖本、互注本、京本並作"連"。阮記云："嘉靖本、惠校本'連'作'聯'，非。"

③ 比，重言重意本作"日"。加記云："重意本誤'日'。"

王命,則出兵以征伐之,所以正之也。諸侯之于國,如樹木之有根本,是以言伐云。**馮弱犯寡,則眚之;**馮,猶乘陵也。言不字小而侵侮之。眚,猶人眚瘦也。王霸記曰:四面削其地。**賊賢害民,則伐之;**春秋傳曰"粗者曰侵,精者曰伐",又曰"有鍾鼓曰伐",則伐者,兵入其竟[①],鳴鍾鼓以往,所以聲其罪。**暴内陵外,則壇之;**内,謂其國。外,謂諸侯。壇,讀如"同墠"之"墠"。王霸記曰:置之空墠之地。鄭司農云:"壇,讀從'憚之以威'之'憚'[②],書亦或爲'墠'。"玄謂:置之空墠以出其君,更立其次賢者。**野荒民散,則削之;**荒,蕪也,田不治[③],民不附,削其地,明其不能有。**負固不服,則侵之;**負,猶恃也[④]。固,險可依以固者也[⑤]。不服,不事大也。侵之者,兵加其竟而已,用兵淺者,詩曰:"密人不恭,敢距大邦。"**賊殺其親,則正之;**正之者,執而治其罪。王霸記曰:正,殺之也。春秋僖二十八年冬,晉人執衛侯,歸之于京師,坐殺其弟叔武。**放弒其君,則殘之;**放,逐也。殘,殺也。王霸記曰:殘滅其爲惡。**犯令陵政,則杜之;**令,猶命也。王霸記曰:犯令者,違命也。陵政者,輕政法[⑥],不循也。杜之者,杜塞使不得與鄰國交通。**外内亂,鳥獸行,則滅之。**王霸記曰:悖人倫[⑦],外内無以異于禽獸,不可親百姓,則誅滅去之也[⑧]。曲禮曰:"夫唯禽獸無禮,故父子聚麀。"**正月之吉,始和,布政于邦國都鄙,乃縣政象之灋于象魏,使萬民觀政象,挾日而斂之。**以正月朔日布王政於天下,至正歲,又縣政法之書。挾日,十日也。**乃以九畿之籍,施邦國之政職:方千里曰國畿,其外方五百里曰侯畿,又其外方五百里曰甸畿,又**

① 纂圖本、互注本並無"其"字。加記云:"纂本脱'其'。"
② 上"憚",金本、建本、十行本並作"墠"。下"憚",金本作"墠"。
③ 田,八行本作"曰"。加記云:"浙本'田'誤'曰'。"治,附圖本作"殆"。
④ 恃,金本作"侍"。
⑤ 險,金本作"儉"。
⑥ 附圖本無"政"字。
⑦ 悖,纂圖本作"今"。
⑧ 重言重意本無"去"字。加記云:"重意本脱'去'。"

其外方五百里曰男畿,又其外方五百里曰采畿,又其外方五百里曰衛畿,又其外方五百里曰蠻畿,又其外方五百里曰夷畿,又其外方五百里曰鎮畿,又其外方五百里曰蕃畿。畿,猶限也。自王城以外,五千里爲界,有分限者九。籍,其禮差之書也。政職,所共王政之職,謂賦税也。故書"畿"爲"近",鄭司農云:"近,當言'畿'[①]。春秋傳曰:天子一畿,列國一同。詩殷頌曰:'邦畿千里,維民所止。'"凡令賦,以地與民制之。上地食者參之二[②],其民可用者家三人;中地食者半,其民可用者二家五人;下地食者參之一,其民可用者家二人。賦,給軍用者也。令邦國之賦,亦以地之美惡、民之衆寡爲制,如六遂矣。鄭司農云:"上地[③],謂肥美田也。食者參之二,假令一家有三頃,歲種二頃,休其一頃。下地食者參之一,田薄惡者所休多。"中春教振旅,司馬以旗致民,平列陳,如戰之陳。以旗者,立旗期民於其下也。兵者,守國之備。孔子曰:"以不教民戰,是謂棄之。"兵者凶事,不可空設,因蒐狩而習之。凡師,出曰治兵,入曰振振[④],皆習戰也[⑤]。四時各教民以其一焉。春習振旅,兵入,收衆專於農。平,猶正也。辨鼓鐸鐲鐃之用:王執路鼓,諸侯執賁鼓,軍將執晉鼓,師帥執提,旅帥執鼙,卒長執鐃,兩司馬執鐸,公司馬執鐲。鼓人職曰:以路鼓鼓鬼享,以賁鼓鼓軍事[⑥],以晉鼓鼓金奏,以金鐃止鼓,以金鐸通鼓,以金鐲節鼓。鄭司農云:"辨鼓鐸鐲鐃之用[⑦],謂鉦鐸之屬。鐲,讀如'濁其源'之'濁'。鐃,讀如'讙嘵'之'嘵'。提,讀如'攝提'之'提',謂馬上鼓,有曲木提持鼓立馬髦

① 言,互注本作"爲"。
② 二,金本作"一"。
③ 金本無"上"字。
④ 振振,婺本、金本、建本、附圖本、纂圖本、互注本、京本、岳本、八行本、十行本並作"振旅"。黄記云:"'旅'誤'振'。"
⑤ 皆,金本作"習"。
⑥ 賁鼓,八行本作"賁"。
⑦ 附圖本無"鐲"字。

上者,故謂之提。"杜子春云:"公司馬,謂五人爲伍,伍之司馬也。"玄謂:王不執賁鼓,尚之於諸侯也。伍長謂之公司馬者,雖卑,同其號。**以教坐作進退疾徐疏數之節,**習戰法。**遂以蒐田,有司表貉,誓民,鼓,遂圍禁,火弊,獻禽以祭社。**春田爲蒐。有司,大司徒也,掌大田役治徒度之政令①。表貉,立表而貉祭也。誓民,誓以犯田法之罰也。誓曰:"無干軍②,無自後射,立旌,遂圍禁,旌弊,争禽而不審者,罰以假馬。"禁者,虞衡守禽之厲禁也③。既誓,令鼓而圍之,遂蒐田。火弊,火止也。春田主用火,因焚萊除陳草,皆殺而火止。獻,猶致也,屬也。田止,虞人植旌,衆皆獻其所獲禽焉。詩云:"言私其豵④,獻肩于公⑤。"春田主祭社者,土方施生也。鄭司農云:"貉,讀爲'禡'。禡,謂師祭也。書亦或爲'禡'。"**中夏教茇舍,如振旅之陳。羣吏撰車徒,讀書契。辨號名之用:帥以門名,縣鄙各以其名,家以號名,鄉以州名,野以邑名。百官各象其事,以辨軍之夜事。其他皆如振旅。**茇,讀如"萊沛"之"沛"。茇舍,草止之也,軍有草止之法。撰,讀曰"算"。算車徒,謂數擇之也。讀書契,以薄書校録軍實之凡要。號名者,徽識,所以相别也。鄉遂之屬謂之名,家之屬謂之號,百官之屬謂之事。在國以表朝位,在軍又象其制而爲之被之,以備死事。帥,謂軍將及師帥、旅帥至伍長也⑥。以門名者,所被徽識,如其在門所樹者也。凡此言"以"也、"象"也,皆謂其制同耳。軍將皆命卿,古者軍將,蓋爲營治

---

① 大,金本、建本、附圖本、重言重意本並作"火"。度,婺本、金本、建本、附圖本、纂圖本、互注本、京本、重言重意本、岳本、八行本、十行本並作"庶"。阮記云:"嘉靖本'庶'誤'度'。"

② 軍,婺本、金本、建本、附圖本、纂圖本、互注本、重言重意本、岳本、八行本、十行本並作"車"。阮記云:"嘉靖本'車'誤'軍'。"

③ 衡,纂圖本、互注本、京本、十行本並作"行"。阮記引文"虞行守禽之厲禁也",云:"余本同,誤也,賈疏、嘉靖本、毛本'行'作'衡',當據正。"

④ 私,纂圖本、京本、十行本並作"思",互注本作"于"。加記云:"纂本誤'于'。"

⑤ 肩,八行本作"豜"。

⑥ 伍,金本作"五"。

於國門,魯有東門襄仲,宋有桐門右師,皆止鄉爲軍將者也[1];縣鄙,謂縣正、鄙師至鄰長也;家,謂食采地者之臣也;鄉以州名,亦謂州長至比長也;野,謂公邑大夫;百官,以其職從王者:此六者皆書其官與名氏焉。門則襄仲、右師,明矣。鄉則南鄉甀、東鄉爲人,是也。其他象此,云某某之名、某某之號、某某之事而已,未盡聞也。鄉遂大夫,文錯不見,以其素信于民,不爲軍將,或爲諸帥[2],是以闕焉。夜事,戒夜守之事,草止者慎於夜,於是主别其部職。**遂以苗田,如蒐之灋,車弊,獻禽以享礿。**夏田爲苗。擇取不孕任者,若治苗去不秀實者云。車弊,驅獸之車止也。夏田主用車,示所取物希,皆殺而車止。王制曰:"天子殺,則下大綏;諸侯殺,則下小綏;大夫殺,則止佐車;佐車止,則百姓田獵。"礿,宗廟之夏祭也。冬夏田主于祭宗廟者,陰陽始起,象神之在内。**中秋教治兵,如振旅之陳。辨旗物之用:王載大常,諸侯載旂,軍吏載旗,師都載旜,鄉遂載物,郊野載旐,百官載旟,各書其事與其號焉。其他皆如振旅。**軍吏,諸軍帥也。師都,遂大夫也。鄉遂,鄉大夫也。或載旜,或載物,衆屬軍吏,無所將也。郊,謂鄉遂之州長、縣正以下也[3]。野,謂公邑大夫。載旐者,以其將羨卒也。百官,卿大夫也。載旟者[4],以其屬衛王也。凡旌旗,有軍衆者畫異物[5],無者帛而已。書,當爲"畫",事也,號也,皆畫以雲氣。**遂以獮田,如蒐田之灋,羅弊,致禽以祀祊。**秋田爲獮。獮,殺也。羅弊,罔止也,秋田主用罔,中殺者多也,皆殺而罔止。祊,當爲"方",聲之誤也。秋田主祭四方,報成萬物,詩曰:"以社以方。"**中冬教大閲:**春辨鼓鐸,夏辨號名,秋辨旗物,至冬大閲,簡軍實。凡頒旗物,以出軍之旗,則如秋;以尊卑之常,則如冬,司常佐司馬時也。大閲備軍禮,而旌旗不如出軍之時,空辟實。**前期,羣**

---

① 止鄉,婺本、金本、建本、附圖本、纂圖本、互注本、京本、重言重意本、岳本、八行本、十行本並作"上卿"。黄記云:"'上卿'誤'止鄉'。"

② 爲,建本作"謂"。加記云:"建本'爲'誤'謂'。"

③ 八行本無"以"字。加記云:"浙本脱'以'。"

④ 旟,重言重意本作"旗"。加記云:"重意本誤'旗'。"

⑤ 衆,附圖本、纂圖本、互注本、京本、重言重意本、十行本並作"旅"。阮記云:"嘉靖本'旅'作'衆',通典引此注同,當據以訂正。"

吏戒衆庶,修戰灋。羣吏,鄉師以下。**虞人萊所田之野,爲表,百步則一,爲三表,又五十步爲一表。田之日,司馬建旗于後表之中,羣吏以旗物鼓鐸鐲鐃,各帥其民而致。質明,弊旗,誅後至者,乃陳車徒,如戰之陳,皆坐。**鄭司農云:"虞人萊所田之野,芟除其草萊,令車得驅馳。"詩曰:"田卒汙萊。"玄謂:萊,芟除可陳之處。後表之中,五十步表之中央。表,所以識正行列也。四表積二百五十步。左右之廣,當容三軍,步數未聞。致,致之司馬。質,正也。弊,仆也。皆坐,當聽誓。**羣吏聽誓于陳前,斬牲以左右徇陳,曰:不用命者斬之。**羣吏,諸軍帥也。陳前,南面鄉表也。月令:季秋,"天子教于田獵,以習五戎","司徒搢扑,北面以誓之"。此大閱禮,實正歲之中冬,而説季秋之政,於周爲中冬,爲月令者失之矣。斬牲者,小子也。凡誓之大略,甘誓、湯誓之屬是也。**中軍以鼙令鼓,鼓人皆三鼓,司馬振鐸,羣吏作旗,車徒皆作。鼓行鳴鐲,車徒皆行,及表乃止。三鼓,摝鐸,羣吏弊旗,車徒皆坐。**中軍,中軍之將也。天子六軍,三三而居一偏。羣吏既聽誓,各復其部曲。中軍之將令鼓,鼓以作其士衆之氣也。鼓人者,中軍之將、師帥、旅帥也。司馬,兩司馬也。振鐸以作衆。作,起也。既起,鼓人擊鼓以行之,伍長鳴鐸以節之①。伍長,一曰公司馬。及表,自後表前至第二表也。三鼓者,鼓人也。鄭司農云:"摝,讀如'弄'。"玄謂:如"涿鹿"之"鹿",掩上振之爲摝。摝者,止行息氣也②。司馬法曰:"鼓聲不過閶,鼙聲不過闒,鐸聲不過琅。"**又三鼓,振鐸,作旗,車徒皆作。鼓進鳴鐲,車驟徒趨,及表乃止,坐作如初。**趨者,赴敵尚疾之漸也。春秋傳曰:"先人有奪人之心。"及表,自第二前至第三。**乃鼓,車馳徒走,及表乃止。**及表,自第三前至前表。**鼓戒三闋,車三發,徒三刺。**鼓戒,戒攻敵。鼓壹闋,車壹轉,徒壹刺,三而止,象服敵。**乃鼓退,鳴鐃**

① 鐸,婺本、建本、附圖本、纂圖本、互注本、京本、岳本、八行本、十行本並作"鐲"。
② 止,附圖本作"正"。

且卻，及表乃止，坐作如初。鐃所以止鼓。軍退，卒長鳴鐃以和衆，鼓人爲止之也。退，自前表至後表。鼓鐸則同，習戰之禮，出入一也，異者，廢鐲而鳴鐃。**遂以狩田，以旌爲左右和之門，羣吏各帥其車徒，以敘和出，左右陳車徒，有司平之。旗居卒間以分地，前後有屯百步，有司巡其前後。險野人爲主，易野車爲主。**冬田爲狩，言守取之，無所擇也。軍門曰和，今謂之壘門，立兩旌以爲之。敘和出，用次第出和門也。左右，或出而左，或出而右。有司平之，鄉師居門，正其出入之行列也。旗，軍吏所載。分地，調其部曲疏數。前後有屯百步，車徒異羣[①]，相去之數也。車徒畢出和門，鄉師又巡其行陳。鄭司農云："險野人爲主，人居前；易野車爲主，車居前。"**既陳，乃設驅逆之車，有司表貉于陳前。**驅，驅出禽獸，使趨田者也。逆，逆要不得令走。設此車者，田僕也。**中軍以鼙令鼓，鼓人皆三鼓，羣司馬振鐸，車徒皆作，遂鼓行，徒銜枚而進。大獸公之，小禽私之，獲者取左耳。**羣司馬，謂兩司馬也。枚，如箸，銜之，有繣結項中。軍法止語，爲相疑惑也。進，行也。鄭司農云："大獸公之，輸之於公；小禽私之，以自畀也。詩云：'言私其豵，獻肩于公。'一歲爲豵，二歲爲豝，三歲爲特，四歲爲肩，五歲爲慎。此明其獻大者於公，自取其小者。"玄謂：慎，讀爲"麎"，爾雅曰：豕生三曰豵，豕牝曰豝，麋牝曰麎[②]。獲，得也。得禽獸者取左耳，當以計功。**及所弊，鼓皆駴，車徒皆譟。**鄭司農云："及所弊，至所弊之處。"玄謂：至所弊之處[③]，田所當於止也。天子諸侯，蒐狩有常[④]，至其常處，吏士鼓譟，象攻敵剋勝而喜也。疾雷擊鼓曰駴。譟，讙也，書曰"前師乃鼓𩏂譟"，亦謂喜也。**徒乃弊，致禽饁獸于郊，入，獻禽以享烝。**徒乃弊，徒止也。冬田主用衆，物多，衆得取也。致禽饁獸于郊，聚所獲禽，因以祭四方神於郊。月令：季秋，

---

① 重言重意本"羣"下有"臣"字。
② 牝，建本、重言重意本、岳本並作"牡"。
③ 八行本無"玄謂至所弊之處"七字。
④ 狩，金本作"獸"。

天子既田,"命主祠祭禽四方"是也。入,又以禽祭宗廟。**及師,大合軍,以行禁令,以救無辜,伐有罪。**師,所謂王巡守若會同,司馬起師合軍以從,所以威天下行其政也。不言大者,未有敵,不尚武。**若大師,則掌其戒令,涖大卜,帥執事,涖釁主及軍器。**大師,王出征伐也。涖,臨也。臨大卜,卜出兵吉凶也。司馬法曰:"上卜下謀,是謂參之。"主,謂遷廟之主,及社主在軍者也。軍器,鼓鐸之屬。凡師既受甲,迎主于廟,及社主,祝奉以從,殺牲,以血塗主及軍器,皆神之。**及致,建大常,比軍衆,誅後至者。**比,或作"庀"。鄭司農云:"致,謂聚衆也。庀,具也。"玄謂:致,鄉師致民於司馬。比,校次之也。**及戰,巡陳,眂事而賞罰。**事,謂戰功也。**若師有功,則左執律,右秉鉞,以先,愷樂獻于社。**功,勝也。律所以聽軍聲,鉞所以爲將威也。先,猶道也。兵樂曰愷。獻于社,獻功于社也。司馬法曰:"得意則愷樂,愷歌示喜也。"鄭司農云:"故城濮之戰,春秋傳曰:'振旅愷以入于晉。'"**若師不功,則厭而奉主車。**鄭司農云:"厭,謂厭冠,喪服也。軍敗則以喪禮,故秦伯之敗於殽也,春秋傳曰:'秦伯素服郊次[①],鄉師而哭。'"玄謂:厭,伏冠也[②]。奉,猶送也。送主歸於廟與社。**王弔勞士庶子,則相。**師敗,王親弔士庶子之死者,勞其傷者,則相王之禮[③]。庶子,卿大夫之子從軍者,或謂之庶士。**大役,與慮事,屬其植,受其要,以待攷而賞誅。**大役,築城邑也。鄭司農云:"國有大役,大司馬與謀慮其事也。植,謂部曲將吏,故宋城,春秋傳曰'華元爲植,巡功'。屬,謂聚會之也。要者,簿書也。考,謂考校其功。"玄謂:慮事者[④],封人也。於有役,司馬與之。植,築城楨也。屬,賦丈尺與其用人數。**大會同,則帥士庶子而掌其政令。**帥,帥以從王。**若大射,則合**

① 金本無"秦"字。
② 伏,纂圖本、互注本並作"服"。
③ 重言重意本"禮"下有"爲"字。
④ 事,金本作"士"。

諸侯之六耦。大射，王將祭，射于射宫，以選賢也。王射三侯，以諸侯爲六耦。大祭祀、饗食，羞牲魚，授其祭。牲魚，魚牲也。祭，謂尸賓所以祭也。鄭司農云："大司馬主進魚牲。"大喪，平士大夫。鄭司農云："平，一其服也。"玄謂：平者，正其職與其位。喪祭，奉詔馬牲。王喪之以馬祭者，蓋遣奠也。奉，猶送也①。送之至墓，告而藏之。

小司馬之職，掌此下字脱滅，札爛又闕②，漢興，求之不得，遂無識其數者。凡小祭祀、會同、饗射、師田、喪紀，掌其事，如大司馬之灋。

軍司馬闕。

輿司馬闕。

行司馬闕。

司勳，掌六鄉賞地之灋，以等其功：賞地，賞田也。在遠郊之内，屬六鄉焉。等，猶差也，以功大小爲差。王功曰勳，輔成王業，若周公。國功曰功，保全國家，若伊尹。民功曰庸，法施於民，若后稷。事功曰勞，以勞定國，若禹。治功曰力，制法成治，若咎繇。戰功曰多。剋敵出奇，若韓信、陳平。司馬法曰："上多前虜。"凡有功者，銘書於王之大常，祭於大烝，司勳詔之。銘之言名也。生則書于王旗，以識其人與其功也。死則於烝先王祭之。詔，謂告其神以辭也，般庚告其卿大夫曰"兹予大享于先王，爾祖其從與享之"是也。今漢祭功臣於廟庭。大功，司勳藏其貳。貳，猶副也。功書藏於天府，又副於此者，以其主賞。掌賞地之政令，政令，謂役賦。凡賞無常，輕重眂功，無常者，功之大小不可豫。凡頒賞地，參之一食。鄭司農云："不以美田爲采邑。"玄謂：賞地之税，參分計税，王食其一也，二全

① 猶，金本作"由"。

② 又，附圖本、纂圖本、互注本、京本、岳本並作"文"。阮記云："余本、毛本同，嘉靖本'文'作'又'。按：此本疏云'以此知此下脱滅札爛又闕也'，又云'札爛又闕者以其下經簡札爲韋編折爛闕落'，則'文'爲'又'之誤，無疑。"

入於臣。**唯加田,無國正。**加田,既賞之,又加賜以田,所以厚恩也。鄭司農云:"正,謂税也。禄田亦有給公家之賦貢,若今時侯國有司農少府錢穀矣,獨加賞之田無正耳。"

馬質,掌質馬。馬量三物:一曰戎馬,二曰田馬,三曰駑馬,皆有物賈。此三馬,買以給官府之使,無種也。鄭司農曰:"皆有物賈,皆有物色及賈直。"**綱惡馬。**鄭司農云:"綱,讀爲'以亢其讎'之'亢',書亦或爲'亢'。亢,御也,禁也,禁去惡馬不畜也。"玄謂:綱,以縻索維綱狎習之。**凡受馬於有司者,書其齒毛與其賈,馬死,則旬之内,更;旬之外,入馬耳,以其物更;其外,否。**鄭司農云:"更,謂償也。"玄謂:旬之内死者,償以齒毛與賈,受之日淺,養之惡也。旬之外死,入馬耳,償以毛色,不以齒賈,任之過其任也。其外否者,旬之外,踰二十日而死,不任用,非用者罪。**馬及行,則以任齊其行。**識其所載輕重及道里,齊其勞逸,乃復用之。**若有馬訟,則聽之。**訟,謂賣買之言相負。**禁原蠶者。**原,再也。天文,辰爲馬,蠶書"蠶爲龍精,月直大火,則浴其種",是蠶與馬同氣。物莫能兩大,禁再蠶者,爲傷馬與?

量人,掌建國之灋,以分國爲九州,營國城郭,營后宫,量市朝道巷門渠。造都邑,亦如之。建,立也。立國有舊法式,若匠人職云。分國,定天下之國分也。后,君也。言君,容王與諸侯。**營軍之壘舍,量其市朝州涂、軍社之所里。**軍壁曰壘。鄭司農云:"量其市朝州涂,還市朝而爲道也。"玄謂:州,一州之衆,二千五百人爲師,每師一處。市也,朝也,州也,皆有道以相之。軍社,社主在軍者。里,居也。**邦國之地,與天下之涂數,皆書而藏之。**書地,謂方圜山川之廣狹。書涂,謂支湊之遠近。**凡祭祀饗賓,制其從獻脯燔之數量。**鄭司農云:"從獻者,肉殽從酒也。"玄謂:燔,從於獻酒之肉炙也。數,多少也。量,長短也。**掌喪祭奠竁之俎實。**竁亦有俎實,謂所包遣奠,士喪禮下篇曰"藏苞筲於旁"。**凡宰祭,與鬱人受**

斝歷而皆飲之。言宰祭者,冢宰佐王祭,亦容攝祭。鄭司農云:"斝,讀如'嫁娶'之'嫁'。斝,器名。明堂位曰:'爵,夏后氏以琖,殷以斝,周以爵。'"玄謂:斝,讀如"嘏尸"之"嘏"。宰,冢宰[①]。

小子,掌祭祀羞羊肆、羊殽、肉豆。鄭司農云:"羞,進也。羊肆,體薦全烝也。羊殽,體解節折也。肉豆者,切肉也[②]。"玄謂:肆,讀爲"鬄"。羊鬄者,所謂豚解也。**而掌珥于社稷,祈于五祀。**故書"祀"作"禩"。鄭司農云:"禩,讀爲'祀',書亦或爲'祀'。珥社稷,以牲頭祭也。"玄謂:珥,讀爲"衈"。祈,或爲"刉"。刉衈者,釁禮之事也。用毛牲曰刉[③],羽牲曰衈。衈刉社稷五祀,謂始成其宫兆時也。春官肆師職"祈"或作"畿",秋官士師職曰"凡刉珥則奉犬牲"[④],此刉、衈正字與?**凡沈、辜、侯禳,飾其牲。**鄭司農云:"沈,謂祭川,爾雅曰:'祭川曰浮沈。'辜,謂磔牲以祭也,月令曰:'九門磔禳以畢春氣。'侯禳者,候四時惡氣,禳去之也。"**釁邦器及軍器。**邦器,謂禮樂之器,及祭器之屬,雜記曰:"凡宗廟之器,其名者成,則釁之以豭豚。"**凡師田,斬牲以左右徇陳。**示犯誓必殺之。**祭祀,贊羞,受徹焉。**

羊人,掌羊牲。凡祭祀,飾羔。羔,小羊也,詩曰:"四之日其蚤,獻羔祭韭。"**祭祀,割羊牲[⑤],登其首。**登,升也。升首,報陽也。升首于室。**凡祈珥,共其羊牲。**共,猶給也。**賓客,共其灋羊。**灋羊,飧饔積膳之羊[⑥]。**凡沈、辜、侯禳、釁積,共其羊牲。**積,故書爲"眦",鄭司農云:"眦,讀爲'漬',謂釁國寶、漬軍器也。"玄謂:積,積柴,禋祀、槱燎[⑦]、實柴。**若牧人無牲,則受布于司馬,使其賈買牲而共之。**布,泉。

---

① 冢,婺本作"家"。
② 肉,金本作"均"。
③ 用毛,金本作"毛用"。
④ 珥,纂圖本、互注本、京本、岳本並作"衈"。加記云:"作'衈'者,誤也。"
⑤ 金本無"羊"字。
⑥ 膳,附圖本作"善"。
⑦ 槱,金本作"猶"。

司爟，掌行火之政令，四時變國火，以救時疾。行，猶用也。變，猶易也。鄭司農説以鄹子曰："春取榆柳之火，夏取棗杏之火①，季夏取桑柘之火，秋取柞楢之火，冬取槐檀之火。"**季春出火，民咸從之。季秋内火，民亦如之。**火所以用陶冶，民隨國而爲之。鄭人鑄刑書，火星未出而出火，後有災，鄭司農云："以三月本時昬，心星見于辰上，使民出火。九月本黄昬，心星伏在戌上②，使民内火，故春秋傳曰'以出内火'③。"**時則施火令。**焚萊之時。**凡祭祀，則祭爟。**報其爲明之功，禮如祭爨。**凡國失火，野焚萊，則有刑罰焉。**野焚萊，民擅放火。

掌固，掌脩城郭、溝池、樹渠之固，頒其士庶子，及其衆庶之守。樹，謂枳棘之屬有刺者也。衆庶，民遞守固者也。鄭司農説樹以國語曰："城守之木，於是乎用之。"**設其飾器，**兵甲之屬，今城郭門之器亦然。**分其財用，均其稍食，**財用，國以財所給守吏之用也。稍食，禄稟。**任其萬民，用其材器。**任，謂以其任使之也。民之材器，其所用塹築，及爲藩落。**凡守者，受灋焉，以通守政，有移甲與其役財用，唯是得通，與國有司帥之，以贊其不足者。**凡守者，士庶子及他要害之守吏。通守政者，兵甲役財，難易多少，轉移相給也。其他非是，不得妄離部署。國有司，掌固也。其移之者，又與掌固帥致之。贊，佐也。**晝三巡之，夜亦如之。**巡，行也。行守者，爲衆庶之解惰。**夜三鼜以號戒。**杜子春云："讀鼜爲'造次'之'造'，謂擊鼓行夜戒守也。春秋傳所謂'賓將趣'者與？趣與造，音相近，故曰'終夕與燎'。"玄謂：鼜，擊鼜，警守鼓也。三巡之間，又三擊鼜。**若造都邑，則治其固，與其守灋。**都邑亦爲城郭。**凡國、都之竟，有溝樹之固，郊亦如之。**竟，界也。**民皆有職焉。**職，謂守與任。**若**

① 棗，附圖本作"早"。
② 伏，附圖本作"火"。戌，岳本作"戍"。黄記云："'戍'誤'戌'。"
③ 出，纂圖本作"自"。

有山川則因之。山川，若殽、皋、河、漢。

司險，掌九州之圖，以周知其山林川澤之阻，而達其道路。周，猶徧也。達道路者，山林之阻，則開鑿之；川澤之阻，則橋梁之。**設國之五溝五涂，而樹之林，以爲阻固，皆有守禁，而達其道路。**五溝，遂、溝、洫、澮、川也。五涂，徑、畛、涂、道、路也。樹之林，作藩落也。**國有故，則藩塞阻路而止行者，以其屬守之，唯有節者達之。**有故，喪災及兵也。閉絶要害之道，備姧寇也。

掌彊闕。

候人，各掌其方之道治，與其禁令，以設候人。道治，治道也。國語曰"候不在竟"，譏不居其方也。禁令，備姧寇也。以設候人者，選士卒以爲之，詩云："彼候人兮，何戈與祋。"**若有方治，則帥而致于朝，及歸，送之于竟。**方治，其方來治國事者也。春秋傳曰：晉"欒盈過周"，王"使候人出諸轘轅"。是其送之。

環人，掌致師。致師者，致其必戰之志。古者將戰，先使勇力之士犯敵焉。春秋傳曰："楚許伯御樂伯①，攝叔爲右，以致晉師。許伯曰：'吾聞致師者，御靡旌摩壘而還②。'樂伯曰：'吾聞致師者，左射以菆，代御執轡，御下，𣸣馬掉鞅而還。'攝叔曰：'吾聞致師者，右入壘，折馘，執俘而還。'皆行其所聞而復之。"**察軍慝，**慝，陰姦也。視軍中有爲慝者則執之。**環四方之故，**卻其以事謀來侵伐者，所謂折衝禦侮。**巡邦國，搏諜賊，**諜賊，反間爲國賊。**訟敵國，**敵國兵來，則往之與訟曲直，若齊國佐如師。**揚軍旅，**爲之威武以觀敵，詩云："惟師尚父，時惟鷹揚。"**降圍邑。**圍邑欲降者，受而降之，春秋傳曰："齊人降鄣③。"

挈壺氏，掌挈壺以令軍井，挈轡以令舍，挈畚以令糧。鄭司農云："挈壺以令軍井，謂爲軍穿井，井成，挈壺縣其上，令軍中

---

① 八行本無"御樂伯"三字。加記云："浙本脱'御樂伯'。"

② 摩，附圖本作"麾"。

③ 鄣，十行本作"郭"。

士衆皆望見,知此下有井,壺所以盛飲,故以壺表井;挈轡以令舍,亦縣轡于所當舍止之處,使軍望見,知當舍止于此,轡所以駕舍,故以轡表舍①;挈畚以令糧,亦縣畚于所當稟假之處,令軍望見,知當稟假于此下也,畚所以盛糧之器,故以畚表稟:軍中人多,車騎雜會讙囂②,號令不能相聞,故各以其物爲表,省煩趨疾,于事便也。”**凡軍事,縣壺以序聚欜;凡喪,縣壺以代哭者:皆以水火守之,分以日夜。**鄭司農云:“縣壺以爲漏,以序聚欜,以次更聚,擊欜備守也。”玄謂:擊欜,兩木相敲,行夜時也。代,亦更也。禮,未大斂,代哭。以水守壺者③,爲沃漏也。以火守壺者,夜則視刻數也。分以日夜者,異晝夜漏也。漏之箭,晝夜共百刻,冬夏之間,有長短焉。大史立成法,有四十八箭。**及冬,則以火爨鼎水而沸之,而沃之。**鄭司農云:“冬水凍,漏不下,故以火炊水,沸以沃之,謂沃漏也。”

射人,掌國之三公、孤、卿、大夫之位,三公北面,孤東面,卿、大夫西面。其摯,三公執璧,孤執皮帛,卿執羔,大夫鴈④。位,將射,始入見君之位。不言士者,此與諸侯之賓射,士不與也。燕禮曰:“公升,即位于席,西鄉,小臣納卿大夫,卿大夫皆入門右,北面東上,士立於西方⑤,東面北上。”大射亦云。則凡朝燕及射,臣見于君之禮同。**諸侯在朝,則皆北面,詔相其灋。**謂諸侯來朝而未歸,王與之射於朝者,皆北面,從三公位。法,其禮儀。**若有國事,則掌其戒令,詔相其事,**謂王有祭祀之事,諸侯當助其薦獻者也。戒令,告以齊與期。**掌其治達。**謂諸侯因與王射及助祭而有所治,受而達之於王。王有命,又受而下之。**以射灋治射儀:王以六耦射,**

① 故,十行本作“所”。加記云:“十、元本‘故’誤‘所’。”表,十行本作“衣”。加記云:“人本‘表’誤‘衣’。”

② 騎,八行本作“時”。

③ 十行本無“水”字。加記引文“以守壺者”,云:“諸本‘以’下有‘水’,此脱。”

④ 唐石經“夫”下有“執”字。加記云:“案:賈疏標起止云‘射人至夫鴈’,則唐初本既無‘執’,石經疑係於補增。”

⑤ 立,纂圖本、互注本、京本並作“位”。

三侯三獲三容，樂以騶虞，九節五正；諸侯以四耦射，二侯二獲二容，樂以貍首，七節三正；孤卿大夫以三耦射，一侯一獲一容，樂以采蘋，五節二正；士以三耦射，豻侯一獲一容，樂以采蘩，五節二正。射法，王射之禮。治射儀，謂肆之也。鄭司農云："三侯，虎、熊、豹也①。容者，乏也，待獲者所蔽也。九節，析羽九重，設於長杠也②。正，所射也，詩云：'終日射侯，不出正兮。'二侯，熊、豹也。豻侯，豻者，獸名也，獸有貙、豻、熊、虎。"玄謂：三侯者，五正、三正、二正之侯也；二侯者，三正、二正之侯也；一侯者，二正而已③：此皆與賓射於朝之禮也。考工梓人職曰："張五采之侯，則遠國屬。"遠國，謂諸侯來朝者也。五采之侯，即五正之侯也④。正之言正也，射者内志正則能中焉。畫五正之侯，中朱，次白，次蒼，次黄，玄居外，三正損玄、黄，二正去白、蒼，而畫以朱、緑。其外之廣，皆居侯中參分之一，中二尺。今儒家云"四尺曰正，二尺曰鵠⑤，鵠乃用皮，其大如正"，此説失之矣。大射禮"豻"作"干"，讀如"宜豻宜獄"之"豻"⑥。豻，胡犬也。士與士射，則以豻皮飾侯，下大夫也。大夫以上與賓射，飾侯以雲氣⑦，用采各如其正。九節、七節、五節者，奏樂以爲射節之差。言節者，容侯道之數也。樂記曰："明乎其節之志，不失其事，則功成而德行立。"**若王大射，則以貍步張三侯。**鄭司農云："貍步，謂一舉足爲一步，於今爲半步。"玄謂：貍，善搏者也，行則止而擬度焉，其發必獲，是以量侯道法之也。侯道者，各以弓爲度，九節者九十弓，七節者七十弓，五節者五十弓。弓之下制，長六尺。大射禮曰"大侯九十，參七十，干五十"是也。三侯者，司裘所共虎侯、熊侯、豹侯也。列國之君，大射亦張三侯，數與天子同。大侯，熊侯也。参，讀爲"糝"。

---

① 虎熊，纂圖本、互注本、京本、岳本、十行本並作"熊虎"。
② 杠，附圖本作"杜"。
③ 二，婺本作"一"。
④ 即，岳本作"節"。加記云："岳本'即'誤'節'。"
⑤ 二，建本、附圖本並作"三"。
⑥ 宜豻宜獄，重言重意本作"宜獄宜豻"。
⑦ 飾，十行本作"節"。

糝,雜也。雜者,豹鵠而麋飾[①],下天子大夫。**王射,則令去侯立于後,以矢行告。卒,令取矢。**鄭司農云:"射人主令人去侯所而立于後也。以矢行告,射人主以矢行高下左右告于王也[②]。大射禮曰:'大射正立于公後[③],以矢行告于公,下曰留,上曰揚,左右曰方。'杜子春說以矢行告,告白射事于王,王則執矢也。杜子春說不與禮經合,疑非是也。卒令取矢,謂射卒,射人令當取矢者使取矢也。"玄謂:令去侯者,命負侯者去侯也,鄉射曰:"司馬命獲者執旌以負侯。"**祭侯,則爲位。**祭侯,獻服不,服不以祭侯。爲位,爲服不受獻之位也。大射曰:"服不侯西北三步,北面拜受爵。"**與大史數射中,**射中,數射者中侯之筭也。大射曰:"司射適階西,釋弓,去扑,襲,進,由中東,立于中南,北面視筭。"**佐司馬治射正。**射正,射之法儀也。**祭祀,則贊射牲,相孤、卿、大夫之灋儀。**烝嘗之禮,有射豕者[④],國語曰:"禘郊之事,天子必自射其牲。"今立秋有貙劉云。**會同、朝覲,作大夫介,凡有爵者。**作,讀如"作止爵"之"作"。諸侯來至,王使公卿有事焉,則作大夫使之介也。有爵者,命士以上,不使賤者。**大師,令有爵者,乘王之倅車。**倅車,戎車之副。**有大賓客,則作卿大夫從,**作者,選使從王見諸侯。**戒大史及大夫介。**戒,戒其當行者。覲禮曰:"諸公奉篋服,加命書于其上,升自西階,東面,大史氏右。"**大喪,與僕人遷尸,作卿大夫掌事,比其廬,不敬者苛罰之。**僕人,大僕也。僕人與射人,俱掌王之朝位也。王崩,小斂、大斂,遷尸于室堂,朝之象也。檀弓曰:"扶君,卜人師扶右,射人扶左;君薨,以是舉。"苛,謂詰問之。

服不氏,掌養猛獸而教擾之。猛獸,虎、豹、熊、羆之屬。擾,馴也,教習使之馴服。王者之教無不服。**凡祭祀,共猛獸。**謂中

---

① 飾,岳本作"節"。

② 主,金本作"由"。

③ 大,十行本作"夫"。加記云:"正、人、閩、金本誤'夫'。"

④ 豕,金本作"矢"。

膳羞者。獸人冬獻狼。春秋傳曰"熊蹯不孰"。**賓客之事,則抗皮,**鄭司農云:"謂賓客來朝聘布皮帛者①,服不氏主舉藏之。抗,讀爲'亢其讐'之'亢'。"玄謂:抗者,若聘禮曰"有司二人舉皮以東"②。**射則贊張侯,以旌居乏而待獲。**贊,佐也。大射禮曰:"命量人、巾車張三侯。"杜子春云:"待,當爲'持',書亦或爲'持'。乏,讀爲'匱乏'之'乏'。持獲者所蔽。"玄謂:待獲,待射者中舉旌以獲。

射鳥氏,掌射鳥。鳥,謂中膳羞者,梟、鴈、鴇、鴞之屬。**祭祀,以弓矢敺烏鳶。凡賓客、會同、軍旅,亦如之。**烏鳶,善鈔盜,便汙人。**射則取矢,矢在侯高,則以并夾取之。**鄭司農云:"王射,則射鳥氏主取其矢。矢在侯高者,矢著侯高,人手不能及,則以并夾取之。并夾,鍼箭具③。夾,讀爲'甲',故司弓矢職曰'大射燕射共弓矢''并夾'。"

羅氏,掌羅烏鳥。烏,謂卑居,鵲之屬。**蜡則作羅襦。**作,猶用也。鄭司農云:"蜡,謂十二月大祭萬物也,郊特牲曰'天子大蜡',謂'歲十二月,合聚萬物而索饗之'。襦,細密之羅。襦,讀爲'繻有衣袽'之'繻'。"玄謂:蜡,建亥之月,此時火伏,蟄者畢矣,豺既祭獸,可以羅罔圍取禽也④。王制曰"豺祭獸,然後田",又曰:昆蟲已蟄,可以火田。今俗放火張羅,其遺教。**中春羅春鳥,獻鳩,以養國老,行羽物。**春鳥,蟄而始出者,若今南郡黄雀之屬。是時鷹化爲鳩,鳩與春鳥變舊爲新,宜以養老助生氣⑤。行,謂賦賜。

掌畜,掌養鳥而阜蕃教擾之。阜,猶盛也。蕃,蕃息也。鳥之可養使盛大蕃息者,謂鵞、鶩之屬。**祭祀,共卵鳥,**其卵可薦之鳥。

---

① 布,建本作"而"。加記云:"建本'布'誤'而'。"

② 東,金本、建本、纂圖本、互注本、京本、岳本、八行本、十行本並作"東"。阮記云:"嘉靖本'東'誤'東'。"

③ 具,重言重意本作"其"。加記云:"重意本'具'誤'其'。"

④ 罔,建本、重言重意本、岳本並作"網"。阮記云:"余本、嘉靖本'網'作'罔',此本疏中亦作'罔',注皆用'罔'字,此加系旁,非。"

⑤ 老,纂圖本、互注本並作"生"。

歲時貢鳥物，鶉、鴈之屬①，以四時來。**共膳獻之鳥。**雉及鶉鴽之屬。

周禮卷第七

經三千六百一十五字

注七千四百三十二字②

① 鶉，金本作"鶉"。

② 自"經三"至"二字"，附圖本作"經叁阡陸伯壹拾貳字注柒阡肆伯叁拾捌字音義貳阡貳伯捌拾陸字"，金本、建本、纂圖本、互注本、京本、岳本、八行本、十行本並無。

周禮卷第八

夏官司馬下　周禮

鄭氏注

司士，掌羣臣之版，以治其政令。歲登下其損益之數，辨其年歲，與其貴賤，周知邦國都家縣鄙之數，卿大夫士庶子之數，損益，謂用功過黜陟者。縣鄙[①]，鄉遂之屬。故書"版"爲"班"[②]，鄭司農云："班，書或爲'版'。版，名籍。"**以詔王治。**告王所當進退。**以德詔爵，以功詔禄，以能詔事，以久奠食。**德，謂賢者。食，稍食也。賢者既爵乃禄之，能者事成乃食之。王制曰："司馬辨論官材，論進士之賢者，以告於王，而定其論，論定，然後官之；任官，然後爵之；位定，然後禄之。**唯賜無常。**賜多少由王，不如禄食有常品。**正朝儀之位，辨其貴賤之等。王南鄉，三公北面東上，孤東面北上，卿大夫西面北上，王族故士、虎士在路門之右，南面東上，大僕、大右、大僕從者在路門之左，南面西上[③]。**此王日視朝事於路門外之位。王族故士，故爲士，晚退留宿衛者。未嘗仕，雖同族不得在王宫。大右，司右也。大僕從者，小臣、祭僕、御僕、

---

① 縣鄙，纂圖本作"數辨"。

② 附圖本無"版"字。

③ 西，京本、重言重意本並作"北"。加記云："重、京本'西'誤'北'。"

隸僕。**司士擯，**詔王出揖公卿大夫以下朝者。**孤卿特揖，大夫以其等旅揖，士旁三揖，王還揖門左，揖門右。**特揖，一一揖之。旅，衆也。大夫爵同者衆揖之。公及孤卿大夫，始入門右，皆北面東上，王揖之①，乃就位。羣士及故士、大僕之屬，發在其位，羣士位東面，王西南鄉而揖之。三揖者，士有上中下。王揖之，皆逡遁，既，復位。鄭司農云："卿、大夫、士，皆君之所揖禮，春秋傳所謂'三揖在下'。"**大僕前，**前正王視朝之位。**王入内朝，皆退。**王入，入路門也。王入路門内朝，朝者皆退，反其官府治處也。王之外朝，則朝士掌焉。玉藻曰："朝服，以日視朝於内朝。朝，辨色始入。君日出而視之，退適路寢聽政，使人視大夫②，大夫退，然後適小寢。"謂諸侯也③。王日視朝，皮弁服，其禮則同④。**掌國中之士治，凡其戒令。**國中，城中。**掌擯士者，膳其摯。**擯士，告見初爲士者於王也。鄭司農云："膳其摯者，王食其所執羔鴈之摯。"玄謂：膳者，入於王之膳人。**凡祭祀，掌士之戒令，詔相其灋事，及賜爵，呼昭穆而進之。**賜爵，神惠及下也⑤。此所賜王之子姓兄弟，祭統曰："凡賜爵，昭爲一，穆爲一，昭與昭齒，穆與穆齒。凡羣有司皆以齒，此之謂長幼有序。"**帥其屬而割牲，羞俎豆。**割牲，制體也。羞，進也。**凡會同，作士從。賓客，亦如之。**作士從，謂可使從於王者⑥。**作士適四方使，爲介。**士使，謂自以王命使也。介，大夫之介也。春秋傳曰："天王使石尚來歸脤。"**大喪，作士，掌事，**事，謂奠斂之屬。**作六軍之士⑦，執披。**作，謂使之也。披⑧，柩

① 王，十行本作"士"。
② 大，八行本作"禮"。
③ 謂，附圖本作"諸"。
④ 禮，八行本作"大"。
⑤ 也，附圖本作"反"。
⑥ 王，十行本作"士"。
⑦ 士，唐石經作"事"。
⑧ 披，十行本作"棺"。

車行，所以披持棺者，有紐以結之，謂之戴。鄭司農云："披者，扶持棺險者也[①]。天子旁十二，諸侯旁八，大夫六，士四。"玄謂：結披，必當棺束，於束繫紐。天子諸侯載柩三束，大夫士二束。喪大記曰：君纁披六，大夫披四，前纁後玄，士二披，用纁。人君禮文，欲其數多，圍數兩旁言六耳，其實旁三。**凡士之有守者[②]，令哭無去守。**守官不可空也。**國有故，則致士而頒其守。**故，非喪則兵災。**凡邦國，三歲則稽士任，而進退其爵禄。**任，其所掌治。

諸子，掌國子之倅，掌其戒令，與其教治，辨其等，正其位。故書"倅"爲"卒"，鄭司農云："卒，讀如'物有副倅'之'倅'。國子，謂諸侯卿大夫士之子也。燕義曰'古者周天子之官，有庶子官'，與周官諸子職同文。"玄謂：四民之業，而士者亦世焉。國子者，是公卿大夫士之副貳。戒令，致於大子之事。教治，脩德學道也。位，朝位。**國有大事，則帥國子而致於大子，唯所用之。若有兵甲之事，則授之車甲，合其卒伍，置其有司，以軍灋治之。司馬弗正，**軍法：百人爲卒，五人爲伍。弗，不也。國子屬大子，司馬雖有軍事，不賦之。**凡國正弗及。大祭祀，正六牲之體。**正，謂杋載之[③]。**凡樂事，正舞位，授舞器。**位，佾處。**大喪，正羣子之服位。會同、賓客，作羣子從[④]。**從於王。**凡國之政事，國子存遊倅，使之脩德學道，春合諸學，秋合諸射，以攷其藝而進退之。**遊倅，倅之未仕者。學，大學也。射，射宫也。王制曰："春秋教以禮樂，冬夏教以詩書，王大子、王子、羣后之大子、卿大夫元士之適子、國之俊選皆造焉。"

司右，掌羣右之政令。羣右，戎右、齊右、道右。**凡軍旅、**

---

① 扶，重言重意本作"披"。

② 八行本無"凡"字。

③ 杋，建本、附圖本、纂圖本、京本、十行本並作"禮"，互注本作"礼"。阮記云："嘉靖本、毛本'禮'作'杋'，當據正。"

④ 金本無"從"字。

會同,合其車之卒伍,而比其乘,屬其右。合、比、屬,謂次第相安習也。車亦有卒伍。**凡國之勇力之士,能用五兵者屬焉,掌其政令。**勇力之士屬焉者,選右當於中。司馬法曰:"弓矢圍,殳、矛守,戈、戟助。凡五兵,長以衛短,短以救長。"

虎賁氏,掌先後王而趨以卒伍。王出,將虎賁士居前後①。雖羣行,亦有局分②。**軍旅、會同,亦如之。舍則守王閑。**舍,王出所止宿處。閑,梐枑。**王在國,則守王宫。**爲周衛。**國有大故,則守王門。大喪,亦如之。**非常之難,要在門。**及葬,從遣車而哭。**遣車,王之魂魄所馮依。**適四方使,則從士大夫。**虎士從使者。**若道路不通,有徵事,則奉書以使於四方。**不通,逢兵寇若泥水。奉書,徵師役也。春秋:隱七年冬,"戎伐凡伯于楚丘以歸"。

旅賁氏,掌執戈盾,夾王車而趨③,左八人,右八人,車止則持輪。夾王車者,其下士也。下士十有六人,中士爲之帥焉。**凡祭祀、會同、賓客,則服而趨;**服而趨,夾王車趨也。會同、賓客,王亦齊服服衮冕,則此士之齊服服玄端。**喪紀,則衰葛,執戈盾;**葛,葛絰。武士尚輕。**軍旅,則介而趨。**介,被甲。

節服氏,掌祭祀、朝覲、衮冕,六人維王之大常。服衮冕者,從王服也。維,維之以縷。王旌十二旒,兩兩以縷綴連,旁三人持之。禮,天子旌曳地。鄭司農云:"維,持之。"**諸侯則四人,其服亦如之。郊祀裘冕,二人執戈。送逆尸,從車。**裘冕者,亦從尸服也。裘,大裘也。凡尸,服卒者之上服。從車④,從尸車送逆之往來。春秋傳曰:晉"祀夏郊,董伯爲尸"。

---

① 後,十行本作"使"。加記云:"正、人、韓本'後'誤'使'。"
② 局,十行本作"屬"。
③ 夾,岳本作"來"。加記云:"岳本'夾'誤'來'。"
④ 車,附圖本、重言重意本並作"事"。加記云:"重意本上'車'誤'事'。"

方相氏，掌蒙熊皮，黄金四目，玄衣朱裳，執戈揚盾[①]**，帥百隸而時難，以索室歐疫。**蒙，冒也。冒熊皮者，以驚歐疫癘之鬼，如今魌頭也。時難，四時作方相氏以難卻凶惡也。月令：季冬，"命國難"。索，廋也。**大喪，先匶，**葬使之道。**及墓，入壙，以戈擊四隅，歐方良。**壙，穿地中也。方良，罔兩也。天子之椁柏，黄腸爲裏，而表以石焉。國語曰："木石之怪：夔、罔兩。"

大僕，掌正王之服位，出入王之大命。服，王舉動所當衣也。位，立處也。出大命，王之教也。入大命，羣臣所奏行。**掌諸侯之復逆。**鄭司農云："復，謂奏事也。逆，謂受下奏。"**王眂朝，則前正位而退，入亦如之。**前正位而退，道王，王既立，退居路門左，待朝畢。**建路鼓于大寢之門外，而掌其政。**大寢，路寢也。其門外，則内朝之中，如今宫殿端門下矣。政，鼓節與早晏。**以待達窮者與遽令，聞鼓聲，則速逆御僕與御庶子。**鄭司農云："窮，謂窮冤失職，則來擊此鼓，以達於王。若今時上變事擊鼓矣。遽，傳也。若今時驛馬軍書，當急聞者，亦擊此鼓，令聞此鼓聲，則速逆御僕與御庶子也。大僕主令此二官，使速逆窮遽者。"玄謂：達窮者[②]，謂司寇之屬朝士，掌以肺石達窮民，聽其辭以告於王[③]。遽令，郵驛上下程品。御僕、庶子[④]，直事鼓所者。大僕聞鼓聲，則速逆此二官，當受其事以聞。**祭祀、賓客、喪紀，正王之服位，詔灋儀，贊王牲事。**詔，告也。牲事，殺割匕載之屬。**王出入，則自左馭而前驅。**前驅，如今道引也。道而居左，自馭不參乘，辟王也。亦有車右焉。**凡軍旅、田役，贊王鼓。**王通鼓，

---

① 揚，白文本作"楊"。加記云："朱本'揚'誤'楊'。"

② 達窮，互注本、京本並作"窮達"。阮記引文"元謂窮達者"，云："余本、閩、監、毛本同，誤也，岳本、嘉靖本作'達窮'者，當乙正。"案：經文云"以待達窮者"，注文引述，顯當作"達窮"，又單疏本疏文云"後鄭以達窮爲朝士者"，則賈氏所見本作"達窮"，作"達窮"是也。

③ 王，岳本作"主"。加記云："岳本'王'誤'主'。"

④ 建本、纂圖本、互注本、京本、岳本、八行本"庶"前並有"御"字。

佐擊其餘面。**救日月,亦如之。**日月食時。春秋傳曰:"非日月之眚不鼓。"**大喪,始崩,戒鼓傳達于四方。窆,亦如之。**戒鼓,擊鼓以警衆也。故書"戒"爲"駭"。鄭司農云:"窆,謂葬下棺也,春秋傳所謂'日中而堋'①,禮記謂之'封',皆葬下棺也②,音相似,窆,讀如'慶封氾祭'之'氾'。"**縣喪首服之灋于宫門。**首服之法,謂免髽笄總廣狹長短之數③。縣其書於宫門④,示四方。**掌三公孤卿之弔勞。**王使往。**王燕飲,則相其灋。**相,左右。**王射,則贊弓矢。**贊,謂授之受之。**王眂燕朝,則正位,掌擯相。**燕朝,朝於路寢之庭。王圖宗人之嘉事,則燕朝。**王不眂朝,則辭於三公及孤卿。**辭,謂以王不視朝之意告之,春秋傳曰"公有疾不視朔"⑤。

小臣,掌王之小命,詔相王之小灋儀。小命,時事所勑問也。小法儀,趨行拱揖之容。**掌三公及孤卿之復逆,正王之燕服位。**謂燕居時也。玉藻曰:王"卒食,玄端而居"。**王之燕出入,則前驅。**燕出入,若今游於諸觀苑。**大祭祀、朝覲,沃王盥。小祭祀、賓客、饗食、賓射,掌事如大僕之灋。**賓射,與諸侯來朝者射。**掌士大夫之弔勞。凡大事⑥,佐大僕。**

祭僕,掌受命于王,以眂祭祀,而警戒祭祀有司,糾百官之戒具。謂王有故,不親祭也。祭祀有司,有事於祭祀者。糾,謂校録所當共之牲物。**既祭,帥羣有司而反命,以王命勞之,誅其不敬者。大喪,復于小廟。**小廟,高祖以下也。始祖曰大廟,春秋:僖八年,"秋七月,禘于太廟"。**凡祭祀,王之所不與,則賜**

---

① 堋,金本、建本、附圖本、重言重意本、岳本、八行本並作"傰"。
② 皆,互注本作"音"。加記云:"纂本'皆'誤'音'。"
③ 數,附圖本作"縣"。
④ 縣,附圖本作"數"。
⑤ 朔,婺本、建本、附圖本並作"朝"。阮記云:"監本'朔'誤'朝'。"
⑥ 重言重意本無"大"字。

之禽,都家亦如之。鄭司農云:"王之所不與,謂非郊廟尊祭祀,則王不與也。則賜之禽,公卿自祭其先祖,則賜之禽也。"玄謂:王所不與,同姓有先王之廟。**凡祭祀致福者,展而受之。**臣有祭事,必致祭肉於君,所謂歸胙也。展,謂録視其牲體數。體數者,大牢則以牛左肩臂臑折九个,少牢則以羊左肩七个,特牲則以豕左肩五个。

御僕,掌羣吏之逆,及庶民之復,與其弔勞。羣吏,府史以下①。**大祭祀,相盥而登。**相盥者,謂奉槃授巾與②? 登,謂爲王登牲體於俎。特牲饋食禮:主人降盥,出,舉入,乃匕載③。**大喪,持翣。**翣,棺飾也。持之者,夾蜃車。**掌王之燕令,**燕居時之令④。**以序守路鼓。**序,更。

隸僕,掌五寢之埽除糞洒之事。五寢,五廟之寢也。周天子七廟,唯祧無寢。詩云"寢廟繹繹",相連貌也,前曰廟,後曰寢。氾埽曰埽,埽席前曰拚。洒,灑也。鄭司農云:"洒,當爲'灑'。"玄謂:論語曰"子夏之門人","當洒埽應對"。**祭祀,脩寢。**於廟祭,寢或有事焉。月令凡新物,先薦寢廟。**王行,洗乘石。**鄭司農云:"乘石,王所登上車之石也。詩云'有扁斯石⑤,履之卑兮',謂上車所登之石。"**掌蹕宫中之事。**宫中有事則蹕⑥。鄭司農云:"蹕,謂止行者,清道。若今時儆蹕。"**大喪,復于小寢、大寢。**小寢,高祖以下廟之寢也。始祖曰大寢。

弁師,掌王之五冕,皆玄冕朱裏,延,紐,冕服有六,而言

① 史,纂圖本、互注本、京本並作"吏"。阮記引文"府吏以下",云:"余本同,誤也,嘉靖本、閩、監、毛本作'府史',當據正。"案:經云"御僕,掌羣吏之逆",注云"羣吏,府史以下",若作"府吏",則不知與"羣吏"何異? 顯非,又單疏本疏文標起止"注羣吏府史以下",又云"府史以下",則賈氏所見本作"府史",則作"史"是也。

② 授,金本作"受",八行本作"投"。加記云:"董本'授'誤'受',浙本誤'投'。"巾,十行本作"中"。加記云:"正、人……本誤'中'。"

③ 匕,纂圖本、互注本、八行本、十行本並作"上"。阮記云:"此本及監本'匕'誤'上'。"

④ 居,附圖本作"民"。

⑤ 扁,八行本作"偏",十行本作"名"。加記云:"正、人……本誤'名'。"

⑥ 有,十行本作"在"。加記云:"十、元、人……本誤'在'。"

五冕者,大裘之冕蓋無旒,不聯數也。延,冕之覆在上,是以名焉。紐,小鼻在武上,笄所貫也。今時冠卷當簪者,廣袤以冠縰,其舊象與? **五采繅十有二,就皆五采玉十有二,玉笄,朱紘。**繅,雜文之名也。合五采絲爲之繩,垂於延之前後,各十二,所謂邃延也。就,成也。繩之每一帀而貫玉采玉①,十二斿,則十二玉也。每就間蓋一寸②。朱紘,以朱組爲紘也③。紘一條④,屬兩端於武。繅不言皆,有不皆者。此爲衮衣之冕十二斿,則用玉二百八十八;鷩衣之冕繅九斿,用玉二百一十六;毳衣之冕七斿,用玉百六十八;希衣之冕五斿⑤,用玉百二十;玄衣之冕三斿,用玉七十二。**諸侯之繅斿九就,瑉玉三采,其餘如王之事。繅斿皆就,玉瑱,玉笄。**侯,當爲"公",字之誤也。三采,朱、白、蒼也。其餘,謂延、紐皆玄覆朱裏⑥,與王同也。出此,則異。繅斿皆就,皆三采也。每繅九成,則九旒也⑦。公之冕,用玉百六十二。玉瑱,塞耳者。故書"瑉"作"璑"。鄭司農云:"繅,當爲'藻',繅古字也,藻今字也,同物同音。璑,惡玉名。"**王之皮弁,會五采玉璂,象邸、玉笄。**故書"會"作"膾",鄭司農云:"讀如'馬會'之'會',謂以五采束髮也。士喪禮曰:'檜用組,乃笄。'檜,讀與'膾'同,書之異耳。説曰:以組束髮,乃著笄,謂之'檜'。沛國人謂反紒爲膾。璂,讀如'綦車轂'之'綦'。"玄謂:會,讀如"大會"之"會"。會,縫中也。璂,讀如"薄借綦"之"綦"。綦,結也。皮弁之縫中,每貫結五采玉十二以爲飾,謂之綦,詩云"會弁如星",又曰"其弁伊綦"是也。邸,下柢也,以象骨爲之。**王之弁絰,弁而加環絰。**弁絰,王弔所服也。其弁如爵弁而素,所謂素冠也。而加環絰,環絰者,大如緦之麻絰,

---

① 貫玉,婺本、金本、建本、附圖本、纂圖本、互注本、京本、重言重意本、岳本、八行本、十行本並作"貫五"。阮記云:"嘉靖本'五'誤'玉'。"

② 一,金本、附圖本並作"二"。加記云:"董、建本、玉海'一'誤'二'。"

③ 附圖本、十行本並無"也"字。

④ 紘,重言重意本作"紱"。附圖本、十行本並無"紘"字。

⑤ 金本無"冕"字。

⑥ 紐,十行本作"組"。阮記引文"謂延組",云:"閩、監本同,誤也,嘉靖本、毛本'組'作'紐',當據正。"裏,重言重意本作"履",附圖本無"裏"字。

⑦ 旒,建本、附圖本、重言重意本並作"斿"。

纚而不糾。司服職曰:"凡弔事[①],弁絰服。"**諸侯及孤卿大夫之冕、韋弁、皮弁、弁絰,各以其等爲之,而掌其禁令。**各以其等,繅斿玉璂,如其命數也。冕,則侯伯繅七就,用玉九十八;子男繅五就,用玉五十,繅、玉皆三采[②];孤繅四就,用玉三十二;三命之卿繅三就,用玉十八;再命之大夫藻再就,用玉八,藻、玉皆朱緑。韋弁、皮弁,則侯伯璂飾七,子男璂飾五,玉亦三采;孤則璂飾四,三命之卿璂飾三,再命之大夫璂飾二,玉亦二采。弁絰之弁,其辟積如冕繅之就然。庶人弔者,素委貌。一命之大夫,冕而無斿。士變冕爲爵弁。其韋弁、皮弁之會無結飾,弁絰之弁不辟積。禁令者,不得相僭踰也。玉藻曰:"君未有命,不敢即乘服。"不言冠弁,冠弁兼於韋弁、皮弁矣。不言服弁,服弁自天子以下,無飾無等[③]。

司甲闕

司兵,掌五兵、五盾,各辨其物與其等,以待軍事。五盾,干櫓之屬,其名未盡聞也。等,謂功沽上下[④]。鄭司農云:"五兵者,戈、殳、戟、酋矛、夷矛。"**及授兵,從司馬之灋以頒之;及其受兵輸,亦如之;及其用兵,亦如之。**從司馬之法,令師旅卒兩人數所用多少也。兵輸,謂師還,有司還兵也。用兵,謂出給衛守。**祭祀,授舞者兵。**授以朱干玉戚之屬。**大喪,廞五兵。**故書"廞"爲"淫"。鄭司農云:"淫,陳也。淫,讀爲'廞'。"玄謂:廞,興也,興作明器之役器五兵也。士喪禮下篇有"甲、胄、干、笮"。**軍事,建車之五兵。會同,亦如之。**車之五兵,鄭司農所云者是也。步卒之五兵,則無夷矛而有弓矢。

司戈盾,掌戈盾之物而頒之。分與受用[⑤]。**祭祀,授旅賁殳、故士戈盾。授舞者兵,亦如之。**亦頒之也。故士,王族

① 事,附圖本作"士"。

② 玉,金本作"五"。

③ 無等,纂圖本、互注本並作"等"。加記云:"纂本脱下'無'。"

④ 沽,建本作"沾",十行本作"活"。加記云:"建、監本誤'沾'……正、陳、閩、金本誤'活'。"

⑤ 受,纂圖本、互注本、十行本並作"授"。

故士也，與旅賁當事，則衛王也。殳，如杖，長尋有四尺。**軍旅、會同，授貳車戈盾，建乘車之戈盾，授旅賁及虎士戈盾。**乘車，王所乘車也。軍旅則革路，會同則金路。**及舍，設藩盾，行則斂之。**舍，止也。藩盾，盾可以藩衛者，如今之扶蘇與？

司弓矢，掌六弓四弩八矢之灋，辨其名物，而掌其守藏，與其出入。法，曲直長短之數。**中春獻弓弩，中秋獻矢箙。**弓弩成於和，矢箙成於堅。箙，盛矢器也，以獸皮爲之。**及其頒之，王弓、弧弓，以授射甲革、椹質者；夾弓、庾弓，以授射豻侯、鳥獸者；唐弓、大弓，以授學射者、使者、勞者。**王、弧、夾、庾、唐、大六者，弓異體之名也。往體寡來體多，曰王、弧；往體多來體寡，曰夾、庾；往體來體若一，曰唐、大。甲革，革甲也，春秋傳曰"蹲甲而射之"。質，正也。樹椹以爲射正。射甲與椹，試弓習武也。豻侯五十步，及射鳥獸，皆近射也。近射用弱弓，則射大侯者用王、弧，射參侯者用唐、大矣。學射者，弓用中①，後習强弱則易也。使者、勞者，弓亦用中，遠近可也。勞者，勤勞王事，若晉文侯、文公受王弓矢之賜者。故書"椹"爲"鞎"，鄭司農云："椹，字或爲'鞎'，非是也，圉師職曰：'射則充椹質'，又此司弓矢職曰'澤，共射椹質之弓矢'，言射椹質自有弓，謂王、弧弓也。以此觀之，言鞎質者非。"**其矢箙，皆從其弓。**從弓數也。每弓者，一箙百矢。**凡弩，夾、庾，利攻守；唐、大，利車戰、野戰。**攻城壘者，與其自守者相迫近，弱弩發疾也。車戰、野戰，進退非强則不及。弩無王、弧，王、弧恒服弦②，往體少者，使矢不疾。**凡矢，枉矢、絜矢，利火射，用諸守城、車戰；殺矢、鍭矢，用諸近射、田獵；矰矢、茀矢③，用諸弋射；恒矢、庳矢，用諸散射。**此八矢者，弓、弩各有四焉：枉矢、殺矢、矰矢、恒矢，弓所用也；絜矢、鍭矢、茀矢、庳矢，弩所用也。枉矢者，取名變星，飛行有光，今之飛矛是也，或謂之兵矢；絜矢象焉：

① 附圖本無"弓"字。

② 弦，八行本作"強"。

③ 茀，金本作"弗"。

二者皆可結火，以射敵、守城、車載[①]，前於重，後微輕[②]，行疾也。殺矢，言中則死；鍭矢象焉，鍭之言候也：二者皆可以司候，射敵之近者及禽獸，前尤重，中深，而不可遠也。結繳於矢謂之矰，矰，高也；茀矢象焉，茀之言刜也：二者皆可以弋飛鳥，刜羅之也，前於重，又微輕[③]，行不低也，詩云"弋鳧與鴈"。恒矢，安居之矢也；庳矢象焉：二者皆可以散射也，謂禮射及習射也，前後訂，其行平也。凡矢之制：枉矢之屬五分，二在前，三在後；殺矢之屬參分，一在前，二在後；矰矢之屬七分，三在前，四在後；恒矢之屬軒輖中，所謂志也。鄭司農云："痺矢，讀爲'人罷短'之'罷'。"玄謂：庳，讀如"痺病"之"痺"，痺之言倫比。**天子之弓，合九而成規，諸侯合七而成規，大夫合五而成規，士合三而成規，句者謂之弊弓。**體往來之衰也。往體寡來體多則合多，往體多來體寡則合少而圜。弊，猶惡也。句者惡，則直者善矣。**凡祭祀，共射牲之弓矢。**射牲，示親殺也。殺牲非尊者所親，唯射爲可，國語曰："禘郊之事，天子必自射其牲。"**澤，共射椹質之弓矢。**鄭司農云："澤，澤宫也，所以習射選士之處也。射義曰：'天子將祭，必先習射於澤。澤者，所以擇士也。已射於澤，而后射於射宫，射中者得與於祭。'"**大射、燕射，共弓矢如數，并夾。**如數，如當射者之數也，每人一弓乘矢。并夾，矢籋也。**大喪，共明弓矢。**弓矢，明器之用器也，士喪禮下篇曰："用器弓矢。"**凡師役、會同，頒弓弩，各以其物，從授兵甲之儀[④]。**物，弓弩矢箙之屬。**田弋，充籠箙矢，共矰矢。**籠，竹箙也。矰矢不在箙者，爲其相繞亂[⑤]，將用乃共之。**凡亡矢者，弗用則更。**更，償也。用而棄之，則不償。

---

① 載，婺本、建本、纂圖本、互注本、京本、重言重意本、岳本、八行本、十行本並作"戰"。阮記云："嘉靖本'戰'誤'載'。"

② 微，十行本作"最"。

③ 又，纂圖本、互注本並作"後"。

④ 甲，十行本作"至"。正字云："'甲'誤'至'。"

⑤ 亂，十行本作"相"。阮記引文"爲其相繞相將用乃共之"，云："閩本同，誤也，余本、嘉靖本、監、毛本作'爲其相繞亂'，當據正。"

繕人,掌王之用弓、弩、矢、箙、矰、弋、抉、拾。鄭司農云:“抉者,所以縱弦也。拾者,所以引弦也。詩云‘抉拾既次’,詩家説:或謂抉謂引弦彄也,拾謂韝扞也。”玄謂:抉,挾矢時所以持弦飾也,著右手巨指。士喪禮曰“抉用正王棘若檡棘”,則天子用象骨與①?韝扞,著左臂裹,以韋爲之。**掌詔王射,**告王當射之節。**贊王弓矢之事。**授之受之。**凡乘車,充其籠箙,載其弓弩,**充籠箙者以矢②。**既射則斂之。**斂,藏之也,詩云:“彤弓弨兮,受言藏之。”**無會計。**亡敗多少不計。

槀人,掌受財于職金,以齎其工。齎其工者,給市財用之直。**弓六物爲三等,弩四物亦如之。**三等者,上、中、下,人各有所宜。弓人職曰:“弓長六尺六寸,謂之上制③,上士服之;弓長六尺三寸,謂之中制,中士服之;弓長六尺,謂之下制,下士服之。”弩及矢箙,長短之制未聞。**矢八物皆三等,箙亦如之。春獻素,秋獻成。**矢箙,春作秋成。**書其等以饗工。**鄭司農云:“書工功拙高下之等④,以制其饗食也。”玄謂:饗,酒肴勞之也。上工作上等,其饗厚;下工作下等,其饗薄。**乘其事,試其弓弩,以下上其食而誅賞。**鄭司農云:“乘,計也,計其事之成功也。”故書“試”爲“考”,玄謂:考之而善,則上其食,尤善,又賞之,否者反此。**乃入功于司弓矢及繕人。**功,成。**凡齎財與其出入,皆在槀人,以待會而攷之,亡者闕之。**皆在槀人者,所齎工之財及弓弩矢箙出入,其簿書槀人藏之。闕,猶除也。弓弩矢箙棄亡者除之,計今見在者。

戎右,掌戎車之兵革使。使,謂王使以兵,有所誅斬也,春秋傳曰:“戰於殽,晉梁弘御戎,萊駒爲右,戰之明日,襄公縛秦囚,使萊駒以戈

① 附圖本無“骨”字。

② 者以,纂圖本、互注本、京本、重言重意本、十行本並作“以盛”。阮記引文“充籠箙以盛矢”,云:“余本、閩、監、毛本同,誤也,宋本、嘉靖本作‘充籠箙者以矢’,此本疏中標注同,與賈疏本正合,因疏語有‘以籠是盛矢器’之言,遂誤改此注。”

③ 謂,附圖本作“所”。

④ 功,重言重意本作“巧”。

斬之。"**詔贊王鼓**，既告王當鼓之節，又助擊之。**傳王命于陳中。**爲王大言之也。**會同，充革車。**會同，王雖乘金路，猶以革路從行也。充之者，謂居左也。曲禮曰："乘君之乘車，不敢曠左。"**盟，則以玉敦辟盟，遂役之，**鄭司農云："敦，器名也。辟，法也。"玄謂：將歃血者，先執其器，爲衆陳其載辭，使心皆開辟也。役之者，傳敦血，授當歃者。**贊牛耳、桃茢。**鄭司農云："贊牛耳，春秋傳所謂'執牛耳'者。故書'茢'爲'滅'，杜子春云'滅，當爲"厲"'。"玄謂：尸盟者割牛耳，取血，助爲之，及血在敦中，以桃茢拂之，又助之也。耳者，盛以珠盤，尸盟者執之。桃，鬼所畏也。茢，苕帚，所以埽不祥。

齊右，掌祭祀、會同、賓客前齊車，王乘則持馬，行則陪乘。齊車，金路，王自整齊之車也。前之者，已駕王未乘之時。陪乘，參乘，謂車右也。齊右與齊僕同車，而有祭祀之事，則兼玉路之右，然則戎右兼田右與？**凡有牲事，則前馬。**王見牲，則拱而式，居馬前卻行[①]，備驚奔也。曲禮曰：國君下宗廟，式齊牛[②]。

道右，掌前道車。王出入，則持馬、陪乘，如齊車之儀。道車，象路也。王行道德之車。**自車上，諭命于從車[③]。**自，由。**詔王之車儀。**顧式之屬。**王式[④]，則下，前馬。王下，則以蓋從。**以蓋從，表尊。

大馭，掌馭玉路以祀。及犯軷，王自左馭，馭下祝，登，受轡，犯軷，遂驅之。行山曰軷。犯之者，封土爲山象，以菩芻棘柏爲神主，既祭之，以車轢之而去，喻無險難也，春秋傳曰"跋涉山川"。自，由也。王由左馭，禁制馬，使不行也。故書"軷"作"罰"，杜子春云："罰，當爲'軷'。軷，讀爲'别異'之'别'，謂祖道，轢軷磔犬也。詩云'載謀載惟，取蕭祭脂，取羝以軷'，詩家説曰：將出，祖道犯軷之祭也。聘禮曰

---

① 行，附圖本作"下"。

② 牛，附圖本、纂圖本、互注本、十行本並作"車"。

③ 諭，附圖本作"輸"。

④ 式，附圖本作"車"。

'乃舍軷,飲酒于其側',禮家説亦謂道祭。"**及祭,酌僕,僕左執轡,右祭兩軹,祭軓,乃飲。**故書"軹"爲"軒"[①],"軓"爲"範"。杜子春云:"文當如此。'左'不當重,重非是。"書亦或如子春言。又云:"'軒'當作'軹'。軹,謂兩轊也。其或言'軷',亦非是。"又云:"'軓'當爲'軺'。軺,謂車軾前也[②]。或讀'軒'爲'簪笄'之'笄'。"**凡馭路,行以肆夏,趨以采薺。**凡馭路,謂五路也[③]。肆夏、采薺,樂章也。行,謂大寢至路門[④]。趨,謂路門至應門。**凡馭路儀,以鸞和爲節。**舒疾之法也。鸞在衡,和在軾,皆以金爲鈴[⑤]。

戎僕,掌馭戎車。戎車,革路也。師出,王乘以自將。**掌王倅車之政,正其服。**倅,副也。服,謂衆乘戎車者之衣服。**犯軷,如玉路之儀。凡巡守及兵車之會,亦如之。**如在軍。**掌凡戎車之儀。**凡戎車,衆之兵車也,書序曰:"武王戎車三百兩。"

齊僕,掌馭金路以賓。以待賓客。**朝覲、宗遇、饗食皆乘金路,其灋儀各以其等,爲車送逆之節[⑥]。**節,謂王乘車迎賓客及送相去遠近之數。上公九十步,侯伯七十步,子男五十步。司儀職曰"車送[⑦],拜辱",又曰"及出,車送"。

道僕,掌馭象路,以朝夕燕出入,其灋儀如齊車。朝夕,朝朝莫夕。**掌貳車之政令。**貳亦副。

田僕,掌馭田路,以田以鄙。田路,木路也。田,田獵也。

---

① 軒,十行本作"斬"。阮記云:"戴震云……軒、軹、軓、軌四字,經傳中往往訛溷,先儒以其所知改所不知,於是經書、字書不復有'軒'字矣。"

② 軾前,纂圖本、互注本、京本、十行本並作"前軾"。阮記云:"今本作'前軾',誤倒。"

③ 五,附圖本、重言重意本並作"玉"。加記云:"意本'五'誤'玉'。"

④ 大,婺本作"人"。

⑤ 金本、建本、附圖本"鈴"下並有"也"字。加記云:"案:疏標起止,十、元、正、閩本作'鈴也',有者是也。"

⑥ 金本無"逆"字。

⑦ 送,婺本、金本、建本、附圖本、纂圖本、互注本、京本、重言重意本、岳本、八行本、十行本並作"逆"。阮記云:"嘉靖本'逆'誤'送'。"

鄙，循行縣鄙。**掌佐車之政。**佐亦副。**設驅逆之車，**驅，驅禽使前趨獲。逆，衙還之使不出圍。**令獲者植旌，**以告獲也。植，樹也。**及獻，比禽。**田弊，獲者各獻其禽。比，種物相從，次數之。**凡田，王提馬而走，諸侯晉，大夫馳。**提，猶舉也。晉，猶抑也。使人扣而舉之抑之①，皆止奔也。馳，放不扣。

馭夫，掌馭貳車、從車、使車。貳車，象路之副也。從車，戎路、田路之副也。使車，驅逆之車。**分公馬而駕治之。**乘調六種之馬②。

校人，掌王馬之政。政，謂差擇養乘之數也，月令曰"班馬政"。**辨六馬之屬：種馬一物，戎馬一物，齊馬一物，道馬一物，田馬一物，駑馬一物。**種，謂上善似母者。以次差之：玉路駕種馬，戎路駕戎馬，金路駕齊馬，象路駕道馬，田路駕田馬，駑馬給宫中之役。**凡頒良馬而養乘之：乘馬，一師四圉；三乘爲皁，皁一趣馬；三皁爲繫，繫一馭夫；六繫爲廄，廄一僕夫；六廄成校，校有左右。駑馬三良馬之數，麗馬一圉，八麗一師，八師一趣馬，八趣馬一馭夫。**良，善也。善馬，五路之馬。鄭司農云："四匹爲乘。養馬爲圉，故春秋傳曰'馬有圉，牛有牧'。"玄謂：二耦爲乘。師、趣馬、馭夫、僕夫，帥之名也。趣馬下士，御夫中士，則僕夫上士也。自乘至廄，其數二百一十六匹③。易：乾爲馬。此應乾之筴也。至校變爲言成者，明六馬各一廄，而王馬小備也。校有左右，則良馬一種者，四百三十二匹；五種，合二千一百六十匹；駑馬三之，則爲千二百九十六匹；五良一駑，凡三千四百五十六匹：然後王馬大備。詩云"騋牝三千"，此謂王馬之大數與？麗，耦也。駑馬自圉至馭夫，凡馬千二十四匹，與三良馬之數

① 而，互注本作"爲"。
② 調，八行本作"彌"。
③ 二，附圖本、重言重意本、十行本並作"三"。阮記云："余本、嘉靖本、毛本作'二百'，當據正。"案：單疏本疏"云'自乘至廄，其數二百一十六匹，易乾爲馬，此應乾之筴也'者……乾之六爻，以四乘九，四九三十六，六爻故二百一十六，是爲'乾之筴也'"，據此，作"二"是也。

不相應,"八"皆宜爲"六",字之誤也。師十二匹,趣馬七十二匹,則馭夫四百三十二匹矣,然後而三之,既三之,無僕夫者,不駕於五路,卑之也。**天子十有二閑,馬六種;邦國六閑,馬四種;家四閑,馬二種。**降殺之差,每廄爲一閑。諸侯有齊馬、道馬、田馬,大夫有田馬,各一閑。其駑馬,則皆分爲三焉。**凡馬,特,居四之一。**欲其乘之性相似也。物同氣,則心一。鄭司農云:"四之一者,三牝一牡。"**春祭馬祖,執駒。**馬祖,天駟也。孝經説曰:房爲龍馬。鄭司農云:"執駒,無令近母,猶攻駒也。二歲曰駒,三歲曰駣。"玄謂:執,猶拘也。春通淫之時,駒弱,血氣未定,爲其乘匹傷之。**夏祭先牧,頒馬,攻特**①。先牧,始養馬者,其人未聞。夏通淫之後,攻其特②,爲其蹄齧不可乘用。鄭司農云:"攻特,謂騬之。"**秋祭馬社,臧僕。**馬社,始乘馬者。世本作曰:"相土作乘馬③。"鄭司農云:"臧僕,謂簡練馭者,令皆善也。"玄謂:僕,馭五路之僕。**冬祭馬步,獻馬,講馭夫。**馬步,神爲災害馬者。獻馬,見成馬於王也。馭夫,馭貳車、從車、使車者。講,猶簡習。**凡大祭祀、朝覲、會同,毛馬而頒之,**毛馬,齊其色也。頒,授當乘之。**飾幣馬,執扑而從之**④。鄭司農云:"校人主飾之也。幣馬,以馬遺人,當幣處者也。聘禮曰:'馬則北面,奠幣于其前。'士喪禮下篇曰:'薦馬,纓三就,入門北面,交轡,圉人夾牽之,馭者執策,立于馬後。'"**凡賓客,受其幣馬。**賓客之幣馬,來朝聘而享王者。**大喪,飾遣車之馬。及葬,埋之。**言埋之,則是馬,塗車之芻靈。**田獵,則帥驅逆之車。**帥,猶將也。**凡將事于四海、山川,則飾黄駒。**四海,猶四方也。王巡守,過大山川,則有殺駒以祈沈禮與?玉人職有宗祝以黄金勺前馬之禮。**凡國之使者,共其幣馬。**使者所用私覿。**凡軍事,物馬**

---

① 特,十行本作"持"。加記云:"正本……'特'誤'持'。"
② 特,十行本作"持"。加記云:"正本'特'誤'持'。"
③ 土,建本作"王"。加記云:"建本誤'王'。"
④ 扑,白文本作"朴"。加記云:"御覽誤'朴'。"

而頒之。物馬，齊其力。**等馭夫之禄，**馭夫，於趣馬、僕夫爲中。舉中，見上下。**宫中之稍食。**師圉府史以下也。鄭司農云："稍食曰稟。"

趣馬，掌贊正良馬，而齊其飲食，簡其六節。贊，佐也。佐正者，謂校人臧僕講馭夫之時。簡，差也。節，猶量也。差擇王馬以爲六等。**掌駕説之頒，**用馬之第次。**辨四時之居治，以聽馭夫。**居，謂牧庌所處。治，謂執駒攻特之屬。

巫馬，掌養疾馬而乘治之，相醫而藥攻馬疾，受財于校人。乘，謂驅步以發其疾，知所疾處，乃治之。相，助也。**馬死，則使其賈粥之，入其布于校人。**布，泉也。鄭司農云："賈，謂其屬官小吏賈二人。粥，賣也。"

牧師，掌牧地，皆有厲禁而頒之。頒馬授圉者所牧處。**孟春焚牧，**焚牧地，以除陳生新草①。**中春通淫，**中春，陰陽交萬物生之時，可以合馬之牝牡也。月令季春"乃合累牛騰馬，遊牝于牧"，秦時書也，秦地寒涼，萬物後動。**掌其政令。凡田事，贊焚萊。**焚萊者，山澤之虞。

廋人，掌十有二閑之政教，以阜馬、佚特、教駣、攻駒及祭馬祖、祭閑之先牧及執駒、散馬耳、圉馬。九者，皆有政教焉②。阜，盛壯也，詩云"四牡孔阜"。杜子春云："佚，當爲'逸'。"鄭司農云："馬三歲曰駣，二歲曰駒。散，讀爲'中散大夫'之'散'，謂聒馬耳，毋令善驚也。"玄謂：逸者，用之不使甚勞，安其血氣也。教駣，始乘習之也。攻駒，騬其蹄齧者。閑之先牧，先牧制閑者。散馬耳，以竹括押其耳，頭動摇則括中物，後遂串習，不復驚。**正校人員選。**校人，謂師圉也。正員選者，選擇可備員者平之。**馬八尺以上爲龍，七尺以上爲騋，六尺以上爲馬。**大小異名。爾雅曰："騋：牝，驪；牡，玄；駒，褭驂。"鄭

---

① 金本、建本、附圖本、重言重意本、十行本"草"下並有"也"字。阮記引文"生新草也"，云："閩、監、毛本同，余本、岳本、嘉靖本無'也'，此衍。"

② 附圖本、重言重意本並無"焉"字。加記云："意本脱'焉'。"

司農説以月令曰"駕蒼龍"①。

圉師，掌教圉人養馬，春除蓐、釁廄、始牧，夏庌馬，冬獻馬。射則充椹質，茨牆則翦闔。蓐，馬兹也。馬既出而除之。新釁焉，神之也。春秋傳曰："凡馬，日中而出，日中而入。"故字"庌"爲"訝"，鄭司農云："當爲'庌'。"玄謂：庌，廡也。廡，所以庇馬涼也②。充，猶居也。茨，蓋也。闔，苫也。椹質、翦闔，圉人所習也。杜子春讀"椹"爲齊人言"鈇椹"之"椹"。椹質，所射者習射處。

圉人，掌養馬芻牧之事，以役圉師。役者，圉師使令焉。**凡賓客、喪紀，牽馬而入陳。**賓客之馬，王所以賜之者，詩云："雖無予之，路車乘馬。"喪紀之馬，啓後所薦馬。**廞馬，亦如之。**廞馬，遣車之馬，人捧之，亦牽而入陳。

職方氏，掌天下之圖，以掌天下之地，辨其邦國、都鄙、四夷、八蠻、七閩、九貉、五戎、六狄之人民，與其財用、九穀、六畜之數要，周知其利害。天下之圖，如今司空輿地圖也。鄭司農云："東方曰夷，南方曰蠻，西方曰戎，北方曰貉狄。"玄謂：閩，蠻之别也，國語曰：閩芈蠻矣。四、八、七、九、五、六，周之所服國數也。財用，泉穀貨賄也。利，"金錫竹箭"之屬。害，神姦，鑄鼎所象百物也。爾雅曰：九夷、八蠻、六戎、五狄，謂之四海。**乃辨九州之國，使同貫利：**貫，事也。**東南曰揚州，其山鎮曰會稽，其澤藪曰具區，其川三江，其浸五湖，其利金、錫、竹箭，其民二男五女，其畜宜鳥獸，其穀宜稻；**鎮，名山安地德者也。會稽，在山陰。大澤曰藪。具區、五湖，在吴南。浸，可以爲陂灌溉者。錫，鑞也。箭，篠也。鳥獸，孔雀、鸞、鵁鶄、犀、象之屬。故書"箭"爲"晉"，杜子春曰："晉，當爲'箭'，書亦或爲'箭'。"**正南曰荆州，其山鎮曰衡山，其澤藪曰雲瞢，其川江、漢，其浸潁、湛，其利丹、銀、齒、革，其民一**

① 説，纂圖本、互注本、京本、岳本、十行本並作"云"。阮記引文"鄭司農云以月令"，云："宋本、嘉靖本'云'作'説'，此誤。"

② 涼，十行本作"者"。加記云："作'涼'是也。"

男二女，其畜宜鳥獸，其穀宜稻；衡山，在湘南。雲瞢，在華容。潁出陽城，宜屬豫州，在此非也。湛，未聞。齒，象齒也。革，犀兕革也。杜子春云："湛，讀當爲人名'湛'之'湛'。湛，或爲'淮'。"河南曰豫州，其山鎮曰華山，其澤藪曰圃田，其川滎雒[①]，其浸波溠，其利林漆絲枲，其民二男三女，其畜宜六擾，其穀宜五種；華山，在華陰。圃田，在中牟。滎，兖水也，出東垣，入于河，泆爲滎，滎在滎陽。波，讀爲"播"，禹貢曰"滎播既都[②]"。春秋傳曰：楚子"除道梁溠，營軍臨隨"，則溠宜屬荆州，在此非也。林，竹木也。六擾，馬、牛、羊、豕、犬、雞。五種，黍、稷、菽、麥、稻。正東曰青州，其山鎮曰沂山，其澤藪曰望諸，其川淮泗，其浸沂沭，其利蒲魚，其民二男二女，其畜宜雞狗，其穀宜稻麥；沂山，沂水所出也，在蓋。望諸，明都也，在睢陽。沭，出東莞。二男二女，數等，似誤也，蓋當與兖州同"二男三女"。鄭司農云："淮，或爲'睢'。沭，或爲'洙'。"河東曰兖州，其山鎮曰岱山，其澤藪曰大野，其川河泲，其浸盧維，其利蒲魚，其民二男三女，其畜宜六擾，其穀宜四種；岱山，在博。大野，在鉅野。盧維，當爲"雷雍"，字之誤也，禹貢曰"雷夏既澤，雍沮會同"，雷夏，在城陽。四種，黍、稷、稻、麥。正西曰雍州，其山鎮曰嶽山，其澤藪曰弦蒲，其川涇汭，其浸渭洛，其利玉石，其民三男二女，其畜宜牛馬，其穀宜黍稷；嶽，吴嶽也，及弦蒲，在汧。涇，出涇陽。汭，在豳地，詩大雅公劉曰"汭垸之即"。洛出懷德。鄭司農云："弦，或爲'汧'[③]。蒲，或爲'浦'。"東北曰幽州，其山鎮曰醫無閭，其澤藪曰貕養，其川河泲，其浸菑時，其利魚鹽，其民一男三女，其畜宜四擾，其穀宜三種；醫無閭，在遼東。貕養，在長廣。菑出萊蕪。時出般陽。四擾，馬、牛、羊、豕。三種，黍、稷、

① 雒，唐石經作"洛"。
② 播，附圖本作"波"。都，建本作"豬"。
③ 汧，互注本作"閒"。加記云："纂本'汧'誤'閒'。"

稻。杜子春讀"貕"爲"奚"。**河内曰冀州，其山鎮曰霍山，其澤藪曰楊紆，其川漳，其浸汾潞，其利松柏，其民五男三女，其畜宜牛羊，其穀宜黍稷；**霍山，在彘。楊紆[①]，所在未聞。漳出長子。汾出汾陽。潞出歸德[②]。**正北曰并州，其山鎮曰恒山，其澤藪曰昭餘祁，其川虖池嘔夷，其浸淶易，其利布帛，其民二男三女，其畜宜五擾，其穀宜五種。**恒山，在上曲陽。昭餘祁，在鄔。虖池出鹵城。嘔夷，祁夷與[③]？出平舒。淶出廣昌。易出故安。五擾，馬、牛、羊、犬、豕。五種，黍、稷、菽、麥、稻也。凡九州及山鎮、澤藪言"曰"者，以其非一，曰其大者耳。此州界，楊、荆、豫、兖、雍、冀，與禹貢略同，青州則徐州地也，幽、并則青、冀之北也，無徐、梁。**乃辨九服之邦國：方千里曰王畿，其外方五百里曰侯服，又其外方五百里曰甸服，又其外方五百里曰男服，又其外方五百里曰采服，又其外方五百里曰衛服，又其外方五百里曰蠻服，又其外方五百里曰夷服，又其外方五百里曰鎮服，又其外方五百里曰藩服。**服，服事天子也，詩云"侯服于周"。**凡邦國千里，封公以方五百里，則四公；方四百里，則六侯；方三百里，則七伯；方二百里，則二十五子；方百里則百男：以周知天下。**以此率，徧知四海九州邦國多少之數也。方千里者，爲方百里者百。以方三百里之積，以九約之，得十一有奇，云"七伯"者，字之誤也。周九州之界，方七千里，七七四十九，方千里者四十九，其一爲畿内，餘四十八。八州各有方千里者六。周公變殷湯之制，雖小國，地皆方百里。是每事言"則"者，設法也。設法者，以待有功而大其封。一州之中，以其千里封公，則可四，又以其千里封侯，則可六，又以其千里封伯，則可十一，又以其千里封子，則可二十五，又以其千里封男，則可百。公、侯、伯、子、

---

① 楊，纂圖本、互注本、京本並作"陽"。
② 潞出，建本作"路在"。
③ 與，重言重意本作"餘"。加記云："意本'與'誤'餘'。"

男,亦不是過也。州二百一十國,以男備其數焉,其餘以爲附庸。四海之封,黜陟之功,亦如之。雖有大國,爵稱子而已。鄭司農云:"此制亦見大司徒職曰:諸公之地,方五百里;諸侯之地,方四百里;諸伯之地,方三百里;諸子之地,方二百里;諸男之地,方百里。"**凡邦國,小大相維。**大國比小國,小國事大國,各有屬相維聯也。**王設其牧,**選諸侯之賢者爲牧,使牧理之。**制其職,各以其所能;**牧監參伍之屬,用能所任秩次①。**制其貢,各以其所有。**國之地物所有。**王將巡守,則戒于四方,曰:各脩平乃守,攷乃職事②,無敢不敬戒,國有大刑。**乃,猶女也。守,謂國竟之内③。職事,所當共具。**及王之所行,先道,帥其屬而巡戒令。**先道,先由王所從道,居前,行其前日所戒之令。**王殷國,亦如之。**殷,猶衆也。十二歲,王若不巡守,則六服盡朝,謂之殷國。其戒四方諸侯,與巡守同。

土方氏,掌土圭之灋,以致日景。致日景者,夏至景尺有五寸,冬至景丈三尺④,其間則日有長短。**以土地相宅,而建邦國都鄙。**土地,猶度地。知東西南北之深,而相其可居者。宅,居也。**以辨土宜土化之灋,而授任地者。**土宜,謂九穀植穉所宜也。土化,地之輕重糞種所宜用也。任地者,載師之屬。**王巡守,則樹王舍。**爲之藩羅。

懷方氏,掌來遠方之民,致方貢,致遠物,而送逆之,達之以節。遠方之民,四夷之民也。諭德延譽以來之。遠物,九州之外無貢法而至者。達民以旌節,達貢物以璽節。**治其委積、館舍、飲食。**續食其往來。

合方氏,掌達天下之道路。津梁相湊,不得陷絶。**通其**

---

① 任,附圖本作"用"。
② 攷,岳本作"攻"。阮記云:"岳本'攷'誤'攻'。"
③ 國,互注本作"或"。
④ 丈,附圖本、重言重意本並作"長"。加記云:"意本誤'長'。"

財利，茂遷其有無。**同其數器**，權衡不得有輕重。**壹其度量**，尺丈釜鍾不得有大小①。**除其怨惡**，怨惡，邦國相侵虐。**同其好善**。所好所善，謂風俗所高尚。

訓方氏，掌道四方之政事，與其上下之志。道，猶言也，爲王説之。四方，諸侯也。上下，君臣也。**誦四方之傳道**。傳道，世世所傳説往古之事也。爲王誦之，若今論聖德堯舜之道矣。故書"傳"爲"傅"，杜子春云："傅，當作'傳'，書亦或爲'傳'②。"**正歲，則布而訓四方**，布告以教天下，使知世所善惡。**而觀新物**。四時於新物出，則觀之，以知民志所好惡。志淫行辟，則當以政教化正之。

形方氏，掌制邦國之地域，而正其封疆，無有華離之地。杜子春云："離，當爲'雜'，書亦或爲'雜'。"玄謂：華，讀爲"低哨"之"低"③，正之，使不低邪離絶④。**使小國事大國，大國比小國**。比，猶親也。易比象曰："先王以建萬國，親諸侯。"

山師，掌山林之名，辨其物，與其利害，而頒之于邦國，使致其珍異之物。山林之名與物，若"岱畎絲枲"、"嶧陽孤桐"矣。利，其中人用者。害，毒物及螫噬之蟲獸。

川師，掌川澤之名，辨其物，與其利害，而頒之于邦國，使致其珍異之物。川澤之名與物⑤，若"泗濱浮磬"、"淮夷蠙珠暨魚"、"澤之萑蒲"。

邍師，掌四方之地名，辨其丘陵、墳衍、邍隰之名。地名，謂東原、大陸之屬。**物之可以封邑者**。物之，謂相其土地⑥，可

① 釜，京本作"金"。
② 書，纂圖本作"〇"。
③ 兩"低"，附圖本、十行本並作"狐"。
④ 低，十行本作"狐"。
⑤ 名，京本、十行本並作"民"。阮記引文"川澤之民與物"，云："監本同，誤也，余本、嘉靖本、閩、毛本'民'作'名'，當據正。"
⑥ 地，重言重意本作"也"。加記云："意本'地'誤'也'。"

以居民立邑。

匡人，掌達灋則，匡邦國而觀其慝，使無敢反側，以聽王命。 法則，八法八則也，邦國之官府都鄙亦用焉。慝，姦僞之惡也。反側，猶背違法度也，書曰："無反無側，王道正直。"

撢人，掌誦王志，道國之政事，以巡天下之邦國而語之。 道，猶言也。以王之志與政事諭説諸侯①，使不迷惑。**使萬民和説而正王面。** 面，猶鄉也。使民之心曉而正鄉王。

都司馬，掌都之士庶子，及其衆庶、車馬、兵甲之戒令。 庶子，卿大夫、士之子。車馬兵甲，備軍發卒。**以國灋掌其政學，** 政，謂賦税也。學，脩德學道。**以聽國司馬。** 聽者，受行其所徵爲也。國司馬，大司馬之屬皆是。**家司馬亦如之。** 大夫家臣爲司馬者，春秋傳曰："叔孫氏之司馬鬷戾。"

周禮卷第八

經三千五百二十八字

注七千三百八十三字②

① 王，附圖本作"下"。

② 自"經三"至"三字"，附圖本作"經叁阡伍伯貳拾伍字注柒阡肆伯玖拾字音義貳阡伍伯伍拾字"，婺本、金本、建本、纂圖本、互注本、京本、岳本、八行本、十行本並無。

周禮卷第九

秋官司寇第五[①] 周禮

鄭氏注

惟王建國，辨方正位，體國經野，設官分職，以爲民極。乃立秋官司寇，使帥其屬而掌邦禁，以佐王刑邦國。禁，所以防姦者也。刑，正人之法。孝經説曰：刑者，侀也，過出罪施。**刑官之屬：大司寇，卿一人；小司寇，中大夫二人；士師，下大夫四人；鄉士，上士八人，中士十有六人，旅下士三十有二人，**士，察也，主察獄訟之事者[②]。鄭司農説以論語曰"柳下惠爲士師"。鄉士，主六鄉之獄。**府六人，史十有二人，胥十有二人，徒百有二十人。**

遂士，中士十有二人，府六人，史十有二人，胥十有二人，徒百有二十人。遂士，主六遂之獄者。

縣士，中士三十有二人[③]，府八人，史十有六人，胥十有六人，徒百有六十人。距王城三百里至四百里曰縣。縣士，主縣之獄者。

---

① 五，唐石經作"九"，婺本、建本並作"六"。

② 附圖本無"察"字。

③ 二，白文本作"六"。

方士，中士十有六人，府八人，史十有六人，胥十有六人，徒百有六十人。方士，主四方都家之獄者。

訝士，中士八人，府四人，史八人，胥八人，徒八十人。訝，迎也。士官之迎四方賓客。

朝士，中士六人，府三人，史六人，胥六人，徒六十人。朝士，主外朝之法。

司民，中士六人，府三人，史六人，胥三人，徒三十人。司民，主民數①。

司刑，中士二人，府一人，史二人，胥二人，徒二十人。

司剌，下士二人，府一人，史二人，徒四人。剌，殺也。三訊罪定，則殺之。

司約，下士二人，府一人，史二人，徒四人。約，言語之約束。

司盟，下士二人，府一人，史二人，徒四人。盟，以約辭告神，殺牲歃血，明著其信也，曲禮曰"涖牲曰盟"。

職金，上士二人，下士四人，府二人，史四人，胥八人，徒八十人。職，主也。

司厲，下士二人，史一人，徒十有二人。犯政爲惡曰厲。厲士，主盜賊之兵器及其奴者。

犬人，下士二人，府一人，史二人，賈四人，徒十有六人。

司圜，中士六人，下士十有二人，府三人，史六人，胥十有六人，徒百有六十人。鄭司農云："圜，謂圜土也。圜土，謂獄城也。今獄城圜，司圜職中言'凡圜土之刑人也'，以此知圜謂圜土也。又

① 民，附圖本作"氏"。

大司寇職曰‘以圜土聚教罷民’,故司圜職曰‘掌收教罷民’。”

掌囚,下士十有二人,府六人[1]**,史十有二人,徒百有二十人。**囚,拘也。主拘繫當刑殺之者[2]。

掌戮,下士二人,史一人,徒十有二人。戮,猶辱也,既斬殺又辱之。

司隸,中士二人,下士十有二人,府五人,史十人,胥二十人,徒二百人。隸,給勞辱之役者。漢始置司隸,亦使將徒治道溝渠之役,後稍尊之,使主官府及近郡。

罪隸,百有二十人。盜賊之家爲奴者。

蠻隸,百有二十人。征南夷所獲。

閩隸,百有二十人。閩,南蠻之别。

夷隸,百有二十人。征東夷所獲。

貉隸,百有二十人。征東北夷所獲。凡隸衆矣,此其選以爲役員,其餘謂之隸民[3]。

布憲,中士二人,下士四人,府二人,史四人,胥四人,徒四十人。憲,表也。主表刑禁者。

禁殺戮,下士二人,史一人,徒十有二人。禁殺戮者,禁民不得相殺戮。

禁暴氏,下士六人,史三人,胥六人,徒六十人。

野廬氏,下士六人,胥十有二人,徒百有二十人。廬,賓客行道所舍。

蜡氏,下士四人,徒四十人。蜡,骨肉腐臭,蠅蟲所蜡也。月令曰“掩骼埋胔”,此官之職也。蜡,讀如“狙司”之“狙”。

---

① 六,建本作“十”。加記云:“建本誤‘十人’。”

② 金本無“拘”字。

③ 十行本無“民”字。

雍氏,下士二人,徒八人。雍[1],謂隄防止水者也[2]。

萍氏,下士二人,徒八人。鄭司農云:"萍,讀爲'蛢',或爲'萍號起雨'之'萍'。"玄謂:今天問"萍號"作"萍",爾雅曰"萍,蓱,其大者蘋"[3],讀如"小子言平"之"平"[4]。萍氏[5],主水禁。萍之草,無根而浮,取名於其不沈溺。

司寤氏,下士二人,徒八人。寤,覺也。主夜覺者。

司烜氏,下士六人,徒十有二人。烜,火也,讀如"衛侯燬"之"燬",故書"燬"爲"垣"[6],鄭司農云"當爲'烜'"[7]。

條狼氏,下士六人,胥六人,徒六十人。杜子春云:"條,當爲'滌器'之'滌'。"玄謂:滌,除也。狼,狼扈道上。

脩閭氏,下士二人,史一人,徒十有二人。閭,謂里門。

冥氏,下士二人[8],徒八人。鄭司農云:"冥,讀爲冥氏春秋之'冥'[9]。"玄謂:"冥方"之"冥",以繩縻取禽獸之名。

庶氏,下士一人,徒四人。庶,讀如"藥煮"之"煮"[10],驅除毒蠱之言。書不作蠱者[11],字從聲[12]。

穴氏,下士一人,徒四人。穴,搏蟄獸所藏者。

翨氏,下士二人,徒八人。翨,鳥翮也。鄭司農云:"翨,讀爲'翅翼'之'翅'。"

---

① 雍,蜀石經作"擁"。
② 蜀石經無"也"字。
③ 蜀石經"者"下有"曰"字。
④ 蜀石經"讀"前有"萍"字,無"之平"二字。
⑤ 萍氏,蜀石經作"萍之掌"。
⑥ 垣,蜀石經、金本、附圖本、重言重意本並作"烜"。加記云:"重意、集、陳本'垣'誤'烜'。"爲,蜀石經作"作"。
⑦ 烜,蜀石經作"垣"。
⑧ 二,重言重意本作"一"。加記云:"意本'二'誤'一'。"
⑨ 蜀石經"之"上有"謂"字。冥,蜀石經作"螟"。
⑩ 蜀石經無"之煮"二字。
⑪ 蠱,蜀石經作"蟲"。
⑫ 蜀石經"聲"下有"耳"字。

柞氏，下士八人，徒二十人。柞，除木之名。除木者，必先校剥之。鄭司農云："柞，讀爲'音聲唶唶'之'唶'[①]，'屋笮'之'笮'。"

薙氏，下士二人，徒二十人。書"薙"或作"夷"。鄭司農云[②]："掌殺草，故春秋傳曰：'如農夫之務去草，芟夷藴崇之[③]。'又今俗間謂麥下爲夷下，言芟夷其麥，以其下種禾豆也。"玄謂：薙，讀如"鬀小兒頭"之"鬀"，書或作"夷"，此皆翦草也[④]，字從類耳。月令曰"燒薙行水"[⑤]，非謂燒所芟草[⑥]，乃水之。

硩蔟氏，下士一人，徒二人。鄭司農云："硩，讀爲'擿'。蔟，讀爲'爵蔟'之'蔟'，謂巢也。"玄謂：硩，古字，從石折聲[⑦]。

翦氏，下士一人，徒二人。翦，斷滅之言也[⑧]。主除蟲蠹者[⑨]。詩云[⑩]："實始翦商。"

赤犮氏，下士一人，徒二人。赤犮，猶言捇拔也[⑪]。主除蟲豸自埋者[⑫]。

蟈氏，下士一人，徒二人。鄭司農云[⑬]："蟈，讀爲'蜮'。蜮，蝦蟇也。月令曰'螻蟈鳴'，故曰'掌去鼃黽'，鼃黽[⑭]，蝦蟇屬[⑮]，書或爲'掌去蝦蟇'。"玄謂：蟈，今御所食蛙也，字從虫國聲也。蜮，乃短狐與？

---

① 音聲，蜀石經作"聲音"。
② 蜀石經無"云"字。
③ 藴，蜀石經作"蕴"。
④ 蜀石經無"也"字。
⑤ 蜀石經"曰"下有"乃"字。
⑥ 非，蜀石經作"利"。纂圖本、互注本、京本並無"非"字。
⑦ 折，蜀石經、附圖本並作"硩"。
⑧ 蜀石經無"也"字。
⑨ 主，建本作"土"。加記云："建本'主'作'土'，疑殘闕。"蜀石經"者"下有"也"字。
⑩ 云，蜀石經作"曰"。
⑪ 言捇，蜀石經作"赫"。
⑫ 埋，蜀石經作"埋藏"，金本作"理"。
⑬ 云，蜀石經作"曰"。
⑭ 蜀石經無"鼃黽"二字。
⑮ 蝦蟇屬，蜀石經作"之屬也"。

壺涿氏,下士一人,徒二人。壺,謂瓦鼓[①]。涿,擊之也。故書"涿"爲"獨"。鄭司農云[②]:"獨,讀爲'濁其源'之'濁'[③],音與'涿'相近,書亦或爲'濁'。"

庭氏,下士一人,徒二人。庭氏,主射妖鳥,令國中絜清如庭者也[④]。

銜枚氏,下士二人,徒八人。銜枚,止言語囂讙也[⑤]。枚,狀如箸,横銜之,爲之繣[⑥],結於項。

伊耆氏,下士一人,徒二人。伊耆,古王者號[⑦]。始爲蜡以息老物,此主王者之齒杖[⑧],後王識伊耆氏之舊德[⑨],而以名官與?今姓有伊耆氏[⑩]。

大行人,中大夫二人。

小行人,下大夫四人。

司儀,上士八人,中士十有六人。

行夫,下士三十有二人,府四人,史八人,胥八人,徒八十人。行夫[⑪],主國使之禮。

環人,中士四人,史四人,胥四人,徒四十人。環,猶圍

① 蜀石經"鼓"下有"也"字。
② 云,蜀石經作"曰"。
③ 蜀石經無"其源之濁"四字。
④ 蜀石經無"也"字。
⑤ 蜀石經無"也"字。
⑥ 蜀本無"之"字。阮記云:"大字本'繣'上無'之',此衍。詩東山釋文引此注云'枚如箸横銜之於口爲繣絜於項中','繣'上亦無'之','枚'下并無'狀',今本皆衍。"案:單疏本疏文云"云'狀如箸横銜之爲之繣結於項'者",則賈氏所見本有"之"字。
⑦ 號,蜀石經作"之號也"。
⑧ 者之齒杖,蜀石經作"之齒於"。
⑨ 王,纂圖本作"主"。
⑩ 氏,蜀石經作"也",建本作"氏也"。
⑪ 夫,蜀石經作"人"。

也。主圍賓客任器[①],爲之守衛[②]。

象胥,每翟上士一人,中士二人,下士八人,徒二十人。通夷狄之言者曰象。胥,其有才知者也[③]。此類之本名,東方曰寄,南方曰象,西方曰狄鞮,北方曰譯。今摠名曰象者,周之德先致南方也[④]。

掌客,上士二人,下士四人,府一人,史二人,胥二人,徒二十人[⑤]。

掌訝,中士八人,府二人,史四人,胥四人,徒四十人。訝,迎也。賓客來[⑥],主迎之[⑦]。鄭司農云[⑧]:"訝,讀爲'跛者訝跛者'之'訝'。"

掌交,中士八人,府二人,史四人,徒三十有二人。主交通,結諸侯之好[⑨]。

掌察四方,中士八人,史四人,徒十有六人。

掌貨賄,下士十有六人,史四人,徒三十有二人。

朝大夫,每國上士二人,下士四人,府一人,史二人,庶子八人,徒二十人。此王之士也[⑩],使主都家之國治,而命之朝大夫云[⑪]。

都則,中士一人,下士二人,府一人,史二人,庶子四

---

① 任,蜀石經作"作"。

② 蜀石經"衛"下有"者"字。

③ 知者也,蜀石經作"智者",建本作"智者也"。

④ 蜀石經無"也"字。

⑤ 二十,十行本作"三十"。阮記引文"掌客徒三十人",云:"閩本同,誤也。"

⑥ 蜀石經無"賓"字。

⑦ 蜀石經"之"下有"者也"二字。

⑧ 云,蜀石經作"曰"。

⑨ 蜀石經"好"下有"者"字。

⑩ 蜀石經"之"下有"上"字。

⑪ 蜀石經無"朝"字。

人，徒八十人。都則，主都家之八則者也①。當言每都②，如朝大夫及都司馬云。

都士，中士二人，下士四人，府二人，史四人，胥四人，徒四十人。

家士，亦如之。都家之士，主治都家吏民之獄訟，以告方士者也。亦當言每都③。

大司寇之職，掌建邦之三典，以佐王刑邦國，詰四方：典，法也。詰，謹也。書曰："王耄荒④，度作詳刑，以詰四方。"**一曰刑新國，用輕典；**新國者，新辟地立君之國⑤。用輕法者，爲其民未習於教。**二曰刑平國，用中典；**平國，承平守成之國也⑥。用中典者，常行之法。**三曰刑亂國，用重典。**亂國，篡弒叛逆之國。用重典者，以其化惡，伐滅之⑦。**以五刑糾萬民：**刑，亦法也。糾，猶察異之⑧。**一曰野刑，上功糾力；**功，農功⑨。力，勤力⑩。**二曰軍刑，上命糾守；**命，將命也。守，不失部伍⑪。**三曰鄉刑，上德糾孝；**德，六德也。善父母爲孝。**四曰官刑，上能糾職；**能，能其事也。職，職事修理⑫。**五曰國刑，上愿糾暴。**愿，慤慎也。暴，當爲"恭"，字之誤也。**以圜土聚教罷民，**圜土，獄城也，聚罷民其中，困苦

① 蜀石經無"家"、"者"二字。
② 都，蜀石經作"國"。
③ 都，蜀石經作"國也"。
④ 耄，蜀石經作"秏"，婺本、岳本並作"旄"，蜀本、八行本並作"耗"。
⑤ 蜀石經"國"下有"也"字。
⑥ 蜀石經無"也"字。
⑦ 之，蜀石經作"也"。
⑧ 猶察異之，蜀石經作"察異者"。
⑨ 蜀石經"功"下有"也"字。
⑩ 蜀石經"力"下有"也"字。
⑪ 蜀石經"伍"下有"也"字。
⑫ 職事修理，蜀石經作"職事也脩理也"。

以教之爲善也。民不愍作勞，有似於罷[①]。**凡害人者，寘之圜土，而施職事焉，以明刑恥之。**害人，謂爲邪惡，已有過失，麗於法者[②]。以其不故犯法，寘之圜土繫教之，庶其困悔而能改也[③]。寘，置也。施職事，以所能役使之[④]。明刑，書其罪惡於大方版[⑤]，著其背。**其能改者，反于中國，不齒三年；**反于中國，謂舍之還於故鄉里也，司圜職曰："上罪三年而舍，中罪二年而舍，下罪一年而舍。"不齒者，不得以年次列於平民。**其不能改[⑥]，而出圜土者，殺。**出，謂逃亡。**以兩造禁民訟，入束矢於朝，然後聽之。**訟，謂以財貨相告者[⑦]。造，至也。使訟者兩至，既兩至，使入束矢，乃治之也。不至，不入束矢，則是自服不直者也[⑧]。必入矢者，取其直也，詩曰"其直如矢"[⑨]。古者一弓百矢，束矢，其百个與？**以兩劑禁民獄，入鈞金，三日，乃致于朝，然後聽之。**獄，謂相告以罪名者。劑，今券書也。使獄者各齎券書，既兩券書，使入鈞金，又三日，乃治之，重刑也。不券書[⑩]，不入金，則是亦自服不直者也。必入金者，取其堅也[⑪]。三十斤曰鈞。**以嘉石平罷民，**嘉石，文石也，"樹之外朝門左"。平，成也，成之使善[⑫]。**凡萬民之有罪過，而未麗於灋，而害於州里者，桎梏而坐諸嘉石，役諸司空：重罪，旬有三日坐，朞役；其次，九日坐，九月役；其**

---

① 蜀石經"罷"下有"也"字。
② 蜀石經"者"下有"也"字。
③ 蜀石經無"能"字。
④ 蜀石經"之"下有"也"字。
⑤ 版，蜀石經作"板"。
⑥ 改，八行本作"其"。
⑦ 蜀石經"者"下有"也"字。
⑧ 蜀石經無"不"字。
⑨ 曰，蜀石經作"云"。
⑩ 蜀石經"券"下有"則"字。
⑪ 蜀石經無"也"字。
⑫ 成之使善，蜀石經作"成使善也"。

次，七日坐[1]**，七月役；其次，五日坐，五月役；其下罪**[2]**，三日坐，三月役。使州里任之，則宥而舍之。**有罪過，謂邪惡之人所罪過者也。麗，附也。未附於法，未著於法也。木在足曰桎，在手曰梏。役諸司空，坐日訖，使給百工之役也[3]。役月訖[4]，使其州里之人任之，乃赦之。宥，寬也[5]。**以肺石達窮民，**肺石，赤石也。窮民，天民之窮而無告者。**凡遠近惸獨老幼之欲有復於上，而其長弗達者，立於肺石三日，士聽其辭，以告於上，而罪其長。**無兄弟曰惸。無子孫曰獨。復，猶報也。上，謂王與六卿也。報之者，若上書詣公府言事矣[6]。長，謂諸侯若鄉遂大夫[7]。**正月之吉，始和，布刑于邦國都鄙，乃縣刑象之灋于象魏，使萬民觀刑象，挾日而斂之。**正月朔日，布王刑於天下[8]，正歲又縣其書，重之[9]。**凡邦之大盟約，涖其盟書，而登之于天府。**涖，臨也。天府，祖廟之藏[10]。**大史、内史、司會及六官，皆受其貳而藏之。**六官，六卿之官也[11]。貳，副也。**凡諸侯之獄訟，以邦典定之；**邦典，六典也。以六典待邦國之治。**凡卿大夫之獄訟，以邦灋斷之；**邦法，八法也。以八法待官府之治。**凡庶民之獄訟，以邦成弊之。**邦成，八成也。以官成待萬民之治。故書"弊"爲"憋"，鄭司農云："憋[12]，當爲'弊'。

① 十行本無"坐"字。加記云："人本脱'坐'。"
② 附圖本、十行本"其"下有"次"字。
③ 蜀石經無"也"字。
④ 蜀石經無"役"字。
⑤ 宥寬也，蜀石經作"寬宥也"。
⑥ 蜀石經"上"下有"卿"字。
⑦ 蜀石經"夫"下有"也"字。
⑧ 王，附圖本、重言重意本、十行本並作"五"。加記云："何本作'王'，當據正。"
⑨ 蜀石經"之"下有"也"字。
⑩ 蜀石經"藏"下有"也"字。
⑪ 蜀石經無"也"字。
⑫ 憋，蜀石經作"弊"。

邦成,謂若今時決事比也。弊之,斷其獄訟也,故春秋傳曰‘弊獄邢侯’①。”**大祭祀,奉犬牲。**奉,猶進也。**若禋祀五帝,則戒之日②,涖誓百官,戒于百族。**戒之日,卜之日也③。百族,謂府史以下也④。郊特牲曰:“卜之日,王立于澤⑤,親聽誓命,受教諫之義也。獻命庫門之内,戒百官也,大廟之内,戒百姓也。”**及納亨,前王。祭之日,亦如之。**納亨,致牲。**奉其明水火。**明水火,所取於日月者。**凡朝覲、會同,前王。大喪,亦如之。**大喪所前,或嗣王⑥。**大軍旅,涖戮于社。**社,謂社主在軍者也,鄭司農説以書曰“用命賞于祖,不用命戮于社”。**凡邦之大事,使其屬蹕。**屬,士師以下也⑦。故書“蹕”作“避”,杜子春云:“避,當爲‘辟’,謂辟除姦人也⑧。”玄謂:蹕,止行也⑨。

小司寇之職,掌外朝之政,以致萬民而詢焉:一曰詢國危,二曰詢國遷,三曰詢立君。外朝,朝在雉門之外者也。國危,謂有兵寇之難⑩。國遷,謂徙都改邑也。立君,謂無冢適選於庶也⑪。鄭司農云:“致萬民,聚萬民也。詢,謀也,詩曰‘詢于芻蕘’,書曰‘謀及庶人’⑫。”**其位:王南鄉,三公及州長百姓北面,羣臣西面,羣吏東面。**羣臣,卿大夫士也。羣吏,府史也。其孤不見者⑬,孤從羣

---

① 邢,蜀石經作“刑”。
② 附圖本無“日”字。
③ 卜,八行本作“上”。加記云:“浙本‘卜’誤‘上’。”蜀石經無“也”字。
④ 蜀石經無“謂”、“也”二字。
⑤ 澤,蜀石經作“澤宫”。
⑥ 蜀石經“王”下有“也”字。
⑦ 蜀石經無“也”字。
⑧ 蜀石經“謂”下有“若”字,無“也”字。
⑨ 蜀石經“行”下有“人”字。
⑩ 蜀石經“難”下有“也”字。
⑪ 庶,蜀石經作“衆”。
⑫ 人,蜀石經作“民”。
⑬ 孤不見,蜀石經作“不見孤”。

臣①。卿大夫在公後②。**小司寇擯，以敘進而問焉，以衆輔志而弊謀。**擯，謂揖之使前也。敘，更也。輔志者，尊王賢明也。**以五刑聽萬民之獄訟，附于刑，用情訊之。至于旬，乃弊之。讀書則用灋。**附，猶著也，故書"附"作"付"。訊，言也。用情理言之，冀有可以出之者。十日乃斷之。王制曰："刑者，侀也。侀者，成也。一成而不可變③，故君子盡心焉。"鄭司農云："讀書則用法，如今時讀鞫已，乃論之④。"**凡命夫命婦，不躬坐獄訟。**爲治獄吏褻尊者也。躬，身也。不身坐者⑤，必使其屬若子弟也。喪服傳曰："命夫者，其男子之爲大夫者⑥。命婦者，其婦人之爲大夫之妻者⑦。"春秋傳曰："衛侯與元咺訟，甯武子爲輔，鍼嚴子爲坐⑧，士榮爲大理。"**凡王之同族有罪，不即市。**鄭司農云⑨："刑諸甸師氏，禮記曰：'刑于隱者，不與國人慮兄弟⑩。'"**以五聲聽獄訟，求民情：一曰辭聽，**觀其出言，不直則煩⑪。**二曰色聽，**觀其顔色，不直則赧然。**三曰氣聽，**觀其氣息，不直則喘。**四曰耳聽，**觀其聽聆，不直則惑。**五曰目聽。**觀其牟子視⑫，不直則眊

---

① 蜀石經無"孤"字。

② 蜀石經無"卿"字。卿，十行本作"鄉"，八行本賈疏云："知'鄉大夫在公後'者，以州長衆鄉之屬在公後。"案：前注明言卿大夫乃羣臣，據經文當東立西面，則不可再從公南立北面，則從公者當爲鄉大夫無疑，阮記云"諸本皆無作'卿大夫'"，是也。蜀石經"後"下有"也"字。

③ 一，蜀石經作"獄壹"。

④ 蜀石經"之"下有"也"字。

⑤ 身，蜀石經作"躬"。

⑥ 者，蜀石經作"也"。

⑦ 其婦人之爲大夫之妻者，蜀石經作"其大夫之妻也"，八行本作"其婦人之爲大夫妻者"。

⑧ 嚴，蜀石經作"莊"。

⑨ 云，蜀石經作"曰"。

⑩ 蜀石經"弟"下有"也"字。

⑪ 直，京本作"宜"。加記云："京本'直'誤'宜'。"

⑫ 牟，蜀石經、建本、附圖本、十行本並作"眸"。阮記引文"觀其眸子視"，云："閩、監、毛本同，大字本、岳本、嘉靖本'眸'作'牟'……當據正。"

然。**以八辟麗邦灋，附刑罰：**辟，法也。杜子春讀"麗"爲"羅"①。玄謂：麗②，附也，易曰"日月麗于天"。故書"附"作"付"，附，猶著也。**一曰議親之辟，**鄭司農云："若今時宗室有罪，先請是也。"**二曰議故之辟，**故，謂舊知也。鄭司農云："故舊不遺，則民不偷。"**三曰議賢之辟，**鄭司農云③："若今時廉吏有罪，先請是也。"玄謂：賢，有德行者。**四曰議能之辟，**能，謂有道藝者。春秋傳曰："夫謀而鮮過、惠訓不倦者，叔向有焉。社稷之固也④，猶將十世宥之，以勸能者⑤。今壹不免其身，以棄社稷，不亦惑乎？"**五曰議功之辟，**謂有大勳力立功者。**六曰議貴之辟，**鄭司農云："若今時吏墨綬有罪，先請是也。"**七曰議勤之辟，**謂憔悴以事國⑥。**八曰議賓之辟。**謂所不臣者，三恪二代之後與⑦？**以三刺斷庶民獄訟之中：**中，謂罪正所定。**一曰訊羣臣，二曰訊羣吏，三曰訊萬民。**刺，殺也，三訊罪定，則殺之。訊，言也。**聽民之所刺宥，以施上服下服之刑。**宥，寬也。民言殺，殺之；言寬，寬之。上服，劓、墨也。下服，宫、刖也。**及大比，登民數，自生齒以上，登于天府。**大比，三年大數民之衆寡也。人生齒而體備。男八月而生齒⑧，女七月而生齒。**内史、司會、冢宰貳之，以制國用。**人數定而九賦可知，國用乃可制耳。**小祭祀，奉犬牲。**奉，酒進也⑨。**凡禋祀五帝，實鑊水。納亨，亦如之。**納

---

① 羅，蜀石經作"罹"。
② 蜀石經無"麗"字。
③ 云，蜀石經作"曰"。
④ 蜀石經無"也"字。
⑤ 者，十行本作"之"。加記云："正本'者'誤'之'。"
⑥ 以事國，蜀石經作"事國也"。
⑦ 代，蜀石經作"王"。
⑧ 蜀石經無"而生齒"三字。
⑨ 酒，蜀石經、婺本、金本、建本、纂圖本、互注本、京本、岳本、蜀本、重言重意本、八行本、十行本並作"猶"。黄記云："'猶'誤'酒'。"

亨，致牲也。其時鑊水，當以洗解牲體肉。**大賓客，前王而辟。**鄭司農云："小司寇爲王道，辟除姦人也。若今時執金吾，下至令尉奉引矣。"**后、世子之喪，亦如之。小師，涖戮。**小師，王不自出之師。**凡國之大事，使其屬蹕。**屬，士師以下。**孟冬祀司民，獻民數於王，王拜受之，以圖國用而進退之。**司民，星名，謂軒轅角也。小司寇於祀司民[①]，而獻民數於王[②]，重民也。進退，猶損益也。國用，民衆則益，民寡則損。**歲終，則令羣士計獄弊訟，登中于天府。**上其所斷獄訟之數。**正歲，帥其屬而觀刑象，令以木鐸曰：不用灋者，國有常刑。令羣士。**羣士，遂士以下[③]。**乃宣布于四方，憲刑禁。**宣，徧也。憲，表也，謂縣之也。刑禁，士師之五禁。**乃命其屬入會，乃致事。**得其屬之計，乃令致之於王[④]。

士師之職，掌國之五禁之灋，以左右刑罰：一曰宫禁，二曰官禁，三曰國禁，四曰野禁，五曰軍禁，皆以木鐸徇之于朝，書而縣于門閭。左右，助也。助刑罰者，助其禁民爲非也。宫，王宫也[⑤]。官，官府也。國，城中也[⑥]。古之禁書亡矣，今宫門有符籍[⑦]，官府有無故擅入，城門有離載下帷[⑧]，野有田律，軍有囂讙夜行之禁[⑨]，其粣可言者[⑩]。**以五戒先後刑罰，毋使罪麗于民：一曰誓，用之于軍旅；二曰誥，用之于會同；三曰禁，用諸田役；四曰糾，用諸國中；五曰憲，用諸都鄙。**先後，猶左右也。

① 於，蜀石經作"作"。
② 蜀石經無"而"字。
③ 士，八行本作"上"。
④ 令致之，蜀石經作"會致"。
⑤ 蜀石經無"也"字。
⑥ 蜀石經無"也"字。
⑦ 符，十行本作"簿"。
⑧ 帷，蜀石經作"離"。
⑨ 囂讙，蜀石經作"讙躢"。
⑩ 者，蜀石經作"也"。

誓、誥，于書則甘誓、湯誓、大誥、康誥之屬[①]。禁，則軍禮曰"無干車""無自後射"，比其類也[②]。糾、憲，未有聞焉[③]。**掌鄉合州黨族閭比之聯，與其民人之什伍，使之相安相受，以比追胥之事，以施刑罰慶賞。**鄉合，鄉所合也。追，追寇也。胥，讀如"宿偦"之"偦"，偦，謂司搏盜賊也[④]。**掌官中之政令。**大司寇之官府中也。**察獄訟之辭，以詔司寇斷獄弊訟，致邦令。**詔司寇，若今白聽正法解也[⑤]。致邦令者，以法報之[⑥]。**掌士之八成：**鄭司農云："八成者，行事有八篇。若今時決事比[⑦]。"**一曰邦汋，**鄭司農云："汋，讀如'酌酒尊中'之'酌'[⑧]。國汋者[⑨]，斟汋盜取國家密事[⑩]，若今時刺探尚書事[⑪]。"**二曰邦賊，**爲逆亂者。**三曰邦諜，**爲異國反間[⑫]。**四曰犯邦令[⑬]，**干冒王教令者。**五曰撟邦令，**稱詐以有爲者[⑭]。**六曰爲邦盜，**竊取國之寶藏者。**七曰爲邦朋，**朋黨相阿，使政不平者。故書"朋"作"傰"[⑮]，鄭司農云："傰，讀爲'朋友'之'朋'[⑯]。"**八曰爲邦誣。**誣罔君

---

① 蜀石經無"康誥"二字，"屬"下有"也"字。

② 比，蜀石經、附圖本、纂圖本、互注本、京本、岳本並作"此"。正字云："'比'，監本誤'此'。"

③ 蜀石經無"有"字。

④ 蜀石經"賊"下有"者"字。

⑤ 白聽正法解也，蜀石經作"時百官聽政法解"，金本作"白聽政法解也"。

⑥ 之，蜀石經作"也"。

⑦ 蜀石經"比"下有"事也"二字。

⑧ 蜀石經無"讀如酌酒尊中之酌"八字。

⑨ 蜀石經無"者"字。

⑩ 汋，附圖本、重言重意本作"酌"。阮記云："閩、監本'汋'改'酌'，非。"

⑪ 蜀石經"事"下有"矣"字。

⑫ 蜀石經"間"下有"者"字。

⑬ 曰，十行本作"者"。加記引文"四者犯邦令"，云："正、閩本同，誤，石經、諸本作'四曰'，當據正。"

⑭ 稱，金本作"爲"。

⑮ 傰，建本作"崩"。

⑯ 爲，婺本、互注本、京本、岳本並作"如"。阮記引文"朋讀如朋友之朋"，云："大字本、錢鈔本、閩、監、毛本同，誤也，宋本、嘉靖本作'讀爲'，當據正。"

臣,使事失實①。**若邦凶荒,則以荒辯之法治之②,**鄭司農云:"辯,讀爲'風別'之'別'③。救荒之政十有二,而士師別受其數條④,是爲荒別之法。"玄謂:辯,當爲"貶",聲之誤也。遭飢荒,則刑罰⑤、國事有所貶損,作權時法也⑥,朝士職曰"若邦凶荒⑦、札喪、寇戎之故,則令邦國、都家、縣鄙慮刑貶⑧"。**令移民,通財,糾守,緩刑。**移民,就賤救困也。通財,補不足也。糾守,備盜賊也⑨。緩刑,舒民心也⑩。**凡以財獄訟者,正之以傅別、約劑。**傅別,中別手書也。約劑⑪,各所持券也。故書"別"爲"辯",鄭司農云⑫:"傅,或爲'符'。辯,讀爲'風別'之'別'。若今時市買,爲券書以別之,各得其一,訟則案券以正之⑬。"**若祭勝國之社稷,則爲之尸。**以刑官爲尸,略之也。周謂亡殷之社爲亳社⑭。**王燕出入,則前驅而辟。**道王,且辟行人。**祀五帝,則沃尸及王盥,洎鑊水。**洎,謂增其沃汁。**凡刉珥,則奉犬牲。**珥,讀爲"衈"。刉衈⑮,釁禮之事⑯。用牲,毛者曰刉,羽者曰衈。**諸侯爲賓,則帥其屬而蹕于王宫。**謂諸侯來朝,若燕饗時。**大喪,亦如**

---

① 蜀石經"實"下有"者"字。
② 辯,十行本作"辨"。法,白文本作"灋"。
③ 蜀石經無"讀"字。
④ 而,蜀石經作"爲"。
⑤ 刑罰,蜀石經作"罰刑",十行本作"明判"。
⑥ 權,重言重意本作"救"。
⑦ 邦,蜀石經作"國"。
⑧ 蜀石經"貶"下有"罰也"二字。
⑨ 備,互注本、京本、十行本並作"衛"。阮記引文"衛盜賊也",云:"岳本、閩本同,誤也,大字本、錢鈔本、嘉靖本、監、毛本'衛'當'備',當據以訂正。"
⑩ 舒,蜀石經、岳本並作"紓"。
⑪ 蜀石經無"約"字。
⑫ 云,蜀石經作"曰"。
⑬ 訟,十行本作"故"。阮記云:"此本'訟'誤'故'。"
⑭ 爲,蜀石經作"曰"。
⑮ 蜀石經無"刉衈"二字。
⑯ 釁,蜀石經作"盥"。蜀石經"事"下有"也"字。

之。大師，帥其屬而禁逆軍旅者，與犯師禁者，而戮之。逆軍旅，反將命也。犯師禁，干行陳也。**歲終，則令正要會。**定計簿[①]。**正歲，帥其屬而憲禁令于國及郊野。**去國百里爲郊，郊外謂之野。

鄉士，掌國中。鄭司農云："謂國中至百里郊也。"玄謂：其地則距王城百里内也。言掌國中，此主國中獄也[②]，六鄉之獄在國中[③]。**各掌其鄉之民數，而糾戒之。**鄉士八人，言各者，四人而分主三鄉[④]。**聽其獄訟，察其辭。**察，審也。**辯其獄訟[⑤]，異其死刑之罪而要之，旬而職聽于朝。**辨[⑥]、異，謂殊其文書也。要之，爲其罪法之要辭[⑦]，如今劾矣。十日乃以職事治之於外朝，容其自反覆[⑧]。**司寇聽之，斷其獄、弊其訟于朝。羣士司刑皆在，各麗其灋，以議獄訟。**麗，附也。各附致其法，以成議也。**獄訟成，士師受中。協日刑殺[⑨]，肆之三日。**受中，謂受獄訟之成也[⑩]。鄭司農云："士師受中，若今二千石受其獄也。中者，刑罰之中也，故論語曰'刑罰不中，則民無所措手足'。協日刑殺，協，合也，和也，和合支幹善日[⑪]，若今時望後利日也[⑫]。肆之三日，故春秋傳曰'三日棄疾請尸'[⑬]，論語曰'肆諸

① 蜀石經"簿"下有"也"字。
② 蜀石經無"也"字。
③ 蜀石經"中"下有"者"字。
④ 主，金本作"上"。三，京本作"二"。
⑤ 辯，唐石經、蜀石經、岳本、蜀本並作"辨"。
⑥ 辨，蜀石經、婺本、蜀本、八行本並作"辨"，金本、建本、附圖本、纂圖本、互注本、京本、岳本、八行本並作"辯"。
⑦ 蜀石經無"法"字。
⑧ 蜀石經"覆"下有"也"字。
⑨ 協，附圖本作"叶"。
⑩ 蜀石經無"也"字。
⑪ 幹，蜀石經作"干"。
⑫ 利，蜀石經作"刑"。
⑬ 蜀石經無"故"字。蜀石經"請"下有"逆"字。

市朝’。”玄謂：士師既受獄訟之成[①]，鄉士則擇可刑殺之日[②]，至其時而往涖之，尸之三日，乃反也[③]。**若欲免之，則王會其期。**免，猶赦也。期，謂鄉士職聽于朝[④]。司寇聽之日[⑤]，王欲赦之，則用此時親往議之[⑥]。**大祭祀、大喪紀、大軍旅、大賓客，則各掌其鄉之禁令，帥其屬夾道而蹕。**屬，中士以下[⑦]。**三公若有邦事，則爲之前驅而辟。其喪，亦如之。**鄭司農云：“鄉士爲三公道也[⑧]。若今時三公出城[⑨]，郡督郵盜賊道也[⑩]。”**凡國有大事，則戮其犯命者。**

遂士，掌四郊，鄭司農云：“謂百里外至三百里也。”玄謂：其地，則距王城百里以外，至二百里[⑪]。言“掌四郊”者，此主四郊獄也，六遂之獄，在四郊。**各掌其遂之民數，而糾其戒令。**遂士十二人，言各者，二人其分主一遂[⑫]。**聽其獄訟，察其辭。辨其獄訟，異其死刑之罪而要之，二旬而職聽于朝。司寇聽之，斷其獄、弊其訟于朝。羣士司刑皆在，各麗其灋，以議獄訟。獄訟成，士師受中。協日就郊而刑殺[⑬]，各於其遂，肆之三日。**就郊而刑殺者，遂士也。遂士擇刑殺日，至其時，往涖之，如鄉士爲

---

① 蜀石經無“受”字。

② 刑，蜀石經作“行”。

③ 也，蜀石經作“之”。

④ 于，纂圖本、互注本並作“王”。加記云：“纂本……‘于’誤‘王’。”

⑤ 蜀石經“日”下有“也”字。

⑥ 蜀石經無“用”字。

⑦ 中，重言重意本作“夾”。

⑧ 爲，附圖本作“謂”。

⑨ 三，八行本作“二”。加記云：“浙本誤‘二公’。”

⑩ 郡，蜀石經作“辟”，纂圖本作“都”。道，蜀石經作“導之”。

⑪ 蜀石經“里”下有“也”字。

⑫ 二，蜀石經作“三”。其，蜀石經、婺本、金本、建本、纂圖本、互注本、京本、岳本、蜀本、重言重意本、八行本、十行本並作“而”。黄記云：“‘而’誤‘其’。”蜀石經“遂”下有“也”字。

⑬ 協，附圖本、重言重意本並作“叶”。

之矣。言"各於其遂"者,四郊六遂,遂處不同[①]。**若欲免之,則王令三公會其期。**令,猶命也。王欲赦之,則用遂士職聽之時[②],命三公往議之[③]。**若邦有大事,聚衆庶,則各掌其遂之禁令,帥其屬而蹕。**大事,王所親也。**六卿若有邦事,則爲之前驅而辟。其喪,亦如之。凡郊有大事,則戮其犯命者。**

縣士,掌野,鄭司農云:"掌三百里至四百里,大夫所食。晉韓須爲公族大夫[④],食縣。"玄謂:地距王城二百里以外,至三百里,曰野;三百里以外,至四百里,曰縣;四百里以外,至五百里[⑤],曰都。都、縣、野之地[⑥],其邑非王子弟、公卿大夫之采地[⑦],則皆公邑也[⑧]。謂之縣,縣士掌其獄焉。言"掌野"者,郊外曰野,大揔言之也[⑨]。獄居近[⑩],野之縣獄,在二百里上;縣之縣獄,在三百里上;都之縣獄,在四百里上。**各掌其縣之民數,糾其戒令,而聽其獄訟,察其辭,辨其獄訟,異其死刑之罪而要之,三旬而職聽于朝。司寇聽之,斷其獄,弊其訟于朝。羣士、司刑皆在,各麗其灋,以議獄訟。獄訟成,士師受中。協日刑殺[⑪],各就其縣,肆之三日。**刑殺各就其縣者[⑫],亦謂縣士也[⑬]。**若欲免之,則王命六卿會其期。**期,亦

① 蜀石經"同"下有"也"字。
② 蜀石經無"時"字。
③ 命,蜀石經作"則"。之,蜀石經作"也"。
④ 族,金本作"旗"。
⑤ 蜀石經無"曰縣四百里以外至五百里"十一字。
⑥ 蜀石經"之"下有"外"字。
⑦ 采,蜀石經作"菜"。
⑧ 蜀石經無"也"字。
⑨ 蜀石經無"之"字。
⑩ 蜀石經"近"下有"焉"字。
⑪ 協,附圖本、重言重意本並作"叶"。
⑫ 就,京本作"遂"。加記云:"京本'就'誤'遂'。"
⑬ 婺本、蜀本、八行本並無"也"字。

謂縣士職聽之時[①]。**若邦有大役，聚衆庶，則各掌其縣之禁令。若大夫有邦事，則爲之前驅而辟。其喪，亦如之。凡野有大事，則戮其犯命者。**野，距王城二百里以外，及縣都[②]。

方士，掌都家。鄭司農云："掌四百里至五百里，公所食[③]。魯季氏食於都。"玄謂：都，王子弟及公卿之采地。家，大夫之采地。大都在畺地，小都在縣地，家邑在稍地。不言掌其民數，民不純屬王[④]。**聽其獄訟之辭，辨其死刑之罪而要之，三月而上獄訟于國。**三月乃上要者[⑤]，又變朝言國，以其自有君，異之。**司寇聽其成于朝，羣士司刑皆在，各麗其灋，以議獄訟。**成，平也。鄭司農説以春秋傳曰"晉邢侯與雍子争鄐田，久而無成"[⑥]。**獄訟成，士師受中，書其刑殺之成，與其聽獄訟者。**都家之吏，自協日刑殺[⑦]。但書其成與治獄之吏姓名[⑧]，備反覆有失實者[⑨]。**凡都家之大事，聚衆庶，則各掌其方之禁令。**方士十六人，言各掌其方者，四人而主一方也。其方以王之事動衆，則爲班禁令焉。**以時修其縣灋，若歲終，則省之而誅賞焉。**縣法[⑩]，縣師之職也[⑪]。其職掌邦國都鄙稍甸郊野之地域[⑫]，而辨其夫家人民田萊之數，及其六畜車輦之稽。方士以四時修此法，歲終又省之，則與掌民數亦相近[⑬]。**凡都家之士所上治，則主**

① 蜀石經"時"下有"也"字。
② 都，蜀石經作"鄙也"。
③ 蜀石經"食"下有"也"字。
④ 蜀石經"王"下有"也"字。
⑤ 蜀石經無"者"字。
⑥ 蜀石經"成"下有"也"字。
⑦ 協，附圖本、重言重意本並作"叶"。
⑧ 蜀石經"成"下有"書"字。
⑨ 覆，八行本作"復"。蜀石經"者"下有"也"字。
⑩ 蜀石經"法"下有"者"字。
⑪ 蜀石經無"也"字。
⑫ 野，蜀石經作"里"。域，金本作"城"。
⑬ 蜀石經"近"下有"也"字。

之。都家之士，都士、家士也。所上治者①，謂獄訟之小事，不附罪者也。主之，告於司寇，聽平之②。

訝士，掌四方之獄訟，鄭司農云③："四方諸侯之獄訟。"**諭罪刑于邦國。**告曉以麗罪，及制刑之本意。**凡四方之有治於士者，造焉。**謂讞疑辨事④，先來詣，乃通之於士也⑤。士⑥，主謂士師也。如今郡國亦時遣主者吏⑦，詣廷尉議者⑧。**四方有亂獄，則往而成之。**亂獄，謂若君臣宣淫、上下相虐者也⑨。往而成之⑩，猶吕步舒使治淮南獄⑪。**邦有賓客，則與行人送逆之。入於國，則爲之前驅而辟，野亦如之。居館，則帥其屬而爲之蹕，誅戮暴客者。客出入，則道之⑫。有治，則贊之。**送逆，謂始來及去也。出入，謂朝覲於王時也⑬，春秋傳曰：晉侯"受策以出，出入三覲⑭"，入國入野，自以時事⑮。**凡邦之大事，聚衆庶，則讀其誓禁。**

朝士，掌建邦外朝之灋，左九棘，孤卿大夫位焉，羣士在其後；右九棘，公侯伯子男位焉，羣吏在其後；面三槐，三公位焉，州長衆庶在其後。左嘉石，平罷民焉；右

① 上治，蜀石經作"治上"。
② 蜀石經"之"下有"也"字。
③ 云，蜀石經作"曰"。
④ 辨，蜀石經作"辯"。事，金本作"士"。
⑤ 蜀石經無"也"字。
⑥ 蜀石經無"士"字。
⑦ 主，纂圖本作"上"。者吏，蜀石經作"吏者"。
⑧ 者，蜀石經作"之"。
⑨ 蜀石經無"也"字。
⑩ 蜀石經無"而"字。
⑪ 蜀石經"舒"下有"能"字，"獄"下有"也"字。
⑫ 道，唐石經作"導"。
⑬ 蜀石經無"也"字。
⑭ 附圖本、八行本並無"出"字。加記云："浙本脱'出'。"
⑮ 蜀石經"事"下有"耳"字。

肺石，達窮民焉。樹棘以爲位者，取其赤心而外刺，象以赤心三刺也。槐之言懷也，懷來人於此[①]，欲與之謀[②]。羣吏，謂府史也。州長，鄉遂之官[③]。鄭司農云[④]："王有五門：外曰皋門，二曰雉門，三曰庫門，四曰應門，五門路門[⑤]。路門，一曰畢門。外朝在路門外，内朝在路門内[⑥]。左九棘，右九棘，故易曰'係用徽纆，寘于叢棘'。"玄謂：明堂位説魯公宫曰"庫門，天子皋門；雉門，天子應門"，言魯用天子之禮，所名曰庫門者，如天子皋門；所名曰雉門者，如天子應門。此名制二兼四[⑦]，則魯無皋門、應門矣。檀弓曰："魯莊公之喪，既葬，而絰不入庫門。"言其除喪而反，由外來，是庫門在雉門外必矣[⑧]。如是，王五門，雉門爲中門，雉門設兩觀，與今之宫門同。閽人幾出入者[⑨]，窮民蓋不得入也[⑩]。郊特牲譏繹於庫門内[⑪]，言遠，當於廟門，廟在庫門之内[⑫]，見於此矣。小宗伯職曰："建國之神位，右社稷，左宗廟。"然則外廟在庫門之外[⑬]、皋門之内與？今司徒府有天子以下大會殿[⑭]，亦古之外朝哉。周天子諸侯皆有三朝，外朝一，内朝二。内朝之在路門内者[⑮]，或謂之燕朝[⑯]。**帥其屬而以鞭呼，趨，且辟。**趨朝，辟

---

① 蜀石經無"懷"字。

② 蜀石經"謀"下有"也"字。

③ 蜀石經"官"下有"也"字。

④ 云，蜀石經作"曰"。

⑤ 五門，婺本、金本、建本、附圖本、纂圖本、互注本、京本、重言重意本、岳本、蜀本、八行本、十行本並作"五曰"。黄記云："'曰'誤'門'。"

⑥ 蜀石經"門"下有"之"字。

⑦ 金本"此"下有"此"字。

⑧ 矣，蜀石經作"也"。

⑨ 閽，蜀石經作"門"。

⑩ 民，蜀石經作"人"。

⑪ 譏繹，蜀石經作"曰説繹之"。

⑫ 蜀石經"廟"下有"門"字。

⑬ 廟，蜀石經、婺本、金本、建本、纂圖本、互注本、京本、岳本、蜀本、重言重意本、八行本、十行本並作"朝"。黄記云："'朝'誤'廟'。"在，蜀石經作"於"。

⑭ 蜀石經無"大"字。

⑮ 蜀石經無"之"字。

⑯ 朝，附圖本、重言重意本並作"門"。加記云："意本'朝'誤'門'。"蜀石經"朝"下有"也"字。

行人,執鞭以威之[①]。**禁慢朝、錯立族談者。**慢朝,謂臨朝不肅敬也[②]。錯立族談,違其位僔語也[③]。**凡得獲貨賄、人民、六畜者,委於朝[④],告于士,旬而舉之,大者公之,小者庶民私之。**俘而取之曰獲[⑤]。委於朝十日,待來識之者[⑥]。人民,謂刑人、奴隸逃亡者[⑦],司隸職曰"帥其民而搏盜賊"。鄭司農云:"若今時得遺物及放失六畜[⑧],持詣鄉亭縣廷[⑨]。大者公之,大物没入公家也。小者私之,小物自畀也[⑩]。"玄謂:人民之小者[⑪],未齔七歲以下。**凡士之治有期日,國中一旬,郊二旬,野三旬,都三月,邦國朞。期内之治聽[⑫],期外不聽[⑬]。**鄭司農云:"謂在期内者聽[⑭],期外者不聽[⑮]。若今時徒論決,滿三月,不得乞鞫。"**凡有責者,有判書以治則聽。**判,半分而合者[⑯]。故書"判"爲"辨"[⑰]。鄭司農云:"謂若今時辭訟,有券書者,爲治之[⑱]。

---

① 鞭,金本作"難"。之,蜀石經作"人"。
② 蜀石經無"謂"字。
③ 蜀石經"語"下有"者"字。
④ 於,唐石經、白文本、婺本、金本、建本、附圖本、纂圖本、互注本、京本、岳本、蜀本、八行本、十行本並作"于"。阮記云:"嘉靖本'于'誤'於'。"
⑤ 獲,金本作"未"。
⑥ 之者,蜀石經作"者也"。
⑦ 蜀石經"者"下有"也"字。
⑧ 蜀石經無"及"字。
⑨ 持,婺本、金本、附圖本、蜀本並作"特"。阮記云:"大字本'持'作'特',誤。"蜀石經"廷"下有"也"字。
⑩ 小物,蜀石經作"物小"。
⑪ 蜀石經無"之"字。
⑫ 期,蜀石經作"其"。
⑬ 期,蜀石經作"其"。
⑭ 期,蜀石經作"朝"。
⑮ 期,蜀石經作"其"。
⑯ 半分而合者,蜀石經作"分兩合也"。
⑰ 蜀石經無"判"字。
⑱ 蜀石經"之"下有"也"字。

辨,讀爲'别',謂别券也。"玄謂:古者出責之息,亦如國服與①? **凡民同貨財者,令以國灋行之,犯令者刑罰之。** 鄭司農云:"同貨財者,謂合錢共賈者也②。以國法行之,司市爲節以遣之③。"玄謂:同貨財者④,富人畜積者,多時,收斂之⑤;乏時,以國服之法出之⑥。雖有騰躍其贏⑦,不得過此。以利出者與取者,過此則罰之,若今時加貴取息坐臧⑧。**凡屬責者,以其地傅而聽其辭。** 鄭司農云:"謂訟地畔界者⑨,田地町畔相比屬,故謂之屬責。以地傅而聽其辭,以其比畔爲證也。"玄謂:屬責,轉責使人歸之⑩,而本主死亡⑪,歸受之數相抵冒者也⑫。以其地之人相比近⑬,能爲證者來,乃受其辭爲治之⑭。**凡盜賊軍鄉邑及家人,殺之無罪。** 鄭司農云:"謂盜賊羣輩若軍,共攻盜鄉邑及家人者⑮,殺之無罪⑯。若今時無故入人室宅廬舍⑰、上人車船⑱、牽引人欲犯法者⑲,其時格殺之無罪。"**凡報仇讎者,書於士,殺之無罪。** 謂同

---

① 如,婺本作"責"。建本、附圖本、纂圖本、互注本、京本、重言重意本、岳本"如"下並有"其"字。阮記云:"賈疏引注亦無'其'字,有者衍文。"

② 蜀石經無"者"字。

③ 蜀石經"之"下有"也"字。

④ 蜀石經無"者"字。

⑤ 收,互注本、十行本並作"取"。加記云:"案:作'收',似可。"

⑥ 蜀石經"法"下有"以"字。

⑦ 贏,蜀石經、金本並作"羸"。

⑧ 蜀石經"加"下有"賈"字。臧,蜀石經作"贓"。

⑨ 者,蜀石經作"也"。

⑩ 蜀石經無"責"字。

⑪ 蜀石經無"亡"字。

⑫ 受,十行本作"後"。加記云:"正、人、閩本'受'誤'後'。"蜀石經無"也"字。

⑬ 近,附圖本作"追"。

⑭ 蜀石經"之"下有"也"字。

⑮ 蜀石經無"盜"、"及"二字,"者"下有"也"字。

⑯ 之,蜀石經作"人"。

⑰ 室,蜀石經作"家"。

⑱ 車,重言重意本作"庫"。加記云:"意本'車'誤'庫'。"

⑲ 犯,蜀石經作"死"。

國不相辟者①,將報之,必先言之於士。**若邦凶荒、札喪、寇戎之故,則令邦國、都家、縣鄙慮刑貶。**故書"慮"爲"憲","貶"爲"窆"。杜子春云:"窆,當爲'禁'。憲,謂幡書以明之②。"玄謂:慮,謀也。貶,猶減也。謂當圖謀緩刑③,且減國用,爲民困也。所貶,視時爲多少之法。

司民,掌登萬民之數,自生齒以上,皆書於版④,辨其國中,與其都鄙,及其郊野,異其男女,歲登下其死生。登,上也。男八月女七月而生齒。版,今户籍也。下,猶去也。每歲更著生去死⑤。**及三年大比,以萬民之數詔司寇。司寇及孟冬祀司民之日,獻其數于王,王拜受之,登于天府。内史、司會、冢宰貳之,以贊王治。**鄭司農云:"文昌宫三能⑥,屬軒轅角⑦,相與爲體。近文昌爲司命,次司中,次司禄,次司民。"玄謂:司民,軒轅角也⑧。天府,主祖廟之藏者。贊,佐也。三官以貳佐王治者⑨,當以民多少,黜陟主民之吏。

司刑,掌五刑之灋,以麗萬民之罪:墨罪五百,劓罪五百,宫罪五百,刖罪五百,殺罪五百。墨,黥也,先刻其面⑩,以墨窒之。劓,截其鼻也⑪。今東西夷或以墨劓爲俗⑫,古刑人亡逃者之世

① 蜀石經"者"下有"也"字。
② 蜀石經"之"下有"也"字。
③ 緩,岳本作"援"。阮記云:"岳本'緩'誤'援'。"
④ 皆,附圖本作"嘗"。
⑤ 蜀石經"死"下有"也"字。
⑥ 能,蜀石經作"台爲"。
⑦ 蜀石經無"角"字。
⑧ 軒轅,蜀石經作"轅軒"。
⑨ 三官,蜀石經作"贊佐三府"。
⑩ 蜀石經無"先"字。
⑪ 蜀石經無"其"字。
⑫ 蜀石經"夷"下有"戎"字。

類與？宫者，丈夫則割其勢[①]，女子閉於宫中[②]，若今宦男女也[③]。刖，斷足也[④]。周改臏作刖。殺，死刑也。書傳曰：決關梁、踰城郭而略盜者，其刑臏；男女不以義交者，其刑宫；觸易君命[⑤]，革輿服制度，姦軌盜攘傷人者[⑥]，其刑劓；非事而事之，出入不以道義，而誦不詳之辭者[⑦]，其刑墨；降畔[⑧]、寇賊、劫略[⑨]、奪攘、撟虔者[⑩]，其刑死。此二千五百罪之目略也[⑪]，其刑書則亡。夏刑：大辟二百，臏辟三百，宫辟五百，劓、墨各千。周則變焉，所謂刑罰世輕世重者也[⑫]。鄭司農云："漢孝文帝十三年，除肉刑。"**若司寇斷獄弊訟，則以五刑之灋詔刑罰，而以辨罪之輕重。**詔刑罰者，處其所應不[⑬]，如今律家所署法矣[⑭]。

司刺，掌三刺、三宥、三赦之法[⑮]，以贊司寇聽獄訟。刺，殺也，訊而有罪則殺之。宥，寬也。赦，舍也。**壹刺曰訊羣臣，再刺曰訊羣吏，三刺曰訊萬民；**訊，言[⑯]。**壹宥曰不識，再宥**

① 蜀石經無"則"字。

② 蜀石經無"中"字。

③ 宦，纂圖本、十行本並作"官"。阮記云："諸本'官'作'宦'，此誤。"案：官男女，不知所指，賈疏云"云'若今宦男女也'者"，則賈氏所見本亦作"宦"，宦男女者，爲宦臣之男女也，作"宦"是也。

④ 斷足，蜀石經作"斷其足者"。

⑤ 觸，十行本作"謂"。盧宣旬補阮記云："毛本'謂'作'觸'，當據正。"案：謂易君命，不知何義，賈疏云"云'觸易君命'者，觸君命令不行及改易之"，則賈氏所見本亦作"觸"，作"觸"是也。

⑥ 軌盜，蜀石經作"宄寇"。

⑦ 詳，蜀石經作"祥"。

⑧ 畔，蜀石經作"略"。

⑨ 略，蜀石經、附圖本、岳本並作"掠"。

⑩ 撟，蜀石經作"攘撟"，附圖本作"矯"。

⑪ 蜀石經無"也"字。

⑫ 蜀石經無"者"字。

⑬ 不，蜀石經作"否"。

⑭ 署，蜀石經作"著"。

⑮ 法，唐石經、蜀石經、白文本、婺本、金本、建本、附圖本、纂圖本、互注本、京本、岳本、蜀本、八行本、十行本並作"灋"。

⑯ 蜀石經"言"下有"也"字。

曰過失，三宥曰遺忘；鄭司農云："不識，謂愚民無所識[①]，則宥之[②]。過失，若今律過失殺人[③]，不坐死[④]。"玄謂：識，審也。不審，若今仇讎當報甲，見乙，誠以爲甲而殺之者。過失，若舉刃欲斫伐，而軼中人者。遺忘，若間帷薄，忘有在焉[⑤]，而以兵矢投射之[⑥]。**壹赦曰幼弱，再赦曰老旄[⑦]，三赦曰惷愚：**惷愚，生而癡騃童昏者[⑧]。鄭司農云："幼弱、老旄[⑨]，若今律令[⑩]：年未滿八歲，八十以上，非手殺人，他皆不坐。"**以此三灋者求民情，斷民中，而施上服下服之罪，然後刑殺。**上服，殺與墨[⑪]、劓。下服，宫、刖也。司約職曰："其不信者，服墨刑。"凡行刑[⑫]，必先規識所刑之處，乃後行之。

司約，掌邦國及萬民之約劑。治神之約爲上，治民之約次之，治地之約次之，治功之約次之，治器之約次之，治摯之約次之。此六約者，諸侯以下至於民[⑬]，皆有焉。劑，謂券書也[⑭]。治者，理其相抵冒上下之差也[⑮]。神約，謂命祀、郊社、羣望及所祖宗也，夔子不祀祝融，楚人伐之。民約，謂征税遷移，仇讎既和，若懷宗九姓在晉，殷民六族七族在魯[⑯]、衛，皆是也。地約，謂經界所至[⑰]，田萊之比也。

---

① 蜀石經無"謂"字。
② 蜀石經"之"下有"也"字。
③ 蜀石經"今"下有"時"字。
④ 蜀石經"死"下有"也"字。
⑤ 忘，附圖本作"志"。蜀石經"焉"下有"者"字。
⑥ 之，蜀石經作"也"。
⑦ 旄，建本、重言重意本並作"耄"。
⑧ 蜀石經"者"下有"也"字。
⑨ 旄，重言重意本作"耄"。
⑩ 蜀石經、婺本、建本、附圖本、蜀本、八行本"令"下並有"時"字。
⑪ 蜀石經無"殺"字。
⑫ 蜀石經"刑"下有"人"字。
⑬ 蜀石經無"以"字。
⑭ 蜀石經無"也"字。
⑮ 抵，蜀石經作"挋"。蜀石經無"也"字。
⑯ 七族，蜀石經作"七姓"。
⑰ 謂，蜀石經作"皆"。

功約,謂王功國功之屬,賞爵所及也。器約,謂禮樂吉凶車服,所得用也。摯約[①],謂玉帛禽鳥,相與往來也[②]。**凡大約劑,書於宗彝;小約劑,書於丹圖。**大約劑,邦國約也。書於宗廟之六彝,欲神監焉。小約劑,萬民約也。丹圖,未聞,或有彤器簠簋之屬,有圖象者與?春秋傳曰:"斐豹,隸也,著於丹書。"今俗語有鐵券丹書,豈此舊典之遺言[③]?**若有訟者,則珥而辟藏,其不信者服墨刑。**鄭司農云:"謂有争訟罪罰刑書謬誤不正者[④],爲之開藏,取本刑書以正之。當開時,先祭之[⑤]。"玄謂:訟[⑥],訟約,若宋仲幾、薛宰者也[⑦]。辟藏,開府視約書[⑧]。不信,不如約也。珥,讀曰"衈",謂殺雞取血[⑨],釁其户[⑩]。**若大亂,則六官辟藏,其不信者殺。**大亂,謂僭約[⑪],若吴楚之君[⑫]、晉文公請隧以葬者。六官辟藏,明罪大也。六官初受盟約之貳[⑬]。

司盟,掌盟載之灋。載,盟辭也[⑭]。盟者[⑮],書其辭於策,殺牲取血,坎其牲,加書於上而埋之,謂之載書。春秋傳曰:宋寺人惠牆伊戾,坎用牲,加書[⑯],爲世子痤與楚客盟[⑰]。**凡邦國有疑,會同,則掌其盟約之載,及其禮儀,北面詔明神,既盟,則貳之。**有疑,不

---

① 蜀石經無"約"字。
② 蜀石經無"也"字。
③ 蜀石經"言"下有"乎"字。
④ 蜀石經"有"下有"事"字,"罰"下有"謂"字。
⑤ 蜀石經"之"下有"也"字。
⑥ 蜀石經無"訟"字。
⑦ 蜀石經"薛"下有"約"字,無"也"字。
⑧ 蜀石經"書"下有"也"字。
⑨ 蜀石經無"取"字。
⑩ 户,蜀石經、婺本、京本並作"尸"。加記云:"京、陳本、禮書誤'尸'。"
⑪ 蜀石經無"僭"字。
⑫ 岳本"君"下有"僭稱王"三字。
⑬ 蜀石經"貳"下有"者"字。
⑭ 蜀石經"辭"下有"者"字。
⑮ 蜀石經"盟"前有"謂"字。
⑯ 蜀石經無"書"字。
⑰ 蜀石經"盟"下有"者"字。

協也①。明神,神之明察者,謂日月山川也。覲禮加方明于壇上,所以依之也②。詔之者,讀其載書以告之也③。貳之者,寫副,當以授六官④。**盟萬民之犯命者。詛其不信者,亦如之。**盟、詛者,欲相與共惡之也⑤。犯命,犯君教令也⑥。不信,違約者也⑦。春秋傳曰:臧紇犯門斬關以出,乃盟臧氏。又曰:"鄭伯使卒出豭,行出犬雞,以詛射潁考叔者。"**凡民之有約劑者,其貳在司盟。**貳之者,檢其自相違約。**有獄訟者,則使之盟詛。**不信,則不敢聽此盟詛⑧,所以省獄訟。**凡盟詛,各以其地域之衆庶,共其牲而致焉。既盟,則爲司盟共祈酒脯⑨。**使其邑閭出牲而來盟⑩,已又使出酒脯⑪,司盟爲之祈明神,使不信者必凶⑫。

職金,掌凡金、玉、錫、石、丹、青之戒令。青,空青也。**受其入征者,辨其物之媺惡,與其數量,楬而璽之,入其金、錫于爲兵器之府,入其玉、石、丹、青于守藏之府。**爲兵器者,攻金之工六也。守藏者,玉府、内府也。鄭司農云:"受其入征者,謂主受采金⑬、玉、錫、石、丹、青者之租税也⑭。楬而璽之者,楬書其數量,以著其物也⑮。璽者,印也。既楬書揃其數量,又以印封之。今時之書,有

① 蜀石經"協"下有"者"字。
② 蜀石經無"也"字。
③ 以,蜀石經作"臣"。蜀石經、金本並無"也"字。
④ 六,金本作"官"。
⑤ 蜀石經無"相"字。
⑥ 蜀石經無"犯"字。
⑦ 蜀石經無"者"字。
⑧ 蜀石經無"不敢聽此盟"五字。
⑨ 脯,蜀石經作"醢"。
⑩ 蜀本無"其"字。岳本、蜀本並無"而"字。
⑪ 脯,蜀石經作"醢"。
⑫ 蜀石經"凶"下有"也"字。
⑬ 采,蜀石經作"來"。
⑭ 蜀石經"者"下有"兵"字。
⑮ 蜀石經"以"前有"又"字。

所表識，謂之楬櫫①。”**入其要。**要，凡數也②。入之於大府③。**掌受士之金罰、貨罰，入于司兵。**給治兵及工直也④。貨，泉貝也。罰，罰贖也⑤，書曰“金作贖刑”。**旅于上帝，則共其金版。饗諸侯，亦如之。**鉼金謂之版，此版所施未聞⑥。**凡國有大故而用金、石，則掌其令。**主其取之令也⑦。用金、石者，作槍雷椎椁之屬⑧。

司厲，掌盜賊之任器、貨賄，辨其物，皆有數量，賈而楬之，入于司兵。鄭司農云：“任器、貨賄，謂盜賊所用傷人兵器及所盜財物也⑨。入于司兵，若今時傷殺人所用兵器⑩，盜賊贓⑪，加責，没入縣官。”**其奴，男子入于罪隸，女子入于舂、槀。**鄭司農云：“謂坐爲盜賊而爲奴者，輸於罪隸、舂人、槀人之官也。由是觀之，今之爲奴婢⑫，古之罪人也，故書曰‘予則奴戮女’，論語曰‘箕子爲之奴’，罪隸之奴也⑬。故春秋傳曰‘斐豹，隸也，著於丹書’，‘請焚丹書，我殺督戎’，耻爲奴，欲焚其籍也。”玄謂：奴，從坐而没入縣官者⑭，男女同名⑮。**凡有爵者，與七十者，與未齔者，皆不爲奴。**有爵，謂命士以上也⑯。齔，毁齒也⑰，男

① 櫫，蜀石經作“諸”。
② 凡，金本作“其”。
③ 大，蜀石經作“天”。
④ 蜀石經無“兵”字。
⑤ 蜀石經、纂圖本、互注本並無“罰”字。
⑥ 互注本無“版”字。
⑦ 蜀石經無“也”字。
⑧ 椁，蜀石經作“椁”。
⑨ 蜀石經“盜”下有“賊”字。
⑩ 蜀石經無“器”字。
⑪ 蜀石經無“賊”字。
⑫ 蜀石經無“爲”字。
⑬ 蜀石經無“之”字。
⑭ 蜀石經無“入”字。
⑮ 蜀石經“名”下有“也”字。
⑯ 蜀石經無“也”字。
⑰ 也，蜀石經作“者”。

八歲女七歲而毀齒①。

犬人，掌犬牲。凡祭祀，共犬牲，用牷物。伏、瘞，亦如之。鄭司農云："牷，純也。物，色也。伏，謂伏犬，以王車轢之②。瘞，謂埋祭也，爾雅曰'祭地曰瘞埋'。"**凡幾、珥、沈、辜，用駹可也。**故書"駹"作"龍"。鄭司農云："幾，讀爲'庪'③。爾雅曰：'祭山曰庪縣，祭川曰浮沈。'大宗伯職曰：'以埋沈祭山川林澤，以罷辜祭四方百物④。'龍，讀爲'駹'，謂不純色也⑤。"玄謂：幾，讀爲"刉"。珥，當爲"衈"。刉衈者⑥，釁禮之事。**凡相犬、牽犬者屬焉，掌其政治。**相，謂視擇，知其善惡。

司圜，掌收教罷民。凡害人者，弗使冠飾，而加明刑焉，任之以事而收教之。能改者，上罪三年而舍，中罪二年而舍，下罪一年而舍。其不能改而出圜土者，殺。雖出，三年不齒。弗使冠飾者，著黑幪，若古之象刑與？舍，釋之也。鄭司農云⑦："罷民，謂惡人不從化，爲百姓所患苦，而未入五刑者也，故曰：凡害人者⑧，不使冠飾，任之以事。若今時罰作矣⑨。"**凡圜土之刑人也，不虧體；其罰人也，不虧財。**言其刑人，但加以明刑；罰人，但任之以事耳。鄭司農云："以此知其爲民所苦而未入刑者也⑩，故大司寇職曰：'凡萬民之有罪過，而未麗於法，而害於州里者，桎梏而坐諸嘉石，役諸司空。'又曰：'以嘉石平罷民。'國語曰：'罷士無伍，罷女無家。'言爲惡，無所

① 七歲，建本作"七齒"。加記云："建本'七歲'誤'七齒'。"
② 蜀石經"之"下有"也"字。
③ 庪，蜀石經作"祈"。
④ 罷，蜀石經作"疈"。
⑤ 蜀石經"謂"前有"駹"字。
⑥ 刉衈，蜀石經作"衈刉"。
⑦ 云，蜀石經作"曰"。
⑧ 蜀石經無"人者"二字。
⑨ 蜀石經無"時"字。矣，蜀石經作"人"。
⑩ 民所苦而未入刑者也，蜀石經作"爲民所患苦而未入刑者"。

容入也①。”玄謂:圜土所收教者,過失害人,已麗於法者②。

掌囚,掌守盜賊凡囚者。上罪梏拲而桎,中罪桎梏,下罪梏。王之同族拲,有爵者桎,以待弊罪。凡囚者,謂非盜賊,自以他罪拘者也③。鄭司農云:“拲者,兩手共一木也④。桎梏者,兩手各一木也。”玄謂:在手曰梏,在足曰桎。中罪不拲,手足各一木耳⑤。下罪又去桎。王同族及命士以上⑥,雖有上罪,或拲或桎而已。弊,猶斷也。**及刑殺,告刑于王,奉而適朝,士加明梏,以適市而刑殺之。**告刑于王,告王以今日當行刑⑦,及所刑姓名也。其死罪,則曰某之罪在大辟;其刑罪,則曰某之罪在小辟。奉而適朝者,重刑,爲王欲有所赦,且當以付士⑧。士,鄉士也。鄉士加明梏者⑨,謂書其姓名及其罪於梏,而著之也。囚時雖有無梏者,至於刑殺,皆設之。以適市,就衆也。庶姓無爵者,皆刑殺於市⑩。**凡有爵者,與王之同族,奉而適甸師氏,以待刑殺。**適甸師氏,亦由朝乃往也。待刑殺者,掌戮將自市來也。文王世子曰:“雖親不以犯有司,正術也,所以體異姓也。刑于隱者,不與國人慮兄弟也。”

掌戮,掌斬殺賊諜而搏之。斬以鈇鉞,若今要斬也。殺以刀刃⑪,若今棄市也。諜,謂姦寇反間者⑫。賊與諜罪大者斬之,小者殺之。搏,當爲“膊諸城上”之“膊”⑬,字之誤也。膊,謂去衣磔之。**凡殺其親**

---

① 蜀石經無“也”字。
② 已,蜀石經作“以”。蜀石經無“者”字。
③ 蜀石經無“也”字。
④ 蜀石經“共”下有“入”字,無“也”字。
⑤ 足,蜀石經作“亦”。
⑥ 族,蜀石經作“姓”。
⑦ 蜀石經無“王”字。
⑧ 蜀石經“士”下有“也”字。
⑨ 蜀石經無“鄉士”二字。
⑩ 蜀石經“市”下有“也”字。
⑪ 刀,蜀石經作“刃”。
⑫ 謂,蜀石經作“爲”。
⑬ 蜀石經無“上”字。

者,焚之;殺王之親者,辜之。親,緦服以内也。焚,燒也,易曰:“焚如,死如,棄如。”辜之言枯也,謂磔之。**凡殺人者,踣諸市,肆之三日。刑盜于市。**踣,僵尸也。肆,猶申也①,陳也②。凡言刑盜③,罪惡莫大焉④。**凡罪之麗於灋者,亦如之。唯王之同族,與有爵者,殺之于甸師氏。**罪二千五百條,上附下附,刑五而已。於刑同科者⑤,其刑殺之一也⑥。**凡軍旅田役、斬殺刑戮,亦如之。**戮,謂膊焚辜肆⑦。**墨者使守門,**黥者無妨於禁御⑧。**劓者使守關,**截鼻亦無妨,以貌醜遠之⑨。**宫者使守内,**以其人道絶也,今世或然。**刖者使守囿,**斷足驅衛禽獸,無急行⑩。**髡者使守積。**鄭司農云:“髡,當作‘完’⑪,謂但居作三年,不虧體者也。”玄謂:此出五刑之中而髡者⑫,必王之同族不宫者⑬,宫之爲翦其類⑭,髡頭而已。守積,積在隱者宜也⑮。

司隷,掌五隷之灋,辨其物,而掌其政令。五隷,謂罪隷、四翟之隷也。物,衣服兵器之屬。**帥其民而搏盜賊,役國中之辱事,爲百官積任器,凡囚執人之事。**民,五隷之民也⑯。鄭司

① 蜀石經無“申也”二字。
② 蜀石經“陳”下有“之”字。
③ 凡,蜀石經作“目”。
④ 罪,蜀石經作“盜於刑殺”。惡,重言重意本作“意”。
⑤ 科,重言重意本作“利”。加記云:“意本‘科’誤‘利’。”
⑥ 蜀石經“一”下有“人”字。
⑦ 蜀石經“肆”下有“也”字。
⑧ 蜀石經“御”下有“也”字。
⑨ 蜀石經無“貌”字,“之”下有“也”字。
⑩ 蜀石經“行”下有“也”字。
⑪ 作,蜀石經作“爲”。
⑫ 刑,重言重意本作“隷”。加記云:“意本‘刑’誤‘隷’。”
⑬ 蜀石經“者”下有“也”字。
⑭ 蜀石經“翦”下有“傷”字。
⑮ 蜀石經“宜”下有“之”字。
⑯ 蜀石經無“也”字。

農云:“百官所當任持之器物,此官主爲積聚之也①。”玄謂:任,猶用也。**邦有祭祀、賓客、喪紀之事,則役其煩辱之事。**煩,猶劇也。士喪禮下篇曰:“隸人涅廁。”**掌帥四翟之隸,使之皆服其邦之服,執其邦之兵,守王宫,與野舍之厲禁。**野舍,王行所止舍也②。厲,遮例也③。

罪隸,掌役百官府與凡有守者,掌使令之小事。役,給其小役。**凡封國若家,牛助,爲牽徬。**鄭司農云:“凡封國若家,謂建諸侯、立大夫家也。牛助爲牽徬,此官主爲送致之也。”玄謂:牛助,國以牛助轉徙也④。罪隸牽徬之。在前曰牽,在旁曰徬⑤。**其守王宫⑥與其厲禁者,如蠻隸之事。**

蠻隸,掌役校人養馬。其在王宫者,執其國之兵,以守王宫。在野外,則守厲禁。

閩隸,掌役畜養鳥,而阜蕃教擾之,掌子則取隸焉。杜子春云:“子,當爲‘祀’。”玄謂:掌子者,王立世子,置臣使掌其家事⑦,而以閩隸役之。

夷隸,掌役牧人,養牛馬,與鳥言。鄭司農云:“夷狄之人,或曉鳥獸之言,故春秋傳曰:‘介葛盧聞牛鳴⑧,曰:是生三犧,皆用矣。’是以貉隸職掌與獸言⑨。”**其守王宫者,與其守厲禁者,如蠻隸之事。**

貉隸,掌役服不氏,而養獸而教擾之,掌與獸言。不

---

① 蜀石經無“也”字。

② 行,十行本作“者”。加記引文“王者所止舍也”,云:“正、人……本‘者’同,誤也,諸本作‘行’,當據正。”

③ 例,蜀石經、建本、附圖本並作“列”。

④ 蜀石經無“以牛助”、“也”四字。

⑤ 旁,蜀石經作“後”。

⑥ 守王,八行本作“中正”。

⑦ 臣,蜀石經作“以”。

⑧ 鳴,蜀石經作“聲”。

⑨ 貉,蜀石經作“夷”。

言阜蕃者,猛獸不可服,又不生乳於圈檻也。**其守王宫者,與其守厲禁者,如蠻隸之事。**

周禮卷第九

經四千二百六十二字
注七千五百二十字①

① 自"經四"至"十字",蜀石經作"經四千二百六十字注七千七百四十字",附圖本作"經肆阡貳伯叁拾肆字注柒阡貳伯柒拾陸字音義貳阡貳伯伍拾伍字",金本、建本、纂圖本、互注本、京本、岳本、蜀本、八行本、十行本並無。

周禮卷第十

秋官司寇下　周禮

鄭氏注

布憲，掌憲邦之刑禁。正月之吉，執旌節以宣布于四方，而憲邦之刑禁，以詰四方邦國及其都鄙，達于四海。憲，表也，謂縣之也①。刑禁者，國之五禁，所以左右刑罰者②。司寇正月布刑于天下③，正歲又縣其書于象魏。布憲於司寇布刑，則以旌節出宣令之④；於司寇縣書，則亦縣之于門閭及都鄙邦國。刑者，王政所重⑤，故屢丁寧焉。詰，謹也。使四方謹行之。爾雅曰："九夷、八蠻、六戎、五狄，謂之四海。"**凡邦之大事，合衆庶，則以刑禁號令。**

禁殺戮，掌司斬殺戮者、凡傷人見血而不以告者、攘獄者、遏訟者，以告而誅之。司，猶察也。察此四者，告於司寇罪之也。斬殺戮⑥，謂吏民相斬相殺相戮者⑦。傷人見血⑧，見血乃爲傷人

---

① 蜀石經無"也"字。
② 蜀石經"者"下有"也"字。
③ 蜀石經"正"上有"而"字。
④ 蜀石經無"之"字。
⑤ 蜀石經"王"上有"在"字。
⑥ 蜀石經"戮"下有"者"字。
⑦ 蜀石經"者"下有"也"字。
⑧ 蜀石經"血"下有"者"字。

耳。鄭司農云："攘獄者，距當獄者也①。遏訟者，遏止欲訟者也②。"玄謂：攘，猶卻也。卻獄者，言不受也③。

禁暴氏，掌禁庶民之亂暴力正者、撟誣犯禁者、作言語而不信者，以告而誅之。民之好爲侵陵、稱詐、謾誕，此三者亦刑所禁也④。力正⑤，以力強得正也。**凡國聚衆庶，則戮其犯禁者以徇。凡奚隸聚而出入者，則司牧之，戮其犯禁者。**奚隸，女奴男奴也。其聚出入⑥，有所使⑦。

野廬氏，掌達國道路，至于四畿。達，謂巡行通之，使不陷絶也⑧。去王城五百里曰畿。**比國郊及野之道路、宿息、井、樹。**比，猶校也。宿息，廬之屬，賓客所宿及晝止者也⑨。井，共飲食。樹，爲蕃蔽。**若有賓客，則令守涂地之人聚欜之，有相翔者誅之⑩。**守涂地之人，道所出廬宿旁民也⑪。相翔，猶昌翔，觀伺者也⑫。鄭司農云："聚欜之，聚擊欜以宿衛之也⑬。有姦人相翔於賓客之側，則誅之，不得令寇盜賓客⑭。"**凡道路之舟車轚互者，敘而行之。**舟車轚互，謂於迫隘處也，車有轘轅、坻閣，舟有砥柱之屬。其過之者，使以次敘之⑮。

---

① 蜀石經無"者"字。
② 蜀石經無"遏"、"者"二字。
③ 蜀石經無"也"字。
④ 蜀石經無"也"字。
⑤ 蜀石經"正"下有"者"字。
⑥ 聚，附圖本作"娶"。蜀石經"入"下有"者"字。
⑦ 使，蜀石經作"役也"。
⑧ 陷絶也，蜀石經作"阻絶"。
⑨ 蜀石經無"賓"、"者"二字。
⑩ 唐石經、蜀石經、蜀本、岳本"者"下並有"則"字。阮記云："唐石經、大字本、岳本'者'下有'則'，當據以補正。"
⑪ 蜀石經無"宿"字。
⑫ 伺，蜀石經作"徇"。
⑬ 蜀石經無"之"字。
⑭ 蜀石經"客"下有"也"字。
⑮ 敘之，蜀石經作"序"。

凡有節者及有爵者至，則爲之辟。辟，辟行人①，亦使守涂地者②。**禁野之横行徑踰者。**皆爲防姦也③。横行，妄由田中。徑踰，射邪趨疾④，越隄渠也⑤。**凡國之大事，比脩除道路者。**比校治道者名⑥，若今次金敘大功⑦。**掌凡道禁。**禁，謂若今絶蒙大巾⑧、持兵杖之屬⑨。**邦之大師⑩，則令埽道路，且以幾禁行作不時者、不物者。**不時，謂不夙則莫者也⑪。不物⑫，謂衣服操持非比常人也⑬。幾禁之者，備姧人内賊及反間⑭。

蜡氏，掌除骴。曲禮⑮：四足死者曰漬。故書"骴"作"脊"，鄭司農云："脊，讀爲'漬'⑯，謂死人骨也。月令曰'掩骼埋胔'，骨之尚有肉者也⑰，及禽獸之骨皆是⑱。"**凡國之大祭祀，令州里除不蠲，禁刑者、任人及凶服者，以及郊野。大師、大賓客，亦如之。**蠲，讀如"吉圭惟饎"之"圭"⑲。圭，絜也。刑者，黥、劓之屬；任人，司圜所

---

① 蜀石經"人"下有"也"字。
② 蜀石經無"者"字。
③ 蜀石經無"也"字。
④ 蜀石經無"疾"字。
⑤ 蜀石經無"越"字，"也"作"者"。
⑥ 校，附圖本作"較"。者，蜀石經作"有"。
⑦ 金敘大功，蜀石經作"敘大功者"。
⑧ 大，建本、纂圖本、互注本、京本、十行本並作"布"。阮記云："大字本、宋本、岳本、嘉靖本'布'作'大'，漢制考所引同，當據正。"
⑨ 杖，蜀石經作"仗"。
⑩ 唐石經"之"下有"有"字。阮記云："諸本脱'有'字。○按：'有'字不必補。"
⑪ 莫者也，蜀石經作"暮"。
⑫ 蜀石經"物"下有"者"字。
⑬ 比，蜀石經、婺本、建本、附圖本、纂圖本、互注本、京本、岳本、蜀本、八行本、十行本並作"此"。阮記云："錢鈔本、嘉靖本'此'作'比'，當據以訂正。"
⑭ 及反間，蜀石經作"反間者"。
⑮ 蜀石經、蜀本"禮"下並有"曰"字。黄記云："'禮'下當有'曰'字，此脱。"
⑯ 漬，蜀石經作"骴"。
⑰ 蜀石經"骨"上有"胔"字，無"也"字。
⑱ 蜀石經無"及"字，"是"下有"也"字。
⑲ 如，蜀石經作"若"。惟，蜀石經作"爲"。

收教罷民也①;凶服,服衰絰也②:此所禁除者③,皆爲不欲見④,人所蔑惡也。**若有死於道路者,則令埋而置楬焉,書其日月焉,縣其衣服任器于有地之官,以待其人。**有地之官,主此地之吏也⑤。其人⑥,其家人也⑦。鄭司農云:"楬,欲令其識取之,今時楬櫫是也。有地之官,有部界之吏⑧,今時鄉亭是也。"**掌凡國之骴禁。**禁,謂孟春掩骼埋胔之屬。

雍氏,掌溝瀆澮池之禁,凡害於國稼者。春令爲阱擭溝瀆之利於民者,秋令塞阱杜擭。溝、瀆、澮,田間通水者也。池,謂陂障之水道也。害於國稼⑨,謂水潦及禽獸也。阱,穿地爲漸⑩,所以禦禽獸,其或超踰,則陷焉⑪,世謂之陷阱⑫。擭,柞鄂也。堅地阱淺⑬,則設柞鄂於其中。秋而杜塞阱擭,收刈之時⑭,爲其陷害人也,書粊誓曰"敜乃擭,敜乃阱"⑮,時秋也⑯,伯禽以出師征徐戎⑰。**禁山之爲苑、澤之沈者。**爲其就禽獸魚鱉自然之居而害之。鄭司農云:"不得擅爲

---

① 建本無"教"字。
② 蜀石經無"服"字。也,蜀石經作"者"。
③ 蜀石經"所"下有"以"字。
④ 蜀石經"見"下有"之"字。
⑤ 蜀石經無"也"字。
⑥ 蜀石經無"其人"二字。
⑦ 蜀石經"其"上有"待"字。
⑧ 部,十行本作"郡"。阮記云:"大字本、宋本、嘉靖本'郡'作'部',漢制考所引同,當據以訂正。"
⑨ 蜀石經"稼"下有"者"字。
⑩ 漸,婺本、纂圖本、岳本、八行本並作"塹",建本、附圖本、蜀本並作"壍"。黄記云:"'壍'誤'漸'。"
⑪ 陷,蜀石經作"蹈"。
⑫ 蜀石經"阱"下有"是也"二字。
⑬ 堅,建本、附圖本並作"壍"。加記云:"建本'堅'誤'壍'。"
⑭ 刈,蜀石經作"艾"。
⑮ 粊,金本、建本並作"秦",互注本作"費"。加記云:"建、抄本誤'秦'。"
⑯ 蜀石經"時"下有"非"字。
⑰ 蜀石經"戎"下有"是也"二字。

苑囿於山也。澤之沈者,謂毒魚及水蟲之屬①。"

萍氏,掌國之水禁。水禁,謂水中害人之處,及入水捕魚鼈不時②。**幾酒,**苛察沽買過多③,及非時者④。**謹酒,**使民節用酒也,書酒誥曰:"有政有事,無夷酒⑤。"**禁川游者。**備波洋卒至沈溺也⑥。

司寤氏,掌夜時。夜時,謂夜晚早⑦,若今甲乙至戌⑧。**以星分夜,以詔夜士夜禁。**夜士,主行夜徼候者,如今都候之屬⑨。**禦晨行者,禁宵行者、夜遊者。**備其遭寇害,及謀非公事⑩。禦,亦禁也,謂遏止之⑪,無刑法也。晨,先明也⑫。宵,定昏也,書曰"宵中星虚",春秋傳曰"夜中星隕如雨"。

司烜氏,掌以夫遂取明火於日,以鑒取明水於月,以共祭祀之明齍、明燭,共明水。夫遂,陽遂也。鑒,鏡屬⑬,取水者,世謂之方諸。取日之火、月之水,欲得陰陽之絜氣也。明燭,以照饌陳;明水,以爲玄酒。鄭司農云:"夫,發聲⑭。明齍⑮,謂以明水滫滌粢盛黍稷⑯。"**凡邦之大事,共墳燭庭燎。**故書"墳"爲"蕡",鄭司農云:

---

① 毒,十行本作"青"。岳本無"及"字。阮記云:"岳本脱'及'。"
② 不時,蜀石經作"非時者"。
③ 蜀石經"買"下有"酒"字。
④ 蜀石經無"者"字。
⑤ 夷,蜀石經、建本、附圖本、纂圖本、互注本、京本、岳本、十行本並作"彝"。阮記云:"大字本、嘉靖本'彝'作'夷',當據正。"
⑥ 蜀石經無"也"字。
⑦ 晚早,蜀石經作"早晚"。
⑧ 蜀石經"今"下有"時"字。戌,婺本、建本並作"戊"。黄記云:"'戊'誤作'戌'。"
⑨ 如,蜀石經作"若"。
⑩ 蜀石經"事"下有"也"字。
⑪ 蜀石經"之"下有"耳"字。
⑫ 蜀石經無"也"字。
⑬ 鏡屬,蜀石經作"鏡之屬也"。
⑭ 蜀石經"聲"下有"也"字。
⑮ 齍,蜀石經作"粢"。
⑯ 蜀石經無"滫"字。

"蕡燭[①],麻燭也。"玄謂:墳,大也。樹於門外曰大燭,於門内曰庭燎[②],皆所以照衆爲明[③]。**中春,以木鐸修火禁于國中。**爲季春將出火也[④]。火禁,謂用火之處及備風燥。**軍旅,修火禁。邦若屋誅,則爲明竁焉。**鄭司農云:"屋誅,謂夷三族。無親屬收葬者,故爲葬之也[⑤]。三夫爲屋,一家田爲一夫,以此知三家也。"玄謂:屋,讀如"其刑剭"之"剭"[⑥]。剭誅[⑦],謂所殺不於市,而以適甸師氏者也[⑧]。明竁,若今楬頭,明書其罪法也。司烜掌明竁[⑨],則罪人夜葬與[⑩]?

條狼氏,掌執鞭以趨辟。王出入,則八人夾道,公則六人,侯伯則四人,子男則二人。趨辟,趨而辟行人[⑪],若今卒辟車之爲也[⑫]。孔子曰:"富而可求,雖執鞭之士,吾亦爲之。"言士之賤也[⑬]。**凡誓,執鞭以趨於前,且命之:誓僕右曰殺,誓馭曰車轘,誓大夫曰敢不關鞭五百,誓師曰三百,誓邦之大史曰殺,誓小史曰墨。**前,謂所誓衆之行前也[⑭]。有司讀誓辭,則大言其刑,以警所誓也[⑮]。誓者,謂出軍及將祭祀時也。出軍之誓,誓左右及馭,則書之甘誓備矣。郊特牲説祭祀之誓曰:"卜之日,王立于澤[⑯],親聽誓命,受教諫

① 燭,纂圖本、互注本、京本並作"蜀"。
② 蜀石經無"門"字。
③ 蜀石經"明"下有"也"字。
④ 蜀石經"火"下有"時"字。
⑤ 蜀石經無"也"字。
⑥ 如,蜀石經作"爲"。
⑦ 蜀石經無"剭"字。
⑧ 蜀石經無"氏"、"也"二字。
⑨ 蜀石經"烜"下有"氏"字。竁,十行本作"書"。加記云:"正、人、韓本'竁'誤'書'。"
⑩ 則,建本作"明"。加記云:"建本'則'誤'明'。"
⑪ 蜀石經"人"下有"也"字。
⑫ 蜀石經"今"下有"時"字。
⑬ 也,蜀石經作"者"。
⑭ 前,建本作"得"。加記云:"建本'前'誤'得'。"也,十行本作"大"。加記云:"正、人本'也'誤'大'。"
⑮ 蜀石經無"也"字。
⑯ 王,十行本作"至"。蜀石經"澤"下有"宫"字。

之義也①。”車轘，謂車裂也。師，樂師也。大史、小史，主禮事者②。鄭司農云：“誓大夫曰敢不關，謂不關於君也。”玄謂：大夫自受命以出③，則其餘事莫不復請④。

修閭氏，掌比國中宿互櫜者，與其國粥，而比其追胥者，而賞罰之。國中，城中也。粥，養也。國所游養⑤，謂羨卒也⑥。追，逐寇也。胥，讀爲“偦”。故書“互”爲“巨”。鄭司農云：“宿，謂宿衛也。巨，當爲‘互’，謂行馬，所以障互禁止人也⑦。櫜，謂行夜擊櫜⑧。”**禁徑踰者，與以兵革趨行者，與馳騁於國中者。**皆爲其惑衆。**邦有故，則令守其閭互，唯執節者不幾。**令者，令其閭内之閭胥、里宰之屬。

冥氏，掌設弧張。弧張⑨，罿罦之屬，所以扃絹禽獸。**爲阱擭，以攻猛獸，以靈鼓歐之⑩。**靈鼓，六面鼓⑪。歐之，使驚趨阱擭⑫。**若得其獸，則獻其皮、革、齒、須、備。**鄭司農云：“須，直謂頤下須。備，謂搔也。”

庶氏，掌除毒蠱，以攻説禬之，嘉草攻之⑬。毒蠱，蠱物

---

① 蜀石經無“也”字。
② 蜀石經“主”下有“書記”二字。
③ 蜀石經“自”下有“不”字。
④ 請，蜀石經作“諫也”。
⑤ 游，蜀石經作“粥”。
⑥ 羨，蜀石經作“衍”。
⑦ 蜀石經“人”下有“者”字。
⑧ 蜀石經“櫜”下有“也”字。
⑨ 建本、附圖本並無“弧”字。
⑩ 歐，唐石經、蜀石經並作“毆”，白文本、金本、建本、附圖本、纂圖本、互注本、岳本、蜀本、十行本、八行本並作“敺”。黄記云：“‘敺’誤‘歐’。”加記云：“‘毆’‘歐’並誤。”
⑪ 蜀石經“鼓”下有“也”字。
⑫ 蜀石經“擭”下有“也”字。
⑬ 蜀石經“嘉”前有“以”字。

而病害人者①。賊律曰:“敢蠱人及教令者,弃市。”攻説,祈名②,祈其神,求去之也。嘉草,藥物,其狀未聞。攻之,謂燻之。鄭司農云:“禬,除也。”玄謂:此禬,讀如“潰癕”之“潰”③。**凡毆蠱④,則令之比之。**使爲之⑤,又校次之。

穴氏,掌攻蟄獸,各以其物火之。蟄獸,熊羆之屬,冬藏者也⑥。將攻之,必先燒其所食之物於穴外⑦,以誘出之,乃可得之。**以時獻其珍異皮革。**

翨氏,掌攻猛鳥,各以其物爲媒而掎之。猛鳥,鷹隼之屬。置其所食之物於絹中,鳥來下,則掎其脚⑧。**以時獻其羽翮。**

柞氏,掌攻草木及林麓。林,人所養者。“山足曰麓。”**夏日至,令刊陽木以火之⑨;冬日至,令剥陰木而水之。**刊、剥互言耳,皆謂斫去次地之皮⑩。生山南爲陽木⑪,生山北爲陰木⑫,火之、水之,則使其肄不生。**若欲其化也,則春秋變其水火。**化,猶生也,謂時以種穀也⑬。變其水火者,乃所火則水之⑭,所水則火之,則其土和美。**凡攻木者,掌其政令。**除木有時。

---

① 而,蜀石經作“能”,蜀本作“而能”。

② 蜀石經“名”下有“也”字。

③ 潰癕,蜀石經作“癕潰”。

④ 毆,唐石經、蜀石經並作“毆”,白文本、婺本、金本、纂圖本、互注本、岳本、蜀本、十行本、八行本並作“歐”。

⑤ 爲之,蜀石經作“之爲”。

⑥ 蜀石經無“也”字。

⑦ 穴,十行本作“其”。

⑧ 蜀石經“脚”下有“也”字。

⑨ 以,唐石經、蜀石經、白文本、婺本、金本、建本、附圖本、纂圖本、互注本、京本、岳本、蜀本、八行本、十行本並作“而”。阮記引文“令刊陽木而火之”,云:“唐石經、諸本同,嘉靖本‘而’誤‘以’。”

⑩ 蜀石經“皮”下有“也”字。

⑪ 爲,蜀石經作“曰”。

⑫ 爲,蜀石經作“曰”。

⑬ 時,蜀石經作“將”。

⑭ 蜀石經無“乃”字。

薙氏，掌殺草。春始生而萌之，夏日至而夷之，秋繩而芟之，冬日至而耜之。故書“萌”作“甍”。杜子春云：“甍，當爲‘萌’，謂耕反其萌牙①，書亦或爲‘萌’②。”玄謂：萌之者，以茲其斫其生者③。夷之，以鉤鎌迫地芟之也④，若今取茭矣。含實曰繩。芟其繩，則實不成孰。耜之，以耜測凍土剗之⑤。**若欲其化也，則以水火變之。**謂以火燒其所芟萌之草，已而水之⑥，則其土亦和美矣。月令：季夏，“燒薙行水，利以殺草，如以熱湯”。是其一時著之⑦。**掌凡殺草之政令。**

哲蔟氏，掌覆夭鳥之巢。覆，猶毁也。夭鳥，惡鳴之鳥⑧，若鴞鵩⑨。**以方書十日之號，十有二辰之號，十有二月之號，十有二歲之號，二十有八星之號，縣其巢上，則去之。**方，版也⑩。日，謂從“甲”至“癸”⑪；辰，謂從“子”至“亥”⑫；月，謂從“娵”至“荼”⑬；歲，謂從“攝提格”至“赤奮若”⑭；星，謂從“角”至“軫”⑮：夭鳥見此五者而去，其詳未聞⑯。

翦氏，掌除蠹物，以攻禜攻之，以莽草熏之，蠹物⑰，穿

---

① 反其萌牙，蜀石經作“及萌芽也”。
② 爲，蜀石經作“作”。
③ 其生，蜀石經作“去生”。
④ 蜀石經無“以”、“也”二字。
⑤ 測，金本、京本並作“則”。加記云：“京、陳、抄本誤‘則’。”蜀石經“之”下有“也”字。
⑥ 蜀石經“而”下有“以”字。
⑦ 之，蜀石經作“也”。
⑧ 鳥，八行本作“鳴”。加記云：“浙本‘鳥’誤‘鳴’。”
⑨ 鵩，蜀石經作“服鳥”，下另有“賈誼所賦陸機云大如斑鳩綠色”十三小字。
⑩ 版，蜀石經作“板”。
⑪ 蜀石經“癸”下有“也”字。
⑫ 蜀石經無“子至亥”三字。
⑬ 蜀石經無“月謂從”三字。蜀石經“荼”下有“也”字。
⑭ 蜀石經“若”下有“也”字。
⑮ 蜀石經“軫”下有“也”字。
⑯ 詳，蜀本作“祥”。蜀石經“聞”下有“矣”字，建本“聞”下有“也”字。
⑰ 蜀石經“蠹”前有“今用以殺魚山海經朝歌山有草名莽可以毒魚郭璞云”二十二小字。

食人器物者①,蟲魚亦是也。攻禜,祈名②。莽草,藥物殺蟲者③,以熏之則死④。故書“蠹”爲“槖”⑤,杜子春云:“槖⑥,當爲‘蠹’。”**凡庶蠱之事**⑦。庶,除毒蠱者⑧。蠱⑨,蠹之類⑩,或熏以莽草則去⑪。

赤犮氏,掌除牆屋,以蜃炭攻之,以灰洒毒之。洒,灑也。除牆屋者,除蟲豸藏逃其中者⑫。蜃,大蛤也。擣其炭以坋之⑬,則走;淳之以灑之⑭,則死。故書“蜃”爲“晨”,鄭司農云:“晨⑮,當爲‘蜃’,書亦或爲‘蜃’。”**凡隙屋,除其貍蟲。**貍蟲,䗪肌蛷之屬。

蟈氏,掌去鼃黽,焚牡蘜,以灰洒之,則死。牡蘜,蘜不華者⑯。齊魯之閒,謂鼃爲蟈。黽,耿黽也。蟈與耿黽,尤怒鳴,爲聒人耳⑰,去之⑱。**以其煙被之,則凡水蟲無聲。**杜子春云:“假令風從東方來,則於水東面爲煙,令煙西行被之水上⑲。”

---

① 人,附圖本作“尺”。
② 蜀石經“名”下有“也”字。
③ 蜀石經“者”下有“也”字。
④ 死,十行本作“報”。加記云:“正本‘死’誤‘報’。”
⑤ 槖,蜀石經作“橐”。
⑥ 槖,蜀石經作“橐”。
⑦ 蜀石經“凡”前有“掌”字。
⑧ 毒蠱,建本作“蠱毒”,附圖本作“蟲毒”。
⑨ 蠱,蜀石經作“毒”。
⑩ 蠹,蜀石經作“蠱”。
⑪ 蜀石經“熏”下有“之”字,“去”下有“也”字。
⑫ 蟲,八行本作“蠱”。蜀石經“者”下有“也”字。
⑬ 坋,金本作“蚡”。
⑭ 蜀石經無“以灑之”三字。
⑮ 蜀石經無“晨”字。
⑯ 金本無“蘜”字。
⑰ 爲,蜀石經作“而”。
⑱ 蜀石經“去”前有“故”字。
⑲ 令煙,岳本作“煙令”,蜀石經無此二字。西,十行本作“而”。之,蜀本作“水”,蜀石經無此字。阮記云:“大字本‘之’作‘水’,按:疑作‘被水上’,大字本、今本各衍一字。”案:蜀石經正作“被水上”,阮記所疑有證。

壺涿氏，掌除水蟲，以炮土之鼓敺之[①]**，以焚石投之。**水蟲，狐蜮之屬。故書"炮"作"泡"，杜子春讀"炮"爲"苞有苦葉"之"苞"[②]。玄謂："燔之炮"之"炮"[③]，炮土之鼓[④]，瓦鼓也。焚石投之，使驚去[⑤]。**若欲殺其神，則以牡橭午貫象齒而沈之，則其神死，淵爲陵。**神，謂水神龍罔象[⑥]。故書"橭"爲"梓"[⑦]，"午"爲"五"。杜子春云："梓，當爲'橭'。橭，讀爲'枯'。枯，榆木名[⑧]，書或爲'樗'。"又云："五貫，當爲'午貫'[⑨]。"

庭氏，掌射國中之夭鳥。若不見其鳥獸，則以救日之弓與救月之矢夜射之[⑩]。不見鳥獸，謂夜來鳴呼爲怪者[⑪]。獸，狐狼之屬。鄭司農云："救日之弓，救月之矢，謂日月食所作弓矢[⑫]。"玄謂：日月之食，陰陽相勝之變也[⑬]。於日食則射大陰，月食則射大陽與[⑭]？**若神也，則以大陰之弓與枉矢射之。**神，謂非鳥獸之聲，若"或叫于宋大廟譆譆出出"者[⑮]。大陰之弓，救月之弓。枉矢，救日之矢與？不言

---

① 敺，唐石經、蜀石經並作"毆"。

② 讀炮爲苞有苦葉之苞，蜀石經作"云泡當爲匏有苦葉之匏"。

③ 蜀石經無下"炮"字。

④ 蜀石經無"炮"、"之"二字。

⑤ 使，十行本作"便"。加記云："正本'使'誤'便'。"去，蜀石經作"去也"，建本作"云"。加記云："建本'去'誤'云'。"

⑥ 謂，建本作"爲"。加記云："建本'謂'誤'爲'。"龍罔象，蜀石經作"蛟龍冈象也"。

⑦ 故，金本作"教"。蜀石經"書"下有"云"字。

⑧ 蜀石經"名"下有"也"字。

⑨ 當爲，蜀石經作"爲當"。

⑩ 十行本無"夜"字。阮記引文"與救月之矢射之"，云："唐石經、大字本、錢鈔本、岳本、嘉靖本'矢'下有'射'，當據以補正。"揆諸文義，阮記所云"有射"，顯爲"有夜"之譌，盧記摘録亦爲改正，誤同。

⑪ 者，蜀石經作"也"。

⑫ 蜀石經"矢"下有"也"字。

⑬ 蜀石經無"也"字。

⑭ 蜀石經無"與"字。金本"與"下有"以疑之"三字。

⑮ 于，岳本作"乎"。出出，建本、附圖本並作"詘詘"。

救月之弓與救日之矢者,互言之①。救日用枉矢②,則救月以恒矢③,可知也。

銜枚氏,掌司囂。察囂讙者,爲其聒亂在朝者之言語④。**國之大祭祀,令禁無囂。**令,令主祭祀者。**軍旅、田役,令銜枚。**爲其言語以相誤⑤。**禁嘂呼嘆嗚於國中者,行歌哭於國中之道者。**爲其惑衆,相感動⑥。嗚,吟也。

伊耆氏,掌國之大祭祀,共其杖咸,咸,讀爲"函"⑦。老臣雖杖於朝,事鬼神尚敬⑧,去之,有司以此函藏之,既事乃授之。**軍旅,授有爵者杖。**别吏卒,且以扶尊者。將軍杖鉞⑨。**共王之齒杖。**王之所以賜老者之杖。鄭司農云:"謂年七十當以王命受杖者⑩,今時亦命之爲王杖⑪。"玄謂:王制曰:"五十杖於家,六十杖於鄉,七十杖於國,八十杖於朝。"

大行人,掌大賓之禮,及大客之儀,以親諸侯。大賓,要服以内諸侯。大客,謂其孤卿。**春朝諸侯,而圖天下之事;秋覲,以比邦國之功;夏宗,以陳天下之謨;冬遇,以協諸侯之慮;時會,以發四方之禁;殷同,以施天下之政。**此六事者,以王見諸侯爲文⑫。圖、比、陳、協,皆考績之言⑬。王者春見諸侯⑭,則

---

① 蜀石經"之"下有"耳"字。
② 用,蜀石經、蜀本並作"以"。阮記云:"大字本'用'作'以',當據正。"識語云:"案:疏兩引注文皆作'用'。"
③ 蜀石經"則"前有"然"字。
④ 爲,蜀石經作"與"。
⑤ 蜀石經無"以"字。
⑥ 蜀石經"動"下有"也"字。
⑦ 讀爲函,蜀石經作"讀曰函",金本作"續函",建本、附圖本、蜀本並作"讀函也"。
⑧ 尚,蜀石經作"當"。
⑨ 蜀石經"鉞"下有"也"字。
⑩ 受,蜀石經、互注本並作"授"。
⑪ 蜀石經"杖"下有"者"字。
⑫ 蜀石經"文"下有"也"字。
⑬ 蜀石經"言"下有"也"字。
⑭ 蜀石經無"者"字。

圖其事之可否;秋見諸侯,則比其功之高下;夏見諸侯,則陳其謀之是非;冬見諸侯,則合其慮之異同。六服以其朝歲,四時分來,更迭如此而徧。時會,即時見也,無常期①。諸侯有不順服者②,王將有征討之事,則既朝,王命爲壇於國外,合諸侯而發禁命事焉③。禁,謂九伐之法④。殷同,即殷見也⑤。王十二歲一巡守,若不巡守,則殷同。殷同者,六服盡朝,既朝,王亦命爲壇於國外,合諸侯而命其政。政,謂邦國之九法。殷同,四方四時分來,歲終則徧矣⑥。九伐九法,皆在司馬職。司馬法曰:"春以禮朝諸侯,圖同事;夏以禮宗諸侯,陳同謀;秋以禮覲諸侯,比同功;冬以禮遇諸侯⑦,圖同慮;時以禮會諸侯,施同政;殷以禮宗諸侯,發同禁。"**時聘,以結諸侯之好;殷覜,以除邦國之慝。**此二事者,亦以王見諸侯之臣使來者爲文也⑧。時聘者,亦無常期⑨,天子有事,諸侯使大夫來聘,親以禮見之⑩,禮而遣之⑪,所以結其恩好也,天子無事,則已。殷覜,謂一服朝之歲也。慝,猶惡也⑫。一服朝之歲,五服諸侯皆使卿以聘禮來覜天子,天子以禮見之,命以政禁之事,所以除其惡行。**閒問,以諭諸侯之志;歸脤,以交諸侯之福;賀慶,以贊諸侯之喜;致襘,以補諸侯之裁。**此四者,王使臣於諸侯之禮也⑬。閒問者,閒歲一問諸侯,謂存省

---

① 蜀石經"無"前有"亦"字。
② 建本"諸"前有"於"字。蜀石經無"服"字。
③ 禁命,蜀石經作"令"。
④ 蜀石經"法"下有"也"字。
⑤ 即,蜀石經作"則"。
⑥ 則,蜀石經作"而"。
⑦ 蜀石經無"禮"字。
⑧ 蜀石經"者"下有"時"字。
⑨ 亦無常期,蜀石經作"亦以禮見無常期也"。
⑩ 蜀石經、蜀本"親"前並有"王"字。阮記云:"大字本'親'上有'王'字……此'王'字當有。"
⑪ 禮而,蜀石經作"以禮"。
⑫ 蜀石經無"猶"字。
⑬ 蜀石經無"也"字。

之屬。諭諸侯之志者,諭言語、諭書名其類也。交,或來或往者也[1]。贊,助也。致禬,凶禮之弔禮禬禮也[2]。補諸侯烖者[3],若春秋"澶淵之會,謀歸宋財"[4]。**以九儀辨諸侯之命,等諸臣之爵,以同邦國之禮[5],而待其賓客。**九儀:謂命者五,公、侯、伯、子、男也[6];爵者四,孤、卿、大夫、士也[7]。**上公之禮,執桓圭九寸,繅藉九寸,冕服九章,建常九斿,樊纓九就,貳車九乘,介九人,禮九牢,其朝位,賓主之閒九十步,立當車軹,擯者五人,廟中將幣三享,王禮,再祼而酢,饗禮九獻,食禮九舉,出入五積,三問三勞。諸侯之禮,執信圭七寸,繅藉七寸,冕服七章,建常七斿,樊纓七就,貳車七乘,介七人,禮七牢,朝位,賓主之閒七十步,立當前疾,擯者四人,廟中將幣三享[8],王禮,壹祼而酢,饗禮七獻,食禮七舉,出入四積,再問再勞。諸伯執躬圭,其他皆如諸侯之禮。諸子執穀璧五寸,繅藉五寸,冕服五章,建常五斿,樊纓五就,貳車五乘,介五人,禮五牢,朝位,賓主之閒五十步,立當車衡,擯者三人,廟中將幣三享,王禮,壹祼不酢,饗禮五獻,食禮五舉,出入三積,壹問壹勞。諸男執蒲璧[9],其他皆如諸子之禮。**繅藉,以五采韋衣板[10],若奠玉,則以藉

① 或來或往,蜀石經、婺本、建本、附圖本、纂圖本、互注本、京本、岳本、蜀本、八行本、十行本並作"或往或來"。阮記云:"嘉靖本作'或來或往',誤倒。"

② 蜀石經無"之"字。

③ 蜀石經"侯"下有"之"字。

④ 蜀石經"財"下有"也"字。

⑤ 同,唐石經作"司"。

⑥ 蜀石經無"也"字。

⑦ 士也,蜀石經作"之士"。

⑧ 幣,蜀石經作"弊"。

⑨ 男,十行本作"勞"。

⑩ 板,蜀石經作"版"。

之[1]。冕服[2],著冕所服之衣也。九章者,自山龍以下。七章者,自華蟲以下。五章者,自宗彝以下也[3]。常,旌旗也[4]。斿,其屬幓垂者也。樊纓,馬飾也[5],以罽飾之,每一處,五采備爲一就。就,成也。貳,副也。介,輔已行禮者也。禮,大禮饔餼也[6]。三牲備爲一牢。朝位[7],謂大門外賓下車及王車出迎所立處也[8]。王始立大門内[9],交擯三辭,乃乘車而迎之,齊僕爲之節。上公立當軹,侯伯立當疾[10],子男立當衡[11]。王立當軫與[12]? 廟,受命祖之廟也[13];饗,設盛禮以飲賓也[14];問,問不恙也;勞,謂苦倦之也[15]:皆有禮,以幣致之。故書"裸"作"果"。鄭司農云:"車軹,軹也[16]。三享,三獻也。裸,讀爲'灌'。再灌[17],再飲公也。而酢,報飲王也。舉[18],舉樂也。出入五積,謂餼之芻米也[19]。前疾,謂駟馬車轅前,胡下垂柱地者。"玄謂:三享,皆束帛加璧[20],庭實惟國所有,朝士儀曰[21]:奉國地所出重物而獻之[22],明臣職

① 蜀石經"之"下有"焉"字。
② 蜀石經"服"下有"者"字。
③ 蜀石經無"也"字。
④ 旗,纂圖本、互注本、京本、十行本作"斿"。阮記云:"大字本、岳本、嘉靖本'斿'作'旗',賈疏引注同,當據正。"
⑤ 蜀石經無"也"字。
⑥ 蜀石經"大"前有"謂"字。
⑦ 蜀石經"朝"前有"就"字。
⑧ 蜀石經無下"車"字,無"也"字。
⑨ 立,蜀石經作"出"。
⑩ 蜀石經無"立"字。
⑪ 蜀石經無"立"字。
⑫ 蜀石經"王"前有"則"字。
⑬ 蜀石經無"命"字。
⑭ 蜀石經"設"前有"食禮"二字。
⑮ 蜀石經無"也"字。
⑯ 軹,蜀石經作"車"。
⑰ 灌,蜀石經作"裸"。
⑱ 蜀石經"舉"前有"九"字。
⑲ 謂餼,蜀石經作"餽"。米,蜀石經作"禾米"。
⑳ 蜀石經"帛"下有"而"字。
㉑ 士,蜀石經作"事"。
㉒ 建本、八行本並無"重"字。蜀石經無"而"字。

也。朝先享，不言朝者①，朝正禮②，不嫌有等也。王禮，王以鬱鬯禮賓也③。鬱人職曰："凡祭祀賓客之祼事④，和鬱鬯，以實彝而陳之。"禮者⑤，使宗伯攝酌圭瓚而祼，王既拜送爵，又攝酌璋瓚而祼，后又拜送爵，是謂再祼。再祼，賓乃酢王也。禮侯伯一祼而酢者，祼賓⑥，賓酢王而已，后不祼也。禮子男一祼不酢者⑦，祼賓而已，不酢王也。不酢之禮，聘禮禮賓是與⑧？九舉，舉牲體九飯也。出入，謂從來訖去也⑨。每積有牢禮米禾芻薪，凡數不同者，皆降殺⑩。**凡大國之孤，執皮帛，以繼小國之君，出入三積，不問，壹勞，朝位當車前，不交擯，廟中無相，以酒禮之。其他皆眡小國之君。**此以君命來聘者也。孤尊，既聘享，更自以其贄見⑪，執束帛而已⑫，豹皮表之爲飾⑬。繼小國之君，言次之也。朝聘之禮，每一國畢，乃前。不交擯者，不使介傳辭交于王之擯⑭，親自對擯者也⑮。廟中無相，介皆入門，西上而立。不前相禮者⑯，聘之介是與？以酒禮之⑰，酒謂齊酒也⑱，和之不用鬱鬯耳⑲。其他，謂貳

① 蜀石經"不"前有"而"字。
② 正，蜀石經作"王"。
③ 蜀石經、蜀本並無"王"字。
④ 蜀石經無"祀"字。
⑤ 蜀石經"禮"下有"公"字。
⑥ 附圖本"祼"下有"祼"字。
⑦ 蜀石經"祼"下有"而"字。
⑧ 與，蜀石經作"焉"。
⑨ 訖，蜀石經作"還"，互注本作"九"。加記云："纂本誤'九'。"
⑩ 蜀石經"殺"下有"矣"字。
⑪ 贄，蜀石經作"摯"。
⑫ 已，蜀石經作"以"。
⑬ 蜀石經"之"下有"以"字。
⑭ 蜀石經"擯"下有"者"字。
⑮ 者，蜀石經作"賓"。
⑯ 蜀石經"禮"下有"也相禮不"四字。
⑰ 蜀石經"之"下有"者"字。
⑱ 蜀石經無"酒"、"也"二字。
⑲ 蜀石經無"鬯"字。

車及介、牢禮、賓王之間[①]，擯者、將幣、祼酢、饗食之數。**凡諸侯之卿，其禮各下其君二等，以下，及其大夫、士，皆如之。**此亦以君命來聘者也。所下其君者，介與朝位賓主之間也[②]，其餘則自以其爵。聘義曰[③]：“上公七介，侯伯五介，子男三介”，是謂使卿之聘之數也[④]。朝位則上公七十步，侯伯五十步，子男三十步與[⑤]？**邦畿方千里，其外方五百里，謂之侯服，歲壹見，其貢祀物；又其外方五百里，謂之甸服，二歲壹見，其貢嬪物；又其外方五百里，謂之男服，三歲壹見，其貢器物；又其外方五百里，謂之采服，四歲壹見，其貢服物；又其外方五百里，謂之衛服，五歲壹見，其貢材物；又其外方五百里，謂之要服，六歲壹見，其貢貨物[⑥]。**要服，蠻服也。此六服去王城三千五百里，相距方七千里，公、侯、伯、子、男封焉。其朝貢之歲，四方各四分，趨四時而來，或朝春，或宗夏，或覲秋，或遇冬。祀貢者，犧牲之屬。故書“嬪”作“頻”，鄭司農云：“嬪物，婦人所爲物也[⑦]，爾雅曰‘嬪，婦也’。”玄謂：嬪物，絲枲也。器物，尊彝之屬。服物，玄纁絺纊也。材物，八材也。貨物，龜貝也[⑧]。**九州之外，謂之蕃國，世壹見，各以其所貴寶爲摯。**九州之外，夷服、鎮服、蕃服也。曲禮曰：“其在東夷、北狄、西戎、南蠻[⑨]，雖大曰子。”春秋傳曰：杞，伯也[⑩]，“以夷禮，故曰子”。然則九州之外，其君皆子男也[⑪]。

---

① 王，蜀石經、婺本、金本、建本、附圖本、纂圖本、互注本、京本、蜀本、八行本、十行本並作“主”。阮記云：“嘉靖本‘主’誤‘王’。”

② 位，十行本作“禮”。

③ 義，蜀石經作“禮”。上，纂圖本作“王”。

④ 之聘之，蜀石經作“聘之介”。

⑤ 與，蜀石經作“也”。

⑥ 蜀石經無“其”字。

⑦ 蜀石經“爲”下有“之”字。

⑧ 也，蜀石經作“之屬”。

⑨ 西戎南蠻，蜀石經作“南蠻西戎”。

⑩ 蜀石經無“也”字。

⑪ 蜀石經“皆”下有“如”字。

無朝貢之歲,父死子立①,及嗣王即位,乃一來耳。各以其所貴寶爲摯,則蕃國之君無執玉瑞者②,是以謂其君爲小賓,臣爲小客。所貴寶見傳者③,若犬戎獻白狼、白鹿是也,其餘則周書王會備焉④。**王之所以撫邦國諸侯者:歲,徧存;三歲,徧覜;五歲,徧省;七歲,屬象胥,諭言語,協辭命;九歲,屬瞽史,諭書名,聽聲音;十有一歲,達瑞節,同度量,成牢禮,同數器,修灋則;十有二歲,王巡守殷國。**撫,猶安也⑤。存⑥、覜、省者,王使臣於諸侯之禮,所謂間問也⑦。歲者,巡守之明歲⑧,以爲始也。屬,猶聚也。自五歲之後,遂間歲徧省也⑨。七歲省而召其象胥⑩,九歲省而召其瞽史⑪,皆聚於天子之宫,教習之也。故書"協辭命"作"叶詞命"。鄭司農云:"象胥,譯官也⑫。叶,當爲'汁'。詞,當爲'辭'。書或爲'叶辭命'⑬。"玄謂:胥,讀爲"諝"。王制曰:"五方之民,言語不通,耆欲不同⑭,達其志,通其慾。東方曰寄,南方曰象,西方曰狄鞮⑮,北方曰譯。"此官正爲象者,周始有越重譯而來獻⑯,是因通言語之官爲象胥云⑰。諝⑱,謂象之有才知者

---

① 蜀石經、蜀本"父"上並有"以"字。阮記引文"父死子立",云:"大字本上有'以',賈疏本以下皆無,按:有者是。"
② 蜀石經"者"下有"也"字。
③ 傳,蜀石經作"經傳"。
④ 書,蜀石經作"禮"。焉,蜀石經作"矣"。
⑤ 蜀石經無"猶"字。
⑥ 蜀石經"存"下有"也"字。
⑦ 蜀石經無"也"字。
⑧ 蜀石經"巡"前有"王"字。
⑨ 蜀石經無"也"字。
⑩ 召,蜀石經作"名"。
⑪ 召,蜀石經作"名"。
⑫ 蜀石經"譯"下有"語"字。
⑬ 蜀石經"書"下有"亦"字。
⑭ 耆,蜀石經、金本、建本、附圖本、蜀本、十行本並作"嗜"。
⑮ 蜀石經無"曰"字。
⑯ 蜀石經"有"下有"南"字。
⑰ 是因,蜀石經作"是因名",蜀本作"因名"。蜀石經無"胥云"二字。
⑱ 蜀石經無"諝"字。

也①。辭命,六辭之命也②。瞽,樂師也。史,大史、小史也。書名,書之字也③,古曰名,聘禮曰"百名以上"④。至十一歲,又徧省焉。度,丈尺也。量,豆區釜也。數器,銓衡也。法,八法也。則,八則也。達、同、成、修,皆謂齎其法式⑤,行至,則齊等之也。成,平也,平其僭踰者也⑥。王巡守,諸侯會者各以其時之方,書曰"遂覲東后"是也⑦。其殷國,則四方四時分來,如平時。**凡諸侯之王事,辨其位,正其等,協其禮,賓而見之。**王事,以王之事來也,詩云"莫敢不來王",孟子曰:諸侯有王。**若有大喪,則詔相諸侯之禮。**詔相,左右教告之也⑧。**若有四方之大事,則受其幣,聽其辭。**四方之大事,謂國有兵寇,諸侯來告急者。禮動不虚,皆有贄幣以崇敬也。受之,以其事入告王也。聘禮曰:"若有言,則以束帛,如享禮⑨。"**凡諸侯之邦交,歲相問也,殷相聘也,世相朝也。**"小聘曰問。"殷,中也。久無事,又於殷朝者及而相聘也⑩。父死子立曰世,凡君即位,大國朝焉,小國聘焉。此皆所以習禮⑪,"考義,正刑,一德,以尊天子也",必擇有道之國而就脩之。鄭司農説殷聘⑫,以春秋傳曰"孟僖子如齊殷聘,禮也"⑬。

小行人,掌邦國賓客之禮籍,以待四方之使者。禮

① 謂,蜀石經作"玄謂胥"。蜀本無"知"字。阮記云:"大字本無'知'……○按:大字本非是。"蜀石經無"也"字。

② 命,蜀石經作"令"。

③ 書之,蜀石經作"畫"。

④ 名,建本、附圖本並作"官"。加記云:"建本'名'誤'官'。"

⑤ 謂,蜀石經作"有"。蜀石經"式"下有"行"字。

⑥ 蜀石經無"也"字。

⑦ 遂,蜀石經作"肆"。

⑧ 教告之也,蜀石經作"告教之"。

⑨ 蜀石經"享"下有"之"字。

⑩ 及,蜀石經作"反"。

⑪ 蜀石經無"此"字。

⑫ 説,蜀石經作"云"。

⑬ 禮,蜀石經作"禮是",附圖本、纂圖本、互注本、京本、岳本、十行本並作"是"。阮記云:"作'禮也',與左氏昭九年傳文同,當據以訂正。"

籍,名位尊卑之書。使者,諸侯之臣使來者也[①]。**令諸侯春入貢,秋獻功,王親受之,各以其國之籍禮之。**貢,六服所貢也。功,考績之功也[②]。秋獻之[③],若今計文書斷於九月,其舊法[④]。**凡諸侯入王,則逆勞于畿。**鄭司農云:"入王,朝於王也。故春秋傳曰'宋公不王',又曰'諸侯有王,王有巡守'。"**及郊勞、眡館、將幣,爲承而擯。**眡館,致館也。承,猶丞也[⑤]。王使勞賓於郊,致舘於賓,至將幣,使宗伯爲上擯,皆爲之丞而擯之[⑥]。**凡四方之使者,大客則擯,小客則受其幣而聽其辭。**擯者,擯而見之王,使得親言也[⑦]。受其幣者,受之以入,告之所爲來之事[⑧]。**使適四方,協九儀。賓、客之禮:朝、覲、宗、遇、會、同,君之禮也;存、覜、省、聘、問,臣之禮也。**適,之也。協,合也。**達天下之六節:山國用虎節,土國用人節,澤國用龍節,皆以金爲之;道路用旌節,門關用符節,都鄙用管節,皆以竹爲之。**此謂邦國之節也[⑨]。達之者,使之四方,亦皆齎法式以齊等之也。諸侯使臣行覜聘,則以金節授之,以爲行道之信也。虎、人、龍者,自其國象也[⑩]。道路,謂鄉遂大夫也[⑪]。都鄙者,公之子弟及卿大夫之采地之吏也[⑫]。凡邦國之民遠出至他邦,他

---

① 蜀石經無"也"字。

② 蜀石經無"也"字。

③ 秋獻,蜀石經作"春秋貢獻"。

④ 蜀石經"法"下有"也"字。

⑤ 丞,蜀石經作"承相"。

⑥ 丞,蜀石經作"承"。

⑦ 蜀石經"親"下有"其"字。

⑧ 告之,蜀石經、婺本、金本、建本、附圖本、纂圖本、互注本、京本、岳本、蜀本、八行本、十行本並作"告其"。黄記云:"'其'誤'之'。"蜀石經"事"下有"也"字。

⑨ 蜀石經無"也"字。

⑩ 象,蜀石經作"家"。

⑪ 蜀石經無"也"字。

⑫ 蜀石經"公"前有"王"字。之采地,蜀石經作"菜"。

邦之民若來入，由國門者，門人爲之節；由關者①，關人爲之節；其以徵令及家徙②，鄉遂大夫及采地吏爲之節③：皆使人執節將之以達之④，亦有期以反節。管節，如今之竹使符也⑤。其有商者，通之以符節⑥，如門關⑦。門關者，與市聯事，節可同也⑧，亦所以異於畿内也。凡節，有天子法式存於國⑨。**成六瑞：王用瑱圭，公用桓圭，侯用信圭，伯用躬圭，子用穀璧，男用蒲璧。**成，平也。瑞，信也。皆朝見所執以爲信。**合六幣：圭以馬，璋以皮，璧以帛，琮以錦，琥以繡，璜以黼。此六物者，以和諸侯之好故。**合，同也。六幣，所以享也。五等諸侯⑩，享天子用璧，享后用琮⑪，其大各如其瑞⑫，皆有庭實，以馬若皮。皮，虎豹皮也。用圭璋者，二王之後也⑬。二王後尊，故享用圭璋而特之⑭，禮器曰"圭璋特"，義亦通於此。其於諸侯，亦用璧琮耳。子男於諸侯，則享用琥璜⑮，下其瑞也。凡二王後、諸侯相享之玉⑯，大小各降其瑞一等⑰，及使卿大夫覜聘，亦如之。**若國札喪，則令賻補之；若國凶荒，則令賙委之；若國師役，則令槁禬之；若國有福事，則令慶賀之；若國有禍烖，則令哀弔之：凡此五物者，治其**

---

① 蜀石經"關"下有"門"字。
② 徙，金本作"徒"。
③ 采，蜀石經作"菜"。吏，建本、附圖本並作"使"。
④ 蜀石經下"之"下有"也"字。
⑤ 之竹，蜀石經作"竹節"。
⑥ 蜀石經"以"下有"爲"字。
⑦ 蜀石經"關"下有"者也"字。
⑧ 蜀石經無"也"字。
⑨ 於，蜀石經作"于"。蜀石經"國"下有"也"字。
⑩ 五，互注本作"三"。加記云："纂本'五'誤'三'。"蜀石經"等"下有"之"字。
⑪ 享后用琮，蜀石經作"后用琮也"。
⑫ 蜀石經"大"下有"小"字。
⑬ 蜀石經無"之"字。
⑭ 特，附圖本作"持"。加記云："陳本'特'誤'持'。"
⑮ 蜀石經無"用"字。
⑯ 蜀石經"諸"前有"用"字。
⑰ 等，蜀石經作"寸"。

事故。故書"賻"作"傅","槁"爲"稾"①。鄭司農云:"賻補之,謂賻喪家,補助其不足也。若今時一室二尸,則官與之棺也。稾②,當爲'犒'③,謂犒師也④。"玄謂:師役者,國有兵寇以匱病者也⑤,使鄰國合會財貨以與之,春秋定五年"夏,歸粟於蔡"是也⑥。宗伯職曰:"以禬禮哀圍敗⑦。"禍烖⑧,水火⑨。**及其萬民之利害爲一書,其禮俗政事教治刑禁之逆順爲一書,其悖逆暴亂作慝猶犯令者爲一書,其札喪凶荒厄貧爲一書,其康樂和親安平爲一書。凡此五物者,每國辨異之⑩,以反命于王,以周知天下之故。**慝,惡也。猶,圖也。

司儀,掌九儀之賓客擯相之禮,以詔儀容、辭令、揖讓之節。出接賓曰擯,入贊禮曰相。以詔者,以禮告王⑪。**將合諸侯,則令爲壇三成,宫旁一門。**合諸侯,謂有事而會也,爲壇于國外以命事。宫,謂壝土以爲牆處⑫,所謂爲壇壝宫也⑬。天子春帥諸侯拜日於東郊,則爲壇於國東;夏禮日於南郊,則爲壇於國南;秋禮山川丘陵於西郊,則爲壇於國西;冬禮月四瀆於北郊⑭,則爲壇於國北。既拜禮而還,加

---

① 槁爲,蜀石經作"犒作"。
② 稾,蜀石經、婺本、建本、纂圖本、互注本、京本、岳本、蜀本、八行本並作"稾"。黄記云:"'稾'誤'稾'。"
③ 犒,婺本、建本、纂圖本、互注本、京本、岳本、蜀本、八行本並作"槁"。
④ 犒,婺本、建本、纂圖本、互注本、京本、岳本、蜀本、八行本並作"槁"。
⑤ 匱,蜀石經作"遺"。
⑥ 蜀石經"秋"下有"傳曰"二字。
⑦ 圍,蜀石經作"國"。
⑧ 附圖本"禍"下有"謂"字。
⑨ 蜀石經"火"下有"之故"二字。
⑩ 辨,蜀石經、建本、岳本、八行本並作"辦"。黄記云:"'辦'誤'辨'。"
⑪ 蜀石經無"以"字。蜀石經"王"下有"也"字。
⑫ 蜀石經無"土"字。
⑬ 蜀石經、蜀本並無"爲"字。阮記云:"大字本無'爲',此衍。"
⑭ 月,蜀石經、蜀本並作"月與",建本作"川"。阮記云:"大字本'月'下有'與',諸本皆脱。"

方明於壇上而祀焉,所以教尊尊也,覲禮曰"諸侯覲於天子①,爲宫方三百步,四門,壇十有二尋,深四尺"是也。王巡守殷國而同,則其爲宫亦如此與?鄭司農云:"三成,三重也。爾雅曰'丘一成爲敦丘②,再成爲陶丘','三成爲昆侖丘',謂三重③。"**詔王儀,南鄉見諸侯,土揖庶姓,時揖異姓,天揖同姓。**謂王既祀方明,諸侯上介④,皆奉其君之旂置于宫,乃詔王升壇,諸侯皆就其旂而立⑤。諸公中階之前,北面東上;諸侯東階之東,西南北上⑥;諸伯西階之西,東面北上;諸子門東,北面東上;諸男門西,北面東上。王揖之者,定其位也。庶姓,無親者也。土揖,推手小下之也⑦。異姓,昏姻也。時揖,平推手也。衛將軍文子曰:"獨居思仁⑧,公言言義⑨,其聞詩也,一日三復'白圭之玷'⑩,自南宫縚之行也⑪。夫子信其仁⑫,以爲異姓。"謂妻之也⑬。天揖,推手小舉之。**及其擯之,各以其禮,公於上等,侯伯於中等,子男於下等。**謂執玉而前見於王也⑭,擯之各以其禮者,謂擯公者五人,侯伯四人,子男三人也⑮。上等、中等、下等者,謂所奠玉處也⑯。壇三成,深四尺,則一等一尺也。壇十

① 覲於,蜀石經作"朝"。
② 敦,蜀石經作"頓"。
③ 蜀石經"重"下有"也"字。
④ 蜀石經"侯"下有"之"字。
⑤ 蜀石經"旂"下有"位"字。
⑥ 南,蜀石經、婺本、金本、建本、附圖本、纂圖本、互注本、京本、岳本、蜀本、八行本並作"面"。黄記云:"'面'誤'南'。"
⑦ 蜀石經無"之"字。
⑧ 居,蜀石經作"君"。
⑨ 公言,附圖本、十行本並作"公善"。阮記引文"公善言義",云:"閩、監本同,誤也,大字本、錢鈔本、嘉靖本、毛本'善'作'言',當據以訂正。"
⑩ 玷,婺本作"坫"。
⑪ 自,蜀石經、婺本、金本、建本、附圖本、纂圖本、互注本、京本、岳本、蜀本、八行本、十行本並作"是"。黄記云:"'是'誤'自'。"蜀石經無"也"字。
⑫ 蜀石經"其"下有"言"字。
⑬ 謂,蜀石經作"請"。
⑭ 前見,蜀石經、蜀本並作"見前"。阮記云:"大字本'前見'誤倒。"
⑮ 蜀石經無"也"字。
⑯ 蜀石經無"也"字。

有二尋,方九十六尺①,則堂上二丈四尺,每等丈二尺與?諸侯各於其等奠玉,降拜,升成拜②,明臣禮也,既乃升堂,授王玉。**其將幣亦如之,其禮亦如之。**將幣,享也。禮,謂以鬱鬯祼之也。皆於其等之上③。**王燕,則諸侯毛。**謂以須髮坐也。朝事尊尊,上爵;燕則親親,上齒。鄭司農云:"謂老者在上也④。老者二毛,故曰毛。"**凡諸公,相爲賓。**謂相朝也⑤。**主國五積、三問,皆三辭,拜受,皆旅擯;再勞,三辭,三揖,登,拜受⑥,拜送⑦。**賓所停止,則積;間闊,則問;行道,則勞。其禮皆使卿大夫致之,從來至去,數如此也。三辭,辭其以禮來於外也。積、問不言登,受之於庭也。鄭司農云:"旅,讀爲'旅於大山'之'旅'⑧,謂九人傳辭,相授於上下竟⑨。問賓,從末上行,介還受,上傳之。"玄謂:旅,讀爲"鴻臚"之"臚"⑩。臚,陳之也⑪。賓之介九人,使者七人,皆陳擯位,不傳辭也。賓之上介出請,使者則前對,位皆當其末擯焉。三揖,謂庭中時也⑫。拜送,送使者。**主君郊勞,交擯,三辭,車逆,拜辱,三揖,三辭,拜受,車送,三還,再拜。**主君郊勞,備三勞而親之也⑬。鄭司農云:"交擯三辭,謂賓主之擯者,俱三辭也。車逆,主人以車迎賓於舘也⑭。拜辱,賓拜謝辱也⑮。"玄謂:交擯者,各陳九介,使傳辭

① 十,八行本作"丈"。
② 成,蜀本作"或"。阮記云:"大字本'成'誤'或'。"
③ 蜀石經"上"下有"也"字。
④ 蜀石經無"也"字。
⑤ 朝,蜀石經作"親"。
⑥ 金本無"受"字。
⑦ 金本無"拜"字。
⑧ 蜀石經無"於"字。
⑨ 蜀石經無"於"字。
⑩ 讀爲,蜀石經作"謂如"。
⑪ 蜀石經無"之"字。
⑫ 蜀石經無"謂"字。
⑬ 蜀石經無"也"字。
⑭ 蜀石經"賓"下有"擯"字。
⑮ 蜀石經無"拜"字。

也。車迎拜辱者[1]，賓以主君親來，乘車出舍門而迎之，若欲遠就之然，見之則下拜迎[2]，謝其自屈辱來也。至去，又出車[3]，若欲遠送然[4]。主君三還辭之，乃再拜送之也。車送迎之節[5]，各以其等，則諸公九十步，立當車軹也[6]。三辭重者，先辭，辭其以禮來於外[7]；後辭，辭升堂[8]。**致館，亦如之。**館，舍也。使大夫授之，君又以禮親致焉。**致飧，如致積之禮。**俱使大夫，禮同也。飧，食也[9]。小禮曰飧，大禮曰饔餼。**及將幣，交擯，三辭，車逆，拜辱，賓車進，答拜，三揖，三讓，每門止一相，及廟，唯上相入，賓三揖，三讓，登，再拜授幣[10]，賓拜送幣。每事如初，賓亦如之。及出，車送，三請三進，再拜，賓三還三辭，告辟。**鄭司農云："交擯，擯者交也。賓車進答拜，賓上車進[11]，主人乃答其拜也[12]。及出車送，三請，主人三請留賓也。三進，進隨賓也[13]。賓三還三辭告辟[14]，賓三還辭謝，言已辟去也。"玄謂：既三辭，主君則乘車出大門而迎賓，見之而下，拜其辱，賓車乃前，下答拜也[15]。三揖者，相去九十步，揖之使前也[16]。至而三讓，讓入門也[17]。相，

---

① 迎，蜀石經、岳本、蜀本、八行本並作"逆"。黃記云："'逆'誤'迎'。"
② 蜀石經、建本、附圖本"見"前並有"後"字。
③ 蜀石經"車"下有"送"字。
④ 蜀石經"送"下有"之"字。
⑤ 送迎，蜀石經、蜀本並作"迎送"。阮記云："大字本作'迎送'，誤倒。"
⑥ 蜀石經無"也"字。
⑦ 蜀石經無"辭"字。
⑧ 蜀石經"堂"下有"矣"字。
⑨ 蜀石經"食"前有"夕"字。
⑩ 授，京本作"受"。
⑪ 蜀石經"進"下有"道"字。
⑫ 蜀石經無"也"字。
⑬ 進隨賓也，蜀石經作"三進隨賓"。
⑭ 還，蜀石經作"揖"。
⑮ 蜀石經"答"下有"之"字。
⑯ 蜀石經"揖"前有"乃"字。
⑰ 蜀石經"讓"下有"三"字。

謂主君擯者及賓之介也。謂之相者,於外傳辭耳①。入門,當以禮詔侑也。介紹而傳命者,君子於其所尊,不敢質,敬之至也②。每門止一相,彌相親也。君入門,介拂闑,大夫中棖與闑之閒,士介拂棖,此爲介鴈行相隨也。止之者,絶行在後耳③。賓三揖三讓,讓升也。登再拜授幣,授,當爲"受",主人拜至且受玉也④。每事如初,謂享及有言也。賓,當爲"儐"⑤,謂以鬱鬯禮賓也。上於下曰禮,敵者曰儐⑥。禮器曰:"諸侯相朝,灌用鬱鬯⑦,無籩豆之薦。"謂此朝禮畢,儐賓也⑧。三請三進,請賓就車也。主君每一請,車一進,欲遠送之也⑨。三還三辭,主君一請者,賓亦一還一辭⑩。**致饔餼、還圭、饗食、致贈、郊送,皆如將幣之儀。**此六禮者,惟饗食速賓耳,其餘主君親往,親往者,賓爲主人,主人爲賓。君如有故,不親饗食,則使大夫以酬幣侑幣致之。鄭司農云:"還圭,歸其玉也⑪。故公子重耳受飧反璧。"玄謂:聘以圭璋,禮也;享以璧琮,財也。已聘而還圭璋,輕財而重禮⑫。贈,送以財⑬,既贈,又送至于郊⑭。**賓之拜禮:拜饔餼,拜饗食。**鄭司農云:"賓之拜禮者,因言賓所當拜者之禮也。所當拜者:拜饔餼,拜饗食。"玄謂:賓將去,就朝拜謝此三禮。三禮⑮,禮之重者也⑯。賓既拜,主君乃至館贈之,去,又送之于郊。**賓繼主君,皆如主國之**

① 蜀石經"於"前有"亦"字。
② 蜀石經無"至"字。
③ 耳,蜀石經作"也"。
④ 受,附圖本作"授"。
⑤ 當爲儐,蜀石經作"爲擯"。
⑥ 儐,蜀石經作"擯"。
⑦ 灌,蜀石經作"祼"。
⑧ 儐,蜀石經作"擯"。
⑨ 蜀石經無"也"字。
⑩ 一辭,蜀石經作"辭也"。
⑪ 蜀石經"歸"前有"還"字。
⑫ 而重禮,蜀石經作"重禮也"。
⑬ 蜀石經"財"下有"也"字。
⑭ 蜀石經"送"下有"之"字。于,蜀石經作"於"。
⑮ 蜀石經無"三禮"二字。
⑯ 蜀石經無"也"字。

禮。鄭司農云:"賓繼主君,復主人之禮費也,故曰'皆如主國之禮'①。"玄謂:繼主君者,儐主君也②。儐之者③,主君郊勞、致館、饔餼、還圭、贈④、郊送之時也。如其禮者,謂玉帛皮馬也⑤,有饌陳之積者,不如也。若饗食主君及燕⑥,亦速焉。**諸侯、諸伯、諸子、諸男之相爲賓也,各以其禮相待也,如諸公之儀**。賓主相待之儀,與諸公同也。饔餼、饗食之禮,則有降殺⑦。**諸公之臣,相爲國客**,謂相聘也⑧。**則三積,皆三辭拜受**。受者,受之於庭也⑨。侯伯之臣不致積。**及大夫郊勞,旅擯,三辭,拜辱,三讓,登,聽命,下拜,登,受。賓使者如初之儀,及退,拜送**。登聽命,賓登堂也⑩。賓,當爲"儐"⑪。勞用束帛,儐用束錦⑫。侯伯之臣受勞於庭⑬。**致館,如初之儀**。如郊勞也,不儐耳⑭。侯伯之臣致館于庭⑮。不言致飧者,君於聘大夫不致飧也,聘禮曰:"飧不致,賓不拜。"**及將幣,旅擯,三辭,拜逆,客辟,三揖,每門止一相,及廟,唯君相入,三讓,客登,拜,客三辟,授幣,下,出,每事如初之儀**。客辟,逡巡不答拜也⑯。

---

① 蜀石經"禮"下有"也"字。
② 儐,蜀石經作"擯"。
③ 儐,蜀石經作"擯"。
④ 蜀石經"贈"前有"致"字。
⑤ 蜀石經"皮"下有"帛"字。
⑥ 主,建本作"王"。加記云:"建本'主'誤'王'。"
⑦ 降,纂圖本、互注本、京本並作"隆"。蜀石經"殺"下有"焉"字。
⑧ 蜀石經無"也"字。
⑨ 蜀石經無"也"字。
⑩ 蜀石經無"也"字。
⑪ 儐,蜀石經、八行本並作"擯"。
⑫ 儐,蜀石經作"擯"。
⑬ 受,蜀石經作"授"。
⑭ 儐耳,蜀石經作"擯其"。
⑮ 于,蜀石經作"於"。
⑯ 蜀石經"不"下有"敢"字。

唯君相入,客,臣也①,相不入矣②。拜,主君拜客至也。客三辟,三退負序也。每事,享及有言③。**及禮、私面、私獻,皆再拜稽首,君答拜。**禮,以醴禮客④。私面,私覿也,既覿,則或有私獻者。鄭司農云説私面以春秋傳曰:楚公子弃疾見鄭伯,以其良馬私面⑤。**出,及中門之外,問君,客再拜,對,君拜,客辟而對。君問大夫,客對。君勞客,客再拜稽首,君答拜,客趨辟。**中門之外,即大門之内也⑥。問君曰:"君不恙乎?"對曰:"使臣之來,寡君命臣于庭⑦。"問大夫曰:"二三子不恙乎?"對曰:"寡君命使臣于庭,二三子皆在。"勞客曰:"道路悠遠,客甚勞。"勞介則曰:"二三子甚勞。"問君客再拜對者⑧,爲敬慎也⑨。**致饔餼,如勞之禮。饗食、還圭,如將幣之儀。**饗食,亦謂君不親,而使大夫以幣致之。**君館客,客辟,介受命,遂送,客從,拜辱于朝。**君館客者,客將去⑩,就省之,盡殷勤也。遂送,君拜以送客⑪。**明日客拜禮賜,遂行,如入之積。**禮賜,謂乘禽,君之加惠也。如入之積,則三積,從來至去⑫。**凡侯伯子男之臣,以其國之爵,相爲客而相禮,其儀亦如之。**爵,卿也⑬,大夫也,士也。**凡四方之賓客禮儀、辭命、餼牢、賜獻,以二等,從其**

---

① 蜀石經無"也"字。

② 不,蜀本作"六"。加記云:"大本'不'誤'六'。"

③ 蜀石經"享"前有"如初"二字。蜀石經、岳本"言"下並有"也"字。

④ 客,蜀石經作"賓也"。

⑤ 良,十行本作"乘"。阮記云:"嘉靖本……'乘'作'良',當據正。"蜀石經"面"下有"矣"字。

⑥ 蜀石經無"也"字。

⑦ 蜀石經"命"下有"使"字。

⑧ 蜀石經無"拜"字。

⑨ 也,蜀石經作"矣"。

⑩ 蜀石經無"去"字。

⑪ 蜀石經無"君"字。蜀石經"客"下有"也"字。

⑫ 蜀石經"去"下有"矣"字。

⑬ 蜀石經"卿"前有"謂"字。

爵而上下之。上下，猶豐殺也。**凡賓客，送逆同禮。**謂郊勞、郊送之屬。**凡諸侯之交，各稱其邦而爲之幣，以其幣爲之禮。**幣，享幣也。於大國則豐，於小國則殺[1]。主國禮之，如其豐殺，謂賄用束紡[2]，禮用玉帛、乘皮及贈之屬。**凡行人之儀[3]，不朝不夕，不正其主面，亦不背客。**謂擯相傳辭時也。不正東鄉，不正西鄉，常視賓主之前却，得兩鄉之而已[4]。

行夫，掌邦國傳遽之小事、媺惡而無禮者。凡其使也，必以旌節。雖道有難而不時，必達。傳遽，若今時乘傳騎驛而使者也[5]。美，福慶也。惡，喪荒也[6]。此事之小者，無禮，行夫主使之。道有難，謂遭疾病他故，不以時至也[7]。必達，王命不可廢也。其大者有禮，大小行人使之。有故則介傳命[8]，不嫌不達[9]。**居於其國，則掌行人之勞辱事焉，使則介之。**使，謂大小行人也[10]。故書曰"夷使"，鄭司農云："夷使，使於四夷，則行夫主爲之介。"玄謂：夷，發聲[11]。

環人，掌送逆邦國之通賓客，以路節達諸四方。通賓客，以常事往來者也[12]。路節，旌節也。四方，圻上[13]。**舍則授館，令聚欜，有任器，則令環之。**令，令野廬氏也[14]。鄭司農云："四方人

---

① 蜀石經無"於"字。
② 蜀石經無"用"字。
③ 蜀石經無"之"字。
④ 得，附圖本作"符"。
⑤ 蜀石經無"也"字。
⑥ 荒，互注本作"天"。加記云："纂本'荒'誤'天'。"
⑦ 蜀石經無"也"字。
⑧ 蜀石經"則"下有"使"字。
⑨ 蜀石經"達"下有"也"字。
⑩ 蜀石經無"也"字。
⑪ 蜀石經"聲"下有"也"字。
⑫ 常，蜀石經作"掌"。
⑬ 圻上，蜀石經作"圻土也"，纂圖本作"所上"。
⑭ 蜀石經無"也"字。

有任器者①,則環人主令殉環守之②。"**凡門關無幾,送逆及疆。**鄭司農云:"門關不得苛留環人也③。"玄謂:環人送逆之,則賓客出入不見幾。

象胥,掌蠻、夷、閩、貉、戎、狄之國使,掌傳王之言而諭説焉,以和親之。謂蕃國之臣來覜聘者。**若以時入賓,則協其禮,與其辭,言傳之。**以時入賓,謂其君以世一見來朝爲賓者④。**凡其出入送逆之禮節、幣帛、辭令,而賓相之。**從來至去皆爲擯,而詔侑其禮儀⑤。**凡國之大喪,詔相國客之禮儀,而正其位。**客,謂諸侯使臣來弔者⑥。**凡軍旅、會同,受國客幣,而賓禮之。**謂諸侯以王有軍旅之事,使臣奉幣來問⑦。**凡作事,王之大事諸侯,次事卿,次事大夫,次事上士,下事庶子。**作,使也。鄭司農云:"王之大事諸侯,使諸侯執大事也⑧。次事卿,使卿執其次事也⑨。次事使大夫,次事使上士,下事使庶子⑩。"

掌客,掌四方賓客之牢禮、餼、獻、飲食之等數,與其政治。政治,邦新殺禮之屬。**王合諸侯而饗禮,則具十有二牢,庶具百物備。諸侯長,十有再獻。**饗諸侯而用王禮之數者,以公、侯、伯、子、男盡在是⑪,兼饗之,莫敵用也。諸侯長⑫,九命作伯者也。獻,公侯以下,如其命數⑬。**王巡守、殷國,則國君膳以牲**

---

① 蜀石經"方"下有"之"字。
② 殉,蜀石經作"徇"。
③ 蜀石經無"也"字。
④ 者,蜀石經作"客也"。
⑤ 蜀石經"儀"下有"也"字。
⑥ 蜀石經"使"下有"其"字。
⑦ 蜀石經"問"下有"之者"二字。
⑧ 使諸侯執大事也,蜀石經作"執其大事"。
⑨ 使卿執其次事也,蜀石經作"執其次事"。
⑩ 蜀石經"子"下有"也"字。
⑪ 蜀石經無"是"字。
⑫ 蜀石經"長"下有"子"字。
⑬ 蜀石經"數"下有"也"字。

犢,令百官百牲皆具。從者,三公眡上公之禮,卿眡侯伯之禮,大夫眡子男之禮,士眡諸侯之卿禮,庶子壹眡其大夫之禮。國君者,王所過之國君也①。犢,繭栗之犢也。以膳天子,貴誠也。牲孕,天子不食也②,祭帝不用也③。凡賓客則皆角尺。令者,掌客令主國也。百牲皆具,言無有不具備④。**凡諸侯之禮:上公五積,皆眡飧牽,三問,皆脩,羣介、行人、宰、史皆有牢;飧五牢,食四十,簠十,豆四十,鉶四十有二,壺四十,鼎簋十有二,牲三十有六,皆陳;饔餼九牢,其死牢如飧之陳,牽四牢,米百有二十筥,醯醢百有二十罋,車皆陳;車米眡生牢,牢十車,車秉有五籔,車禾眡死牢,牢十車,車三秅,芻薪倍禾,皆陳;乘禽日九十雙,殷膳大牢,以及歸,三饗、三食、三燕,若弗酌,則以幣致之;凡介、行人、宰、史皆有飧饔餼,以其爵等,爲之牢禮之陳數,唯上介有禽獻;夫人致禮,八壺、八豆、八籩,膳大牢,致饗大牢,食大牢;卿皆見,以羔,膳大牢。侯伯四積,皆眡飧牽,再問,皆修;飧四牢,食三十有二,簠八,豆三十有二,鉶二十有八,壺三十有二,鼎簋十有二,腥二十有七,皆陳;饔餼七牢,其死牢如飧之陳,牽三牢,米百筥,醯醢百罋,皆陳;米三十車,禾四十車,芻薪倍禾,皆陳;乘禽日七十雙,殷膳大牢,三饗、再食、再燕;凡介、行人、宰、史皆有飧饔餼,以其爵等爲之禮,唯上介有禽獻;夫人致禮,八壺、八豆、八籩,膳大牢,致饗大牢;卿皆見,以羔,膳特牛。子**

① 蜀石經無"國"字。
② 蜀石經無"也"字。
③ 蜀石經無"也"字。
④ 具備,蜀石經作"備矣"。

男三積,皆眡飧牽,壹問,以修;飧三牢,食二十有四,簠六,豆二十有四,鉶十有八,壺二十有四[①],鼎簋十有二,牲十有八,皆陳;饔餼五牢,其死牢如飧之陳,牽二牢,米八十筥,醯醢八十罋,皆陳;米二十車,禾三十車,芻薪倍禾,皆陳;乘禽日五十雙,壹饗、壹食、壹燕;凡介、行人、宰、史皆有飧饔餼,以其爵等爲之禮,唯上介有禽獻;夫人致禮,六壺,六豆,六籩,膳眡致饗;親見卿,皆膳特牛。

積皆視飧、牽,謂所共如飧,而牽牲以往,不殺也。不殺,則無鉶鼎。簠簋之實,其米實于筐[②],豆實實于罋[③]。其設,筐陳于楹内,罋陳于楹外,牢陳于門西[④],車米禾芻薪陳于門外[⑤]。壺之有無未聞[⑥]。三問皆修,修,脯也。上公三問皆修,下句云"羣介行人宰史皆有牢",君用修而臣有牢,非禮也,蓋著脱字失處[⑦],且誤耳。飧,客始至,致小禮也。公、侯、伯、子、男,飧皆飪一牢[⑧],其餘牢則腥。食者,其庶羞美可食者也[⑨]。其設,蓋陳于楹外東西,不過四列。簠,稻粱器也,公十簠[⑩],堂上六[⑪],西夾、東夾各二也;侯伯八簠,堂上四,西夾、東夾各二;子男六簠,堂上二,西夾、東夾各二[⑫]。豆,菹醢器也,公四十豆,堂上十六,西夾、東夾各十二[⑬];侯伯三十二豆,堂上

① 二,蜀石經作"四"。

② 米,蜀本作"簋"。阮記云:"大字本作'其簋實于筐',非也。"蜀石經"實"下有"實"字。

③ 豆實,建本、附圖本並作"醯醢"。加記云:"重本'豆實'誤'醯醢'。"

④ 牢,蜀石經作"牽"。

⑤ 車,蜀石經作"東面"。

⑥ 蜀石經"聞"下有"也"字。

⑦ 著,建本、附圖本並作"有"。加記云:"建本'著'誤'有'。"

⑧ 飧,蜀石經作"有飧",婺本、金本、建本、附圖本並作"食"。

⑨ 蜀石經無"也"字。

⑩ 蜀石經"十"下有"子男六"三字。

⑪ 六,蜀石經作"二也"。

⑫ 自"侯伯八簠"至"各二",蜀石經無此二十六字。

⑬ 蜀石經"二"下有"也"字。

十二,西夾、東夾各十①;子男二十四豆,堂上十二,西夾、東夾各六②。禮器曰:"天子之豆,二十有六,諸公十有六,諸侯十有二,上大夫八,下大夫六。"以聘禮差之,則堂上之數與此同。鉶,羹器也。公鉶四十二,侯伯二十八,子男十八,非衰差也。二十八,書或爲"二十四",亦非也。其於衰,公又當三十,於言又爲無施③。禮之大數,鉶少於豆,推其衰,公鉶四十二,宜爲三十八④,蓋近之矣,則公鉶堂上十八,西夾、東夾各十;侯伯堂上十二,西夾、東夾各八;子男堂上十,西夾、東夾各四⑤。壺,酒器也,其設於堂、夾,如豆之數。鼎,牲器也;簠,黍稷器也。鼎十有二者,飪一牢,正鼎九與陪鼎三⑥,皆設于西階前;簠十二者,堂上八,西夾、東夾各二⑦。合言"鼎簠"者,牲與黍稷,俱食之主也⑧。牲,當爲"腥",聲之誤也。腥,謂腥鼎也⑨。於侯伯云"腥二十有七"⑩,其故腥字也⑪。諸侯禮盛,腥鼎有鮮魚⑫、鮮腊⑬,每牢皆九爲列,設于阼階前⑭。公腥鼎三十六⑮,腥四牢也;侯伯腥鼎二十七,腥三牢也;子男腥鼎十八,腥二牢也。皆陳,陳,列也,飧門内之實,備于是矣。亦有車米禾芻薪⑯,公飧五牢,米二十車,禾三十車;侯伯四牢⑰,米禾皆二十車;子男三牢⑱,米十車,禾二十車,芻薪皆倍其禾。

---

① 蜀石經"十"下有"也"字。
② 蜀石經"六"下有"也"字。
③ 爲無施,蜀石經作"無所施"。
④ 三,十行本作"二"。阮記引文"宜爲二十八",云:"閩、監本同,誤也,大字本、錢鈔本、嘉靖本、毛本'二'作'三',當據正。"
⑤ 蜀石經"四"下有"也"字。
⑥ 陪,蜀石經作"倍"。
⑦ 附圖本無"東夾"二字。
⑧ 蜀石經無"也"字。
⑨ 謂,蜀石經作"爲"。
⑩ 蜀石經無"腥"字。
⑪ 蜀石經無"腥"字。
⑫ 鮮魚,蜀石經作"魚鮮"。
⑬ 蜀石經無"鮮"字。
⑭ 于,蜀石經作"於"。
⑮ 六,纂圖本作"八"。
⑯ 蜀石經"亦"前有"而"字。
⑰ 蜀石經"伯"下有"飧"字。
⑱ 蜀石經"男"下有"飧"字。

饔餼,既相見,致大禮也,大者,既兼飧積,有生,有腥,有孰,餘又多也;死牢如飧之陳,亦餁一牢在西,餘腥在東也①;牽,生牢也②,陳于門西③,如積也;米横陳于中庭,十爲列,每筥半斛,公、侯、伯、子、男黍粱稻皆二行④,公稷六行,侯、伯稷四行,子、男二行⑤;醯醢夾碑從陳⑥,亦十爲列,醯在碑東,醢在碑西;皆陳於門内者⑦,於公門内之陳也⑧。言車者,衍字耳。車米,載米之車也。聘禮曰:"十斗曰斛,十六斗曰籔,十籔曰秉。"每車秉有五籔⑨,則二十四斛也。禾,稾實并刈者也。聘禮曰:"四秉曰筥,十筥曰稯,十稯曰秅。"每車三秅,則三十稯也⑩。稯,猶束也。米禾之秉、筥,字同數異。禾之秉,手把耳;筥,讀爲"棟梠"之"梠",謂一穧也。皆陳,横陳門外者也。米在門東,禾在門西。芻薪雖取數于禾,薪從米,芻從禾也。乘禽,乘行羣處之禽,謂雉鴈之屬,於禮以雙爲數。殷,中也。中又致膳,示念賓也。若弗酌,謂君有故,不親饗、食燕也,不饗則以酬幣致之,不食則以侑幣致之。凡介、行人、宰、史,衆臣從賓者也,行人主禮,宰主具,史主書,皆有飧饔餼,尊其君以及其臣也⑪。以其爵等爲之牢禮之數陳,爵卿也,則飧二牢,饔餼五牢;大夫也,則飧大牢,饔餼三牢;士也,則飧少牢,饔餼大牢也。此降小禮,豐大禮也。以命數則參差難等,略於臣,用爵而已。夫人致禮,助君養賓也。籩豆陳于户東,壺陳于東序。凡夫人之禮,皆使下大夫致之。於子男云"膳視致饗",言夫人致膳於小國君,以致饗之禮,則是不復饗也。饗有壺酒,卿皆見者,見于賓也,既見之,又膳之,亦所以助君養賓也。卿見又膳,此聘禮卿大夫勞賓、餼賓之類與?於子男云"親見卿皆膳特牛"⑫,見,

---

① 蜀石經無"也"字。

② 蜀石經"牢"下有"可牽"二字。

③ 門西,蜀石經作"西門"。

④ 粱稻,蜀石經作"稻粱"。

⑤ 蜀石經"男"下有"稷"字。

⑥ 陳,建本、附圖本並作"東"。加記云:"建本'陳'誤'東'。"

⑦ 蜀石經"陳"下有"陳"字。於,蜀石經作"于"。

⑧ 蜀石經無"也"字。

⑨ 蜀石經無"每"字。

⑩ 也,蜀本作"稯"。

⑪ 纂圖本、互注本、京本、岳本並無下"其"字。阮記引文"尊其君以及臣也",云:"閩、監、毛本同,大字本、嘉靖本'及'下有'其',當據補。"

⑫ 特牛,纂圖本作"時中"。

讀如"卿皆見"之"見",言卿於小國之君,有不故造館見者,故造館見者,乃致膳。鄭司農説牽云:"牲可牽行者也,故春秋傳曰'餼牽竭矣'。秅,讀爲'秅秭麻荅'之'秅'①。"**凡諸侯之卿、大夫、士爲國客,則如其介之禮以待之。**言其特來聘問②,待之禮,如其爲介時也。然則聘禮凡所以禮賓,是亦禮介。**凡禮賓客,國新殺禮,凶荒殺禮,札喪殺禮,禍烖殺禮,在野在外殺禮。**皆爲國省用愛費也。國新,新建國也③。凶荒,無年也。禍烖,新有兵寇水火也。**凡賓客死,致禮以喪用。**死則主人爲之具而殯矣。喪用者,饋奠之物。**賓客有喪,唯芻稍之受。**不受饗食。饗食,加也。喪,謂父母死也,客則又有君焉。芻,給牛馬。稍,人稟也。其正禮飧饔餼,主人致之則受。**遭主國之喪,不受饗食,受牲禮。**牲,亦當爲"腥",聲之誤也。有喪不忍煎亨,正禮飧饔餼當孰者④,腥致之也。

掌訝,掌邦國之等籍,以待賓客。等,九儀之差數。**若將有國賓客至,則戒官修委積,與士逆賓于疆,爲前驅而入。**官,謂牛人、羊人、舍人、委人之屬。士,訝士也。既戒,乃出迎賓。**及宿,則令聚欜。**令,令野廬氏。**及委,則致積。**以王命致于賓⑤。**至于國,賓入舘⑥,次于舍門外,待事于客⑦。**次,如今官府門外更衣處。待事于客,通其所求索。**及將幣,爲前驅。**道之以如朝。**至于朝,詔其位,入,復。及退,亦如之。**鄭司農云:

---

① 荅,金本作"苔",建本、附圖本並作"枲"。
② 聘,十行本作"爲"。阮記引文"言其特來爲問",云:"閩、監本同,誤也,大字本、錢鈔本、嘉靖本、毛本作'聘問',當據以訂正。"
③ 也,十行本作"之"。
④ 當,十行本作"常"。正字云:"'當'誤'常'。"
⑤ 致于賓,金本作"致于賓其數于宫",建本、附圖本並作"致其數于賓"。
⑥ 舘,附圖本作"棺"。
⑦ 于,十行本作"之"。加記云:"正、人、韓本'于'誤'之'。"

"詔其位,告客以其位處也[①]。入復,客入則掌訝出,復其故位也。客退,復入迎,爲之前驅,至于舘也。"玄謂:入復者,入告王以客至也。退亦如之,如其爲前驅。**凡賓客之治,令訝,訝治之。**賓客之治,謂欲正其貢賦理國事也。以告訝,訝爲如朝而理之[②]。**凡從者出,則使人道之。**從者,凡介以下也。人,其屬胥徒也。使道賓客之從者,營護之。**及歸,送亦如之。**如之者,送至於竟,如其前驅、聚㰅、待事之屬。**凡賓客,諸侯有卿訝,卿有大夫訝,大夫有士訝,士皆有訝。**此謂朝覲聘問之日,王所使迎賓客于舘之訝。**凡訝者,賓客至而往,詔相其事,而掌其治令。**

掌交,掌以節與幣巡邦國之諸侯及其萬民之所聚者,道王之德意志慮,使咸知王之好惡,辟行之。節,以爲行信。幣,以見諸侯也。咸,皆也。辟,讀如"辟忌"之"辟"。使皆知王之所好者而行之,知王所惡者辟而不爲。**使和諸侯之好,**有欲相與修好者,則爲和合之。**達萬民之説。**説,所喜也。達者,達之于王,若其國君。**掌邦國之通事,而結其交好。**通事,謂朝覲聘問也。**以諭九税之利,九禮之親,九牧之維,九禁之難,九戎之威。**諭,告曉也。九税,所税民九職也。九禮,九儀之禮[③]。九牧,九州之牧。九禁,九法之禁。九戎,九伐之戎。

掌察闕。

掌貨賄闕。

朝大夫,掌都家之國治。都家,王子弟、公卿及大夫之采地也。主其治國者[④],平理其來文書於朝者。**日朝以聽國事故,以告**

---

① 處,十行本作"次"。阮記引文"告客以其位次也",云:"閩、監、毛本同,大字本、宋本、嘉靖本'次'作'處',當據正。"

② 理,婺本、建本、附圖本並作"治"。

③ 儀,建本作"義"。

④ 治國,婺本、金本、纂圖本、互注本、京本、岳本、蜀本、八行本、十行本並作"國治"。黄記云:"'國治'誤倒。"

其君長。國事故，天子之事當施於都家者也。告其君長，使知而行之也。君，謂其國君。長，其卿大夫也。**國有政令，則令其朝大夫。**使以告其都家之吏。**凡都家之治於國者，必因其朝大夫，然後聽之，唯大事弗因。**謂以小事文書來者，朝大夫先平理之，乃以告有司也。大事者，非朝大夫所能平理。**凡都家之治，有不及者，則誅其朝大夫。**不及，謂有稽殿之。**在軍旅，則誅其有司。**有司，都司馬、家司馬。

都則闕。

都士闕。

家士闕。

周禮卷第十

經三千九百八十七字
注八千七百三十二字①

① 自"經三"至"二字"，金本、建本、附圖本、纂圖本、互注本、京本、岳本、蜀本、八行本、十行本並無。

周禮卷第十一

冬官考工記第六[1]　周禮

鄭氏注

國有六職,百工與居一焉。 百工,司空事官之屬。於天地四時之職,亦處其一也。司空,掌營城郭,建都邑,立社稷宗廟,造宫室車服器械,監百工者,唐虞已上曰"共工"。**或坐而論道;或作而行之;或審曲面埶,以飭五材,以辨民器;或通四方之珍異以資之;或飭力以長地財;或治絲麻以成之。** 言人德能事業之不同者也。論道,謂謀慮治國之政令也。作,起也。辨,猶具也。資,取也,操也。鄭司農云:"審曲面埶,審察五材曲直方面形埶之宜以治之,及陰陽之面背是也[2]。春秋傳曰'天生五材,民並用之',謂金、木、水、火、土也。"故書"資"作"齊",杜子春云:"齊,當爲'資',讀如'冬資絺'之'資'[3]。"玄謂:此五材,金、木、皮、玉、土。**坐而論道,謂之王公;** 天子諸侯。**作而行之,謂之士大夫;** 親受其職,居其官也。**審曲面埶,以飭五材,以辨民器,謂之百工;** 五材各有工,言百,衆言之也。**通**

---

① 六,唐石經作"十一"。

② 背,金本、建本、八行本並作"皆"。阮記引文"及陰陽之面背是也",云:"余本、嘉靖本、毛本同,閩、監本'背'誤'皆',當訂正。"

③ 建本、纂圖本、互注本、京本、岳本"絺"下並有"綌"字。案:此鄭注,據賈疏,乃本國語越語,檢之,正作"冬則資絺",無"綌"字,則無者是也。

四方之珍異以資之,謂之商旅;商旅,販賣之客也。易曰:至日商旅不行。飭力以長地財,謂之農夫;三農受夫田也。治絲麻以成之,謂之婦功。布帛,婦官之事。粵無鎛,燕無函,秦無廬,胡無弓車。此四國者,不置是工也。鎛,田器,詩云"偫乃錢鎛",又曰"其鎛斯椆"①。鄭司農云:"函,讀如'國君含垢'之'含'。函,鎧也,孟子曰:'矢人豈不仁於函人哉?矢人唯恐不傷人,函人唯恐傷人。'廬,讀爲'纑',謂矛戟柄,竹欑柲,或曰摩鐗之器。胡,今匈奴。"粵之無鎛也,非無鎛也,夫人而能爲鎛也;燕之無函也,非無函也,夫人而能爲函也;秦之無廬也,非無廬也,夫人而能爲廬也;胡之無弓車也,非無弓車也,夫人而能爲弓車也。言其丈夫人人皆能作是器,不須國工。粵地塗泥多草薉,而山出金錫,鑄冶之業,田器尤多。燕近強胡,習作甲胄。秦多細木,善作矜柲。匈奴無屋宅,田獵畜牧,逐水草而居,皆知爲弓車。知者創物,謂始闓端造器物,若世本作者是也。巧者述之,守之世,謂之工。父子世以相教。百工之事,皆聖人之作也。事,無非聖人所爲也。爍金以爲刃,凝土以爲器,作車以行陸,作舟以行水,此皆聖人之所作也。凝,堅也。故書"舟"作"周",鄭司農云:"周,當爲'舟'。"天有時,地有氣,材有美,工有巧,合此四者,然後可以爲良。時,寒温也。氣,剛柔也。良,善也。材美工巧,然而不良,則不時、不得地氣也②。不時,不得天時③。橘踰淮而北爲枳,鸜鵒不踰濟,貉踰汶則死,此地氣然也。鸜鵒,鳥也,春秋昭二十五年"有鸜鵒來巢"④,傳曰"書所無也"。鄭司農云:"不踰濟,無

① 椆,附圖本作"稠"。黄記云:"'掤'誤'椆'。"

② 氣,十行本作"器"。加記云:"人、韓本'氣'誤'器'。"

③ 時,建本作"雨"。加記云:"建本'時'誤'雨'。"

④ 有,金本作"涓"。鸜,纂圖本、互注本、京本、岳本、十行本並作"鴝"。阮記引文"有鴝鵒來巢",云:"余本、閩本同,誤也,嘉靖本、監、毛本'鴝'作'鸜',當據正。"

妨於中國有之。貉，或爲'猨'，謂善緣木之猨也。汶水，在魯北。"**鄭之刀，宋之斤，魯之削，吴粵之劒，遷乎其地，而弗能爲良，地氣然也。**去此地而作之，則不能使良也。**燕之角，荆之幹，妢胡之笴，吴粵之金、錫，此材之美者也。**荆，荆州也。幹，柘也，可以爲弓弩之幹。妢胡，胡子之國，在楚旁。笴，矢幹也。禹貢荆州貢櫄幹栝柏及箘簬楛。故書"笴"爲"笱"。杜子春云："妢，讀爲'焚咸丘'之'焚'，書或爲'邠'。妢胡，地名也。笱，當爲'笴'。笴，讀爲'槀'，謂箭槀。"**天有時以生，有時以殺，草木有時以生，有時以死，石有時以泐，水有時以凝，有時以澤，此天時也。**言百工之事，當審其時也。鄭司農云："泐，讀如'再扐而後卦'之'扐'①。泐，謂石解散也，夏時盛暑大熱則然。"**凡攻木之工七，攻金之工六，攻皮之工五，設色之工五，刮摩之工五，摶埴之工二。**攻，猶治也。摶之言拍也。埴，黏土也。故書"七"爲"十"，"刮"作"捖"。鄭司農云："十，當爲'七'。捖摩之工，謂玉工也②。捖，讀爲'刮'，其事亦是也。"**攻木之工：輪、輿、弓、廬、匠、車、梓。攻金之工：築、冶、鳧、㮚、段、桃。攻皮之工：函、鮑③、韗④、韋、裘。設色之工：畫、繢、鍾、筐、㡛。刮摩之工：玉、楖、雕、矢、磬。摶埴之工：陶、旊⑤。**事官之屬六十，此識其五材三十工⑥，略記其事耳。其曰某人者，以其事名官也。其曰某氏者，官有世功，若族有世業，以氏名官者

① 如，建本、附圖本並作"爲"。

② 玉，纂圖本、互注本並作"五"。加記云："纂本'玉'誤'五'。"

③ 鮑，纂圖本、互注本並作"韗"。

④ 韗，纂圖本、互注本並作"鮑"。加記云："纂本'鮑''韗'倒。"

⑤ 旊，唐石經、白文本、金本、建本、附圖本、纂圖本、互注本、京本、岳本、八行本、十行本並作"旗"。阮記云："唐石經、諸本同，誤也。釋文、嘉靖本'旗'作'旊'。案：説文瓦部云：旊，周家摶埴之工也……當據此訂正。"案：賈疏云"摶埴之工二：陶人爲瓦器，甑、甗之屬；旊人爲瓦簋"，既爲瓦器，自當從瓦，作"旊"是也，阮記是也。

⑥ 十，婺本、八行本並作"卜"。

也。廬，矛戟矜柲也[①]，國語曰"侏儒扶廬"。梓，榎屬也。故書"雕"或爲"舟"[②]。鄭司農[③]："輪、輿、弓、廬、匠、車、梓，此七者攻木之工，官别名也，孟子曰'梓、匠、輪、輿'。鮑，讀爲'鮑魚'之'鮑'，書或爲'鞄'，蒼頡篇有'鞄䩠'。韗，讀爲'歷運'之'運'。㡛，讀爲'芒芒禹迹'之'芒'。柳，讀如'巾櫛'之'櫛'。瓬，讀爲'甫始'之'甫'。埴，書或爲'植'[④]。"杜子春云："雕，或爲'舟'者，非也。"玄謂：瓬，讀如"放於此乎"之"放"。**有虞氏上陶，夏后氏上匠，殷人上梓，周人上輿，**官各有所尊，王者相變也。舜至質，貴陶器，甒大[⑤]、瓦棺是也。禹治洪水，民降丘宅土，卑宫室，盡力乎溝洫，而尊匠。湯放桀，疾禮樂之壞，而尊梓。武王誅紂，疾上下失其服飾，而尊輿。**故一器而工聚焉者，車爲多。**周所上也。**車有六等之數[⑥]：**車有天地之象，人在其中焉。六等之數，法易之三材六畫。**車軫四尺，謂之一等；戈柲六尺有六寸，既建而迆，崇於軫四尺，謂之二等；人長八尺，崇於戈四尺，謂之三等；殳長尋有四尺，崇於人四尺，謂之四等；車戟常，崇於殳四尺，謂之五等；酋矛常有四尺，崇於戟四尺，謂之六等。**此所謂兵車也。軫，輿後横木。崇，高也。八尺曰尋，倍尋曰常。殳長丈二。戈、殳、戟、矛皆插車輢。鄭司農云："迆[⑦]，讀爲'倚移從風'之'移'，謂著戈於車邪倚也[⑧]。酋，發聲，直謂矛。"**車謂之六等之數。**申言數也。**凡察車之道，必自載於地者始也，是故察車自輪始。**先視輪也。自，從也。**凡察車之道，欲其樸屬而微至。**

① 柲，建本作"秘"。加記云："建、抄本作'秘'，並誤，諸本作'柲'，當據正。"
② 舟，纂圖本、互注本並作"用"。
③ 金本、建本、附圖本、纂圖本、互注本、京本、岳本、八行本、十行本"農"下並有"云"字。阮記云："嘉靖本脱'云'。"
④ 植，附圖本作"殖"。
⑤ 大，纂圖本作"天"。
⑥ 等，十行本作"畫"。加記云："正、人、閩本'等'誤'畫'。"
⑦ 迆，京本作"池"。加記云："京本誤'池'。"
⑧ 於，岳本作"之"。

不樸屬，無以爲完久也；不微至，無以爲戚速也。樸屬，猶附著堅固貌也。齊人有名疾爲"戚"者，春秋傳曰："蓋以操之爲已戚矣。"速，疾也，書或作"數"。鄭司農云："樸，讀如'子南僕'之'僕'。微至，謂輪至地者少，言其圜甚，著地者微耳。著地者微，則易轉，故不微至，無以爲戚數。"**輪已崇，則人不能登也；輪已庳，則於馬終古登阤也。**已，大也，甚也。崇，高也。齊人之言終古猶言常也。阤，阪也。輪庳則難引。**故兵車之輪，六尺有六寸；田車之輪，六尺有三寸；乘車之輪，六尺有六寸。**此以馬大小爲節也。兵車，革路也。田車，木路也。乘車，玉路、金路、象路也。兵車、乘車駕國馬，田車駕田馬。**六尺有六寸之輪，軹崇三尺有三寸也，加軫與轐焉四尺也。人長八尺，登下以爲節。**此車之高者也。軫，輿也。鄭司農云："軹，轊也。轐，讀爲'旃僕'之'僕'，謂伏兔也。"玄謂：軹，轂末也。此軫與轐并七寸，田車又宜減焉。乘車之軌廣，取數於此。軌廣八尺，旁出輿亦七寸也。

　　輪人，爲輪。斬三材，必以其時。三材，所以爲轂、輻、牙也。斬之以時，材在陽，則中冬斬之；在陰，則中夏斬之。今世轂用雜榆，輻以檀，牙以橿也。**三材既具，巧者和之。**調其鑿內而合之。**轂也者，以爲利轉也；輻也者，以爲直指也；牙也者，以爲固抱也。**利轉者，轂以無有爲用也。鄭司農云："牙，讀如'跛者訝跛者'之'訝'，謂輪輮也，世間或謂之'罔'，書或作'輮'。"**輪敝，三材不失職，謂之完。**敝盡，而轂輻牙不動。**望而眡其輪，欲其幎爾而下迆也；進而眡之，欲其微至也：無所取之，取諸圜也。**輪，謂牙也。幎，均致貌也。進，猶行也。微至，至地者少也，非有他也，圜使之然也。鄭司農云："微至，書或作'危至'，故書'圜'或作'員'，當爲'圜'。"**望其輻**[①]**，欲其掣爾而纖也；進而眡之，欲其肉稱也：無所取之，取諸易直也。**掣纖，殺小貌也。肉稱，弘殺好也。

---

① 輻，京本、岳本並作"幅"。

鄭司農云:“掣,讀爲‘紛容掣參’之‘掣’。”玄謂:如“桑螵蛸”之“蛸”。**望其轂,欲其眼也;進而眡之,欲其幬之廉也:無所取之,取諸急也。**眼,出大貌也。幬,幔轂之革也①。革急,則裹木廉隅見。鄭司農云:“眼,讀如‘限切’之‘限’。”**眡其綆,欲其蚤之正也。**蚤,當爲“爪”,謂輻入牙中者也。鄭司農云:“綆,讀爲關東言‘餅’之‘餅’,謂輪箄也。”玄謂:輪雖箄,爪牙必正也。**察其菑蚤不齵,則輪雖敝,不匡。**菑,謂輻入轂中者也。菑與爪不相佹②,乃後輪敝盡不匡剌也③。鄭司農云:“菑,讀如‘雜廁’之‘廁’,謂建輻也。泰山平原所樹立物爲菑,聲如截,博立梟棊亦爲菑。匡,枉也。”**凡斬轂之道,必矩其陰陽。**矩,謂刻識之也。故書“矩”爲“距”,鄭司農云:“當作‘矩’,謂規矩也。”**陽也者,稹理而堅;陰也者,疏理而柔:是故以火養其陰,而齊諸其陽,則轂雖敝,不藃。**稹,致也。火養其陰,炙堅之也。鄭司農云:“稹,讀爲‘奠祭’之‘奠’。藃,當作‘秏’④。”玄謂:藃,藃暴。陰柔後必橈減,幬革暴起。**轂小而長則柞,大而短則摯。**鄭司農云:“柞,讀爲‘迫唶’之‘唶’,謂輻間柞狹也。摯,讀爲‘槷’,謂輻危槷也。”玄謂:小而長,則菑中弱;大而短,則末不堅⑤。**是故六分其輪崇,以其一爲之牙圍,**六尺六寸之輪,牙圍尺一寸⑥。**參分其牙圍而漆其二。**不漆其踐地者也。漆者七寸三分寸之一,不漆者三寸三分寸之二。令牙厚一寸三分寸之二,則内外面不漆者各一寸也。**椁其漆内,而中詘之,以爲之轂長,以其長爲之圍。**六尺六寸之輪,漆内六尺四寸,是爲轂長三尺二寸,圍徑一尺三分寸之二也。鄭司農云:“椁者,度兩漆

---

① 也,婺本作“急”。

② 佹,建本作“詭”。

③ 後,附圖本作“從”。

④ 秏,建本、岳本並作“耗”。阮記云:“嘉靖本‘耗’作‘秏’,從禾,是也。”

⑤ 建本、附圖本、纂圖本、互注本、京本、岳本、十行本“則”下並有“轂”字。阮記云:“宋本、嘉靖本無‘轂’。按:賈疏引注語無‘轂’字,今本有者,衍文。”

⑥ 一,建本、纂圖本並作“二”。加記云:“建本‘一’誤‘二’。”

之内相距之尺寸也。”**以其圍之防，捎其藪。**捎，除也。防，三分之一也。鄭司農云：“捎，讀爲‘桑螵蛸’之‘蛸’①。藪，讀爲‘蜂藪’之‘藪’，謂轂空壺中也。”玄謂：此藪，徑三寸九分寸之五。壺中，當輻菑者也。蜂藪者，猶言趨也②。藪者，衆輻之所趨也。**五分其轂之長，去一以爲賢，去三以爲軹。**鄭司農云：“賢，大穿也。軹，小穿也。”玄謂：此大穿，徑八寸十五分寸之八。小穿，徑四寸十五分寸之四。大穿甚大，似誤矣。大穿實五分轂長去二也，去二，則得六寸五分寸之二。凡大、小穿皆謂金也，今大、小穿金厚一寸，則大穿，穿内徑四寸五分寸之二；小穿，穿内徑二寸十五分寸之四：如是，乃與藪相稱也。**容轂必直，陳篆必正，施膠必厚，施筋必數，幬必負幹。**鄭司農云：“讀‘容’上屬，曰‘軹容’。”玄謂：容者，治轂爲之形容也。篆，轂約也。幬負幹者，革轂相應，無贏不足③。**既摩，革色青白，謂之轂之善。**謂丸漆之，乾而以石摩平之④，革色青白，善之徵也。**參分其轂長，二在外，一在内，以置其輻。**轂長三尺二寸者，令輻廣三寸半⑤，則輻内九寸半，輻外一尺九寸。**凡輻⑥，量其鑿深，以爲輻廣。**廣⑦、深相應則固，足相任也。**輻廣而鑿淺，則是以大扤，雖有良工，莫之能固。**扤，摇動貌。**鑿深而輻小，則是固有餘，而强不足也。**言輻弱不勝轂之所任也。**故竑其輻廣，以爲之弱，則雖有重任，轂不折。**言力相稱也。弱，菑也。今人謂蒲本在水中者爲弱，是其類也。鄭司農云：“竑，讀如‘紘綎’之‘紘’，謂度之。”**參分其輻之長，而殺其一，則雖有深泥，亦弗之溓也。**殺，衰小之也。鄭司農云：“溓，讀

① 纂圖本無“螵”字。
② 附圖本“也”下有“藪者猶言趨也”六字。
③ 贏，八行本作“羸”。加記云：“浙本‘贏’誤‘羸’。”
④ 乾，十行本作“色”。加記云：“正、人本‘乾’誤‘色’。”
⑤ 輻，附圖本作“轂”。
⑥ 輻，附圖本作“轂”。
⑦ 廣，十行本作“其”。加記云：“正、人本‘廣’誤‘其’。”

爲'黏',謂泥不黏著輻也。"**參分其股圍,去一以爲骹圍。**謂殺輻之數也①。鄭司農云:"股,謂近轂者也。骹,謂近牙者也。方言股以喻其豐,故言骹以喻其細。人脛近足者細於股,謂之骹,羊脛細者亦爲骹。"**揉輻必齊②,平沈必均。**揉,謂以火槁之。衆輻之直齊如一也。平沈,平漸也③。鄭司農云:"平沈,謂浮之水上無輕重。"**直以指牙,牙得,則無槷而固。**得,謂倨句鑿内相應也。鄭司農云:"槷,椴也。蜀人言椴曰'槷'。"玄謂:槷,讀如"涅",從木,熱省聲。**不得,則有槷,必足見也。**必足見,言槷大也。然則雖得,猶有槷,但小耳。**六尺有六寸之輪,綆參分寸之二,謂之輪之固。**輪箄則車行不掉也。參分寸之二者,出於輻股鑿之數也。**凡爲輪,行澤者欲杼,行山者欲侔。**杼,謂削薄其踐地者。侔,上下等。**杼以行澤,則是刀以割塗也,是故塗不附。**附,著也。**侔以行山,則是摶以行石也,是故輪雖敝,不甐於鑿。**摶,圜厚也。鄭司農云:"不甐於鑿④,謂不動於鑿中也。"玄謂:甐,亦敝也。以輪之厚,石雖齧之,不能敝其鑿旁使之動。**凡揉牙,外不廉,而内不挫,旁不腫,謂之用火之善。**廉,絶也。挫,折也。腫,瘣也。**是故規之,以眡其圜也;**輪中規,則圜矣。**萬之,以眡其匡也;**等爲萬蔞,以運輪上,輪中萬蔞,則不匡剌也。故書"萬"作"禹"。鄭司農云:"讀爲'萬',書或作'矩'⑤。"**縣之,以眡其輻之直也;**輪輻三十,上下相直,從旁以繩縣之,中繩,則鑿正輻直矣。**水之,以眡其平沈之均也;**平漸其輪⑥,無輕重,則斲材均矣。**量其藪以黍,以眡其同也;**黍滑而齊,以量

① 之,纂圖本、互注本、京本、岳本並作"内"。阮記云:"余本'之'作'内'。○按:'内'字是。"案:賈疏云"云'謂殺輻之數也'者",則賈氏所見本亦作"之",作"之"是也。

② 揉,岳本作"楺"。加記云:"岳本'揉'誤'楺'。"

③ 漸,建本、附圖本並作"斬"。加記云:"建本'漸'誤'斬'。"

④ 甐,金本作"動"。

⑤ 矩,八行本作"知"。

⑥ 漸,建本、附圖本並作"沈"。加記云:"建、集本'漸'誤'沈'。"

兩壺,無贏不足,則同。**權之,以眡其輕重之侔也**:侔,等也。稱兩輪鈞石同[①],則等矣。輪有輕重,則引之有難易。**故可規、可萬、可水、可縣、可量、可權也,謂之國工**。國之名工。

輪人,爲蓋。達常,圍三寸,圍三寸,徑一寸也。鄭司農云:"達常,蓋斗柄下入杠中也。"**桯圍倍之,六寸**。圍六寸,徑二寸,足以含達常。鄭司農云:"桯,蓋杠也,讀如'丹桓宫楹'之'楹'。"**信其桯圍,以爲部廣,部廣六寸**。廣,謂徑也。鄭司農云:"部,蓋斗也。"**部長二尺**,謂斗柄達常也。**桯長倍之,四尺者二**。杠長八尺,謂達常以下也。加達常二尺,則蓋高一丈,立乘也。**十分寸之一,謂之枚**,爲下起數也。枚,一分[②]。故書"十"與上"二"合爲"二十"字,杜子春云:"當爲'四尺者二'[③],'十分寸之一'。"**部尊一枚**。尊,高也。蓋斗上隆高,高一分也。**弓鑿廣四枚,鑿上二枚,鑿下四枚**,弓,蓋橑也。廣,大也。是爲部厚一寸。**鑿深二寸有半,下直二枚,鑿端一枚**。鑿深對爲五寸,是以不傷達常也。下直二枚者,鑿空下正,而上低二分也。其弓菑則橈之[④],平剡其下二分而内之,欲令蓋之尊終平[⑤],不蒙橈也[⑥]。端,内題也。**弓長六尺,謂之庇軹;五尺,謂之庇輪;四尺,謂之庇軫**[⑦]。庇,覆也。故書"庇"作"秘"。杜子春云:"秘,當爲'庇',謂覆軨也。"玄謂:軹,轂末也。輿廣六尺六寸,兩轂并六尺四寸,旁減軌内七寸,則兩軹之廣,凡丈一尺六寸也。六尺之弓,倍之,加部廣,凡丈二尺六寸。有宇曲之減,可覆軹不及軨。**參分弓長而楺其一**[⑧]。參

---

① 鈞,婺本作"均"。

② 一,互注本、京本並作"二"。阮記云:"余本'一'誤'二'。"

③ 二,岳本作"三"。加記云:"岳本'二'誤'三'。"

④ 橈,建本、岳本並作"撓"。加記云:"嘉……本'撓'作'橈',是也,下同。"

⑤ 尊,建本、附圖本並作"傳"。

⑥ 橈,建本、岳本並作"撓"。

⑦ 軫,岳本作"輪"。加記云:"岳本'軫'誤'輪'。"

⑧ 楺,唐石經、白文本、婺本、金本、建本、附圖本、纂圖本、互注本、京本、八行本、十行本並作"揉。"阮記云:"嘉靖本'揉'誤'楺'。"

分之,持長橈短①,短者近部而平,長者爲宇曲也。六尺之弓,近部二尺,四尺爲宇曲。**參分其股圍,去一以爲蚤圍。**蚤,當爲"爪"。以弓鑿之廣爲股圍,則寸六分也。爪圍一寸十五分寸之一。**參分弓長,以其一爲之尊。**尊,高也。六尺之弓,上近部平者二尺,爪末下於部二尺。二尺爲句,四尺爲弦,求其股,股十二除之,面三尺幾半也。**上欲尊而宇欲卑,**上,近部平者也②。隤下曰宇。**上尊而宇卑,則吐水疾而霤遠。**蓋者,主爲雨設也,乘車無蓋。禮所謂潦車,謂蓋車與?**蓋已崇,則難爲門也;蓋已卑,是蔽目也:是故蓋崇十尺。**十尺,其中正也。蓋十尺,宇二尺,而人長八尺,卑於此,蔽人目。**良蓋弗冒弗紘,殷畝而馳,不隊,謂之國工。**隊,落也。善蓋者,以横馳於壟上,無衣若無紘,而弓不落也。

輿人,爲車。輪崇、車廣、衡長,參如一,謂之參稱。稱,猶等也。車,輿也。衡亦長,容兩服。**參分車廣,去一以爲隧。**兵車之隧,四尺四寸,鄭司農云:"隧,謂車輿深也,讀如'鑽燧改火'之'燧'。"玄謂:讀如"邃宇"之"邃"。**參分其隧,一在前,二在後,以揉其式。**兵車之式,深尺四寸三分寸之二。**以其廣之半,爲之式崇;**兵車之式,高三尺三寸。**以其隧之半,爲之較崇。**較,兩輢上出式者。兵車自較而下,凡五尺五寸。故書"較"作"㩁",杜子春云:"當爲'較'。"**六分其廣,以一爲之軫圍。**軫,輿後横者也。兵車之軫圍,尺一寸。**參分軫圍,去一以爲式圍③。**兵車之式圍,七寸三分寸之一。**參分式圍,去一以爲較圍④。**兵車之較圍,四寸九分寸之八。**參分較圍,去一以爲軹圍。**兵車之軹圍,三寸二十七分寸之七。軹,輢之植者衡者也,與轂末同名。**參分軹圍,去一以爲轛**

① 橈,建本、岳本並作"撓"。
② 也,互注本作"曰"。
③ 金本、八行本並無"以"字。
④ 較,建本作"軫"。加記云:"建本'較'誤'軫'。"

圜。兵車之轛圍[1]，二寸八十一分寸之十四。轛，式之植者衡者也。鄭司農云："轛，讀如'繫綴'之'綴'，謂車輿軨立者也[2]。立者爲轛，横者爲軹。書'轛'或作'軨'。"玄謂：轛者，以其鄉人爲名。**圜者中規，方者中矩，立者中縣，衡者中水，直者如生焉，繼者如附焉。**治材居材[3]，如此乃善也。如生，如木從地生。如附，如附枝之弘殺也。**凡居材，大與小無并，大倚小則摧，引之則絶。**并，偏邪相就也。用力之時，其大并於小者，小者強不堪[4]，則摧也；其小并於大者，小者力不堪[5]，則絶也。**棧車欲弇，**爲其無革鞔，不堅，易坼壞也[6]。士乘棧車。**飾車欲侈。**飾車，謂革鞔輿也。大夫以上革鞔輿。故書"侈"作"移"，杜子春云："當爲'侈'。"

輈人，爲輈。輈，車轅也，詩云"五楘梁輈"。**輈有三度，軸有三理。**目下事。度，深淺之數。**國馬之輈，深四尺有七寸；**國馬，謂種馬、戎馬、齊馬、道馬，高八尺。兵車、乘車，軹崇三尺有三寸，加軫與轐七寸，又并此輈深，則衡高八尺七寸也。除馬之高，則餘七寸，爲衡頸之間也。鄭司農云："深四尺七寸，謂轅曲中。"**田馬之輈，深四尺；**田車，軹崇三尺一寸半，并此輈深，而七尺一寸半[7]。今田馬七尺[8]，衡頸之間亦七寸，則軫與轐五寸半，則衡高七尺七寸。**駑馬之輈，深三尺有三寸。**輪軹與軫轐大小之減率寸半也[9]。則駑馬之車，軹崇三尺，加軫與轐四寸，又并此輈深，則衡高六尺七寸也。今駑馬六尺，除馬之高，則衡

---

① 轛，金本作"軹"。
② 輿，金本作"无"。軨，金本、附圖本並作"軫"。
③ 居材，纂圖本作"居何"。
④ 堪，附圖本作"甚"。
⑤ 堪，附圖本作"甚"。
⑥ 坼，建本作"拆"。加記云："建本'坼'誤'拆'。"
⑦ 而，附圖本作"則"。
⑧ 馬，十行本作"車"。
⑨ 寸半，建本、附圖本並作"半寸"。

頸之間亦七寸①。**輈有三理:一者以爲㜲也,**無節目也。**二者以爲久也,**堅刃也。**三者以爲利也。**滑密。**軓前十尺,而策半之。**謂輈軓以前之長也。策,御者之策也。十或作"七",合七爲弦,四尺七寸爲鉤,以求其股,股則短矣②,"七"非也。鄭司農云:"軓,謂式前也,書或作'軋'。"玄謂:軓是。軓,法也,謂輿下三面之材,輢式之所尌,持車正也。**凡任木:**目車持任之材。**任正者,十分其輈之長,以其一爲之圍;衡任者,五分其長,以其一爲之圍。小於度,謂之無任。**任正者,謂輿下三面材,持車正者也。輈,軓前十尺,與隧四尺四寸,凡丈四尺四寸,則任正之圍,尺四寸五分寸之二。衡任者,謂兩軛之間也。兵車、乘車,衡圍一尺三寸五分寸之一。無任,言其不勝任。**五分其軫間,以其一爲之軸圍。**軸圍,亦一尺三寸五分寸之一,與衡任相應。**十分其輈之長,以其一爲之當兔之圍。**輈,當伏兔者也,亦圍尺四寸五分寸之二,與任正者相應。**參分其兔圍③,去一以爲頸圍。**頸,前持衡者,圍九寸十五分寸之九。**五分其頸圍,去一以爲踵圍。**踵,後承軫者也,圍七寸七十五分寸之五十一。**凡揉輈,欲其孫而無弧深。**孫,順理也。杜子春云:"弧,讀爲'盡而不汙'之'汙'④。"玄謂:弧,木弓也。凡弓引之中參,中參,深之極也。揉輈之倨句,如二可也,如三則深,傷其力。**今夫大車之轅摯,其登又難。既克其登,其覆車也必易,此無故,唯轅直,且無橈也。**大車,牛車也。摯,輖也。登,上阪也。克,能也。**是故大車平地既節軒摯之任,及其登阤,不伏其轅,必縊其牛,此無故,唯轅直,且無橈也。**阤,阪也。故書"伏"作"偪",杜

---

① 亦,金本作"太"。

② 短,纂圖本、互注本、京本、十行本並作"矩"。加記云:"十、重、纂、京本'短'誤'矩'。"

③ 參,附圖本作"三"。

④ 盡,建本、附圖本、纂圖本、互注本、京本、岳本、十行本並作"净"。阮記云:"按:'盡而不汙',見左傳成十四年……世有淺人以'净'與'汙'反對,亦可哂也。"

子春云："偪，當作'伏'①。"**故登阤者，倍任者也，猶能以登，及其下阤也，不援其邸，必緧其牛後，此無故，唯轅直，且無橈也。**倍任，用力倍也。故書"緧"作"鰌"，鄭司農云："鰌，讀爲'緧'，關東謂'紂'爲'緧'。鰌，魚字。"**是故輈欲頎典。**頎典，堅刃貌。鄭司農云："頎，讀爲'懇'。典，讀爲'殄'。駟車之轅，率尺所一縛，懇典似謂此也。"**輈深則折，淺則負。**揉之大深，傷其力，馬倚之則折也。揉之淺，則馬善負之。**輈注則利準，利準則久，和則安。**故書"準"作"水"。鄭司農云："注則利水，謂轅脊上兩注，令水去利也。"玄謂：利水重讀，似非也。注則利，謂輈之揉者，形如注星，則利也；準則久，謂輈之在輿下者，平如準，則能久也；和則安，注與準者和，人乘之則安。**輈欲弧而無折，經而無絶。**揉輈大深則折也。經，亦謂順理也。**進則與馬謀，退則與人謀；**言進退之易，與人馬之意相應。馬行主於進，人則有當退時。**終日馳騁，左不楗；**杜子春云："楗，讀爲'蹇'。左面不便，馬苦蹇，輈調善，則馬不蹇也。"書"楗"或作"券"，玄謂：券，今"倦"字也。輈和，則久馳騁。載在左者不罷倦，尊者在左。**行數千里，馬不契需；**鄭司農云："契，讀爲'爰契我龜'之'契'。需，讀爲'畏需'之'需'。謂不傷蹄，不需道里②。"**終歲御，衣衽不敝；**衽，謂裳也。**此唯輈之和也。**和則安，是以然也。謂"進則與馬謀"而下。**勸登馬力，**登，上也③。輈和，勸馬用力④。**馬力既竭，輈猶能一取焉。**馬止⑤，輈尚能一前取道，喻易進。**良輈環灂，自伏兔不至軓七寸。軓中有灂，謂之國輈。**伏兔至軓，蓋如式深。兵車、乘車，式深尺四寸三分寸之二。灂不至軓七寸⑥，則是半有灂也。輈有筋膠之被，用力均

① 當，互注本作"亦"。
② 里，岳本作"理"。加記云："岳、陳本'里'誤'理'。"
③ 上，纂圖本作"止"。
④ 馬用，建本、附圖本並作"用馬"。
⑤ 止，建本、附圖本並作"上"。加記云："建本'止'誤'上'。"
⑥ 不，十行本作"下"。阮記云："嘉靖本'下'作'不'，當據正。"

者,則濬遠。鄭司農云:"濬,讀爲'濬酒'之'濬'。環濬,謂漆沂鄂如環。"**軫之方也,以象地也;蓋之圜也**[①]**,以象天也;輪輻三十,以象日月也;蓋弓二十有八,以象星也;**輪象日月者,以其運行也。日月三十日而合宿。**龍旂九斿,以象大火也;**交龍爲旂,諸侯之所建也。大火,蒼龍宿之心,其屬有尾,尾九星。**鳥旟七斿,以象鶉火也;**鳥隼爲旟,州里之所建。鶉火,朱鳥宿之柳,其屬有星,星七星。**熊旗六斿,以象伐也;**熊虎爲旗,師都之所建。伐,屬白虎宿,與參連體而六星。**龜蛇四斿,以象營室也;**龜蛇爲旐,縣鄙之所建。營室,玄武宿,與東壁連體而四星[②]。**弧旌枉矢,以象弧也。**覲禮曰侯氏"載龍旂弧韣",則旌旗之屬皆有弧也。弧以張縿之幅,有衣謂之韣。又爲設矢,象弧星有矢也。妖星有枉矢者,蛇行有毛目[③],此云"枉矢",蓋畫之。**攻金之工,築氏執下齊,冶氏執上齊。鳧氏爲聲,㮚氏爲量,段氏爲鎛器,桃氏爲刃。**多錫爲下齊,大刃、削殺矢、鑒燧也;少錫爲上齊,鍾鼎、斧斤、戈戟也。聲,鍾、錞于之屬。量,豆、區、鬴也。鎛器,田器,錢、鎛之屬。刃,大刃刀劒之屬。**金有六齊:**目和金之品數。**六分其金而錫居一,謂之鍾鼎之齊;五分其金而錫居一,謂之斧斤之齊;四分其金而錫居一,謂之戈戟之齊;參分其金而錫居一,謂之大刃之齊;五分其金而錫居二,謂之削殺矢之齊;金錫半,謂之鑒燧之齊。**鑒燧,取水火於日月之器也。鑒,亦鏡也。凡金多錫,則刃白且明也[④]。

築氏,爲削。長尺博寸,合六而成規。今之書刀。**欲**

---

① 圜,纂圖本、互注本並作"圓"。

② 壁,附圖本作"辟"。

③ 毛目,附圖本作"尾目",纂圖本、互注本、京本、岳本、十行本並作"尾因"。阮記引文"蛇行有尾因",云:"閩、監、毛本同,誤也,宋本、嘉靖本'尾因'作'毛目',惠校本及此本疏中'尾因'皆作'毛目',當據以訂正。"

④ 刃,建本、纂圖本、互注本、京本、岳本、十行本並作"忍"。

新而無窮，謂其利也。鄭司農：“大常如新①，無窮已。”**敝盡而無惡。**鄭司農云：“謂鋒鍔俱盡，不偏索也。”玄謂：刃也脊也，其金如一，雖至敝盡，無瑕惡也。

冶氏，爲殺矢，刃長寸，圍寸，鋌十之，重三垸；殺矢與戈戟異齊，而同其工，似補脱誤在此也。殺矢，用諸田獵之矢也。鋌，讀如“麥秀鋌”之“鋌”。鄭司農云：“鋌，箭足入稾中者也。垸，量名，讀爲‘丸’。”**戈，廣二寸，内倍之，胡三之，援四之，**戈，今句孑戟也，或謂之“雞鳴”，或謂之“擁頸”。内，謂胡以内接柲者也②，長四寸。胡六寸。援八寸。鄭司農云：“援，直刃也。胡，其孑。”**已倨則不入，已句則不決，長内則折前，短内則不疾，**戈，句兵也，主於胡也。已倨，謂胡微直而邪多也，以啄人則不入。已句，謂胡曲多也，以啄人則創不決③。胡之曲直，鋒本必横，而取圜於磬折。前，謂援也。内長則援短，援短則曲於磬折，曲於磬折則引之與胡並鉤；内短則援長，援長則倨於磬折，倨於磬折則引之不疾。**是故倨句外博，**博，廣也。倨之外，胡之裏也；句之外，胡之表也：廣其本以除四病而便用也。俗謂之曼胡似此。**重三鋝；**鄭司農云：“鋝，量名也，讀爲‘刷’。”玄謂：許叔重説文解字云“鋝，鍰也”，今東萊稱或以大半兩爲鈞，十鈞爲環，環重六兩大半兩，鍰、鋝似同矣，則三鋝爲一斤四兩。**戟，廣寸有半寸，内三之，胡四之，援五之，倨句中矩，與刺重三鋝。**戟，今三鋒戟也。内長四寸半。胡長六寸。援長七寸半。三鋒者④，胡直中矩，言正方也。鄭司農云：“刺，謂援也。”玄謂：刺者，著柲直前如鐏者也。戟胡，横貫之，胡中矩，則援之外句磬折與？

桃氏，爲劍。臘廣二寸有半寸，臘，謂兩刃。**兩從半**

---

① 大，婺本、金本、建本、附圖本、纂圖本、互注本、京本、岳本、八行本、十行本並作“云”。阮記云：“嘉靖本‘云’誤‘大’。”

② 柲，金本作“秘”。

③ 創，八行本作“劍”。

④ 鋒，附圖本、纂圖本、互注本、京本、岳本、十行本並作“鋝”。阮記云：“嘉靖本、毛本作‘三鋒’，此本疏中引注亦作‘三鋒者’，當據以訂正。”

之。鄭司農云:"謂劒脊兩面,殺趨鍔。"**以其臘廣爲之莖圍,長倍之。**鄭司農云:"莖,謂劒夾,人所握,鐔以上也。"玄謂:莖,在夾中者。莖長五寸。**中其莖,設其後。**鄭司農云:"謂穿之也。"玄謂:從中以卻,稍大之也。後大,則於把易制。**參分其臘廣,去一以爲首廣而圍之。**首圍,其徑一寸三分寸之二①。**身長,五其莖長②,重九鋝,謂之上制,上士服之;身長,四其莖長,重七鋝,謂之中制,中士服之;身長,三其莖長,重五鋝,謂之下制,下士服之。**上制長三尺,重三斤十二兩。中制長二尺五寸,重二斤十四兩三分兩之二。下制長二尺,重二斤一兩三分兩之一,此今之匕首也。人各以其形貌大小帶之。此士,謂國勇力之士,能用五兵者也。樂記曰:"武王克商,裨冕搢笏,而虎賁之士説劒。"

梟氏,爲鍾。兩欒謂之銑,故書"欒"作"樂",杜子春云:"當爲'欒',書亦或爲'樂'。銑,鍾口兩角。"**銑間謂之于,于上謂之鼓,鼓上謂之鉦,鉦上謂之舞,**此四名者,鍾體也。鄭司農云:"于,鍾脣之上祛也。鼓,所擊處。"**舞上謂之甬,甬上謂之衡,**此二名者,鍾柄。**鍾縣謂之旋,旋蟲謂之幹,**旋屬鍾柄,所以縣之也。鄭司農云:"旋蟲者,旋以蟲爲飾也。"玄謂:今時旋,有蹲熊、盤龍③、辟邪。**鍾帶謂之篆,篆間謂之枚,枚謂之景,**帶,所以介其名也。介在于鼓、鉦、舞、甬、衡之間,凡四。鄭司農云:"枚,鍾乳也。"玄謂:今時鍾乳,俠鼓與舞,每處有九,面三十六。**于上之攠謂之隧。**攠,所擊之處攠弊也。隧,在鼓中,窐而生光,有似夫隧。**十分其銑,去二以爲鉦。以其鉦爲之銑間,去二分以爲之鼓間。以其鼓間爲之舞脩,去二分以爲舞廣④。**此言鉦之徑居銑徑之八,而銑間與鉦之徑

---

① 一,建本、附圖本並作"二"。加記云:"建本'一'誤'二'。"

② 金本無"其"字。

③ 建本、附圖本"龍"下有"獸名"二字。

④ 二,岳本作"三"。加記云:"岳、陳本'二'誤'三'。"

相應，鼓間又居銑徑之六，與舞脩相應。舞脩，舞徑也。舞上下促，以横爲脩，從爲廣。舞廣四分，今亦去徑之二分以爲之間，則舞間之方恒居銑之四也。舞間方四，則鼓間六亦其方也。鼓六，鉦六，舞四，此鍾口十者，其長十六也。鍾之大數，以律爲度，廣長與圜徑，假設之耳。其鑄之，則各隨鍾之制爲長短大小也。凡言間者，亦爲從篆以介之，鉦間亦當六，今時鍾或無鉦間。**以其鉦之長，爲之甬長。**并衡數也。**以其甬長爲之圍，參分其圍，去一以爲衡圍。**衡居甬上，又小。**參分其甬長，二在上，一在下，以設其旋。**令衡居一分，則參分，旋亦二在上，一在下[①]。以旋當甬之中央，是其正[②]。**薄厚之所震動，清濁之所由出，侈弇之所由興，有説。**説，猶意也。故書"侈"作"移"，鄭司農云："當爲'侈'。"**鍾已厚則石，**大厚則聲不發。**已薄則播，**大薄則聲散。**侈則柞，**柞，讀爲"咋咋然"之"咋"，聲大外也。**弇則鬱，**聲不舒揚。**長甬則震，**鍾掉則聲不正[③]。**是故：大鍾，十分其鼓間，以其一爲之厚；小鍾，十分其鉦間，以其一爲之厚。**言若此，則不石、不播也。鼓鉦之間，同方六，而今宜異，又十分之一，猶大厚，皆非也。若言鼓外鉦外則近之，鼓外二，鉦外一。**鍾大而短，則其聲疾而短聞；**淺則躁，躁易竭也。**鍾小而長，則其聲舒而遠聞。**深則安，安難息。**爲遂，六分其厚，以其一爲之深而圜之。**厚，鍾厚。深，謂窐之也。其窐圜。故書"圜"或作"圍"，杜子春云："當爲'圜'。"

㮚氏，爲量。改煎金錫則不秏[④]，消湅之精，不復減也。㮚，古文或作"歷"。玄謂：量，當與鍾鼎同齊，工異者，大器。**不秏[⑤]，然**

① 一，八行本作"二"。加記云："浙本'一'譌'二'。"
② 正，附圖本、纂圖本、京本、十行本並作"主"。
③ 正，十行本作"反"。加記云："正本'正'誤'反'。"
④ 秏，白文本、岳本並作"耗"。
⑤ 秏，白文本、岳本並作"耗"。

後權之，權，謂稱分之也①。雖異法，用金必齊。**權之，然後準之，**準，故書或作"水"，杜子春云："當爲'水'。金器有孔者，水入孔中，則當重也。"玄謂：準，擊平正之，又當齊大小。**準之，然後量之，**鑄之於法中也。量，讀如"量人"之"量"。**量之，以爲鬴，深尺，内方尺，而圜其外，其實一鬴②，**以其容爲之名也。四升曰豆，四豆曰區，四區曰鬴。鬴，六斗四升也。鬴十則鍾。方尺，積千寸。於今粟米法，少二升八十一分升之二十二。其數必容鬴，此言大方耳。圜其外者，爲之脣。**其臀一寸，其實一豆，**故書"臀"作"脣"，杜子春云："當爲'臀'，謂覆之，其底深一寸也。"**其耳三寸，其實一升，**耳，在旁可舉也。**重一鈞，**重三十斤。**其聲中黄鍾之宫。**應律之首。**槩而不税。**鄭司農云："令百姓得以量而不租税。"**其銘曰："時文思索，允臻其極。**銘，刻之也。時，是也。允，信也。臻，至也。極，中也。言是文德之君，思求可以爲民立法者而作此量，信至於道之中。**嘉量既成，以觀四國。**以觀示四方，使放象之。**永啓厥後，兹器維則。"**永，長也。厥，其也。兹，此也。又長啓道其子孫，使法則此器長用之。**凡鑄金之狀：**故書"狀"作"壯"，杜子春云："當爲'狀'，謂鑄金之形狀。"**金與錫，黑濁之氣竭，黄白次之；黄白之氣竭，青白次之；青白之氣竭，青氣次之。然後可鑄也。**消湅金錫精麤之候。

叚氏闕

函人，爲甲。犀甲七屬，兕甲六屬，合甲五屬。屬，讀如"灌注"之"注"，謂上旅下旅，札續之數也。革堅者札長。鄭司農云："合甲，削革裹肉，但取其表，合以爲甲。"**犀甲壽百年，兕甲壽二百年，合甲壽三百年。**革堅者又支久。**凡爲甲，必先爲容，**服者之形容也。鄭司農云："容，謂象式。"**然後制革。**裁制札之廣袤。**權其上**

① 稱，纂圖本作"禾"。
② 一鬴，纂圖本作"鬴一"。

旅與其下旅，而重若一，鄭司農云："上旅，謂要以上。下旅，謂要以下。"**以其長爲之圍。**圍，謂札要廣厚。**凡甲：鍛不摯，則不堅；已敝，則橈。**鄭司農云："鍛，鍛革也。摯，謂質也。鍛革大孰，則革敝無強，曲橈也。"玄謂：摯之言致①。**凡察革之道：眡其鑽空，欲其惌也；**鄭司農云："惌，小孔貌。惌，讀爲'宛彼北林'之'宛'。"**眡其裏，欲其易也；**無敗蘞也。**眡其朕，欲其直也；**鄭司農云："朕，謂革制。"**櫜之，欲其約也；**鄭司農云："謂卷置櫜中也，春秋傳曰'櫜甲而見子南'。"**舉而眡之，欲其豐也；**豐，大。**衣之，欲其無齘也。**鄭司農云："齘，謂如齒齘。"**眡其鑽空而惌，則革堅也；眡其裏而易，則材更也；眡其朕而直，則制善也；櫜之而約，則周也；舉之而豐，則明也；衣之無齘，則變也。**周，密致也。明，有光燿。鄭司農云："更，善也②。變，隨人身便利。"

鮑人之事，鮑，故書或作"鞄"，鄭司農云："蒼頡篇有'鞄𦳝'。"**望而眡之，欲其荼白也；**韋革遠視之，當如茅莠之色。**進而握之，欲其柔而滑也；**謂親手煩撋之。**卷而摶之，欲其無迆也；**鄭司農云："卷，讀爲'可卷而懷之'之'卷'。摶，讀爲'縳一如瑱'之'縳'。謂卷縳韋革也。迆，讀爲'既建而迆之'之'迆'③。無迆，謂革不韗。"**眡其著，欲其淺也；**鄭司農云："謂郭韋革之札，入韋革淺，緣其邊也。"玄謂：韋革調善者，鋪著之，雖厚如薄然。**察其線，欲其藏也。**故書"線"或作"綜"。杜子春云："綜，當爲糸旁泉④，讀爲'綇'，謂縫革之縷。"**革欲其荼白，而疾澣之，則堅；**鄭司農云："韋革不欲久居水中。"**欲其柔滑，而腥脂之，則需。**故書"需"作"劓"。鄭司農云：

---

① 言，八行本作"致"。加記云："浙本'言'誤'致'。"
② 建本、附圖本並無"也"字。加記云："建本脱'也'。"
③ 之迆，建本、附圖本並作"迆"。
④ 泉，附圖本作"線"。

"腥[①],讀如'沾渥'之'渥'。䎡,讀爲'柔需'之'需'。謂厚脂之,韋革柔需。"**引而信之,欲其直也。信之而直,則取材正也。信之而枉,則是一方緩一方急也。若苟一方緩一方急,則及其用之也,必自其急者先裂。若苟自急者先裂,則是以博爲帴也。**鄭司農云:"帴,讀爲'翦',謂以廣爲狹也。"玄謂:翦者,如"俴淺"之"俴",或者讀爲"羊豬戔"之"戔"。**卷而摶之而不迆,則厚薄序也;**序,舒也。謂其革均也。**眡其著而淺,則革信也;**信無縮緩。**察其線而藏,則雖敝不甐。**甐,故書或作"鄰"。鄭司農云:"鄰,讀爲'磨而不磷'之'磷',謂韋革縫縷,没藏於韋革中,則雖敝,縷不傷也。"

韗人,爲皋陶。鄭司農云:"韗,書或爲'鞠'[②]。皋陶,鼓木也。"玄謂:鞠者,以皋陶名官也,鞠,則陶,字從革。**長六尺有六寸,左右端廣六寸,中尺,厚三寸,**版中廣,頭狹,爲穹隆也。鄭司農云:"謂鼓木一判者,其兩端廣六寸,而其中央廣尺也,如此乃得有腹。"**穹者三之一,**鄭司農云:"穹,讀爲'志無空邪'之'空',謂鼓木腹穹隆者,居鼓三之一也。"玄謂:穹,讀如"穹蒼"之"穹"。穹隆者,居鼓面三分之一,則其鼓四尺者,版穹一尺三寸三分寸之一也。倍之爲二尺六寸三分寸之二,加鼓四尺,穹之徑六尺六寸三分寸之二也。此鼓合二十版[③]。**上三正[④]。**鄭司農云:"謂兩頭一平,中央一平也。"玄謂:三,讀當爲"參"。正,直也。參直者,穹上一直,兩端又直,各居二尺二寸,不弧曲也。此鼓兩面,以六鼓差之,賈侍中云"晉鼓大而短",近晉鼓也,以晉鼓鼓金奏。**鼓長八尺,鼓四尺,中圍加三之一,謂之䶵鼓。**中圍加三之一者,加於面之圍以三分之一也。面四尺,其圍十二尺,加以三分一,四尺,則中圍十六尺,徑

① 附圖本"腥"下有"謂"字。
② 建本、附圖本並無"書"字。
③ 版,岳本作"板"。
④ 三,八行本作"二"。

五尺三寸三分寸之一也。今亦合二十四版①,則版穹六寸三分寸之二耳。大鼓謂之鼖,以鼖鼓鼓軍事。鄭司農云:"鼓四尺,謂革所蒙者廣四尺。"**爲皋鼓,長尋有四尺,鼓四尺,倨句磬折。**以皋鼓鼓役事。磬折,中曲之,不參正也。中圍與鼖鼓同,以磬折爲異。**凡冒鼓,必以啓蟄之日。**啓蟄,孟春之中也。蟄蟲始聞雷聲而動,鼓所取象也。冒,蒙鼓以革。**良鼓瑕如積環。**革調急也。**鼓大而短,則其聲疾而短聞;鼓小而長,則其聲舒而遠聞。**

韋氏闕

裘氏闕

畫繢之事,雜五色:東方謂之青,南方謂之赤,西方謂之白,北方謂之黑,天謂之玄,地謂之黄。青與白相次也,赤與黑相次也,玄與黄相次也。此言畫繢六色所象,及布采之第次,繢以爲衣。**青與赤謂之文,赤與白謂之章,白與黑謂之黼,黑與青謂之黻。五采備,謂之繡。**此言刺繡采所用,繡以爲裳。**土以黄,其象方,天時變。**古人之象,無天地也。爲此記者,見時有之耳。子家駒曰"天子僭天",意亦是也。鄭司農云:"天時變,謂畫天隨四時色。"**火以圜。**鄭司農云:"爲圜形似火也。"玄謂:形如半環然,在裳。**山以章。**章,讀爲"獐"。獐,山物也,在衣。齊人謂麇爲獐。**水以龍**、龍,水物,在衣。**鳥、獸、虵。**所謂華蟲也,在衣。蟲之毛鱗有文采者。**雜四時五色之位以章之,謂之巧。**章,明也。繢繡皆用五采鮮明之,是爲巧。**凡畫繢之事②,後素功。**素,白采也。後布之,爲其易漬汙也。不言繡,繡以絲也。鄭司農說以論語曰"繢事後素"③。

---

① 互注本、京本、岳本、十行本並無"四"字。阮記云:"嘉靖本誤衍作'二十四版'。"

② 畫繢,金本作"繪畫"。

③ 說,建本、附圖本並作"云"。加記云:"建本'說'誤'云'。"

鍾氏[①]**，染羽，以朱湛丹秫三月，而熾之，**鄭司農云："湛，漬也。丹秫，赤粟。"玄謂：湛，讀如"漸車帷裳"之"漸"。熾，炊也。羽，所以飾旌旗及王后之車。**淳而漬之。**淳，沃也。以炊下湯沃其熾，烝之以漬羽。漬，猶染也。**三入爲纁，五入爲緅，七入爲緇。**染纁者，三入而成；又再染以黑，則爲緅，緅，今禮俗文作"爵"，言如爵頭色也[②]；又復再染以黑，乃成緇矣。鄭司農説以論語曰"君子不以紺緅飾"，又曰"緇衣羔裘"；爾雅曰"一染謂之縓，再染謂之竀，三染謂之纁"；詩云"緇衣之宜兮"。玄謂：此同色耳。染布帛者，染人掌之。凡玄色者，在緅、緇之間，其六入者與？

筐人闕

㡆氏，湅絲，以涚水漚其絲七日，去地尺，暴之。故書"涚"作"湄"。鄭司農云："湄水，温水也。"玄謂：涚水，以灰所泲水也。漚[③]，漸也，楚人曰"漚"，齊人曰"涹"。**晝暴諸日，夜宿諸井，七日七夜，是謂水湅。**宿諸井，縣井中。**湅帛，以欄爲灰，渥淳其帛，實諸澤器，淫之以蜃。**渥，讀如"繒人渥菅"之"渥"[④]。以欄木之灰，漸釋其帛也。杜子春云："淫，當爲'涅'，書亦或爲'湛'。"鄭司農云："澤器，謂滑澤之器。蜃，謂炭也。士冠禮曰'素積白屨，以魁柎之'，説曰'魁，蛤也'，周官亦有白盛之蜃。蜃，蛤也。"玄謂：淫，薄粉之，令帛白。蛤，今海旁有焉。**清其灰，而盝之，而揮之，**清，澄也。於灰澄而出盝晞之，晞而揮去其蜃。**而沃之，而盝之，而塗之，而宿之，**更渥淳之[⑤]。**明日，沃而盝之。**朝更沃，至夕盝之[⑥]。又更沃，至旦盝之。

---

① 鍾，附圖本作"鐘"。加記云："纂本'鍾'誤'鐘'。"附圖本於"鐘氏"條前有"韋氏闕"、"裘氏闕"兩條。

② 頭，建本、附圖本、岳本並作"顔"。加記云："岳、陳本誤'顔'。"

③ 漚，纂圖本作"之"。

④ 菅，八行本作"管"。加記云："浙……本'菅'誤'管'。"

⑤ 渥，八行本作"注"。加記云："浙本'渥'譌'注'。"

⑥ 夕，纂圖本作"急"。

亦七日，如漚絲也。**晝暴諸日，夜宿諸井，七日七夜，是謂水湅。**

周禮卷第十一

經三千五百六十二字
注七千六十三字①

① 自"經三"至"三字"，附圖本作"經計叁阡伍伯肆捌字注計阡伍伯拾陸字音義計叁阡壹伯壹拾壹字"，金本、建本、附圖本、纂圖本、互注本、京本、岳本、八行本、十行本並無。

周禮卷第十二

冬官考工記下　周禮

鄭氏注

玉人之事,鎮圭尺有二寸,天子守之;命圭九寸,謂之桓圭,公守之;命圭七寸,謂之信圭,侯守之;命圭七寸,謂之躬圭,伯守之。命圭者,王所命之圭也。朝覲執焉,居則守之。子守穀璧,男守蒲璧①,不言之者,闕耳。故書或云"命圭五寸,謂之躬圭",杜子春云:"當爲'七寸'。"玄謂:五寸者,璧文之闕亂存焉②。**天子執冒,四寸,以朝諸侯。**名玉曰冒者③,言德能覆蓋天下也。四寸者,方。以尊接卑④,以小爲貴。**天子用全,上公用龍,侯用瓚,伯用將,**鄭司農云:"全,純色也。龍,當爲'尨'。尨⑤,謂雜色⑥。"玄謂:全,純玉也。瓚,讀爲"餈屑"之"屑"⑦。龍、瓚⑧、將,皆雜名也。卑者下尊,以輕重爲差。玉多則重,石多則輕。公侯,四玉一石;伯子男,三玉二

① 蜀石經無"守蒲璧"三字。
② 焉,蜀石經作"也"。
③ 蜀石經無"者"字。
④ 蜀石經"以"下有"奇"字。
⑤ 蜀石經無"尨"字。
⑥ 蜀石經"色"下有"也"字。
⑦ 爲,蜀石經作"如"。
⑧ 瓚,蜀石經作"屑"。

石。**繼子男執皮帛。**謂公之孤也。見禮,次子男,贄用束帛[①],而以豹皮表之爲飾。天子之孤,表帛以虎皮,此説玉及皮帛者,遂言見天子之用贄[②]。**天子圭,中必。**必,讀如"鹿車縪"之"縪",謂以組約其中央[③],爲執之以備失隊。**四圭,尺有二寸,以祀天。**郊天,所以禮其神也[④],典瑞職曰:"四圭有邸,以祀天旅上帝[⑤]。"**大圭,長三尺,杼上,終葵首,天子服之。**王所搢大圭也,或謂之"珽"。終葵,椎也[⑥]。爲椎於其杼上[⑦],明無所屈也。杼,閷也。相玉書曰:"珽玉六寸,明自炤[⑧]。"**土圭,尺有五寸,以致日,以土地。**致日,度景至不[⑨]。夏日至之景,尺有五寸;冬日至之景,丈有三尺。土,猶度也。建邦國,以度其地而制其域。**祼圭,尺有二寸,有瓚,以祀廟。**祼之言灌也,或作"淉",或作"果"。祼,謂始獻酌奠也。瓚,如盤,其柄用圭,有流前注。**琬圭,九寸而繅,以象德。**琬,猶圜也,王使之瑞節也。諸侯有德,王命賜之,使者執琬圭以致命焉。繅,藉也。**琰圭,九寸,判規,以除慝,以易行。**凡圭,琰上寸半[⑩]。琰圭,琰半以上,又半爲瑑飾。諸侯有爲不義,使者征之,執以爲瑞節也。除慝,誅惡逆也。易行,去煩苛。**璧羨,度尺,好三寸,以爲度。**鄭司農云:"羨,徑也。好,璧孔也。爾雅曰:'肉倍好,謂之璧。好倍肉,謂之瑗。肉好若一,謂之圜[⑪]。'"玄謂:羨,

① 贄,蜀石經作"摯"。
② 用贄,蜀石經作"摯也"。
③ 蜀石經無"謂"字。
④ 禮,蜀石經作"祀"。
⑤ 蜀石經"帝"下有"也"字。
⑥ 椎,蜀石經作"推"。
⑦ 椎,蜀石經作"推"。
⑧ 炤,蜀石經作"照也"。
⑨ 蜀石經"度"下有"日"字,"不"下有"也"字。
⑩ 琰,岳本作"琬"。加記云:"岳、陳本'琰'誤'琬'。"
⑪ 圜,婺本、金本、建本、附圖本、纂圖本、互注本、京本、岳本、八行本、十行本並作"環"。阮記云:"嘉靖本'環'誤'圜'。"

猶延,其袤一尺,而廣俠焉①。**圭璧,五寸,以祀日月星辰。**禮其神也。圭,其邸爲璧,取殺於上帝。**璧琮,九寸,諸侯以享天子②。**享,獻也。聘禮:享君以璧,享夫人以琮③。**穀圭,七寸,天子以聘女。**納徵加於束帛。**大璋、中璋九寸,邊璋七寸,射四寸,厚寸,黄金勺,青金外,朱中,鼻寸,衡四寸,有繅,天子以巡守,宗祝以前馬。**射,琰出者也④。勺,故書或作"約",杜子春云:"當爲'勺',謂酒尊中勺也。"鄭司農云:"鼻,謂勺龍頭鼻也。衡,謂勺柄龍頭也。"玄謂:鼻,勺流也⑤,凡流皆爲龍口也。衡,古文"横"⑥,假借字也。衡⑦,謂勺徑也。三璋之勺,形如圭瓚。天子巡守,有事山川,則用灌焉。於大山川則用大璋,加文飾也;於中山川用中璋,殺文飾也;於小山川用邊璋,半文飾也⑧。其祈沈以馬,宗祝亦執勺以先之⑨。禮:王過大山川,則大祝用事焉⑩;將有事於四海山川⑪,則校人飾黄駒。**大璋,亦如之,諸侯以聘女。**亦納徵加於束帛也。大璋者⑫,以大璋之文飾之也⑬。亦如之者,如邊璋七寸⑭,射四寸。**瑑圭璋八寸,辟琮八寸⑮,以覜聘。**瑑,文飾也。覜,視也。聘,問也。衆來曰覜,特來曰聘。聘禮曰:

---

① 俠,婺本、金本、附圖本、纂圖本、互注本、京本、岳本、八行本並作"狹"。黄記云:"'狹'壞作'俠'。"

② 享,岳本作"饗"。

③ 夫,十行本作"大"。加記云:"十、元、人本誤'大'。"

④ 蜀石經"琰"下有"之"字。

⑤ 鼻勺,蜀石經作"勺鼻"。

⑥ 蜀石經"文"下有"作"字。

⑦ 衡,蜀石經作"横"。

⑧ 蜀石經"半"下有"其"字。

⑨ 蜀石經"之"下有"也"字。

⑩ 大,金本作"是"。

⑪ 於,蜀石經作"于"。

⑫ 蜀石經"大"前有"以"字。

⑬ 之也,蜀石經作"飾之"。

⑭ 蜀石經無"如"字。

⑮ 辟,唐石經、蜀石經、婺本、金本、建本、附圖本、纂圖本、互注本、京本、岳本、八行本、十行本並作"璧"。加記云:"嘉本'璧'誤'辟'。"

“凡四器者,唯其所寶,以聘可也。”**牙璋、中璋,七寸,射二寸,厚寸,以起軍旅,以治兵守。**二璋皆有鉏牙之飾於琰側,先言牙璋,有文飾也①。**駔琮,五寸,宗后以爲權。**駔,讀爲“組”,以組繫之,因名焉。鄭司農云:“以爲稱錘,以起量②。”**大琮,十有二寸,射四寸,厚寸,是謂内鎮,宗后守之。**如王之鎮圭也。射,其外鉏牙③。**駔琮,七寸,鼻寸有半寸,天子以爲權。**鄭司農云:“以爲權,故有鼻也。”**兩圭,五寸,有邸,以祀地,以旅四望。**邸,謂之柢。有邸④,僢共本也⑤。**瑑琮,八寸,諸侯以享夫人。**獻於所朝聘君之夫人也⑥。**案十有二寸,棗㮚十有二列,諸侯純九,大夫純五,夫人以勞諸侯。**純,猶皆也。鄭司農云:“案,玉案也。夫人,天子夫人⑦。”玄謂:案,玉飾案也。夫人,王后也,記時諸侯僭稱王⑧,而夫人之號不別,是以同王后於夫人也。玉案十二以爲列⑨,王后勞朝諸侯皆九列,聘大夫皆五列,則十有二列者⑩,勞二王之後也⑪。棗㮚實於器⑫,乃加於案⑬。聘禮曰:“夫人使下大夫勞以二竹簋方,玄被纁裏,有蓋,其實棗烝㮚擇,兼執之以進⑭。”**璋邸射,素功,以祀山川,以致稍**

① 蜀石經無“也”字。
② 起量,蜀石經作“起度量也”。
③ 蜀石經“牙”下有“也”字。
④ 邸,蜀石經作“柢”。
⑤ 共,建本、附圖本並作“其”。加記云:“建本‘共’誤‘其’。”
⑥ 蜀石經無“也”字。
⑦ 蜀石經“人”下有“也”字。
⑧ 蜀石經無“僭”字。
⑨ 列,纂圖本作“别”。
⑩ 蜀石經無“有”字。
⑪ 二王,蜀石經作“王者”。
⑫ 於,蜀石經作“于”。
⑬ 於,蜀石經作“于”。
⑭ 蜀石經無“之”字。

餼。邸射，剡而出也[①]。致稍餼，造賓客納稟食也[②]。鄭司農云："素功，無瑑飾也[③]。"餼，或作"氣"，杜子春云："當爲'餼'[④]。"

栁人闕

雕人闕

磬氏[⑤]，爲磬。倨句一矩有半。必先度一矩爲句，一矩爲股，而求其弦[⑥]。既而以一矩有半觸其弦，則磬之倨句也[⑦]。磬之制有大小，此假矩以定倨句，非用其度耳[⑧]。**其博爲一**，博，謂股博也[⑨]。博，廣也。**股爲二，鼓爲三。參分其股博，去一以爲鼓博，參分其鼓博，以其一爲之厚**。鄭司農云："股，磬之上大者[⑩]。鼓，其下小者，所當擊者也[⑪]。"玄謂：股外面，鼓内面也。假令磬股廣四寸半者[⑫]，股長九寸也，鼓廣三寸，長尺三寸半[⑬]，厚一寸。**已上則摩其旁**，鄭司農云："磬聲大上[⑭]，則摩鑢其旁。"玄謂：大上，聲清也，薄而廣則濁[⑮]。**已下則摩其耑**。大下[⑯]，聲濁也，短而厚則清。

矢人，爲矢。鍭矢，參分；茀矢，參分：一在前，二在

① 剡，蜀石經作"邸琰"。
② 稟，蜀石經作"餼"，建本、八行本並作"稾"。蜀石經無"也"字。
③ 蜀石經無"也"字。
④ 蜀石經"餼"下有"也"字。
⑤ 氏，蜀石經作"人"。
⑥ 蜀石經"其"下有"是"字。
⑦ 蜀石經"則"前有"觸其弦"三字。
⑧ 耳，蜀石經作"也"。
⑨ 博，蜀石經作"傅"。
⑩ 之上，蜀石經作"太上則摩鑢"。
⑪ 蜀石經無"也"字。
⑫ 蜀石經無"股"字。
⑬ 蜀石經"長"下有"一"字。
⑭ 磬，蜀石經作"鼓"。
⑮ 蜀石經"則"下有"聲"字。
⑯ 大，附圖本作"天"。

後。參訂之而平者,前有鐵,重也。司弓矢職“茀”當爲“殺”①。鄭司農云:“一在前,謂箭稾中鐵莖②,居參分殺一以前③。”兵矢、田矢,五分,二在前,三在後。鐵差短小也。兵矢,謂枉矢、絜矢也④,此二矢亦可以田。田矢,謂矰矢⑤。殺矢,七分,三在前,四在後。鐵又差短小也⑥。司弓矢職“殺”當爲“茀”⑦。參分其長而殺其一,矢稾長三尺,殺其前一尺,今趣鏃也⑧。五分其長而羽其一,羽者六寸⑨。以其笴厚,爲之羽深。笴,讀爲“稾”,謂矢幹⑩,古文假借字。厚之數,未聞。水之以辨其陰陽⑪,辨⑫,猶正也。陰沈而陽浮。夾其陰陽,以設其比。夾其比,以設其羽。夾其陰陽者,弓矢比在稾兩旁,弩矢比在上下⑬。設羽於四角。鄭司農云:“比,謂括也。”參分其羽,以設其刃,刃二寸。則雖有疾風,亦弗之能憚矣。故書“憚”或作“但”。鄭司農云:“讀當爲‘憚之以威’之‘憚’,謂風不能驚憚箭也⑭。”刃長寸,圍寸,鋌十之,重三垸。刃長寸,脱“二”字⑮。鋌一尺。前弱則俛⑯,後弱則翔;中弱則紆,中強則揚⑰;羽

① 蜀石經“職”下有“曰”字。
② 鐵,纂圖本作“分”。
③ 一,蜀石經作“二”。
④ 蜀石經無“也”字。
⑤ 此二矢亦可以田田矢謂矰矢,蜀石經作“田矢謂矰矢此二者亦可以田也”。
⑥ 蜀石經“又”下有“以”字。
⑦ 蜀石經“職”下有“曰”字。
⑧ 趣鏃,蜀石經作“趨鍭”,岳本作“趣鍭”。
⑨ 者,蜀石經作“其”。
⑩ 蜀石經“幹”下有“也”字。
⑪ 辨,岳本作“辯”。
⑫ 辨,岳本作“辯”。
⑬ 蜀石經“下”下有“也”字。
⑭ 蜀石經無“也”字。
⑮ 蜀石經“字”下有“也”字。
⑯ 俛,唐石經、蜀石經並作“勉”。
⑰ 強,建本作“彊”。

豐則遲，羽殺則趮：言幹羽之病，使矢行不正①。俛②，低也。翔，迴顧也。紆，曲也。揚，飛也。豐③，大也。趮，旁掉也。**是故夾而摇之，以眡其豐殺之節也；**今人以指夾矢儛衛是也。**橈之，以眡其鴻殺之稱也。**橈，搦其幹。**凡相笴，欲生而摶，同摶欲重，同重節欲疏，同疏欲㮚。**相，猶擇也。生，謂無瑕蠹也。摶，讀如"摶黍"之"摶"，謂圜也。鄭司農云："欲㮚，欲其色如㮚也。"

陶人，爲甗，實二鬴，厚半寸，脣寸；盆④，實二鬴，厚半寸，脣寸；甑，實二鬴，厚半寸，脣寸，七穿；量六斗四升曰鬴。鄭司農云："甗，無底甑⑤。"**鬲，實五㲉，厚半寸，脣寸；庾，實二㲉，厚半寸，脣寸。**鄭司農云："㲉，讀爲'斛'，㲉受三斗⑥，聘禮記有斛。"玄謂：豆實三而成㲉，則㲉受斗二升。庾，讀如"請益，與之庾"之"庾"。

瓬人，爲簋，實一㲉，崇尺，厚半寸，脣寸；豆，實三而成㲉，崇尺。崇，高也。豆實四升⑦。**凡陶瓬之事，髻墾薜暴不入市。**爲其不任用也。鄭司農云："髻，讀爲'刮'。薜，讀爲'藥黄蘗'之'蘗'⑧。暴，讀爲'剥'。"玄謂：髻，讀爲"跀"。墾，頓傷也。薜，破裂也。暴，墳起不堅致也。**器中膞，豆中縣。**膞，讀如"車輇"之"輇"。既拊泥而轉其均，尌膞其側⑨，以儗度端其器也⑩。縣，縣繩，正豆之柄⑪。

---

① 蜀石經"正"下有"也"字。
② 俛，蜀石經作"免作俛"。
③ 豐，纂圖本、互注本並作"又"。加記云："纂本、通考'豐'誤'又'。"
④ 盆，金本作"益"。
⑤ 蜀石經"甑"下有"也"字。
⑥ 斗，岳本作"升"。
⑦ 八行本"升"下有"也"字。
⑧ 兩"蘗"，蜀石經、婺本、金本、建本、附圖本、纂圖本、互注本、京本、岳本、八行本、十行本並作"檗"。
⑨ 蜀石經"膞"下有"於"字。
⑩ 儗，蜀石經作"擬"。
⑪ 蜀石經"正"前有"以"字。

甎崇四尺，方四寸。凡器高於此①，則垺不能相勝；厚於此，則火氣不交：因取式焉。

梓人，爲筍虡。樂器所縣②，横曰筍，植曰虡。鄭司農云："筍，讀爲'竹筍'之'筍'。"**天下之大獸五：脂者，膏者，羸者，羽者，鱗者。**脂，牛羊屬③。膏，豕屬④。羸者，謂虎豹貔螭爲獸淺毛者之屬⑤。羽，鳥屬⑥。鱗，龍蛇之屬⑦。**宗廟之事，脂者、膏者，以爲牲；**致美味也⑧。**羸者、羽者、鱗者，以爲筍虡。**貴野聲也⑨。**外骨、内骨，卻行、仄行、連行、紆行，以脰鳴者，以注鳴者，以旁鳴者，以翼鳴者，以股鳴者，以胷鳴者，謂之小蟲之屬，以爲雕琢。**刻畫祭器⑩，博庶物也。外骨，龜屬⑪。内骨，鼈屬⑫。卻行，螾衍之屬⑬。仄行，蟹屬⑭。連行，魚屬⑮。紆行，蛇屬⑯。脰鳴，鼃黽屬⑰。注鳴，精列屬⑱。旁鳴，蜩蜺屬⑲。翼鳴，發皇屬⑳。股鳴，蚣蝑動股屬㉑。

---

① 凡，蜀石經作"瓦"。
② 蜀石經"縣"下有"也"字。
③ 蜀石經"屬"下有"也"字。
④ 蜀石經"屬"下有"也"字。
⑤ 之屬，蜀石經作"屬也"。
⑥ 蜀石經"屬"下有"也"字。
⑦ 之屬，蜀石經作"屬也"。
⑧ 蜀石經無"也"字。
⑨ 蜀石經無"也"字。
⑩ 蜀石經"刻"前有"雕琢"二小字。
⑪ 蜀石經"屬"下有"也"字。
⑫ 蜀石經"屬"下有"也"字。
⑬ 之屬，蜀石經作"屬也"。
⑭ 蜀石經"屬"下有"也"字。
⑮ 蜀石經"屬"下有"也"字。
⑯ 蜀石經"屬"下有"也"字。
⑰ 蜀石經"屬"下有"也"字。
⑱ 蜀石經"屬"下有"也"字。
⑲ 蜀石經"屬"下有"也"字。
⑳ 皇，附圖本作"白"。蜀石經"屬"下有"也"字。
㉑ 蜀石經"屬"下有"也"字。

胷鳴，榮原屬[①]。**厚脣弇口，出目短耳，大胷燿後，大體短脰，若是者，謂之贏屬，恒有力而不能走，其聲大而宏。有力而不能走，則於任重宜；大聲而宏[②]，則於鍾宜。若是者，以爲鍾虡，是故擊其所縣，而由其虡鳴。**燿，讀爲"哨"，頃小也[③]。鄭司農云："宏，讀爲'紘綖'之'紘'[④]，謂聲音大也[⑤]。由，若也。"**鋭喙決吻，數目顅脰，小體騫腹，若是者，謂之羽屬，恒無力而輕，其聲清陽而遠聞。無力而輕，則於任輕宜；其聲清陽而遠聞，於磬宜[⑥]。若是者，以爲磬虡，故擊其所縣，而由其虡鳴。**吻，口腃也。顅，長脰貌[⑦]。故書"顅"或作"牼"。鄭司農云："牼，讀爲'鬜頭無髮'之'鬜'。"**小首而長，摶身而鴻，若是者，謂之鱗屬，以爲筍。**摶，圜也[⑧]。鴻，傭也。**凡攫閷援簭之類，必深其爪，出其目，作其鱗之而。**謂筍虡之獸也。深，猶藏也。作，猶起也[⑨]。之而，頰頌也。**深其爪，出其目，作其鱗之而，則於眡必撥爾而怒。苟撥爾而怒，則於任重宜，且其匪色，必似鳴矣。**匪，采貌也[⑩]。故書"撥"作"廢"，"匪"作"飛"[⑪]。鄭

---

① 原屬，蜀石經作"螈屬也"。

② 大聲，岳本作"聲大"。

③ 頃，婺本、金本、建本、纂圖本、互注本、岳本、八行本、十行本並作"頎"。阮記引文"頎小也"，云："余本、閩、監、毛本同，嘉靖本'頎'作'頃'……○按：頃是，頎非也。"蜀石經"頃"前有"哨"字。

④ 綖，蜀石經作"延"。

⑤ 謂聲音大，蜀石經作"紘大"，附圖本作"謂大聲"。

⑥ 蜀石經"於"上有"則"字。

⑦ 蜀石經"貌"下有"也"字。

⑧ 也，附圖本作"上"。

⑨ 蜀石經無"猶"字。

⑩ 采，蜀石經作"來"。

⑪ 蜀石經"匪"下有"或"字。

司農云:"廢,讀爲'撥'。飛,讀爲'匪'①。以似爲發②。"**爪不深,目不出,鱗之而不作,則必穨爾如委矣。苟穨爾如委,則加任焉,則必如將廢措,其匪色,必似不鳴矣。**措,猶頓也。故書"措"作"厝",杜子春云:"當爲'措'。"

梓人,爲飲器。勺一升,爵一升,觚三升,獻以爵而酬以觚,一獻而三酬,則一豆矣。勺,尊升也。觚、豆,字聲之誤③。觚,當爲"觶"。豆,當爲"斗"。**食一豆肉,飲一豆酒,中人之食也。**一豆酒,又聲之誤,當爲"斗"。**凡試梓飲器,鄉衡而實不盡,梓師罪之。**鄭司農云:"梓師罪也。衡,謂麋衡也,曲禮:執君器齊衡④。"玄謂:衡,平也。平爵鄉口⑤,酒不盡,則梓人之長罪於梓人焉⑥。

梓人,爲侯⑦。廣與崇方,參分其廣,而鵠居一焉。崇,高也⑧。方,猶等也。高廣等者⑨,謂侯中也。天子射禮,以九爲節,侯道九十弓,弓二寸,以爲侯中,高廣等,則天子侯中丈八尺⑩。諸侯於其國亦然。鵠,所射也,以皮爲之,各如其侯也⑪。居侯中參分之一⑫,則此鵠方六尺。唯大射以皮飾侯。大射者,將祭之射也,其餘有賓射、燕射。**上兩个,與其身三,下兩个半之。**鄭司農云:"兩个,謂布可以維持侯者也。上方兩枚,與身三,設身廣一丈,兩个各一丈,凡爲三丈。下兩个半之,

① 讀爲撥飛讀爲,蜀石經作"爲"。
② 發,蜀石經作"廢"。
③ 蜀石經"誤"下有"也"字。
④ 蜀石經"禮"下有"曰"字。器齊衡,蜀石經作"之器則平衡"。
⑤ 蜀石經無"平"字。
⑥ 蜀石經無"於"字。焉,蜀石經作"也"。
⑦ 侯,岳本作"候"。加記云:"岳本、杜解'侯'誤'候'。"
⑧ 蜀石經"高"前有"猶"字。
⑨ 者,十行本作"也"。
⑩ 蜀石經"尺"下有"也"字。
⑪ 如,京本作"加"。蜀石經無"也"字。
⑫ 蜀石經無"侯"字。

傅地,故短也。"玄謂:个,讀若"齊人搚幹"之"幹"①。上个、下个,皆謂舌也②。身,躬也。鄉射禮記曰③:"倍中以爲躬,倍躬以爲左右舌,下舌半上舌。"然則九節之侯,身三丈六尺,上个七丈二尺,下个五丈四尺④。其制,身夾中⑤,个夾身⑥,在上下各一幅。此侯凡用布三十六丈。言上个與其身三者,明身居一分,上个倍之耳,亦爲下个半上个出也。个或謂之舌者,取其出而左右也⑦。侯制,上廣下狹,蓋取象於人也,張臂八尺,張足六尺,是取象率焉。**上綱與下綱出舌尋,縜寸焉。**綱,所以繫侯於植者也。上下皆出舌一尋者,亦人張手之節也。鄭司農云:"綱⑧,連侯繩也。縜,籠綱者。縜⑨,讀爲'竹中皮'之'縜'⑩。舌,維持侯者⑪。"**張皮侯而棲鵠,則春以功。**皮侯,以皮所飾之侯⑫。司裘職曰:"王大射⑬,則共虎侯、熊侯、豹侯,設其鵠。"謂此侯也。春,讀爲"蠢"。蠢,作也,出也。天子將祭,必與諸侯羣臣射,以作其容體,出其合於禮樂者,與之事鬼神焉⑭。**張五采之侯,則遠國屬;**五采之侯,謂以五采畫正之侯也。射人職曰:"以射法治射儀,王以六耦射三侯,三獲三容,樂以騶虞,九節五正。"下曰:"若王大射,則以貍步張三侯。"明此五正之侯,非大射之侯明矣。其職又曰:"諸侯在朝,則皆北面。"遠國屬者,若諸侯朝會⑮,王張此侯與之射,所謂賓射也。正之方,外,如鵠;内,二尺。五采者,内朱,白次之,蒼次之,

---

① 蜀石經"搚"下有"公"字。
② 謂,蜀石經作"爲"。
③ 蜀石經無"禮"字。
④ 尺,蜀石經作"寸也"。
⑤ 蜀石經"身"下有"矣"字。
⑥ 夾,蜀石經作"矣"。
⑦ 蜀石經無"而"字。
⑧ 附圖本無"綱"字。
⑨ 蜀石經無"縜"字。
⑩ 蜀石經"縜"下有"也"字。
⑪ 持,金本作"特"。侯,附圖本作"俟"。
⑫ 蜀石經"侯"下有"也"字。
⑬ 大,纂圖本作"矢"。
⑭ 焉,蜀石經作"也"。
⑮ 蜀石經無"若"字。

黄次之,黑次之。其侯之飾,又以五采畫雲氣焉[①]。**張獸侯,則王以息燕。**獸侯,畫獸之侯也[②]。鄉射記曰:"凡侯,天子熊侯,白質;諸侯麋侯,赤質;大夫布侯,畫以虎豹;士布侯,畫以鹿豕。凡畫者,丹質。"是獸侯之差也[③]。息者,休農息老物也[④]。燕[⑤],謂勞使臣,若與羣臣飲酒而射[⑥]。**祭侯之禮,以酒脯醢,**謂司馬實爵而獻獲者于侯[⑦],薦脯醢折俎,獲者執以祭侯[⑧]。**其辭曰:"惟若寧侯,**若,猶女也。寧,安也。謂先有功德[⑨],其鬼有神[⑩]。**毋或若女不寧侯,不屬于王所,故抗而射女。**或,有也[⑪]。若,如也。屬,猶朝會也。抗,舉也,張也。**強飲強食,詒女曾孫諸侯百福。"**詒,遺也。曾孫諸侯[⑫],謂女後世爲諸侯者。

廬人,爲廬器。戈柲六尺有六寸,殳長尋有四尺,車戟常,酋矛常有四尺,夷矛三尋[⑬]。柲,猶柄也。八尺曰尋,倍尋曰常。酋、夷,長短名[⑭],酋之言遒也,酋近[⑮]、夷長矣[⑯]。**凡兵,無過三其身,過三其身,弗能用也,而無已,又以害人。**人長八尺,

① 蜀石經無"焉"字。
② 蜀石經無"也"字。
③ 蜀石經無"也"字。
④ 蜀石經"農"下有"夫"字。建本"老"下有"萬"字。
⑤ 蜀石經"燕"下有"諸侯"二字。
⑥ 金本、附圖本、纂圖本、互注本、京本、岳本、十行本"臣"下並有"閒暇"二字。阮記云:"'閒暇'二字,係疏語誤入,鄭注本無,嘉靖本是也。"案:賈疏云"'若與羣臣飲酒而射'者",則賈氏所見本亦無二字。蜀石經"射"下有"也"字。
⑦ 蜀石經無"而"字。
⑧ 蜀石經無"獲"字,"侯"下有"也"字。
⑨ 蜀石經"先"下有"祖"字。
⑩ 蜀石經"神"下有"者也"二字。
⑪ 蜀石經"有"前有"猶"字。
⑫ 蜀石經"侯"下有"子孫"二字。
⑬ 夷矛,蜀石經作"矛夷"。
⑭ 蜀石經"名"下有"也"字。
⑮ 酋近,蜀石經作"遒近也"。
⑯ 矣,蜀石經、互注本並作"也"。

與尋齊,進退之度三尋,用兵力之極也。而無已[①],不徒止耳[②]。**故攻國之兵欲短,守國之兵欲長。攻國之人衆,行地遠,食飲飢**[③]**,且涉山林之阻,是故兵欲短;守國之人寡,食飲飽,行地不遠,且不涉山林之阻,是故兵欲長。**言罷羸宜短兵,壯健宜長兵。**凡兵,句兵欲無彈,刺兵欲無蜎,是故句兵椑,刺兵摶。**句兵,戈戟屬[④]。刺兵,矛屬[⑤]。故書"彈"或作"但","蜎"或作"絹"。鄭司農云:"但,讀爲'彈丸'之'彈'。彈,謂掉也[⑥]。絹,讀爲'悁邑'之'悁'[⑦]。悁,謂橈也。椑,讀爲'鼓鼙'之'鼙'[⑧]。"玄謂:蜎[⑨],亦掉也[⑩],謂若井中蟲蜎之蜎[⑪]。齊人謂柯斧柄爲椑,則椑,隋圜也。摶,圜也[⑫]。**殳兵同強,舉圍欲細,細則校;刺兵同強,舉圍欲重,重欲傅人,傅人則密,是故侵之。**改"句"言"殳",容殳無刃[⑬]。同強,上下同也[⑭]。舉,謂手所操[⑮]。鄭司農云:"校,讀爲'絞而婉'之'絞'[⑯]。重欲傅人,謂矛柄之大者,在人手中者[⑰]。侵之,能敵也[⑱]。"玄謂:

① 蜀石經無"而"字。
② 耳,蜀石經作"爾爾也"。
③ 飢,岳本作"饑"。加記云:"岳……本'飢'誤'饑'。"
④ 蜀石經"屬"下有"也"字。
⑤ 蜀石經"屬"下有"也"字。
⑥ 掉,建本作"棹"。加記云:"建本、通考'掉'誤'棹'。"
⑦ 邑之,蜀石經作"若井"。
⑧ 岳本無"之鼙"二字。
⑨ 蜎,蜀石經作"悁"。
⑩ 掉,建本作"悼"。加記云:"建本'掉'誤'悼'。"
⑪ 謂,蜀石經作"讀"。
⑫ 蜀石經"圜"下有"之"字。
⑬ 蜀石經"殳"下有"也殳"二字。
⑭ 蜀石經"上"前有"強弱"二字。
⑮ 蜀石經"操"下有"也"字。
⑯ 蜀石經"讀"前有"謂"字,"婉"下有"之"字。
⑰ 者,蜀石經作"也"。
⑱ 蜀石經"能"下有"侵"字。

校,疾也。傅,近也。密,審也,正也。人手操細以毄則疾①,操重以刺則正。然則爲矜,句兵堅者在後②,刺兵堅者在前。**凡爲殳,五分其長,以其一爲之被而圍之,参分其圍,去一以爲晉圍;五分其晉圍,去一以爲首圍。凡爲酋矛,参分其長,二在前、一在後而圍之,五分其圍,去一以爲晉圍;参分其晉圍,去一以爲刺圍。**被,把中也③。圍之,圜之也④。大小未聞。凡矜八觚。鄭司農云:"晉,謂矛戟下銅鐏也。刺,謂矛刃胷也。"玄謂:晉,讀如"王搢大圭"之"搢",矜所捷也⑤。首⑥,殳上鐏也。爲戈戟之矜,所圍如殳,夷矛如酋矛⑦。**凡試廬事,置而摇之,以眡其蜎也;灸諸牆,以眡其橈之均也;横而摇之,以眡其勁也。**置,猶扻也。灸⑧,猶柱也⑨。以柱兩牆之間,輓而内之⑩,本末勝負可知也。正於牆,牆跁⑪。**六建既備,車不反覆,謂之國工。**六建,五兵與人也。反覆,猶軒輖⑫。

匠人,建國。立王國若邦國者⑬。**水地以縣,**於四角立植而縣,以水望其高下⑭。高下既定,乃爲位而平地。**置槷以縣,眡以景。**故書"槷"或作"弋",杜子春云:"槷,當爲'弋'⑮,讀爲'杙'⑯。"玄

① 蜀石經"人"前有"凡"字。
② 在,岳本作"前"。加記云:"岳本'在'誤'前'。"
③ 把,蜀石經作"杷"。
④ 圜,附圖本作"園"。
⑤ 蜀石經"矜"前有"搢"字。
⑥ 首,蜀石經作"酋"。
⑦ 夷矛,蜀石經作"矛夷"。蜀石經下"矛"下有"也"字。
⑧ 蜀石經無"灸"字。
⑨ 蜀石經"猶"前有"亦"字。
⑩ 内,婺本作"納"。
⑪ 蜀石經"跁"下有"也"字。
⑫ 蜀石經"輖"下有"也"字。
⑬ 蜀石經無"者"字。
⑭ 蜀石經"下"下有"也"字。
⑮ 蜀石經無"爲"字。
⑯ 蜀石經"讀"上有"弋"字。

謂①：槷，古文"臬"，假借字②。於所平之地，中央樹八尺之臬，以縣正之，眡之以其景③，將以正四方也。爾雅曰："在牆者謂之杙④，在地者謂之臬⑤。"**爲規，識日出之景，與日入之景。**日出日入之景⑥，其端則東西正也⑦。又爲規以識之者，爲其難審也。自日出而畫其景端⑧，以至日入⑨，既則爲規，測景兩端之内規之，規之交⑩，乃審也⑪。度兩交之間，中屈之以指臬⑫，則南北正⑬。**晝參諸日中之景，夜考之極星，以正朝夕。**日中之景，最短者也。極星，謂北辰⑭。

匠人，營國。方九里，旁三門。營⑮，謂丈尺其大小⑯。天子十二門⑰，通十二子⑱。**國中九經九緯，經涂九軌。**國中，城内也⑲。經、緯，謂涂也。經緯之涂，皆容方九軌。軌⑳，謂轍廣㉑，乘車六尺

---

① 玄，蜀石經作"杙"。
② 蜀石經"字"下有"也"字。
③ 蜀石經無"之"字。
④ 蜀石經無"者"字。
⑤ 蜀石經無"者"字。
⑥ 日入，蜀石經作"入"。
⑦ 蜀石經"正"下有"之"字。
⑧ 畫，蜀石經作"晝"。
⑨ 以，蜀石經作"而以"，建本作"又"。
⑩ 蜀石經"交"下有"者"字。
⑪ 蜀石經"乃"下有"其"字。
⑫ 蜀石經無"以"字。
⑬ 正，蜀石經作"之正也"。
⑭ 蜀石經"辰"下有"也"字。
⑮ 蜀石經"營"下有"者"字。
⑯ 蜀石經"小"下有"也"字。
⑰ 二，十行本作"三"。加記云："正、人、韓本'二'誤'三'。"
⑱ 子，蜀石經作"字"。
⑲ 内，蜀石經作"中"。
⑳ 軌，互注本作"是"。加記云："纂本'軌'誤'是'。"
㉑ 蜀石經"廣"下有"也"字。

六寸,旁加七寸,凡八尺,是爲轍廣①。九軌積七十二尺②,則此涂十二步也。旁加七寸者,輻内二寸半,輻廣三寸半,綆三分寸之二,金轄之間,三分寸之一。**左祖右社,面朝後市,**王宫所居也③。祖,宗廟④。面,猶鄉也⑤。王宫當中經之涂也⑥。**市朝一夫。**方各百步。**夏后氏世室,堂修二七,廣四修一,**世室者,宗廟也。魯廟有世室,牲有白牡⑦,此用先王之禮⑧。修,南北之深也。夏度以步,令堂修十四步,其廣益以四分修之一,則堂廣十七步半⑨。**五室,三四步,四三尺⑩,**堂上爲五室,象五行也。三四步,室方也。四三尺,以益廣也。木室於東北,火室於東南,金室於西南,水室於西北,其方皆三步,其廣益之以三尺。土室於中央⑪,方四步,其廣益之以四尺。此五室居堂,南北六丈,東西七丈。**九階,**南面三,三面各二⑫。**四旁,兩夾窻,**窻,助户爲明⑬。每室四户八窻。**白盛,**蜃灰也。盛之言成也,以蜃灰堊牆,所以飾成宫室⑭。**門堂,三之二,**門堂,門側之堂⑮,取數於正堂。令堂如上制,則門堂南北九步二尺⑯,東西十一步四尺⑰。爾雅曰:"門側之堂謂之塾。"**室,三**

---

① 爲,建本、附圖本、十行本並作"謂"。阮記云:"余本、嘉靖本'謂'作'爲',當據正。"蜀石經"廣"下有"也"字。

② 二,建本、互注本並作"三"。加記云:"建本'二'誤'三'。"

③ 蜀石經"王"前有"謂"字。

④ 蜀石經"廟"下有"也"字。

⑤ 蜀石經無"猶"字。

⑥ 蜀石經無"也"字。

⑦ 牡,岳本作"牝"。

⑧ 蜀石經"禮"下有"也"字。

⑨ 蜀石經"半"下有"也"字。

⑩ 四三,岳本作"三四"。加記云:"岳本'四三'倒。"

⑪ 土,八行本作"主"。

⑫ 二,蜀石經作"三也"。

⑬ 蜀石經"明"下有"者"字。

⑭ 蜀石經"室"下有"也"字。

⑮ 蜀石經"堂"下有"也"字。

⑯ 二,建本作"三"。加記云:"建本'二'誤'三'。"

⑰ 蜀石經無"一"字。

之一。兩室與門[1]，各居一分。**殷人重屋，堂脩七尋，堂崇三尺，四阿重屋。**重屋者[2]，王宮正堂，若大寢也[3]。其修七尋，五丈六尺，放夏周，則其廣九尋，七丈二尺也[4]。五室各二尋。崇，高也。四阿，若今四注屋[5]。重屋[6]，複笮也。**周人明堂，度九尺之筵，東西九筵，南北七筵，堂崇一筵，五室，凡室二筵。**明堂者[7]，明政教之堂[8]。周度以筵，亦王者相改[9]。周堂高九尺，殷三尺，則夏一尺矣，相參之數[10]。禹卑宮室，謂此一尺之堂與？此三者，或舉宗廟，或舉王寢[11]，或舉明堂，互言之以明其同制[12]。**室中度以几，堂上度以筵，宮中度以尋，野度以步，涂度以軌。**周文者[13]，各因物宜爲之數。室中[14]，舉謂四壁之内。**廟門，容大扃七个；**大扃，牛鼎之扃，長三尺。每扃爲一个[15]，七个，二丈一尺。**闈門，容小扃參个；**廟中之門曰闈。小扃，膷鼎之扃，長二尺。參个，六尺。**路門，不容乘車之五个；**路門者，大寢之門。乘車廣六尺六寸[16]，五个，三丈三尺[17]。言不容者，是兩門乃

---

① 兩，十行本作"西"。加記云："十、元本'兩'誤'西'。"

② 屋，蜀石經作"室"。

③ 也，蜀石經作"者"。

④ 蜀石經無"也"字。

⑤ 注，建本、附圖本、互注本、京本、岳本、十行本並作"柱"。阮記引文"若今四柱屋"，云："閩、監、毛本同，誤也，余本、嘉靖本'柱'作'注'，此本疏中亦作'四注'，當據正。"屋，蜀石經作"也"。

⑥ 屋，蜀石經作"室"。

⑦ 蜀石經無"者"字。

⑧ 蜀石經"堂"下有"也"字。

⑨ 蜀石經"改"下有"也"字。

⑩ 蜀石經"數"下有"也"字。

⑪ 王，蜀石經作"正"。

⑫ 蜀石經無"言"字。

⑬ 者，蜀石經作"王"。

⑭ 室，蜀石經作"宮"。

⑮ 一，建本、附圖本並作"七"。加記云："建本'一'誤'七'。"

⑯ 蜀石經"寸"下有"長二尺三寸个六尺六寸"十字。

⑰ 三尺，建本作"二尺"。加記云："建本下'三'誤'二'。"蜀石經"尺"下有"也"字。

容之。兩門乃容之,則此門半之①,丈六尺五寸。**應門,二徹參个。**正門,謂之應門,謂朝門也。二徹之内,八尺,三个,二丈四尺。**内有九室,九嬪居之;外有九室,九卿朝焉。**内,路寢之裏也。外,路門之表也。九室,如今朝堂諸曹治事處②。九嬪,掌婦學之法,以教九御。六卿三孤,爲九卿③。**九分其國,以爲九分,九卿治之。**九分其國,分國之職也④。三孤,佐三公論道;六卿,治六官之屬⑤。**王宫門阿之制,五雉;宫隅之制,七雉;城隅之制,九雉。**阿,棟也。宫隅、城隅,謂角浮思也⑥。雉,長三丈,高一丈⑦。度高以高,度廣以廣⑧。**經涂九軌,環涂七軌,野涂五軌。**廣狹之差也。故書"環"或作"轘",杜子春云:"當爲'環'。環涂,謂環城之道。"**門阿之制,以爲都城之制。**都,四百里外,距五百里,王子弟所封⑨。其城隅高五丈⑩,宫隅、門阿皆三丈。**宫隅之制,以爲諸侯之城制⑪。**諸侯,畿以外也⑫。其城隅制高七丈,宫隅門阿皆五丈。禮器曰:"天子諸侯臺門⑬。"**環涂以爲諸侯經涂,野涂以爲都經涂。**經,亦謂城中道⑭。諸侯環涂五軌,其野涂及都環涂⑮、野涂皆三軌。

匠人,爲溝洫。主通利田間之水道。**耜廣五寸,二耜爲**

---

① 蜀石經"之"下有"長"字。
② 蜀石經"處"下有"也"字。
③ 蜀石經"卿"下有"也"字。
④ 蜀石經無"也"字。
⑤ 屬,蜀石經作"職屬矣"。
⑥ 角,蜀石經作"有"。
⑦ 蜀石經"丈"下有"廣長以長"四字。
⑧ 蜀石經無"以廣"二字。
⑨ 蜀石經"封"下有"也"字。
⑩ 蜀石經"隅"下有"制"字。
⑪ 制,建本作"門"。加記云:"建本'制'誤'門'。"
⑫ 蜀石經"畿"前有"侯"字。
⑬ 蜀石經"門"下有"也"字。
⑭ 蜀石經"道"下有"也"字。
⑮ 蜀石經"都"下有"之"字。

耦。一耦之伐，廣尺，深尺，謂之甽。田首倍之，廣二尺，深二尺，謂之遂。古者耜一金①，兩人併發之。其壟中曰甽，甽上曰伐。伐之言發也。甽，畎也。今之耜，岐頭兩金，象古之耦也。田，一夫之所佃②，百畝，方百步地③。遂者，夫間小溝④，遂上亦有徑⑤。**九夫爲井，井間廣四尺，深四尺，謂之溝。方十里爲成，成間廣八尺，深八尺，謂之洫。方百里爲同，同間廣二尋，深二仞，謂之澮。**此畿内采地之制⑥。九夫爲井，井者⑦，方一里，九夫所治之田也。采地制井田⑧，異於鄉遂及公邑⑨。三夫爲屋，屋，具也。一井之中，三屋九夫⑩，三三相具，以出賦税，共治溝也。方十里爲成，成中容一甸，甸方八里，出田税，緣邊一里，治洫。方百里爲同，同中容四都⑪、六十四成，方八十里，出田税，緣邊十里，治澮。采地者，在三百里四百里五百里之中。載師職曰："園廛二十而一，近郊什一，遠郊二十而三，甸、稍、縣、都，皆無過十二。"謂田税也，皆就夫税之，輕近重遠耳⑫。滕文公問爲國於孟子⑬，孟子曰："夏后氏五十而貢，殷人七十而莇，周人百畝而徹，其實皆十一⑭。徹者，徹也。莇者⑮，藉也⑯。龍子曰：'治地莫善於莇，莫不善於

---

① 蜀石經"金"下有"人"字。
② 蜀石經"一"前有"有"字，"佃"下有"也"字。
③ 蜀石經無"百"字。
④ 蜀石經"溝"下有"也"字。
⑤ 蜀石經"上"下有"土赤"二字，"徑"下有"也"字。
⑥ 采，蜀石經作"菜"。蜀石經"制"下有"也"字。
⑦ 蜀石經無"井"字。
⑧ 采，蜀石經作"菜"。蜀石經"田"下有"者"字。
⑨ 蜀石經"邑"下有"也"字。
⑩ 蜀石經"夫"下有"也"字。
⑪ 蜀石經無"同"字。
⑫ 蜀石經"近"下有"而"字。
⑬ 蜀石經"國"下有"之禮"二字。
⑭ 蜀石經"一"下有"也"字。
⑮ 建本"者"下有"助也"二字。
⑯ 蜀石經"也"下有"也"字。

貢①。'貢者,校數歲之中以爲常②。"文公又問井田③,孟子曰:"請野④,九一而莇;國中,什一使自賦。卿以下,必有圭田,圭田五十畝。餘夫,二十五畝。死徙無出鄉,鄉田同井,出入相友,守望相莇,疾病相扶持,則百姓親睦。方里而井,九百畝⑤,其中爲公田。八家皆私百畝,同養公田。公事畢,然後治私事,所以别野人也。"又曰⑥:"詩云⑦'雨我公田,遂及我私',惟莇爲有公田。由此觀之,雖周亦莇也⑧。""魯哀公問於有若曰:'年飢,用不足,如之何?'有若對曰:'盍徹與⑨?'曰:'二,吾猶不足,如之何其徹也!'"春秋:宣十五年,秋,"初税畝",傳曰:"非禮也。穀出不過藉⑩,以豐財也。"此數者,世人謂之錯而疑焉。以載師職及司馬法論之⑪,周制⑫,畿内用夏之貢法,税夫,無公田⑬;以詩、春秋、論語、孟子論之⑭,周制,邦國用殷之莇法,制公田,不税夫⑮。貢者,自治其所受田,貢其税穀。莇者,借民之力以治公田⑯,又使收斂焉。畿内用貢法者,鄉遂及公邑之吏,旦夕從民事,爲其促之以公⑰,使不得恤其私⑱;邦國用莇法者⑲,諸侯專一國之政⑳,

① 蜀石經"貢"下有"者"字。
② 蜀石經"常"下有"也"字。
③ 田,蜀石經作"地"。
④ 請,蜀石經作"井諸"。
⑤ 建本、纂圖本、互注本、京本、八行本、十行本"九"前並有"井"字。加記云:"嘉、士本脱'井'。"
⑥ 蜀石經無"曰"字。
⑦ 云,蜀石經作"曰"。
⑧ 蜀石經"亦"下有"有"字。
⑨ 與,蜀石經、附圖本、纂圖本、互注本並作"乎"。
⑩ 藉,蜀石經作"籍"。
⑪ 蜀石經"師"下有"之"字。
⑫ 蜀石經"制"下有"之"字。
⑬ 蜀石經"田"下有"也"字。
⑭ 論之,蜀石經作"之言"。
⑮ 蜀石經"夫"下有"也"字。
⑯ 蜀石經無"之"、"以"二字。
⑰ 蜀石經"之"下有"也"字。
⑱ 蜀石經"私"下有"也"字。
⑲ 蜀石經"邦"前有"其"字。
⑳ 蜀石經"諸"前有"爲"字。

爲其貪暴,税民無藝①。周之畿内,税有輕重。諸侯謂之徹者,通其率,以什一爲正②。孟子云③"野九夫而税一④,國中什一",是邦國亦異外内之法耳⑤。圭之言珪⑥,絜也⑦,周謂之士田。鄭司農説以春秋傳曰"有田一成",又曰"列國一同"⑧。**專達於川,各載其名。**達,猶至也。謂澮直至於川,復無所注入⑨。載其名者,識水所從出⑩。**凡天下之地埶,兩山之間,必有川焉;大川之上,必有涂焉。**通其壅塞⑪。**凡溝逆地防,謂之不行;水屬不理孫,謂之不行。**溝,謂造溝。防,謂脉理⑫。屬,讀爲"注"。孫⑬,順也。不行,謂決溢也。禹鑿龍門,播九河,爲此逆防與不理孫也⑭。**梢溝三十里而廣倍。**謂不墾地之溝也。鄭司農云⑮:"梢,讀爲'桑蟔蛸'之'蛸'。蛸⑯,謂水漱齧之溝⑰。故三十里而廣倍。"**凡行奠水,磬折以參伍。**坎爲弓輪,水行欲紆曲也。鄭司農云:"奠,讀爲'停'⑱,謂行停水⑲。溝形當如磬,直行

① 蜀石經"藝"下有"也"字。
② 蜀石經"正"下有"也"字。
③ 云,蜀石經作"曰"。
④ 蜀石經"夫"下有"之田"二字。
⑤ 蜀石經"是"前有"爲"字,"是"下有"也"字,"之"下有"之"字。
⑥ 珪,蜀石經作"佳也"。
⑦ 蜀石經無"絜也"二字。
⑧ 蜀石經"同"下有"是也"二字。
⑨ 蜀石經"入"下有"也"字。
⑩ 蜀石經無"所"字,"出"下有"矣"字。
⑪ 蜀石經無"其"字。
⑫ 謂脉理,蜀石經作"猶脉理也"。
⑬ 孫,蜀石經作"遜"。
⑭ 孫,蜀石經作"遜"。蜀石經無"也"字。
⑮ 蜀石經無"云"字。
⑯ 蜀石經無"蛸"字。
⑰ 之溝,蜀石經作"溝也"。
⑱ 停,蜀石經作"渟"。
⑲ 停,蜀石經作"渟"。

三①,折行五②,以引水者疾焉③。”**欲爲淵,則句於矩。**大曲則流轉,流轉則其下成淵。**凡溝,必因水埶;防,必因地埶。善溝者,水漱之;善防者,水淫之。**漱,猶齧也。鄭司農云:“淫,讀爲‘廞’④,謂水淤泥土⑤,留著助之爲厚⑥。”玄謂:淫,讀爲“淫液”之“淫”。**凡爲防,廣與崇方,其綱參分去一。**崇,高也。方,猶等也。綱者,薄其上⑦。**大防外綱。**又薄其上,厚其下⑧。**凡溝防,必一日先深之,以爲式。**程人功也。溝防,爲溝爲防也⑨。**里爲式,然後可以傅衆力。**里,讀爲“已”⑩,聲之誤也。**凡任索約,大汲其版,謂之無任。**故書“汲”作“没”,杜子春云:“當爲‘汲’。”玄謂:約,縮也。汲,引也。築防若牆者,以繩縮其版,大引之,言版橈也。版橈⑪,築之則鼓,土不堅矣。詩云“其繩則直,縮版以載”,又曰“約之格格,椓之橐橐”。**葺屋參分,瓦屋四分。**各分其修,以其一爲峻⑫。**囷、窌、倉、城,逆牆六分。**逆,猶卻也。築此四者,六分其高,卻一分以爲綱⑬。囷,圜倉⑭。穿地曰窌。**堂涂十有二分。**謂階前,若今令辟裓也⑮。分其督旁之修,以一分爲峻也。爾雅曰:“堂涂謂之陳。”**竇,其崇三尺。**宫中水道。**牆厚三尺,崇三之。**高厚以是爲率,足以相勝。

① 蜀石經“行”下有“者”字。
② 蜀石經“行”下有“者”字。
③ 焉,蜀石經作“也”。
④ 讀,建本、附圖本並作“當”。
⑤ 蜀石經“水”下有“漱”字。
⑥ 蜀石經“厚”下有“也”字。
⑦ 上,金本作“土”。蜀石經“上”下有“也”字。
⑧ 蜀石經“下”下有“也”字。
⑨ 蜀石經無“也”字。
⑩ 蜀石經“讀”下有“當”字。
⑪ 版,蜀石經作“汲”。
⑫ 峻,蜀石經作“之峻也”。
⑬ 蜀石經“綱”下有“也”字。
⑭ 蜀石經“倉”下有“也”字。
⑮ 辟,婺本、建本、岳本、八行本並作“甓”。

車人之事，半矩，謂之宣；矩，法也。所法者，人也。人長八尺，而大節三：頭也，腹也①，脛也。以三通率之②，則矩二尺六寸三分寸之二。頭髮皓落曰宣。半矩，尺三寸三分寸之一，人頭之長也，柯欘之木頭取名焉③。易巽："爲宣髮"。**一宣有半，謂之欘；**欘，斲斤柄④，長二尺。爾雅曰："句欘謂之定。"**一欘有半，謂之柯；**伐木之柯，柄長三尺⑤。詩云："伐柯伐柯，其則不遠。"鄭司農云："蒼頡篇有'柯欘'。"**一柯有半，謂之磬折。**人帶以下，四尺五寸。磬折立，則上俛。玉藻曰"三分帶下，紳居二焉"，紳長三尺。

車人，爲耒。庛長尺有一寸，中直者，三尺有三寸；上句者，二尺有二寸。鄭司農云："耒，謂耕耒⑥。庛，讀爲'其顙有疵'之'疵'，謂耒下岐。"玄謂：庛，讀爲"棘刺"之"刺"。刺，耒下前曲接耜。**自其庛，緣其外，以至於首，以弦其内，六尺有六寸，與步相中也。**緣外六尺有六寸，内弦六尺，應一步之尺數。耕者以田器爲度宜。耜異材，不在數中。**堅地欲直庛，柔地欲句庛。直庛則利推，句庛則利發。倨句磬折，謂之中地。**中地之耒，其庛與直者如磬折，則調矣。調則弦六尺⑦。

車人，爲車。柯長三尺，博三寸，厚一寸有半⑧，五分其長，以其一爲之首。首六寸，謂今剛關頭斧。柯，其柄也。鄭司農云："柯長三尺，謂斧柯，因以爲度。"**轂長半柯，其圍一柯有半。**大車轂，徑尺五寸。**輻長一柯有半，其博三寸，厚三之一。**輻，

---

① 纂圖本、互注本、京本、岳本並無"也"字。

② 率，附圖本作"方"。

③ 金本、建本並無"取"字。

④ 斤，金本、建本、附圖本、纂圖本、互注本、京本、岳本並作"木"。阮記云："嘉靖本、毛本'木'作'斤'，當據正。"

⑤ 柄，纂圖本作"柯"。

⑥ 謂，建本作"爲"。

⑦ 弦，岳本作"強"。

⑧ 一，附圖本作"三"。

厚一寸也。故書"博"或作"搏"①,杜子春云:"當爲'博'。"**渠,三柯者三。**渠,二丈七尺,謂罔也,其徑九尺。鄭司農云:"渠,謂車輮,所謂牙。"**行澤者欲短轂,行山者欲長轂,短轂則利,長轂則安。**澤泥,苦其大安;山險,苦其大動。**行澤者反輮,行山者仄輮,反輮則易,仄輮則完。**故書"仄"爲"側"。鄭司農云:"反輮,謂輪輮反其木裏,需者在外。澤地多泥,柔也。'側'當爲'仄'。山地剛,多沙石。"玄謂:反輮,爲泥之黏,欲得心在外滑②。仄輮,爲沙石破碎之,欲得表裏相依堅刃。**六分其輪崇,以其一爲之牙圍。**輪高,輪徑也③。牙圍,尺五寸。**柏車,轂長一柯,其圍二柯,其輻一柯,其渠二柯者三,五分其輪崇,以其一爲之牙圍。**柏車,山車。輪高六尺。牙圍,尺二寸。**大車,崇三柯,綆寸,牝服二柯有參分柯之二,**大車,平地載任之車,轂長半柯者也。綆,輪箄。牝服,長八尺,謂較也。鄭司農云:"牝服,謂車箱。服,讀爲'負'。"**羊車二柯有參分柯之一④,**鄭司農云:"羊車,謂車羊門也。"玄謂:羊,善也。善車,若今定張車。較長七尺。**柏車二柯。**較六尺也⑤。柏車輪崇六尺,其綆大半寸。**凡爲轅,三其輪崇,參分其長,二在前,一在後,以鑿其鉤,徹廣六尺,鬲長六尺。**鄭司農云:"鉤,鉤心。鬲,謂轅端,厭牛領者。"

弓人,爲弓。取六材必以其時。取幹以冬,取角以秋,絲、漆以夏,筋、膠未聞。**六材既聚,巧者和之。**聚,猶具也。**幹也者,以爲遠也;角也者,以爲疾也;筋也者,以爲深也;膠也者,以爲和也;絲也者,以爲固也;漆也者,以爲受霜露**

---

① 作,纂圖本、互注本、京本並作"爲"。
② 滑,岳本作"澤"。
③ 徑,十行本作"轂"。
④ 參,附圖本作"三"。
⑤ 較,岳本作"校"。

也。六材之力，相得而足。凡取幹之道七，柘爲上，檍次之，檿桑次之，橘次之，木瓜次之，荆次之，竹爲下。鄭司農云："檍，讀爲'億萬'之'億'。爾雅曰'杻，檍'，又曰'檿桑，山桑'。國語曰：'檿弧箕箙。'"凡相幹，欲赤黑而陽聲。赤黑則鄉心，陽聲則遠根。陽，猶清也。木之類，近根者奴。凡析幹，射遠者用埶，射深者用直。鄭司農云："埶，謂形埶。假令木性自曲，則當反其曲以爲弓，故曰'審曲面埶'。"玄謂：曲埶則宜薄，薄則力少；直則可厚，厚則力多。居幹之道，菑栗不迆，則弓不發。鄭司農云："菑，讀爲'不菑而畬'之'菑'。栗，讀爲'榛栗'之'栗'。謂以鋸副析幹。迆，讀爲'倚移從風'之'移'。謂邪行絶理。絶理者①，弓發之所從起。"玄謂：栗，讀爲"裂繻"之"裂"。凡相角，秋閷者厚，春閷者薄，稺牛之角直而澤，老牛之角紾而昔。鄭司農云："紾，讀爲'抮縛'之'抮'。昔，讀爲'交錯'之'錯'。謂牛角觕理錯也。"玄謂：昔，讀"履錯然"之"錯"。疢疾險中，牛有久病，則角裏傷。瘠牛之角無澤，少潤氣。角欲青白而豐末。豐，大也。夫角之本，蹙於剫而休於氣，是故柔，柔故欲其埶也。白也者，埶之徵也。蹙，近也。休，讀爲"煦"。鄭司農云："欲其形之自曲，反以爲弓。"玄謂：色白則埶。夫角之中，恒當弓之畏，畏也者必橈，橈故欲其堅也。青也者，堅之徵也。故書"畏"或作"威"，杜子春云："當爲'威'。威，謂弓淵。角之中央，與淵相當。"玄謂：畏，讀如"秦師入隈"之"隈"。夫角之末，遠於剫而不休於氣，是故脃，脃故欲其柔也。豐末也者，柔之徵也。末之大者，剫氣及煦之。角長二尺有五寸，三色不失理，謂之牛戴牛。三色：本白，中青，末豐。鄭司農云："牛戴牛，角直一牛。"凡相膠，欲朱色而昔。昔也者，深瑕而澤，紾而摶

① 婺本、金本、建本、附圖本、纂圖本、互注本、京本、岳本、八行本、十行本並無"絶理"二字。

廉。摶,圜也。廉、瑕,嚴利也。**鹿膠青白,馬膠赤白,牛膠火赤,鼠膠黑,魚膠餌,犀膠黄。**皆謂煮用其皮,或用角。餌,色如餌。**凡昵之類不能方。**鄭司農云:"謂膠善戾。"故書"昵"或作"樴"。杜子春云:"樴,讀爲'不義不昵'之'昵',或爲䵒。䵒,黏也。"玄謂:樴,"脂膏膱敗"之"膱"。膱,亦黏也[1]。**凡相筋,欲小簡而長,大結而澤。小簡而長,大結而澤,則其爲獸必剽,以爲弓,則豈異於其獸。**剽,疾也。鄭司農云:"簡,讀爲'撊然登陴'之'撊'。"玄謂:讀如"簡札"之"簡",謂筋條也。**筋欲敝之敝,**鄭司農云:"嚼之當孰。"**漆欲測,**鄭司農云:"測,讀爲'惻隱'之'惻'。"玄謂:測[2],讀如"測度"之"測"[3]。測,猶清也。**絲欲沈。**如在水中時色。**得此六材之全,然後可以爲良。**全,無瑕病。良,善也。**凡爲弓,冬析幹,而春液角,夏治筋,秋合三材,**三材,膠、絲、漆。鄭司農云:"液,讀爲'醳'。"**寒奠體,**奠,讀爲"定"。至冬膠堅,内之檠中,定往來體。**冰析灂。**大寒中,下於檠中,復内之。**冬析幹,則易;**理滑致。**春液角,則合;**合,讀爲"洽"。**夏治筋,則不煩;**煩,亂。**秋合三材,則合;**合,堅密也。**寒奠體,則張不流;**流,猶移也。**冰析灂,則審環;**審,猶定也。**春被弦,則一年之事。**朞歲乃可用。**析幹必倫,**順其理也。**析角無邪,**亦正之。**斲目必荼。**鄭司農云:"荼,讀爲'舒'。舒,徐也。目,幹節目。"**斲目不荼,則及其大脩也,筋代之受病。**修,猶久也。**夫目也者必強,強者在内而摩其筋,夫筋之所由幨,恒由此作,**摩,猶隱也。故書"筋"或作"薊"。鄭司農云:"當爲'筋'。幨,讀爲'車幨'之'幨'。"玄謂:幨,絶起也。**故角三液而幹再液。**重醳治之,使相稱。**厚其**

① 亦,岳本作"不"。加記云:"岳、陳本'亦'誤'不'。"
② 附圖本無"測"字。
③ 附圖本無"讀如"二字。

帤,則木堅;薄其帤,則需:需,謂不充滿。鄭司農云:“帤,讀爲‘襦有衣絮’之‘絮’。帤,謂弓中裨。”**是故厚其液而節其帤。**厚,猶多也。節,猶適也。**約之不皆約,疏數必侔。**不皆約,纏之繳,不相次也。皆約則弓帤。侔,猶均也。**斲摯必中,膠之必均。**摯之言致也。中,猶均也。**斲摯不中,膠之不均,則及其大脩也,角代之受病。夫懷膠於内而摩其角,夫角之所由挫,恒由此作。**幹不均,則角蹴折也。**凡居角,長者以次需。**當弓之隈也,長短各稱其幹,短者居簫。**恒角而短,是謂逆撓,引之則縱,釋之則不校。**鄭司農云:“恒,讀爲‘裻絙’之‘絙’。”玄謂:恒,讀爲“揯”。揯,竟也。竟其角,而短于淵幹,引之角縱不用力,若欲反撓然。校,疾也。既不用力,放之又不疾。**恒角而達,譬如終紲,非弓之利也。**達,謂長於淵幹,若達於簫頭。紲,弓鞑。角過淵接,則送矢不疾[①],若見紲於鞑矣。弓有鞑者,爲發弦時備頓傷。詩云“竹鞑緄縢”。**今夫茭解中,有變焉,故校;**鄭司農云:“茭,讀爲‘激發’之‘激’。茭,謂弓檠也[②]。校,讀爲‘絞而婉’之‘絞’。”玄謂:茭,讀如“齊人名手足掔爲骹”之“骹”。茭解,謂接中也。變,謂簫臂用力異。校,疾也。**於挺臂中,有柎焉,故剽。**挺,直也。柎,側骨。剽,亦疾也。鄭司農云:“剽,讀爲‘湖漂絮’之‘漂’。”**恒角而達,引如終紲,非弓之利。**重明達角之不利。變譬言引,字之誤。**撟幹,欲孰於火而無贏;撟角,欲孰於火而無燂;引筋,欲盡而無傷其力;鬻膠[③],欲孰而水火相得:然則居旱亦不動,居濕亦不動。**贏,過孰也。燂,炙

---

① 不,附圖本、纂圖本、互注本、京本、岳本、八行本並作“太”。阮記引文“則送矢太疾”,云:“閩、監、毛本同,誤也,此本‘太’字係剜改,宋本、嘉靖本‘太’作‘不’,當據正。”

② 檠,附圖本作“祭”。

③ 鬻,唐石經、白文本、婺本、金本、附圖本、纂圖本、互注本、京本、八行本並作“鬻”。阮記云:“嘉靖本同,誤也。唐石經、余本、閩、監、毛本‘鬻’作‘鬻’,當據以訂正。”

爛也。不動者，謂弓也。故書“燀”或作“朕”，鄭司農云：“字從‘燀’。”**苟有賤工，必因角幹之濕以爲之柔。善者在外，動者在内，雖善於外，必動於内，雖善，亦弗可以爲良矣。**苟，偷也①。濕，猶生也。**凡爲弓，方其峻而高其柎，長其畏而薄其敝，宛之無已，應。**宛，謂引之也。引之不休止，常應弦，言不罷需也。峻，謂簫也。鄭司農云：“敝，讀爲‘蔽塞’之‘蔽’，謂弓人所握持者。”**下柎之弓，末應將興。**末，猶簫也。興，猶動也，發也。弓柎卑，簫應弦則柎將動。**爲柎而發，必動於䋊。**䋊，接中。**弓而羽䋊，末應將發。**羽，讀爲“扈”，扈，緩也。接中動則緩，緩，簫應弦，則角幹將發。**弓有六材焉，維幹強之，張如流水；**無難易也。**維體防之，引之中參；**體，謂内之於檠中定其體。防，深淺所止。謂體定，張之弦居一尺②，引之又二尺。**維角党之，欲宛而無負弦，引之如環，釋之無失體，如環。**負弦，辟戾也。負弦則不如環。如環，亦謂無難易。鄭司農云：“党，讀如‘牚距’之‘牚’、‘車牚’之‘牚’。”**材美，工巧，爲之時，謂之參均。角不勝幹，幹不勝筋，謂之參均。量其力，有三均。均者三，謂之九和。**有三，讀爲“又參”。量其力又參均者，謂若幹勝一石，加角而勝二石，被筋而勝三石，引之中三尺。假令弓力勝三石，引之中三尺，弛其弦以繩緩擐之，每加物一石，則張一尺。故書“勝”或作“稱”，鄭司農云：“當言‘稱’③、‘謂之不參均’。”玄謂：不勝，無負也。**九和之弓，角與幹權，筋三侔，膠三鋝，絲三邸，漆三斞。上工以有餘，下工以不足。**權，平也。侔，猶等也。角幹既平，筋三而又與角幹等也。鋝，鋢也。邸、斞，輕重未聞。**爲天子之弓，合九而成規；爲諸侯之弓，合七而成規；大夫之弓，合**

① 偷，婺本、建本、附圖本、纂圖本、互注本、京本、岳本、八行本、十行本並作“愉”。

② 尺，纂圖本作“定”。

③ 當，八行本作“常”。

五而成規;士之弓,合三而成規。材良則句少也①。**弓長六尺有六寸,謂之上制,上士服之;弓長六尺有三寸,謂之中制,中士服之;弓長六尺,謂之下制,下士服之。**人各以其形貌大小服此弓。**凡爲弓,各因其君之躬志慮血氣。**又隨其人之情性。**豐肉而短,寬緩以荼,若是者爲之危弓,危弓爲之安矢;骨直以立,忿埶以奔,若是者爲之安弓,安弓爲之危矢。**言損赢濟不足。危、奔,猶疾也。骨直,謂强毅。荼,古文"舒",假借字。鄭司農云"荼,讀爲'舒'"。**其人安,其弓安,其矢安,則莫能以速中,且不深;**故書"速"或作"數",鄭司農云:"字從'速'。速,疾也。三舒不能疾而中,言矢行短也,中又不能深。"**其人危,其弓危,其矢危,則莫能以愿中。**愿,慤也。三疾不能慤而中,言矢行長也。長,謂過去。**往體多,來體寡,謂之夾臾之屬,利射侯與弋;**射遠者用埶。夾庾之弓,合五而成規。侯非必遠,顧埶弓者材必薄,薄則弱,弱則矢不深,中侯不落。大夫士射侯,矢落不獲。弋,繳射也。故書"與"作"其",杜子春云:"當爲'與'。"**往體寡,來體多,謂之王弓之屬,利射革與質;**射深者用直,此又直焉,於射堅宜也。王弓合九而成規,弧弓亦然。革,謂干盾。質,木椹。天子射侯亦用此弓。大射曰"中離維綱,揚觸梱復",君則釋獲,其餘則否。**往體來體若一,謂之唐弓之屬,利射深。**射深用直。唐弓合七而成規,大弓亦然。春秋傳曰:"盜竊寶玉大弓。"**大和無灂,其次筋角皆有灂而深,其次有灂而疏,其次角無灂。**大和,尤良者也。深,謂灂在中央,兩邊無也。角無灂,謂限裏②。**合灂,若背手文。**弓表裏灂合處,若人合手背,文相應。鄭司農云:"如人手背文理。"**角環灂,牛筋蕡灂,**

---

① 良,纂圖本、互注本、京本、岳本並作"長"。阮記云:"嘉靖本、監、毛本'長'作'良',當據正。"

② 限,建本、附圖本並作"俍"。加記云:"建本'限'誤'俍'。"

麋筋斥蠖灂。 蕡，枲實也。斥蠖，屈蟲也。**和弓轂摩。** 和，猶調也。轂，拂也。將用弓，必先調之，拂之，摩之。大射禮曰"小射正授弓"，"大射正以袂順左右隈，上再下一"。**覆之而角至，謂之句弓；** 句，於三體材敝惡，不用之弓也。覆，猶察也，謂用射而察之。至，猶善也。但角善，則矢雖疾而不能遠。**覆之而幹至，謂之侯弓；** 射侯之弓也。幹又善，則矢疾而遠。**覆之而筋至，謂之深弓。** 射深之弓也。筋又善，則矢既疾而遠，又深。

周禮卷第十二

經三千五百七十四字
注七千二十四字①

① 自"經三"至"四字"，婺本、金本、建本、附圖本、纂圖本、互注本、京本、岳本、八行本、十行本並無。